KB262602

한국몽골학회 학술총서 ④

현대몽골어 연구

강 신

문예림

이 연구는 2002학년도 단국대학교 대학연구비의 지원으로 연구되었음.

머리말

이 책은 1999년 2월 서울대학교 대학원에 제출한 필자의 학위논문을 손질하여 한 권의 책으로 엮은 것이다. 부분적으로 거칠고 체계적이지 못한 곳도 여럿 있지만 거의 수정을 가하지 않았다. 이것은 필자자신의 능력이 미치지 못한 것이 주된 이유이기도 하지만 처음 그대로의 모습도 나름대로 의의가 있을 것으로 생각했기 때문이기도 하다.

이 책의 내용은 현대몽골어의 문법을 첨사와 문종결어미를 중심으로 살펴보고자 한 것이다. 현대몽골어의 첨사는 일반적으로 선행연구들에서 논의되었던 주장들과는 달리 일정한 분포상의 제약을 받고 있음을 규명하고, 첨사연쇄체는 무질서하게 형성된 첨사들의 덩어리가 아니며 정연한 배열순서와 계층구조로 이루어져 있음을 밝혀내고자 하였다. 그리고 문종결어미와 첨사들의 통사·의미적 특성과 공기제약을 다양한 화맥을 토대로 분석하고 이들의 의미와 기능을 기술하였다.

보잘 것 없지만 이 책에는 많은 분들의 고마움이 스며있다. 따뜻한 보살핌과 아낌없는 격려로 석사논문 지도교수이면서 다시 박사논문 심사를 맡아 꼼꼼히 읽어주시고 챙겨 주셨던 장석진 선생님의 각별한 지도가 없었다면 아마도 이 논의는 이루어지지 못했을 것이다. 특히 언어학의 기본과 체계를 가르쳐 주시고 언어현상에 대한 날카로운 통찰력을 길러 주신 지도교수 이정민 선생님, 언어학에 매료되어 일생의 업으로 선택하도록 영향을 주신 김방한 선생님, 허웅 선생님께도 깊은 존경과 감사의 마음을 표한다. 또한 학위논문을 지도해 주신 송기중 선생님, 남승호 선생님, 윤혜석 선생님, 체.숍드 선생님께도 감사드리며 이 책에서 발견되는 수많은 오류는 오롯이 필자의 몫이며 이 오류들은 이미 선생님들부터 지적된 바 있으며, 앞으로 필자의 능력이 자라는 한 차근차근 바로잡아 나갈 것을 약속드린다.

필자가 몽골어를 현지에서 직접 체험하고 익힐 수 있도록 양국수교 직후의 이른 시기에 몽골국립대학교 교환교수로 파견하여 정신적, 물질적 원조와 배려를 아끼지 않으신 단국대학교 장충식 이사장님과 임영재 선생님께도 깊은 감사의 말씀을 드린다. 한국의 몽골학을 국제적인 수준으로 끌어올리기 위하여 묵묵히 노력해오고 계신 한국몽골학회의 신종한 회장님을 비롯하여 이성규 선생님, 최동권 선생님, 유원수 선생님께도 진심으로 감사드린다. 항상 몽골에 대한 애정과 깊은 관심을 가지고 도움을 아끼지 않으시는 권용우 부총장님, 그리고 마음속으로 걱정해주시고 아껴주시는 김주호 선생님, 이효선 선생님께는 늘 고마움과 미안함이 함께 한다.

선친은 미욱한 자식의 학위논문이 통과되던 바로 그날 오후에 유명을 달리 하셨다. 한평생 가족만을 위하여 갖은 고생 마다하지 않으셨던 고인의 영전에 이 책을 바치며 생전에 아무런 보람도 드리지 못한 불효를 두고두고 뉘우칠 따름이다. 그리고 오랜 세월 어려움과 시련에도 불평 한마디 없이 참아준 아내에게도 감사드리며, 예진, 미진, 석표에게도 사랑과 감사의 마음을 전한다.

끝으로 경제성이 없는 이 글을 흔쾌히 책으로 엮어 주신 문예림 서덕일 사장님과 편집과정에서 꼼꼼하게 원고를 검토해주신 고수진 대리님과 편집부의 여러분께도 깊은 감사의 말씀을 드린다.

2004년 2월 15일

안서호 연구실에서
강 신

목　　차

<u>약식부호(List of Abbreviations)</u>

Abl   탈격(ablative)
Acc   대격(accusative)
Ag.   행위자어미(agentive)
Ant   선행형 부동사어미(anterior converbal suffix)
Assoc   연합형 부동사어미(associative converbal suffix)
Bene   희원형어미(Benedictive)
Bless   축원형어미(Blessing)
Caus   사동어미(causative)
Coll   다중이행상어미(collective)
Comit   공동격(comitative)
Conc   양보형 부동사어미(concessive converbal suffix)
Concm   수반형 부동사어미 (concomitant converbal suffix)
Cond   조건형 부동사어미(conditional converbal suffix)
DtLc   여·처격(dative-locative)
Dim   지소어미(diminutive suffix)
Dir   방향격(directive)
Dubt   의구형어미(dubitative)
Emph   강조첨사(emphatic particle)
Gen   속격(genitive)
Hab   습관상(habitual)
Hon   존대형(honorific)
Hort   권고형어미(hortative)
Imper   명령형어미(imperative)
Impf   미완료상(imperfective)
Incid   부수형 부동사어미(incidental converbal suffix)
Inst   즉시형 부동사어미(instantaneous converbal suffix)
Instr   도구격(instrumental)
Int   강조상어미(intensive)
Intros   회상형(introspective)
Irs   비현실상(irrealis)
Neg   부정첨사(negative particle)
Nom   주격(nominative)

NPst   비과거시제(non-past)
Opt   기원형어미(optative)
Part   첨사(particle)
Pass   피동어미(passive)
Perm   용인형어미(permissive)
Pft   완료상(perfect)
Pl   복수(plural)
PossPro   소유대사어미(Possessive pronomial suffix)
1Poss   1인칭재귀속격어미(the first person reflexive possessive)
2Poss   2인칭재귀속격어미(the second person reflexive possessive)
3Poss   3인칭재귀속격어미(the third person reflexive possessive)
Prec   간청형어미(precative)
Prep   준비형 부동사어미(preparatory converbal suffix)
Prog   지속형 부동사어미(progressive converbal suffix)
Proh   금지첨사(prohibitive particle)
Pst   과거시제어미(past)
Q   의문첨사(interrogative particle)
Refl   재귀속격어미(reflexive possessive suffix)
Resl   결의형어미(resolutive)
Sg   단수(singular)
SM   주어표지(subject marker)
Smlt   동시형 부동사어미(simultaneous converbal suffix)
Term   한계형 부동사어미 (terminal converbal suffix)
Voc   호격(vocative)
Vol   자원형어미(voluntative)

字譯(Transliteration of Cyrillic alphabet)

Аа(A, a), Бб(B, b), Вв(V, v), Гг(G, g), Дд(D, d), Ее(Je, je), Ёё(Jo, jo), Жж(Ž, ž), Зз(Z, z), Ии(I, i), й(i), Кк(K, k), Лл(L, l), Мм(M, m), Нн(N, n), Оо(O, o), Өө(Ö, ö), Пп(P, p), Рр(R, r), Сс(S, s), Тт(T, t), Уу(U, u), Үү(Ü, ü), Фф(F, f), Хх(X, x), Цц(C, c), Чч(Č, č), Шш(Š, š), Щщ(Šč, šč), ъ(′), ы(y), ь(″), Ээ(E, e), Юю(Ju, ju), Яя(Ja, ja)

1. 서 론

1.1 연구의 목적과 대상

본 연구는 교착어인 현대몽골어의 첨사와 문종결어미의 화행(speech act)에 관한 연구를 목적으로 한다. 지금까지 첨사에 관한 선행연구는 단일 주제로서는 다른 연구분야에 비하여 거의 전무하다시피한 실정이며 대부분의 연구가 단편적인 논의와 형태소들의 무분별한 분류에 그쳐 의의있는 성과를 얻지 못했을 뿐만 아니라 방법론적으로도 큰 진전이 없었다. M.Išdorž(1930)가 서구의 문법을 토대로 몽골어의 명사류와 동사류를 제외한 품사범주를 *Sul ügs*(첨사)로 정의한 이래 몽골어 첨사범주의 성격과 범위에 대하여 아직까지도 의견의 일치를 보지 못하고 있으며 논란의 여지가 가장 많은 영역으로 간주된다. 본 연구에서 문종결어미와 첨사를 함께 다루는 이유는 현대몽골어의 문장구조의 특성상 첨사는 문종결어미와 불가분의 관계를 가지고 있기 때문이다. 우리는 특히 몽골어의 서법이 문장어미에 의하여 나타나는 기본서법과 첨사연쇄체에 의하여 나타나는 부가서법의 이중적 체계로 이루어졌음을 규명하고자 한다. 본 연구는 다음과 같은 문제제기에서 출발한다.

첫째, 현대몽골어의 첨사는 무엇인가?

둘째, 첨사들의 기능과 의미는 무엇인가?

셋째, 첨사연쇄체 내부의 선형적 선행관계는 어떻게 규정할 것인가?1)

넷째, 문종결어미와 첨사간의 공기관계에는 어떠한 요인들이 작용하는가?

---

1) C.Önörbajan(1996:157)은 이와 관련하여 다음과 같이 주장하고 있다.
'čimex ügsiin bair, des daraag nariivčiilan togtož, ulamaar tedgeeriin utgiin jalgamžaag todorxoilox n´ mongol xelnii bütec ögüülberiin utga-büteciin sudlald čuxal ač xolbogdoltoi assudal mön.' (수식사의 분포와 배열순서를 정확히 규명하고, 나아가 그들의 의미적인 차이를 밝히는 일은 몽골어의 구조와 문장의 의미구조 연구에 중요한 의의를 갖는 문제임에 틀림없다.)

다섯째, 현대몽골어의 경어법체계와 문종결어미 사이에는 어떠한 관계가 존재하는가?

우리는 이들 문제에 대한 해결방안을 현대몽골어의 독특한 문장구조를 토대로 모색할 수밖에 없다. 현대몽골어의 문장구조는 본문과 꼬리부로 나눌 수 있는데, 꼬리는 첨사연쇄체로서 의문법, 추측법, 회상법, 확인법 등의 서법을 나타낸다(M.Bazarragčaa 1987:75).

즉, 아래 (1)에서

(1) $[_s [_{np}$Dorž$]$ $[_{vp}$ xödöö jav-san bai-san$]]$ ((jum) baina) (šüü) (dee).
　　Dorž(Nom)　　country　go-Past　be-Past　　　(baix) (d)aa
　　'도르찌는 시골에 갔다'　　　　　　　　　　　　　(biz) (d)ee
　　　　　　　　　　　　　　　　　　　　　　　　(šiv)
　　　　　　　　　　　　　　　　　　　　　　　　((bii) (vii))
　　　　　　　　　　　　　　　　　　　　　　　　((bilee)　(l　dee))
　　　　　　　　　　　　　　　　　　　　　　　　(bol(ov)) (uu) (daa)
　　　　　　　　　　　　　　　　　　　　　　　　(dag)　(uu)　(d)aa
　　　　　　　　　　　　　　　　　　　　　　　　(san)
　　　　　　　　　　　　　　　　　　　　　　　　......

본문명제는 논항과 술어에 의하여 표현되며 첨사연쇄체는 괄호로 표시된 일련의 형태소들을 지칭한다. (1)에서 첨사연쇄체의 최대 수용한계는 유동첨사 *č, l*과 간투사 *xö(ö)*를 고려하지 않았을 경우 모두 네자리임을 알 수 있다. 또한 개별적인 첨사들은 수의적 성분으로서 적절한 선형적 선행관계만 준수하면 중첩되어 나타날 수 있다. 즉, 논항과 술어로 구성된 본문명제에 첨사가 부가될 경우에는 반드시 일정한 순서를 지키지 않으면 비문이 되고 만다. 그리고 첨사연쇄체는 본문명제에 대한 화자의 태도를 나타내는 부분과 청자에 대한 화자의 태도를 나타내는 부분으로 되어있다.

한편, 주지하는 바와 같이 경어법과 화계에 대한 논의를 통하여 살펴보게 될 일련의 인칭 문종결어미들은 이전의 학자들에 의하여 명령·원망법의 단일한 범주 속에서 처리되었기 때문에 주어인칭제약이나 서법의미 그리고 첨사들과의 상관관계에 관하여 의미있는 일반화가 이루어지지 않았다. 따라서 우리는 현대몽골어의 경어법체계의 양상을 화용론적 고려를 통하여 살펴보고 인칭 문종결어미들의 화행의미에 대한 선행연구의 타당성 여부도 아울러 검토한다.

1.2 논의의 구성

본 연구의 구성과 내용은 다음과 같이 전개된다.

제 2장에서는 현대 몽골어의 품사체계에 관한 선행연구를 통하여 첨사의 개념정의와 그 문제점들을 비판적으로 고찰한다. 우리는 현대몽골어의 첨사(sul üg)의 개념이 학자에 따라 다양하게 뚜렷한 기준없이 제시되고 있음을 살펴본다. 이와 같은 다양한 정의는 궁극적으로 첨사에 대한 깊이 있는 논의를 막는 장애가 되어 오고 있음을 확인한다.

제 3장에서는 현대몽골어의 첨사를 문장이나 구절에서의 통사적인 분포를 토대로 고정첨사(fixed particles)와 유동첨사(floating particles)로 각각 나누어 전자에는 양태첨사, 의문첨사, 부정첨사 및 금지첨사를, 그리고 후자에는 한정첨사를 각각 포함하여 고찰한다. 특히 양태첨사들의 형태와 문장내에서의 의미 및 기능을 살펴보고 첨사연쇄체의 내부순서를 규명한다. 양태첨사들의 적절한 의미분석을 위하여 양태첨사가 출현하는 발화의 전후문맥이나 담화의 상황과 관련지어 고찰한다. 이를 통하여 우리는 첨사가 일부 학자들의 주장과는 달리 일정한 분포상의 제약을 받고 있으며 첨사연쇄체는 무질서한 첨사들의 덩어리가 아니라 정연한 계층적 구조를 이루고 있음을 확인한다. 또한 현대몽골어의 첨사연쇄체는 고정첨사를 축으로 하여 유동첨사가 끼어드는 이중적인 구조로 되어 있음을 아울러 제안한다. 이러한 첨사연쇄체의 이중적 구조는 개별 첨사 자체의 수의적 특성과 결부되어 첨사연쇄체의 배열순서나 계층구조에 대하여 아직까지 만족할 만한 연구성과가 없었던 가장 주요한 원인 중의 하나로 분석된다.

한편 3.1.2에서는 의문문을 유형별로 분류하여 그 특성들을 살피고 특히 부정의문문과 부가의문문의 구조적 특징과 의미에 관한 화용론적인 분석을 시도한다. 3.1.3에서는 다양한 부정첨사의 존재와 부정법의 특징을 부정첨사의 부가위치를 토대로 전치부정과 후치부정으로 나누어 각각의 특징을 논의하고 몽골어의 부정법체계의 체계적인 재구조화의 존재를 확인한다. 즉, 형동사의 부정형의 경우 전치부정의 소멸로 인한 후치부정으로의 단순화가 논의된다. 3.2에서는 그 동안 선행연구에서 획일적으로 강조첨사로 분류되어 오고 있는 *č*와 *l*의 통사론적 분포와 의미, 화용론적 특성을 살펴보고 이들 첨사를 단순히 동일한 범주로 묶을 수 없는 근거를 극어형성 가능성과 화용론적 고려 및 부사들과의 결합가능성을 통하여 제시한다. 3.3에서는 첨사들의 중첩현상을 논의하고 첨사연쇄체의 상대적 내부순서의 존재를 확인한다. 첨사연쇄체는 머리인 *jum*과 꼬리인 *daa*사이에 양태첨사들이 일정한 선형적 선행순서를 준수하여 배열되는 구조로 분석된다.

　제 4장에서는 문종결어미와 첨사들간의 통사·의미적 특성을 주로 공기관계와 화행의미를 중심으로 논의한다. 4.1에서는 직설법어미를 비과거시제어미와 과거시제어미로 분류하고 각각의 형태소의 의미기능을 화맥속에서 검토한다. 4.2에서는 형동사에 관한 선행연구를 개관하고 형동사가 지닌 다양한 문법기능을 정형동사적 특성, 한정사적 특성, 명사류적 특성 등을 토대로 고찰한다. 또한 다른 정형동사어미에 비하여 형동사어미는 양태첨사들의 연쇄체가 상대적으로 훨씬 더 자유롭게 부가되는 현상과 이러한 구성에 작용하는 통사·의미적, 화용적 제약의 성격에 관하여 논의한다. 4.3에서는 인칭 문종결어미로 정의되고 있는 명령·원망법어미들의 형태론적 분류와 화행을 살펴보고 화계를 통한 대응관계를 고찰한다. 또한 첨사들과의 결합가능성을 토대로 현대몽골어의 구어에서 점차 소멸되고 있는 문종결어미들의 의미와 기능을 검토한다.

　제 5장에서는 논의를 요약하면서 본 연구를 마무리한다.

2. 현대몽골어 품사분류체계와 첨사

현존하는 몽골어 문법서 가운데 가장 오래된 문법서는 18세기 초엽 Danžandaᴠba의 "Jirüken-ü tolta-yin tayilburi; üsüg-ün endegürül-ün qarangqui-yi arilᴠaᴠči oᴠtarᴠui-yin mani orušibai(心精演義의 해설;文字 의 過誤의 無智를 淸淨하게 하는 하늘의 眞寶라 하는 서적"이다2). 이 문 법서는 Güngᴠažalcan(1188-1251), Paᴠba blam-a Čoiži-Odser (12-13세 기), Güngᴠa-Odser (13-14세기)등이 저술했던 것으로 추정되는 "Jirüken-ü tolta"를 토대로 기술한 것으로 저자는 밝히고 있다. 그러나 이 "Jirüken-ü tolta"는 현존하지 않는 고대 몽골어 문법서로서 Danžandaᴠba 는 특히, Paᴠba blam-a Čoiži- Odser의 "Jirüken-ü tolta"를 인도-티베트어 전통문법적 관점에서 해제하여 "Jirüken-ü tolta-yin tayilburi üsüg-ün endegürül-ün qarangqui-yi arilᴠaᴠči oᴠtarᴠui-yin mani orušibai"를 저술한 것으로 기록하고 있다. Danžandaᴠba의 문법서는 그 이후 간행된 Lubsan gčoinqor Delegžunai의 "Mongᴠul üsüg-ün ᴠoul josu-yi todutᴠaᴠči toli", Aᴠ vaangdandar의 "Mongᴠul üsüg-ün josu-yi sayitur nomlaᴠsan kelen-ü čimeg", Lhamusürüng jakiruᴠči의 "Mongᴠul üsüg-ün josu-yi todurqayilan ᴠarᴠaᴠsan Altan toli" 등의 거의 모든 몽골어 문법서의 이론적 토대가 되 었다.

한편, 서구의 몽골어 연구는 17세기 후엽에 들어서야 비로소 시작되어 Melchisedek Thevenot는 1672년 "Essais de la grammaire mongole"이라는 문법서를 저술하였지만 현존하지 못하고 있으며 현존하는 가장 오래된

---

2) jirügen-ü tolta sutur는 현재까지 5종의 이본이 있는 것으로 알려져 있다(최학 근 1989:381). (1) jirügen-ü tolta sutur orosiba(心精演義), (2) jirügen-ü tolta kemekü sutur orosiba(심정연의라 하는 서적), (3) jirügen-ü tolta yin tayilburi(심정연의의 解說), (4)jirügen-ü tolta yin tayilburi; oᴠtarᴠoi yin mani kemekü sutur orosiba(심정연의의 해설 : 하늘의 眞寶라 하는 서적), (5) jirügen-ü tolta yin tayilburi; üsüg-ün endegürel-ün qaranᴠui-yi arilaᴠaᴠči mani kemekü sutur orosiba(심정연의의 해설 : 문자의 過誤의 無智를 淸淨하게 하는 眞寶라 하는 서적

서구의 몽골 문법서로는 Schmidt의 "Grammatik der Mongolischen Sprache (1831)", 그리고 이듬해 이것을 러시아어로 번역 출간한 "Grammatika mongol′skogo jazyka(1832)"이다. 또한 이후의 몽골어 문법연구에 가장 큰 영향을 끼친 저술로는 A. Bobrovnikov의 "Grammatika mongol′skogo jazyka (1835)"와 "Grammatika mongol′sko-kalmyckogo jazyka(1849)"를 들 수 있으며 이 중 뒤의 문법서가 몽골어 문법연구가들에게 큰 영향을 끼친 것으로 평가되고 있다.

본 장에서 우리는 몽골어 품사체계내에서의 첨사의 지위와 개념을 확인하고, 오늘날에 이르기까지도 첨사의 정의에 관하여 학자들간에 상호 의견의 일치를 보지 못하고 있는 이유를 아울러 살펴보기로 하겠다. 궁극적으로 첨사에 관한 연구가 거의 전무하다시피 한 주요한 이유중의 하나는 인구어를 중심으로한 품사론체계의 수용과정에서 일부는 불변화사와 동일시하였고, 다른 일부는 불변화사 중 접속사와 감탄사를 제외한 협의의 첨사개념을 설정하는가 하면, 또다른 일부의 학자들은 부사와 동일시하는 등 아직까지도 명확한 개념정의가 이루어지지 않고 있는 현실에서 찾을 수 있다. 더욱이 첨사의 종류와 해당 형태소의 분류작업에 대한 일정한 기준의 부재로 인하여 연구자들에 따라 각양각색으로 이루어져오고 있다.

2.1 서구학자들의 몽골어 품사분류체계

2.1.1 Schmidt(1831, 1832)의 품사분류체계

인구어문법의 전통에 따라 그는 아래와 같은 8품사체계를 제시하고 이를 바탕으로 서구학자들 가운데에서는 최초로 몽골어에 대한 체계적인 분석을 시도하였으며 이것은 이후의 학자들이 제시한 다양한 품사분류체계의 전형이 되었다.

1. 명사(Imja suščestvitel′noe)

2. 형용사(Imja prilagatel′noe)
3. 대명사(Mestoimenija)
   3.1 인칭대명사(Ličnye mestoimenija)
   3.2 재귀소유대명사(Pritjažatel′nye mestoimenija)
   3.3 지시대명사(Ukazatel′nye mestoimenija)
4. 수사(Imja čislitel′noe)
   4.1 기수사(Količestvennye čislitel′nye)
   4.2 분배수사(Raspredelitel′nye čislitel′nye)
   4.3 집합수사(Sobiratel′nye čislitel′nye)
   4.4 서수사(Porjadkovye čislitel′nye)
   4.5 부정수사(Neopridelennye čislitel′nye)
5. 동사(Glagol)
6. 후치사(Poslerečija)
7. 부사(Narečija)
8. 접속사(Sojuzy)

이와 같은 Schmidt(1832)의 품사분류체계에서 첨사(sul üg)는 독립된 품사로서의 지위를 갖지 못하고 부사(Narečija)에 포함되어 다루어지고 있다. 한편 O. Kovalevskii는 "Kratkaja grammatika Mongol′skogo Kinžinogo jazyka(1835)"에서 Schmidt(1832)의 품사분류체계를 그대로 수용하면서 여기에 덧붙여 감탄사(Meždometie)를 독립된 품사로 설정하여 9품사체계를 제시하였으며, 그의 품사체계는 A. Popov의 "Kalmyckaja grammatika (1948)"에서 비판 없이 수용되었다.

2.1.2 A. Bobrovnikov(1849)의 품사분류체계

몽골어의 단어를 먼저 명사류, 동사류, 불변화사류 등으로 크게 삼분한 후 다시 그 기능과 의미에 따라 더욱 세분하여 14품사체계로 하위분류를 시도하였다.

1. 명사류(Imena)
  1.1 보통명사(Imena primetnyx)
  1.2 성질명사(Imena kačestvennye)
  1.3 관계명사(Imena otnositel′nye)
  1.4 수사(Imena čislitel′nye)
  1.5 대명사(Mestoimenija)
    1.5.1 인칭대명사(Ličnye mestoimenija)
    1.5.2 지시대명사(Ukazatel′nye mestoimenija)
    1.5.3 의문대명사(Voprositelnye mestoimenija)
2. 동사류(Glagol)
  2.1 종결형(formy okončatelnye)
    2.1.1 명령형(formy povelitel′nye)
    2.1.2 열거형(formy perečisljatel′nye)
    2.1.3 서술형(formy povestvovatelnye)
  2.2 비종결형(formy neokončatelnye)
    2.2.1 형동사(Pričastie)
    2.2.2 부동사(Deepričastie)
3. 불변화사(Časticy)
  3.1 어근불변화사(Korennye časticy)
  3.2 파생불변화사(Proizvodnye časticy)

이와 같은 A. Bobrovnikov(1849)의 품사분류체계는 몽골어의 단어를 일차적으로 형태와 기능을 고려하여 기본적인 세 범주로 분류한 최초의 시도였으며 불변화사를 독립된 품사로 규정하고 있다는 특징을 갖는다. 그의 품사분류체계는 이후의 많은 학자들의 지지를 받았으며3), 특히 인

---

3) A. Orlov(1878)는 부리야트어를 분석한 Grammatika mongol-burjatskogo razgovornogo jazyka에서 A. Bobronikov의 분류체계를 그대로 수용하여 부리야 트어 품사분류를 시도하였다. 한편 A.D Rudneev는 1908년 Lekcii po Grammatike mongol′skogo pis′mennogo jazyka에서 몽골어의 품사를 imena, glagol, časticy로 삼분한 후, 명사류의 하위분류는 Schmidt(1832)를 따랐다.

구어문법의 관점을 버리고 몽골어 특유의 문법현상을 독자적인 관점에서 보다 간결한 분석을 시도한 몽골문법학자들은 A. Bobrovnikov(1849)의 품사분류체계를 더욱 선호하는 경향을 보였다. 한편 B.X Todaeva(1951)는 몽골어의 낱말을 명사(imja sušestvitel'noe), 형용사(imja prilagatel'noe), 대명사(mestoimenija), 수사(imja čislitel'noe), 동사(glagol), 부사(narečie), 후치사(poslelogi), 접속사(sojuz), 불변화사(časticy), 감탄사(meždometija)등으로 분류하여 10품사체계를 제시하였다.

2.1.3 Poppe(1937)의 품사분류체계

Poppe(1937)는 A. Bobrovnikov(1849)의 품사분류체계와 유사한 방식으로 몽골어의 단어를 먼저 명사류, 동사류, 불변화사류 등으로 크게 삼분한 후 다시 그 기능과 의미에 따라 더욱 세분된 하위분류를 시도하였다.

1. 명사(Imja)
   1.1 완전변화사(Imja s polni izmenjaemost''ju)
       1.1.1 실사(Imja v sobstvennom smysle slova)
           1.1.1.1 구체사(Predmetnoe)
           1.1.1.2 품질사(Kačestvennoe)
       1.1.2 대명사(Mestoimenija)
       1.1.3 수사(Čislitel'noe)
   1.2 불완전변화사(Imja s nepolnoi izmenjaemost''ju)
2. 동사(Glagol)
   2.1 명령원망형(Povelitel'nye formy)
   2.2 시제지시형(Iz''javitel''nye formy)
   2.3 형동사형(Pričastnye formy)
   2.4 부동사형(Deepričastnye formy)
3. 불변화사(Neizmenjaemaja čast''reči)

이와 같은 분류체계에서 일차적인 분류기준은 단어의 곡용이나 활용

즉, 형태적인 굴절을 중시하고 있음을 알 수 있다. 한편 의미상으로는 시간이나 장소, 방향 등을 나타내며 문장내에서는 주로 상황부사어로 사용되는 *xezee, odoo, üürd, xožim, xaana, end, tend, deer, door, gadna, dotor, oir, xol, dund, ömnö, xoino, jer, gent, caaš, deegüür* 등은 불완전변화사라는 범주에 통합하였고* 전혀 굴절하지 않으며 문장이나 구에서 일종의 첨사로서 다양한 의미를 표현하는 *xav (xar), tasu, sugu, delbe, es, ül, büü, bitgii, za, l, xü, ber, č, ba, žič, uu, aa* 등은 불변화사로 분류하였다4). 그러나 그는 이후의 연구에서 O častjax reči v mongol´skm jazyke(1940)에서는 10품사체계, Khalkha-Mongolische Grammatik (1951)에서는 11품사체계, Grammar of Written Mongolian(1954)에서는 7품사체계, Buriat grammar(1960)에서는 7품사체계, Mongolian language handbook(1970)에서는 10품사체계 등 서로 상이한 품사체계를 설정5)하

---

4) O častjax reči v mongol´skm jazyke(1940)에서 *deer, tul*등은 후치사 (poslelogi)로, *end, tend, xaa, xezee, odoo*등은 부사(narečija)로 분류하고 있다. 한편, Grammar of Written Mongolian(1954)에서는 *end, tend, ur´d, mašid, gadaa, xezee, xožmoor, josoor, dotogš, deeš, deegüür, dooguur, xoino, gadna, door, deer, jaasnaar, xoiš, tiiš, margaaš, genet, zoriut, xav (xar), uv (ulaan)* 등은 부사(Adverbs)로, *deer, dotor, xürtel, boltol, tul, tuld* 등은 후치사(Postpositions)로, *ber, č, xüü, aa, l, daa* 등은 첨사(Particles)로 분류하고 있다. 이처럼 동일 어휘항목에 대한 상이한 품사규정은 Khalkha-Mongolische Grammatik(1951)에서 형용사(Adjektiva)로 분류하였던 *maxlag, uularxag, maxcag, ixemseg, mor´t, mor´toi, am´d, balarxai*등이 Grammar of Written Mongolian(1954)에서는 명사(Nouns)로 분류되고 있다. 특히, Khalkha-Mongolische Grammatik(1951)의 품사분류에서의 난맥상은 가장 두드러진데 예를 들면, *deer, door, deegüür, xaaguur, margaaš, end, tend, xaana, naana, caaš, naaš, xav (xar)* 등을 부사(Adverbia)로 분류하는 한편, *deer, door, deegüür, dotor, rüü, ööd, xürtel, tul, tölöö, tuxai, dund, gadaa, xoino, naana, gadna, xoiš, cug, xamt, züg, xajuud, orond* 등은 후치사 (Postposionen)로 분류하고 있다.

5) O častjax reči v mongol´skm jazyke(1940)에서는 명사, 형용사, 수사, 대명사, 동사, 부사, 후치사, 접속사, 불변화사, 감탄사 등의 10품사체계, Khalkha-Mongolische Grammatik(1951)에서는 명사, 형용사, 수사, 부사, 동사, 대명사, 후치사, 불변화사, 첨사, 접속사, 감탄사 등의 11품사체계, Grammar of Written Mongolian(1954)에서는 명사, 대명사, 수사, 부사, 후치

고 있는 데 결국 이것은 그 자신의 품사분류체계가 확고히 정립되지 않았
다는 증거가 되며, 다른 한편으로는 몽골어의 개별 언어적 특성을 서구의
그리스문법이나 라틴어문법의 전형을 이루는 8품사체계로는 적절하게 기
술하기가 어렵다는 것을 암시하고 있다[6].

2.1.4 Street(1963)의 품사분류체계

　Street(1963)는 현대몽골어의 품사분류에서 주로 형태론적 측면에서 형
식류(form classes)와 어간의 구조를 기준으로 대어간류(major stem
classes), 소어간류(minor stem classes), 첨사(particles) 등으로 크게 삼
분하였다. 첫째, 대어간류는 동사, 명사, 형용사, 부사로 나뉘는데, 동사는
동사파생접미사들(suffixes forming verb stems from other verb stems)이
나, 어말첨사(final particles), 분사첨사(participial particles), 부동사첨사
(converbial particles) 등의 앞에 발생하는 어간으로 규정하고 타동사와
자동사로 분류하였다. 명사는 주어로 사용될 수 있는 어간으로 정의하고
실사(substantives)와 대명사로 하위분류 함으로써 대명사를 별개의 독립
적인 품사로 설정하지 않았다. 또한 이전의 학자들과의 두드러진 차이 중
의 하나는 문장에서 주로 시간이나 장소 등의 부사어로 사용되는 일군의 어
휘항목들을 여격명사(dative nouns)[7]로 분류한 것과 후치사구(postpositional

사, 동사, 불변화사 등의 7품사체계, Buriat grammar(1960)에서는 명사, 대명
사, 동사, 부사, 후치사, 접속사, 불변화사 등의 7품사체계, Mongolian
language handbook(1970)에서는 명사, 형용사, 수사, 대명사, 부사, 후치사, 동
사, 접속사, 첨사, 감탄사 등의 10품사체계를 각각 채택하고 있다.

6) 알렉산드리아 學派의 Dionysios Thrax의 'Technē Grammatikē'로 대표되는 그
리스문법의 8품사체계는 名詞(onoma). 代名詞(antonoumea). 動詞(rhēma). 前
置詞(protesis). 分詞(metoche). 副詞(epirrema). 接續詞(syndesmos). 冠詞
(arthron) 등으로 구성되며, 라틴어문법의 8품사체계는 冠詞를 배제하고 感歎詞
를 독립품사로 설정하여 名詞. 代名詞. 動詞. 前置詞. 分詞. 副詞. 接續詞. 感歎
詞 등으로 구성된다. 그리고 라틴어문법은 서구의 각 개별언어 문법에 도입되어
일반적으로 名詞. 代名詞. 動詞. 前置詞. 形容詞. 副詞. 接續詞. 感歎詞 등의 8품
사체계가 확립되었다. (Dinneen 1967:98-101), (민재기 1986:347-348), (이광
정 1987:43) 참조.

phrases)를 인정하지 않고 불구실사(defective substantives)로 처리하려한 점을 들 수 있다. 한편 전형적으로 명사류의 전치수식어(premodifier)로 사용되며 동사류의 주어로는 사용될 수 없는 형용사와 명사의 기능이 상당부분 겹치며 일부의 어간들은 명사와 형용사의 기능에 있어 자유롭게 사용되기 때문에 형태상의 명확한 구별이 용이하지 않다고 전제한 후 수형용사(numeral adjectives)와 비수형용사(non- numeral adjectives)로 나누고 있다. 그리고 수형용사의 성격은 명사와 비수형용사의 중간단계의 것으로 규정하였다. 한편, 전형적으로 동사의 전치수식어로 기능하는 부사는 종종 여격명사(dative nouns)나 보어로 사용된 형용사(adjectival complements)와의 구별이 용이하지 않은 것으로 규정하였다.

둘째, 소어간류(minor stem classes)에는 감탄사(interjections), 양화사(quantifiers)[8], 연계사(connectives), 접속사(conjunctions)를 포함시키고 이들의 공통특징은 모두 단일 형태소로 구성되며 순수하게 통사적 기준에 의한 분류를 시도하였다.

셋째, 첨사(particles)는 두 개 이상의 어근으로 구성된 연쇄체에 자유로이 나타날 수 있는 비어근형태소(non-root morpheme)로 정의하고 해당 형태소를 각각 다음과 같이 분류하고 있다.

1. Sentence particles : (*be, uu, aa, šüü, l, biz, daa*)
2. Final particles :

---

7) Street(1963:228-231)는 여격첨사(dative particle)의 존재여부가 문장구조내에서의 위치와 재귀소유첨사의 유무에 따라 수의적인 경우와 필수적인 경우로 나누어지는 önöödör, öcögdör, uržigdar, margaaš, nögöödör, ödör, öglöö, oroi, üdeš, garig, xonog, sar, žil, nodniin, uržnan, övöl, xavar, zun, namar, cag, üe, xagas, gazar, züg, udaa, zereg 등을 가장 전형적인 dative nouns으로 들고 있다.

8) 후치수식어(postmodifiers)로 분류된 양화사에는 *bür, bolgon, büxen, tutam* (*=tusam*)등은 단위양화사(unit quantifiers), *ilüü, garui, šaxam, orčin(=orčim)* 등은 척도양화사(measure quantifiers)로 하위분류 된다. 몽골어의 양화사는 주로 수형용사의 수식을 받거나 복수형태소를 취할 수 있는 명사류의 뒤에만 올 수 있다. 단위양화사는 모든 가산명사의 뒤에 자유로이 올 수 있는데 반해, 척도양화사는 시간이나 장소의 척도단위를 지칭하는 가산명사 뒤에만 올 수 있다.

2.1 Hortative particles : (*-∅, -aarai, -aač, -gtun*)

2.2 Modal particles : (*-ja, -g, -aasai, -sugai, -tugai, -uuzai, -mz*)

2.3 Factual particles : (*-na, -laa, -v, -žee*)

3. Converbal particles : (*-ž, -n, -aad, -saar, -bal, -vč, -xlaar, -xaar, -tal, -xaa, -nguud, -msaar, -gaa, -s, -xul, -nxaar*)

4. Participial particles : (*-x, -san, -aa, -dag, -maar*)

5. Attributive particles : (*-yn, -tai, -güi, -šig, -t, -n*)

6. Case particles : (*-d, -aas, -aar*)

7. Possessive particles

   7.1 Personal possessives : (*min´. čin´, n´, man´, maan´, tan´*)

   7.2 Reflexive possessives : (*-aa*)

8. Complement particles : (*mön, biš, jum, bii*)

이러한 그의 분류에서 가장 두드러진 특징은 몽골어의 격어미를 여격, 탈격, 도구격 셋만 설정하고 한정첨사(attributive particles)로 종래의 속격, 공동격을 '*-güi, šig, -t, -n*' 등과 동일한 범주로 취급하였으며 대격[9]

---

9) 목적어를 특정적 목적어(specific object), 재귀적 목적어(reflexive object), 무표적 목적어(unmarked object) 등으로 세 가지로 나누고 있다. 특정적 목적어는 일차동사의 주어나 보어형태에 특정적 첨사(specific particles)로 정의한 √-*əig (-yg, -iig)가 결합된 형태로 규정하고, 의미론적 측면에서 √-*əig의 기본적 의미를 특정성(specificity 또는 particularity)의 표지로 분석하였다. 그는 이들 세 종류의 목적어 사이에 존재하는 의미상의 차이를 명확히 기술하기가 어렵다고 전제하고 목적어의 특정성, 재귀성, 무표성을 다음과 같은 정의를 이용하여 규정하고 있다(Street 1963:135-139):

1. An object must be specific if
 (a) the last stem of the object is a pronoun
 (b) the last stem of the object is preceded by an adjectival consisting of a pronoun plus the genitive particle √-*əin 'of', or followed by a personal possessive particle
2. An object must be either specific or reflexive if
 (a) the last stem, a noun, is modified by a demonstrative
 (b) the last stem is a quantifier (modifying the preceding noun stem)
 (c) the whole object is an adjectival (a noun head having been omitted)

은 특정첨사(specific particle)로 별도로 분류하고 있는 점과 형동사, 부동
사 등을 독립된 품사로 인정하지 않고 일종의 활용형으로 정의한 점이다.

2.2 몽골국내학자들의 몽골어 품사분류체계

몽골의 국내학자들의 품사분류는 전술한 외국학자들의 체계를 대체로
비판 없이 답습하는 것이었다. 서구의 문법을 토대로 몽골어를 기술한 최
초의 논저는 M. Išdorž의 'Mongol xelnii dürem (1930)'으로 몽골어의 낱말
을 그는 다음과 같이 분류하고 있다.

2.2.1 M. Išdorž(1930)의 품사분류체계

1. 명사류(Neriin aimag) :
   1.1 진명사(Čuxam ner)
   1.2 형용사(Beleg temdgiin ner)
   1.3 수사(Toony ner)
   1.4 대명사(Tölöönii ner)
2. 동사류(Üiliin ügs):
   2.1 동사의 명령원망형(Üiliin ügiin zaxirax xüsexiin tölöv)
   2.2 동사의 시제표시형(Üiliin ügiin cag üzüülex tölöv)
   2.3 동사의 형용사전성형(Üiliin ügiig temdgiin dürstei bolgox n′)
   2.4 동사의 수반전성형(Üiliin nerees tuslan dagaldax ügsiig törüülex)
3. 첨사류(Sul ügs)

이러한 M. Išdorž의 품사분류는 A.D. Rudnev (1908)의 "Lekcii po
grammatike mongol′skogo pis′mennogo jazyka"에서 제시된 분류체계를 그
대로 도입하여 몽골어에 적용한 결과였다. 또한 M. Išdorž의 품사분류는
이후의 몽골국내학자들의 품사분류체계의 토대가 되었으며 러시아 문법

---

3. In other cases, the object may be specific, reflexive or unmarked

학자들에 의해 *časticy*로 명명된 일군의 언어단위들이 *sul üg*이라는 용어로 번역차용되는 계기가 되었으며, 이 범주는 금지명령문에 사용되는 *büü, bitgii* 부정문에 사용되는 *ül, es, bus, biš, ügüi, ödii* 여부의문문에서 긍정이나 시인을 나타내는 *za** 문장성분의 뒤에 첨가되는 *l, č,* 그리고 이후의 일부 학자들에 의해 첨사 혹은 후치사로 규정된 *šig, met,* 의문첨사 *uu, üü,* 부사 *žič, bas, nen, arai, maš, onc,* 접두사 *egc, šubt, bjac, xuga, but, xemx,* 접속사 *ba, bögööd, xiigeed, bujuu* 등과 명사류의 격어미 및 재귀어미, 복수어미, 그리고 의성어, 의태어 및 감탄사등을 모두 포괄하는 거대한 품사범주가 되었다.

2.2.2 Š. Luvsanvandan(1939)의 품사분류체계

Š.Luvsanvandan은 '*Mongol xelnii züi*(1939)'에서 몽골어의 품사를 다음과 같이 분류하고 있다.[10]

1. 명사류(Ners)
  1.1 완전굴절명사류(Güiced jalgallagdax ners) :
    1.1.1 명사(Ner üg)
    1.1.2 형용사(Temdeg üg)
    1.1.3 대명사(Tölöönii üg)
    1.1.4 수사(Toony üg)
  1.2 불완전굴절명사류(Xagas jalgallagdax ügs)
2. 동사류(Üil üg)
  2.1 명령소망형(zaxirax xüsex tölöv)
  2.2 시제표시형(cagiig üzüülex tölöv)
  2.3 형명표시형(ner temdgiig üzüülex tölöv)
  2.4 조건인과표시형(nöxcöl šaltgaanyg üzüülex tölöv)
3. 첨사류(Sul üg)

---

10) Š.Luvsanvandan(1939, 1951)의 품사분류체계는 기본적으로 Poppe(1937)의 분류체계를 따랐으며, Š.Luvsanvandan(1956, 1961)의 품사분류체계는 첨사를 독립된 품사로 설정한 Poppe(1940)의 분류체계를 따르고 있음을 Š. Luvsanvandan(1967 : 26-27)에서 밝히고 있다.

이러한 그의 10품사체계는 Š.Luvsanvandan(1951)의 품사분류체계에서도 아래에서 보는 바와 같이 거의 원형을 그대로 유지하고 있다.

1. 명사(Ner üg)
  1.1 실사(Žinxene ner)
  1.2 형용사(Temdgiin ner)
  1.3 수사(Toony ner)
  1.4 대명사(Tölöönii ner)
2. 동사(Üil üg)
  2.1 실동사(Žinxene üil üg)
  2.2 명령 · 원망동사(Zaxirax xüsex üil üg)
  2.3 부동사(Nöxcöl üil üg)
  2.4 형동사(Üilt ner)
3. 첨사(Sul üg)
  3.1 접속사(Xolboos)
  3.2 부가사(Čimeg üg)
  3.3 감탄사(Ajalga üg)

2.2.3 Š. Luvsanvandan(1961)의 품사분류체계

여기서 가장 주목되는 점은 용언의 활용어미가 단어의 자격을 갖지 못하여 품사분류에서 제외시킨 점과 후치사의 설정, 감탄사를 별개의 독립적인 품사로 분류한 점이다.

1. 명사(Bodit ner)
2. 형용사(Temdgiin ner)
3. 수사(Toony ner)
4. 대명사(Tölöönii ner)
5. 동사(Üil üg)
6. 부사(Daivar üg)

7. 후치사(Dagvar üg)
8. 첨 사(Sul üg)
9. 접속사(Xolboos)
10. 감탄사(Ajalga üg)

2.2.4 Š. Luvsanvandan(1968)의 품사분류체계

Š.Luvsanvandan(1968)은 ʿOrčin cagiin mongol xelnii bütec---üg nöxcöl xojor nʺ에서 구조주의 언어학의 방법론을 수용하여 문장(ügüülber)을 의사소통의 최소단위로 규정하고, 문장은 단어(üg)와 어미(nöxcöl)의 결합으로 구성되는 구조체로 분석했다. 단어는 사물과 현상의 기호(jum üzegdliin doxio)이며* 어미는 사물과 현상 사이에 존재하는 관계의 기호(jum üzegdliin xoorondyn xarʹcaany doxio)로 정의하였다. 그는 이전의 품사분류가 형태, 통사, 의미를 동시에 고려한 체계였기 때문에 학자들간에 일관된 분류체계를 달성하지 못하였다고 비판하고, 품사분류의 기준으로 의미를 고려하지 않고 순전히 형태론적 특성과 통사적인 기능 및 분포에만 의존하는 방식을 택함으로써 확고한 객관성획득을 추구하였다. 즉, 그는 품사분류의 기준을 일차적으로 굴절의 유무에 두고, 굴절이 없을 때는 통사론적 기능이나 분포에 의해 정의하였다. 또한 어휘적 의미와 굴절적 의미가 결합하여 언어의 구조적 의미(xelnii bütciin utga)를 형성하는 것으로 정의하고 언어를 복합적인 기호의 체계로 규정하여 음소(fonem), 형태소(morfem), 형태음소 등으로 이루어진 체계(morfonolgičeskaja sistema)를 언어기호의 중심체계로, 그리고 의미체계(semantičeskaja sistema)와 음성체계(fonetičeskaja sistema)를 주변체계로 정의하였다.

이러한 구조주의 언어학적인 관점을 토대로 그는 몽골어의 단어를 어미(nöxcöl)을 취할 수 있는 가능성의 유무에 따라 유어미 단어(nöxcölt ügs), 무어미 단어(nöxcölgüi ügs)로 나눈다. 이러한 기준에 따라 어미를 취할 수 있는 단어는 동사(üil ügs)와 명사(ner ügs)로 대별된다. 또한 동사(üil ügs)는 직접목적어에 대한 지배여부에 따라 타동사(tusax üil ügs) 자동사(es tusax üil ügs)로 세분된다. 그리고 명사(ner ügs)는 시제표시 유무에 따라 시제사(cagt ners) 무시제사(caggüi ners)로 나뉘고 시제사는 대격어미(zaaxyn tiin jalgal)를 지닌 명사를 지배할 수 있는 능력의 유무에 따라 타동시제사(tusax cagt ners)와 자동시제사(es tusax cagt ners)로 나누어진다. 한편 무시제사(caggüi ners)는 문장 내에서 동사나 시제사의 앞에서 주격의 형태로 사용될 때 주어표시소(üglegdexüünii iltgegč)[11]의 필요여부에 따라 주어표시어를 반드시 동반해야만 하는 비관계사(xar´caany bus ners)와 주어표시어의 존재가 수의적인 관계사(xar´caany ners)로 나뉜다. 비관계사는 명사구형성에서 속격어미(xar´jaalaxyn tiin jalgal) 필요 유무에 따라 어근의 형태로는 다른 명사의 앞에 놓일 수 없고 반드시 속격어미를 취해야 만 하는 실사(bodit ners)와, 어근의 형태만으로도 혹은 속격어미를 취한 형태로도 자유롭게 수식어기능을 할 수 있는 한정사(xürteel ners)로 나뉜다. 또한 관계사는 여 · 처격, 공동격 등의 격어미를 지닌 다른 명사를 지배할 수 있는 가능성 유무에 따라 비품질관계사(čanaryn bus xar´caany ners), 품질관계사(čanaryn xar´caany ners)로 분류되며 전자는 탈격어미를 가진 명사를 지배할 수 있는 가능성 유무에 따라 수관계사(toony xar´caany ners), 장소시간관계사(oron cagiin xar´caany ners)로 분류된다.

몽골어의 어미(nöxcöl)는 그것의 분포에 따라 단어어미(ügiin nöxcöl), 문장어미(ügelberiin nöxcöl)로 대별된다. 즉, 주로 문말에 위치하는 {-uu, -üü, -juu, -yüü}, {be, ve}, {-šüü, -šüü}, {-daa, -dee, -doo, -döö}등은 모두 문장어미로 정의된다. 한편 단어어미는 결합하는 단어의 성격에 따라 명사어미(neriin nöxcöl)와 동사어미(üiliin nöxcöl)로 나뉘며, 명사어미는 명사어간에 직접 결합할 수 있느냐의 여부에 따라 명사격어미(neriin tiin jalgalyn nöxcöl)[12]와 이미 격어미가 표시된 형태에 결합하는 명사재귀소

---

11) Poppe(1974:125,139-141)는 *inu, anu, bolbasu, bügesü, ber* 등을 고전몽골 문어의 주어표시어(subject designator)로 규정하였다.

12) 현대몽골어의 명사류는 8종류의 문법관계를 갖는 데, 이들 문법관계는 각각의 격어미에 의해 표현된다. 몽골어의 격어미는 주격어미(nerlexiin tiin jalgal), 방향격어미(čiglexiin tiin jalgal), 도구격어미(üildexiin tiin jalgal), 여처격어미(ögöx oršixyn tiin jalgal), 탈격어미(garaxyn tiin jalgal), 속격어미(xar´jaalaxyn tiin jalgal), 공동격어미(xamtraxyn tiin jalgal), 대격어미

유어미(neriin xamaatuulaxyn nöxcöl)로 나뉜다. 그리고 명사재귀소유어미
는 인칭 재귀소유어미(bied xamaatuulax nöxcöl), 일반 재귀소유어미
(jerönxii xamaatuulax nöxcöl)로 더욱 세분하였다. 한편, 명사어미와 동등
하게 동사어미(üiliin nöxcöl)는 동사어근 'ge-'의 시제표시형이나 시제사
(cagt ner)의 앞에 위치할 수 있느냐의 여부에 따라, 그리고 문말에 위치
할 수 있느냐의 분포가능성 유무에 따라서 동사격어미(üiliin tiin jalgalyn
nöxcöl)13)과 동사재귀소유어미(üiliin xamaatuulaxyn nöxcöl)로 나뉘며, 동
사인칭재귀소유어미(üiliin bied xamaatuulax nöxcöl)과 동사일반재귀소유
어미(üiliin jerönxii xamaatuulax nöxcöl)로 구분하였다. 이 중 전자는 현
대몽골어에서 명령법에 사용되는 어미들이며, 후자는 직설법 종결어미로
사용된다. 그의 분류체계에서 특기할 또 하나의 사항은 üilt ner(형동사)
를 종전의 품사분류에서는 동사의 범주에 포함시켰으나 굴절의 관점에서
명사와 동일하게 격어미를 취한다는 점에 주목하여 명사류의 범주에 포함
시킬 것을 제안한 것이다. 또한 종전의 품사분류에서는 몽골어의 동사를
어미와의 결합을 토대로 üilt ner(형동사)14), nöxcöl üil üg(부동사), cag

(zaaxyn tiin jalgal) 등으로 구성되며, 주격어미에 직접 결합할 수 있는 인칭
재귀소유어미(biyed xamaatuulax nöxcöl)과 주격어미에는 직접 결합할 수 없
는 일반재귀소유어미(jerönxii xamaatuulax nöxcöl)로 구분된다.

13) 그는 현대몽골어에서 동사의 격어미를 12개로 분석하고 이들 어미는 명사의
격어미가 명사들 간의, 혹은 문장내에서 명사와 동사간의 다양한 문법관계를
나타내는 것과 유사하게 문장내의 동사나 시제사 사이의 다양한 관계를 나타
내는 것으로 규정하였다. 또한 이들 동사의 격어미는 다양한 변이형
(xuvilbar)을 가지며 竝列격어미(zeregcexiin tiin jalgalyn nöxcöl; -ǰ, -č), 先行
격어미(ur'dčilaxyn tiin jalgalyn nöxcöl; -aad4), 同時격어미(xamtyn jalgalyn
nöxcöl; -n), 條件격어미(bolzoxyn tiin jalgalyn nöxcöl; -bal4, -val4), 讓步격어
미(dutagdaxyn tiin jalgalyn nöxcöl; -vč), 限界격어미(ugtaxyn tiin jalgalyn
nöxcöl; -tal4), 準備격어미(beltgexiin tiin jalgalyn nöxcöl; -magč4), 繼續격어
미(ürgeljlexiin tiin jalgalyn nöxcöl; -saar4), 目的격어미(zorixyn tiin jalgalyn
nöxcöl; -xaar), 隨伴격어미(dagaldaxyn tiin jalgalyn nöxcöl; -xlaar4), 時宜격
어미(dalimdaxyn tiin jalgalyn nöxcöl; -nguut2, -uut2), 推定격어미
(magadlaxyn tiin jalgalyn nöxcöl; -ngaa4)등으로 분류하고 있다.

14) A.Luvsandendev(1956:29)는 동사의 어간에 파생접사가 첨가된 üilt ner의 형
태론적 특징으로는 명사와 마찬가지로 격어미를 취할 수 있고, 동사와 마찬가

zaax üil üg(직설법동사), zaxirax üil üg(명령법동사) 등으로 분류해 오고 있지만 이는 순수한 동사의 분류라기 보다는 동사와 결합하는 어미들의 분류에 지나지 않는다고 주장하고 있다. 즉 동사에 결합하는 다양한 어미들은 그 동사의 중심의미를 변화시킨다기 보다는, 오히려 문장내에서 그 동사의 다양한 관계를 나타내 줄뿐이다. 예를 들면 üilt ner 또는 cagt ner를 형성하는 접사형태소는 사실상 동사들의 관계를 가리키는 어미가 아니라* 오히려 동명사나 시제사의 어간을 형성하는 파생접미사에 해당하므로 기존의 몽골어문법서에서 동사의 범주에 포함시켰던 üilt ner(형동사)를 명사의 한 범주에 속하는 cagt ner(시제사)로 명명하였다.

요약하면 Š. Luvsanvandan(1968)의 형태와 기능중심의 품사분류는 의미를 배제한 새로운 방법론을 제시한 점에서는 몽골어학에 기여한 바가 적지 않았지만 지나치게 양분법과 대치의 원리를 과신함으로써 대중적인 지지를 받지는 못했다. 또한 양분법을 과신하여 분류기준으로 삼은 격어미, 재귀소유어미 등은 궁극적으로 명사류에만 국한되는 술어임에도 불구하고 분류기준의 통일성을 유지하기 위해 동사류의 품사분류에까지 적용하고 있다. 즉, 근본적으로 성격이 다를 수밖에 없는 체언의 곡용과 용언의 활용을 대등한 개념으로 취급하고 있다.

2.2.5 G. Žambalsuren(1987)의 품사분류체계

G. Žambalsuren(1987)은 이전 학자들의 품사분류체계가 크게 다음 세 가지의 기준을 준수하고 있다고 분석하였다. 첫째, 형태론적 기준에 의해 격어미나 재귀소유어미, 단·복수어미를 취할 수 있는지의 여부에 의해 명사류로 분류되고, 시제, 태, 상 등의 활용어미를 취할 수 있는지의 여부에 의해 동사류로 분류되었다. 둘째, 의미론적 기준에 의해 사물을 명명

지로 시제어미를 취할 수 있기 때문에 명사나 동사의 주요 문법기능인 주어, 목적어, 술어, 한정어 등의 역할을 문장 안에서 담당한다고 설명하고 üilt ner 는 명사와 동사의 중간에 위치하는 독립적인 품사로 설정하여야 한다고 주장하였다. 한편, C.Önörbajan(1994:109)은 üilt ner는 독립적인 품사가 될 수 없으며 동사의 어간에 첨가된 파생접사의 일차적 기능은 限定接續(todotgon xolbox)이라고 주장한다.

하는 의미를 지닌 단어는 명사류로, 동작이나 행위를 가리키는 단어는 동
사류로 분류되었다. 또한 사물의 속성이나 특징 및 형상을 나타내는 단어
는 형용사류로, 동작이나 행위의 특성을 가리키는 단어는 부사로 분류하
였다. 셋째, 통사론적 기준에 의해 명사류의 경우 주로 문장의 주어나 목
적어 및 보어로, 형용사의 경우 주로 한정사로15), 동사류의 경우 주로 술

---

15) 학자들에 따라 다양한 용어로 명명된 몽골어의 형용사(temdeg ner)는 의미에
    따라 속성형용사, 색채형용사, 정도형용사, 형상형용사 등으로 하위분류 된
    다. 즉, 속성형용사는 (*sain, muu, saixan, muuxai, šine, xuučin, xünd,
    xöngön, xaluun, xüuten, zöölön, xatuu, xögšin, zaluu, cecen, teneg, mergen,
    munxag, xargis, xercgii, nomxon, šudarga, čiireg, sul, ünen, xudal* ···) 등등
    의 주로 속성이나 성질을 나타내는 어휘들이다. 그리고 색채형용사는 (*ulaan,
    nogoon, xar, šar, cagaan, xüren, xöx, cenxer, xüren, bor, jagan* ···) 등등의
    주로 사물의 색채나 빛깔을 가리키는 어휘들이다. 정도형용사는 (*urt,
    bogino, öndör, nam, büdüün, nariin, gurvalžin, dörvölžin, xavtgai, böörönxii,
    gonzgoi, ovgor, tovgor, xonxor, xotgor* ···) 등등의 사물의 형태나 수량을 나
    타내는 어휘들이며, 형상형용사는 (*xurdan, udaan, aažuu, türgen, šalmag,
    gavšgai* ···) 등등의 동작이나 행위의 형상을 가리키는 어휘들이다. 문제는 이
    형용사의 부류에 속하는 어휘들이 문장 내에서의 분포에 따라 다양한 문법적
    기능을 갖는다는 것이다.
    (i) a. Urgamlyn *saixan* n′ cecgüüdiin dotor baix gelcene.
        b. *Öndör* uulyg xjarlasan, *örgön* talyg derlesen, *gün* golyg mörlösön zam.

        c. Xünii *sainyg* xanilž med, xölgiin *sainyg* unaž med.
        d. Guniggüi bol tenger *celmeg*, üjergüi bol mörön *tungalag*.
        e. Zaluučuudyn nöxörlöl brigad *xurdan šalmag* ažillaž baina.
    (ia.)에서는 문장의 주어로, (ib.)에서는 한정사로, (ic.)에서는 목적어로, (id.)
    에서는 서술어로, (ie.)에서는 동사의 수식어로 각각 상이한 기능을 이행하고
    있다. 즉, 몽골어의 형용사의 특징은 격어미, 재귀소유어미, 복수어미 등을 취
    할 수 있다는 점에서 명사적 성격을 띠고 있으며, 주로 명사를 수식하고 술부
    의 머리어가 되며 부사의 수식을 받는다는 점에서는 형용사적 성격을, 동사나
    서술어를 수식한다는 점에서는 부사적인 성격을 띤다(清格尒泰 1992:180-186).
    한편, 이에 대해 C.Önörbajan(1994:131-132)은 실명사(žinxene ner)의 여타
    품사들과 구별되는 특징중의 하나는 발화상의 경제성을 고려하여 생략 또는 탈
    락(xemnegden orxigddog šinž)이 용이하다고 설명하고 있다. 즉, 실명사는 수식
    어기능을 하는 형용사, 수사, 한정연결어미를 가진 동사(종래에는 형동사 또는
    동명사로 불리움)를 지배하며 수식어에 자신의 의미와 통사형태를 남겨둔채 생

어로 쓰이는 등의 문법적 기능을 고려하였다.

그는 몽골어의 단어를 먼저 主幹語(ündsen üg)와 補助語(tuslax üg), 感歎語(ajalga üg)로 삼분하고, 다시 主幹語는 명사(ner üg), 동사(üil üg), 형용사(temdeg ner), 부사(daivar üg), 수사(toony ner), 대사(tölöönii üg)16)로 하위분류하고, 補助語는 구체적 현상을 지칭하지 않고 단지 통사론적 관계만을 가리키는 것으로 규정하고 이를 후치사(dagavar üg), 접속사(xolboos üg), 첨사(sul üg)로 하위분류 하였다. 그리고 感歎語는 별도의 품사로 설정하여 10품사체계를 제시하였다.

략된다. 즉, 다음 (ii)에서

(ii) a. *Sainyg* dagaval sarny gerel,…
   b. Uraldaž javsan *gurvyg* orxiod,…
   c. *Duulsnyg* xuraaval erdem,…
   d. Bi *axynxaas* irlee.

(iia)에서는 *xün*, (iib)에서는 *daaga*, (iic)에서는 *züil*, (iid.)에서는 *ger*가 각각 생략됨으로써 형용사, 수사, 동명사, 명사의 속격형 뒤에 격어미가 첨가되어 각각 명사의 기능을 할 수 있는 것으로 분석한다. 특히 (iid.)에서 *ax*에 결합된 속격어미는 관계를 가리키는 기능을 잃고 대신 접사의 기능을 갖게 됨으로써 뒤에 다시 탈격어미가 결합될 수 있다고 설명한다. 그는 결론적으로 종래의 학자들이 주장해온 형용사, 수사, 한정연결어미를 가진 동사들이 명사와 마찬가지로 격어미를 취한다거나 이중격어미를 갖는다는 견해는 언어현상의 본질과 모순되는 그릇된 논지라고 주장한다. 한편 이러한 분석의 문제점은 생략가능성의 조건규정과 복원가능성의 정의문제가 여전히 남게 된다는 점이다. 즉, 생략의 개념은 특정한 발화상황에서 화자와 청자 사이에 아무런 조건 없이 논리적으로 복원이 가능한 경우로서, 엄밀히 말하자면 생략된 성분의 복원이 의미의 차이를 초래해서는 안되는 것으로 엄격히 제한되지 않으면 안된다.

16) A.Luvsandendev(1956:30)는 라틴어 'pro-nomen'의 직역에 해당하는 代名詞(tölöönii ner)라는 범주 속에 명사뿐만 아니라 형용사, 수사, 부사나 동사까지도 포괄하는 개념으로 쓰이기 때문에 그 대신에 代詞(tölöönii üg)라는 명칭을 사용할 것을 제안하였다. 이에 따라 L.Baldan 1987:70 -95)은 代詞를 독립된 품사로 설정하고 그 하위분류로 인칭대사(biyeiin tölöönii üg), 지시대사(zaax tölöönii üg), 의문대사(asuux tölöönii üg), 부정대사(todorxoigüi tölöönii üg), 구별대사(jaalgax tölöönii üg), 재귀대사(ööriin tölöönii üg), 대동사(üiliin tölöönii üg) 등으로 세분하였다. 한편, 乔德木圖(1992:306-339)은 여기에 집합대사(xuraax tölöönii üg)를 더하여 모두 8가지로 분류하였다.

2.2.6 C. Önörbajan(1994)의 품사분류체계

C. Önörbajan(1994:104-121)은 B.Bjambasan(1989)의 품사분류체계를 대체로 수용하여 의미, 형태, 구조, 기능 등을 토대로 하여 단어를 먼저 중심어(gol üg)와 보조어(tuslax ügs)로 크게 둘로 나누었다. 전자의 특징으로는 독립적인 어휘적 의미를 지니고, 파생법에 의해 형성되며, 문장의 독립적인 성분으로 기능하며 굴절어미를 취할 수 있는 단어들로서 예를 들면 *xün, mal, mod, čuluu, öndör, nam, sain, muu, xojor, mjanga, deer, door, bi, či, ene, ter, jav, üz, nerle, xödöl* 등이 포함된다. 한편, 보조어 (tuslax ügs)에는 *ba, bögööd, tul, tölöö, šüü, daa, biz, lav, magad, jalangujaa, jer n′, mön, jostoi* 등이 포함되는 데, 이들은 독립적인 어휘적 의미가 없고, 파생법에 의해 형성되지 않으며, 문장의 독립적인 성분으로 기능할 수 없으며, 굴절어미를 취할 수 없는 특징을 지닌 단어들로서 문장내에서 단지 문법적 기능만을 갖는 것으로 분석된다.

중심어(gol üg)는 실사(bodot ügs)와 대사(tölöölöx ügs)로 나뉘고, 보조어 (tuslax ügs)는 접속사(xolbox ügs)와 부가사(čimex ügs)로 각각 나뉜다. 실사는 명사와 동사로 대사는 대명사와 대동사로 하위 분류되며, 다시 명사는 굴절성의 완전성의 정도 및 유무에 따라 실명사(žinxene ner), 장소시간명사(oron cagiin ner), 형용사(temdeg ner), 수사(toony ner) 등으로, 동사는 타동사(tusax üil)와 자동사(es tusax üil)로 각각 하위분류 된다. 한편, 접속사는 대등접속사와 종속접속사, 부가사는 전치부가사와 후치부가사로 각각 분류하였다. 또한 동사의 어미를 접속어미(xolbox nöxcöl)와 종결어미(tögsgöx nöxcöl)로 나누어 여러 학자들에 의해 다양한 용어로써 독립된 품사로 설정되었던 (형동사, 동명사, 시제사)[17]는 한정접속어미

---

17) *ült ner*라는 용어는 Schmidt(1832:57-68)에 의해 도입된 *pričastie*의 번역차용어로서, 몽골어 문법학자들에 의해 수용된 지 160여년이나 되었다. 현재까지 이에 대한 적어도 3-4가지 종류의 견해가 있는 데, A.Popov, A.Bovrovnikov등은 몽골어의 *üilt ner*가 형용사의 특징이 가장 두드러지는 것으로 보고 glagol′nye prilagatel′nye (동형사)로 명명하였고, Ramstedt, Poppe, B.Rinčen, Š.Luvsanvandan등은 *üilt ner*의 명사적 특징을 강조하여 *üiliin ner, cagt ner* (동명사, 시제사)등으로 명명하였다. A.Rudnev, G.D. Sanžeev등은

(todotgon xolbox nöxcöl)로 (부동사, 분사)는 연결접속어미(nöxcöldüülön xolbox nöxcöl)로 정의하고 종결어미는 시제종결어미(cagaar tögsgöx nöxcöl)와 인칭종결어미(bieer tögsgöx nöxcöl)로 분류하였다.

2.2.7 내몽골학자들의 몽골어 품사분류체계

淸格尒泰(1992)는 몽골어의 품사를 우선 靜詞類, 動詞類, 無變化詞類 등으로 크게 삼분하고 靜詞類는 名詞, 形容詞, 數量詞, 時位詞, 代詞 등의 하위범주로 나누고, 動詞類는 어미형태에 따라 式動詞, 副動詞, 形動詞로 나누고, 다시 그 유형별에 따라 實意動詞와 虛意動詞로 양분한 후 虛意動詞는 代動詞, 槪称動詞, 聯系動詞, 助動詞등으로 세분하였다. 한편, 無變化詞類에는 副詞, 情態詞, 摹似詞, 后置詞, 語气詞, 連接詞, 感情詞 등을 설정하였다.

領尒德木圖(1992)은 명사(ner üg), 형용사(temdeg üg), 수사(toony üg), 동사(üil üg), 대사(tölöönii üg), 부사(daivar üg), 후치사(dagvar üg), 불변화사(sul üg), 접속사(xolbox üg), 감탄사(ajalga üg)등으로 11품사체계를 제시한 후, 의미를 기준으로 더욱 상세한 분류를 시도하였다. 즉, 예를 들면 명사의 경우 인명이나 직업명사, 동식물 명사, 도구명사, 사물명사, 사회명사, 자연현상명사, 속성명사, 추상개념명사, 행위명사, 시기명사, 척도명사 등으로 분류하였으며, 또한 명사의 형태론적 구조를 토대로 기본명사와 파생명사로 나누었다. 수사의 경우에도 기수사, 서수사, 집합수사, 개수사, 분배수사, 반복수사, 부정수사, 제한수사, 분수사 등으로 분류하였다. 한편 어간동사와 파생동사로 분류된 동사의 종류에는 시제표시동사(cag zaax üil üg), 명령·원망동사(zaxirax xüsex üil üg), 형동사(temdeg üil üg), 부동사(nöxcöl üil üg) 등으로 나누었다.

본 절에서의 논의를 요약해 보면 다음과 같다. 전통적인 몽골어 품사

üilt ner의 동사적 특성이 가장 현저한 것으로 규정하고 동사류에 포함시켰다. 한편 A.Luvsandendev(1955)는 üilt ner의 명사적 특성(복수표지, 격표지, 재귀소유표지등과 결합함)과 동사적 특성(태,시제,상범주를 가지며 자동성,타동성을 아울러 가짐)중 어느 것도 지배적이지 못하기 때문에 명사와 동사의 중간적인 독립품사로 설정할 것을 제안하였다(Galsan S.K. 1976:162).

분류의 기준은 형태(form), 기능(function), 의미(meaning) 셋으로 축약되는 데 학자들의 언어관이나 언어단위로서의 단어 또는 낱말에 대한 규정에 따라 그 적용의 정도를 달리함으로써 다양한 품사분류체계가 시도되어 오고 있음을 개략적으로 살펴보았다. 또한 지금까지의 몽골어 품사분류체계에서 대체로 가장 지배적인 분류는 10품사체계-즉, 명사(žinxen ner), 형용사(temdeg ner), 수사(toony ner), 대사(tölöönii üg), 동사(üil üg), 부사(daivar üg), 첨사(sul üg), 접속사(xolboos üg), 후치사(dagvar üg), 감탄사(ajalga üg)-였음을 살펴보았다.

2.3 첨사에 관한 선행연구

현대몽골어의 첨사에 관한 연구는 특히 구어에서 그 쓰임새의 광범위함에 비하여 체계적이고 본격적인 분석이 이루어지지 않은 채 오늘에 이르고 있다. 그 이유 중 가장 중요한 요인은 명확한 품사분류체계의 정립이 없는 가운데 그간 첨사에 관한 정확한 정의 없이 크게 두 갈래의 방향에서 연구되어 오고 있기 때문이다. 즉, 첫 번째 범주에 속하는 학자들은 첨사를 불변화사와 동일한 것으로 보았기 때문에 불변화사 안에는 접속사, 첨사, 감탄사, 부사, 후치사 등의 곡용이나 활용어미를 취할 수 없는 일군의 낱말들을 모두 첨사로 정의하고 그 의미에 따라 더욱 하위분류를 시도하였다. 이들은 화자의 특정사실에 대한 태도나 평가 등을 나타내는 거의 모든 어휘를 첨사의 범주에 넣고 있다. 두 번째 범주의 학자들은 어휘론적인 측면에서 독립적인 의미를 갖지 못하지만 다른 낱말이나 구절, 문장 등의 원의미에 화자의 태도나 평가 등의 부가적인 의미를 덧붙여주는 일련의 형태소들을 첨사로 규정하여 그 의미에 따라 세분하고 있다. 즉, 이들은 첨사를 의미론적 측면에서 특정한 독립된 의미를 찾기 어려우며, 통사론적인 측면에서도 독립된 문장성분이 될 수 없는 한편, 독립된 낱말과 결합하여 화자의 평가, 태도 등의 양태의미를 나타내는 일부 소수의 낱말만으로 정의하였다. 본 절에서 우리는 선행연구에 나타나 있는 다양한 첨사의 분류와 정의를 살펴보기로 한다.

2.3.1 몽골 국내학자들의 첨사연구

Š.Luvsanvandan, B.Demčigdorž (1951:158-160)등은 명사처럼 격어미를
취할 수 없으며, 동사처럼 시제를 나타낼 수 없고, 문장에서 독립된 의미
로 사용될 수 없으며, 보조사처럼 단어들 사이의 관계를 가리킬 수 없고,
단지 어떤 한 단어에 의문, 긍정, 부정, 강조 등의 의미를 첨가해 주거나,
때로는 의미를 연결하거나 소리나 동작의 모습을 나타내는 단어를 모두
첨사(sul üg)이라고 칭하고 첨사의 범주에 수식첨사(čimeg sul üg), 접속
첨사(xolbox sul üg), 간투첨사(ajalga sul üg) 등의 셋을 포함시켰다. 즉,
문장에 어떤 새로운 의미를 첨가하는 첨사를 수식첨사, 문장성분들을 연
결하는 첨사를 접속첨사, 그리고 문장의 특정성분과 직접적인 관계를 갖
지 않고 호격어나 상징어로 기능하는 첨사를 간투첨사로 명명하였다. 또
한 수식첨사를 주로 의미를 토대로 1. 의문첨사(asuux sul üg)-'uu, juu,
be, ve', 2. 부정첨사(ügüisgex sul üg)-'ül, es', 3. 금지첨사(xoriglox sul
üg)-'büü, bitgii', 4. 강조첨사(batlax sul üg)-'l', 5. 양보첨사(dutagdax sul
üg)-'č, čig', 6. 반복첨사(davtax sul üg)-'bas, xüü', 7. 강조첨사(xüč
nemegdüülex sul üg)-'nen, maš, den, arai, cav (cagaan), nov (nogoon),
šav (šar)', 8. 동의첨사(zövšööröx sul üg)-'za' 등과 같이 여덟가지의 유형
으로 분류하였다. 한편, 접속첨사(xolbox sul üg)는 'ba'와 불구동사
(dutmag üil üg)의 부동사형인 'xiigeed, bögööd, bolood'으로 나누고, 간투
첨사(ajalguu sul üg)의 범주에는 'aa, ee, ii, evii, uuxai, tii tii, ura,
aajaajaa, pax, pöx'등의 감탄사와, 상징어인 'tas-njas, lug-lüg, pas-pis,
žan-žon, dan-don, pad-pid, čas-čus, sar-ser'등의 의성어와 'unžir sanžir,
tagdag tügdeg, gedeg godog'등의 의태어를 포함시키고 있다. 이러한 첨사
분류에서 궁극적으로 접속사와 간투사를 배제한 수식첨사의 분류와 해당
형태소를 도식화하면 다음 〈 표 2.1 〉과 같이 요약된다.

〈표 2.1〉 Š.Luvsanvandan, B.Demčigdorž (1951:158-160)의 수식첨사분류

1. 의문첨사(asuux sul üg)	uu^2, juu^2, be, ve
2. 부정첨사(ügüisgex sul üg)	ül, es
3. 금지첨사(xoriglox sul üg)	büü, bitgii
4. 긍정첨사(batlax sul üg)	l
5. 양보첨사(dutagdax sul üg)	č, čig
6. 반복첨사(davtax sul üg)	bas, xüü
7. 강조첨사(xüč nemegdüülex sul üg)	nen, maš, den, arai; cav, nov, šav
8. 동의첨사(zövšööröx sul üg)	za

E.Vandui(1966:224-232)는 첨사를 '개별 단어나 문장에 부가적인 의미와 양상(baimž baidal)의미를 첨가하며, 독립된 의미가 없는 보조사(tuslax üg)'로 정의하였다. 첨사는 어휘론적 측면에서 독립적인 의미를 갖지는 않지만 문장내의 성분과 밀접한 관련을 맺으며 일부의 첨사는 접미사와 마찬가지로 모음조화현상을 보인다. 또다른 첨사의 특징들 가운데에는 명사류나 동사류 처럼 굴절하지 않으며, 다른 품사들처럼 특정 단어로부터 새로운 첨사가 파생되지도 않으며 첨사 자체로부터 새로운 낱말을 파생하지도 않는다. 또한 첨사의 다른 모든 품사들과 결합할 수 있는 점을 중요한 특징으로 지적하였다. 그는 첨사를 여덟 부류로 세분하고 첫째, 긍정첨사는 화자가 자신의 발화가 진실임을 더욱 분명하게 밝히는 의미를 나타낸다. 둘째, 강조첨사는 어떤 문장성분의 특성이나 행위를 의미적으로 두드러지도록 하기 위하여 사용한다. 셋째, 의문첨사 'uu와 üü-(이하 'uu^2로 표기함)는 의문사가 없는 의문문에서 단모음이나 자음으로 끝난 술부의 뒤에 사용되며 장모음이나 이중모음으로 끝난 경우에는 'juu나 jüü-(이하 'juu^2로 표기함)가 사용된다. 한편, 의문첨사 'be나 ve-(이하 'be^2로 표기함)는 의문사가 있는 의문문에만 사용된다. 만약 의문사에 의미적 강세(utgiin örgölt)가 있는 경우에는 의문첨사 'be^2는 수의적으로 탈락할 수 있다. 또한 'bilee, bilüü, biz'등은 주로 긍정문에 사용되지만, 종

종 의문문에 사용되어 의문첨사의 기능을 하기도 한다. 넷째, 부정첨사는 특정사실이나 행위를 부정하는 의미로 사용되며 '*ül*'은 주로 형동사의 앞에, '*es*'는 직설법동사의 앞에서 사용된다. 한편, 구어에서는 '*ügüi*'나 '*-güi*'가 형동사 및 직설법동사 모두에 널리 사용된다. 그리고 동사류와 결합할 때 '*-güi*'는 직접 접미되고, 명사류의 뒤에 홀로 사용될 때 '*ügüi*'는 독립적으로 쓰인다. 부정첨사 '*biš*'는 모든 명사류의 뒤에 사용되며 부동사의 의도형과 형동사의 뒤에서 사용된다. 다섯째, 금지첨사 '*büü*와 *bitgii*'는 명령·원망법동사(zaxirax xüsex üil üg)의 앞에 사용한다. 여섯째, 직접지시첨사 '*mai*'는 흔히 강조첨사 '*l*'과 긍정첨사 '*daa*'와 결합하여 지시의 의미를 나타낸다. 일곱째, 동의첨사 '*za*'는 주로 문두나 문말에서 사용되며 문두에서는 권유(urialsan sanaa)의 의미로, 문말에서는 확인(lavšruulan batatgasan)의 의미를 나타낸다. 여덟째, 양태첨사 '*bii, bailtai, biz dee*'등은 발생중인 행위나 사실에 대하여 화자와 청자사이의 관계를 나타낸다고 각각 정의하였다. 이러한 분류와 해당 형태소를 정리 요약하면 다음과 같다.

〈 표 2.2 〉 E.Vandui(1966:224-232)의 첨사분류

1. 긍정첨사(batlax sul üg)	*šüi, daa⁴, bilee, mön, dag⁴*
2. 강조첨사(xüč nemegdüülex sul üg)	*l, č*
3. 의문첨사(asuux sul üg)	*uu², juu², be², bilee, bilüü, biz*
4. 부정첨사(ügüisgex sul üg)	*ül, es, ügüi, -güi, biš*
5. 금지첨사(xoriglox sul üg)	*büü, bitgii*
6. 직접지시첨사(šuud zaxiran tušaax sul üg)	*mai*
7. 동의첨사(zövšööröx sul üg)	*za*
8. 양태첨사(baimž sul üg)	*bii, bailtai, biz dee*

Š.Luvsanvandan(1968:84-94)은 이전의 학자들에 의하여 첨사로 명명되었던 일군의 불변화사를 단어어미(ügiin nöxcöl)에 대응되는 개념인 문장

어미(ögüülberiin nöxcöl)로 규정하였다. 그리고 문장어미에 속하는 형태소들은 단어와는 달리 어근을 갖지 않으며, 어근이 없으므로 당연히 접미사가 접미될 수 없다. 따라서 단어의 범주에 들지 않는다고 주장하였다. 단어어미는 문장내부의 단어들 사이의 관계를 나타내며 어간에 접미되는데 반하여, 문장어미들은 문장내부의 단어들 사이의 관계를 나타내지 않으며 다만 평서문을 의문문이나 강조문으로 만든다. 또한 어간에 직접 연결할 수 없으며 반드시 명사나 동사의 격어미나 재귀소유어미의 다음에 결합된다는 점에서 단어어미와는 상이한 특징을 갖는다. 그러므로 이들 형태소는 첨사도 아니고, 단어어미도 아닌 문장어미라고 주장하였다. 그리고 문장어미는 문장의문어미, 문장강조어미, 문장추정어미 등으로 크게 3분한 후 다음 〈표 2.3〉과 같이 양분법을 시도하여 다시 세분하였다.

〈표 2.3〉 Š.Luvsanvandan(1968:84-94)의 문장어미 분류

1. 의문어미 (asuux nöxcöl)	구별의문어미 (jalgan asuux nöxcöl)	-be, -ve
	일반의문어미 (jerönxii asuux nöxcöl)	$-uu^2$, $-juu^2$
2. 강조어미 (onclox nöxcöl)	확인강조어미 (batlan onclox nöxcöl)	$-šuu^2$
	증명강조어미 (magadlan onclox nöxcöl)	$-daa^4$
	구별강조어미 (salgan onclox nöxcöl)	-l
	비교강조어미 (zeregcüülen onclox nöxcöl)	-č
3. 추정어미 (baragcaalax nöxcöl)	예측어미 (taavarlan baragcaalax nöxcöl)	-biz
	예상어미 (töcöölön baragcaalax nöxcöl)	-šiv, -šig

그는 종래의 학자들에 의하여 부정첨사로 정의된 'ül, es, büü, bitgii'와 'nen, maš, jag···', 'xaga, but, cuu, njac ···', 'tas tas, xon xon, žin žin, *šir šir* …'등의 부사어들을 명사와 동사의 격어미나 재귀소유어미를 전혀 취할 수 없는 낱말인 무어미어(nöxcölgüi ügs)로 정의하고, 이들의 특징은 어미를 취할 수 없으며 분포위치의 관점에서 이들은 명사류나 동사류의 앞에 위치한다는 공통점을 갖는다고 논의하였다. 그리고 이들은 극소수의 동사, 시제사, 품질관계사와만 결합할 수 있다는 선택제약현상을 논의하였다. 즉 예를 들면 '*xaga, but, cuu, njac* …'등은 '*coxix, tatax, darax* …' 등의 극소수의 동사의 앞에만 오며 부정어(ügüisgex üg)인 '*ül, es*'는 시제사, 특히 동사의 격어미, 시제재귀어미(cagt xamaatuulax nöxcöl)를 가진 동사(즉, 직설법동사)의 앞에는 오지만 동사의 인칭재귀소유어미를 가진 동사(즉, 명령·원망법동사)의 앞에는 올 수 없다. 한편 금지어(xoriglox üg)인 '*büi, bitgii*'는 동사의 인칭재귀소유어미를 가진 동사의 앞에는 올 수 있지만, 다른 어미를 가진 동사의 앞에는 올 수 없는 특징을 지닌다고 설명하였다(Š.Luvsanvandan 1968:31-32).

G.Gantogtox(1987:131-139)는 첨사를 사물이나 특성을 가리키는 구체적인 의미가 결여된 언어단위로서 단어나 문장에 부가적 의미를 더해주며 화자의 감정이나 태도를 나타내 주는 보조사의 한 부류로 규정하였다. 또한 첨사는 문장내의 단어들과 밀접한 관계를 가지며 문장의 의미를 더욱 명확하게 해주며 명사나 동사처럼 단어형(ügiin xelber)을 파생할 수 없고 독립적인 문장성분이 될 수 없다고 논의하였다. 또한 일부의 첨사들은 문장성분들의 사이로 자유롭게 분포하여 어떠한 성분과도 결합할 수 있는 무제한의 자유(sul čölöötei)를 누린다고 보았다. 그리고 첨사는 구체적인 어휘적 의미가 없지만 사전에 표제어로 등재된다는 점에서 단어이며 다만 추상적인 관계의미만을 나타내는 독특한 단어로 규정하였다. 한편 동일한 보조사의 범주에 속하는 것으로 분류한 후치사나 조동사와 첨사 사이의 차이점에 대하여 그는 조동사의 성격이 첨사와 유사한 면이 있기는 하지만 근본적으로 동사이기 때문에 활용을 하는데 비하여 첨사는 굴절하지 않고, 또한 첨사는 문장들을 접속하지 않기 때문에 접속사와도 구별된다고 설명하였다. 그는 현대몽골어의 첨사에 대한 이전의 분류가, 예를 들면 긍정첨사, 의문첨사 등에서 볼 수 있듯이 일반적인 의미측면을 토대로 한 분류로 규정하고, 첨사가 지닌 추상적이고 가변적(xiisver xuviramtgai)

인 특질로 인하여 의문첨사는 주의, 감탄, 성가심 등의 다양한 의미를 나타내는 것으로 분석하였다.

〈표 2.4〉 G.Gantogtox (1987:131-139)의 첨사분류

1. 긍정첨사(batlax sul üg)	$šuu^2$, daa^4, dag^4, aa^4
2. 의문첨사(asuux sul üg)	be^2, uu^2, juu^2, aa^4
3. 강조첨사(xüč nemegdüülex sul üg)	l, č
4. 추정첨사(magadlax sul üg)	biz, šiv, vii
5. 부정첨사(ügüisgex sul üg)	ül, es, ügüi, -güi, biš, alga
6. 금지첨사(xoriglox sul üg)	bitgii, büü
7. 양태첨사(baimž sul üg)	za

C.Önörbajan(1994:226-231)은 수식사(čimex üg)를 '독립적인 어휘적 의미를 갖지 않고, 문법적인 굴절접미사를 취할 수 없으며, 전체 문장이나 문장내의 특정성분으로 표현된 사실에 대하여 화자가 어떠한 태도로 대하고 있는가를 나타내는 불변화사'로 정의하였다. 이러한 수식사의 정의에 따라 기존의 학자들에 의하여 첨사나, 부사로 분류된 일군의 어휘들을 모두 수식사의 범주에 포함시켜, 접속사와 함께 보조사의 범주에 넣고 다음 〈표 2.5〉와 같이 의미에 따라 세분하였다.

〈표 2.5〉 C.Önörbajan(1994:226-231)의 수식사 분류

1. 강의수식사 (erčimžüülen čimex ügs)	maš, nen, tun, ulam, čas, coo, pig, pad
2. 묘사수식사 (dürslen čimex ügs)	xaga, xuga, but, bjac, oglo, gud, šuu, cöm, njac, delbe, ser, žir, tar, pal, pül, šal, sün
3. 긍정수식사 (batlan čimex ügs)	šüü, daa^4, dag^4, jum, mön, jag, jer n´, lav, magad, ünexeer, jostoi, xeregtei, ergelzeegüi, garcaagüi, zailšgüi, jariangüi, damžiggüi, medeež, ünendee
4. 추정수식사 (baragčaalan čimex ügs)	biz, šiv, bii, barag, majagtai, tölövtei, bololtoi, magadgüi, bailtai

5. 의문수식사 (asuun čimex ügs)	*be (ve)*, *uu (üü)* ~ *juu (jüü)*
6. 부정수식사 (ügüisgen čimex ügs)	*ül, es, ügüi, biš (bus)*
7. 강조수식사 (onclon čimex ügs)	*č, l, jalanguyaa, zaaval, zövxön, gagcxüü,* *čuxamdaa, erx biš, jadaxdaa*
8. 금지수식사 (xoriglon čimex ügs)	*büü, bitgii, xereggüi, josgüi*

또한 그는 이들 수식사의 수식위치를 기준으로 하여 우선 피수식어구에 선행하는 선행수식사(ugtan čimex ügs)와 후행하는 후행수식사(dagan ugtan čimex ügs)로 분류하였다. 그리고 피수식어구를 문장과 문장내의 성분으로 정의한 후 성분선행수식사는 문장선행수식사(ögüülberiig ugtan čimex ügs)와 성분선행수식사(gišüüniig ugtan čimex ügs)로 분류하는 한편, 후행수식사(dagan ugtan čimex ügs)는 성분후행수식사(gišüüniig dagan ugtan čimex ügs)와 문장후행수식사(ögüülberiig dagan ugtan čimex ügs)로 각각 분류하였다.

한편, C.Önörbajan(1996:52-67)은 의미를 토대로 수식사의 종류를 구체적 수식사(bodit čimex üg)와 추상적 수식사(xiisver čimex ügs)로 나누고 구체적 수식사에는 긍정수식사(*mön*), 부정수식사(*biš*), 필연수식사(*jostoi, xeregtei, garcaagüi, argagüi*), 수의수식사(*josgüi, xereggüi*), 가능수식사 (*čadna, döngönö, bolomžtoi*), 불가능수식사(*čadaxgüi, döngöxgüi, bolomžgüi*), 추정수식사(*bololtoi, janztai, tölövtai, majagtai, bailtai, baix, bailgüi, magadgüi, bolzošgüi…*)등의 다양한 양태의미를 나타내는 비교적 독립적이거나 독립어로부터 보조사의 기능으로 사용되는 단어들로 규정하였다. 그리고 화자가 해당 문장내용을 통해 스스로에게나 청자에게 양태의미를 나타내는 단어들을 추상적 수식사(xiisver čimex ügs)라 칭하고 이에는 주의환기(anxaaruulan sanuulax)-*šüü*, 심사숙고(eregcüülen bodox)-*daa*, 과소평가(es toomsorlox)-*dag*, 불확신(ergelzex)-*biz, bii*, 질의(asuux)-*be, uu, juu*, 회상(dursax, möröödöx)-*san*, 의혹(sežiglex)-*šiv* 등의 수식사를 들고 이들은 언어발달과정에서 상대적으로 이른 시기에 생겼기 때문에 구체적

수식사(bodit čimex ügs)와 비교하면 독립적인 특성을 완전히 잃게 되었다고 주장하였다.

2.3.2 몽골 국외학자들의 첨사연구

Street(1963:125-131)는 문장첨사(sentence particle)를 의문첨사(interrogative particle), 강조첨사(emphatic particle), 개연첨사(probability particle), 비강조첨사(deemphatic particle)등으로 나누고, 특히 강조첨사, 가능첨사, 비강조첨사는 영어의 강세(stress)나 고저(pitch)유형에 아주 유사하게 상응한다고 설명하였다.

〈 표 2.6 〉 Street(1963:125)의 문장첨사(sentence particles)분류

1. 의문첨사(interrogative particles)	*be, ve, uu, üü*
2. 강조첨사(emphatic particles)	*aa, šüü, l*
3. 개연첨사(probability particle)	*biz*
4. 비강조첨사(deemphasizing particles)	*daa*

그는 여러 학자들에 의하여 부정첨사로 정의되어 온 *ül, es*와 금지첨사로 정의되어온 *büü, bitgii*를 *bjac, suga, tas, xemx* 등과 마찬가지로 일종의 불가분리부사(inseparable adverb)인 전치동사(preverbs)로 정의하였다. 전치동사는 하나 이상의 어간으로 구성되며 단일 형태소로 구성된 경우 어근 전치동사(root preverb), 동사어간에 부동사어미 '-ž', '-n'의 결합으로 이루어진 경우 연쇄 전치동사(sequence preverb)로 분류하였다. 한편, Poppe(1970:84-87)는 첨사의 특징을 불변화사(invariable)로 보고 이에는 의문첨사(interrogative particle), 부정첨사(negative particles), 연결-양보첨사(connective-concessive particle), 확인강조첨사(confirmative and emphasizing particles), 개연첨사(particles of probability), 부사첨사(adverbial particles)등으로 분류하였다.

〈 표 2.7 〉 Poppe(1970:84-87)의 첨사분류

1. 의문첨사(interrogative particles)	*üü* *šüü* *(negative interrogative particle)* *be*
2. 부정첨사(negative particles)	*güi, es, ül,* *büü, bitgii* *(prohibitive particle),* *biš, düi*
3. 연결-양보첨사 (connective-concessive particle)	*č*
4. 확인·강조첨사 (confirmative and emphasizing particles)	*dee, l, xöö*

　　淸格尒泰(1984:426-439, 1992:443-465)는 첨사(그는 語氣詞로 명명)를 독립된 어휘적 의미가 없으며 전체문장이나 문장내의 특정성분에 대한 화자의 심적 태도를 나타내는 추상적 어휘(xiisver üg)로 정의하였다. 情態 의미를 첨가해준다는 점에서 情態詞(xandlaga üg)18)와 유사하지만 훨씬 추상적인 단위로서 형태론적 굴절형을 가질 수 없으며 문장성분이 될 수 없고 다만 문말이나 문장의 어떤 성분의 뒤에 놓여 쓰이는 것으로 정의 하였다.

〈 표 2.8 〉 淸格尒泰(1992:443-465)의 첨사분류

1. 疑問語氣詞	*uu, bui, üü, jum, jum bui, ba, uu, biže, bišiü, geži üü*
2. 肯定語氣詞	*jum, šiu, šiü, da, de, šide, mön, bulai, buju, gem, aži, tai, tei.*

---

18) 그는 특정 사실이나 현상에 대하여 갖는 화자의 태도를 드러내어 주는 일군의 어휘들을 情態詞로 정의하였다. 그리고 의미에 따라 1. 추정정태사(예, *barag, ix tölöv, majagtai, magadgüi*…), 2. 긍정정태사(예, *jaag, ünendee, jer n´*…) 3. 필연정태사(예, *medežeer, jariagüi, garcaagüi*..), 4. 필수정태사(예, *xeregtei, jostoi, zaaval*…) 5. 강조정태사(예, *jalangujaa, zövxön, jaasan č*…)등으로 분류하고 있다(淸格尒泰(1984:416-420, 1992:425-431).

3. 否定語氣詞	*büü, bitegei, ügei, edüi, ülü, ese, biši, busu*
4. 回憶語氣詞	*bilee*
5. 推量語氣詞	*biže, biže de, baiq-a, bii, bui ž-a, ba*
6. 轉述語氣詞	*gen-e, gen-el-e*
7. 質責,驚歎語氣詞	*gekül-e, geži-e, gedeg ni*
8. 强調語氣詞	*la, ülü, ül, ügei, saja, darui, geži*
9. 讓步語氣詞	*ču, čiv, čig, ču gesen*
10. 呼喚,感歎語氣詞	*a*

領兪德木圖(1992:376-390)는 첨사를 독립적인 어휘적 의미가 없으며 문장이나 문장내의 어떤 성분에 특별한 의미를 첨가해주는 어휘로 정의하고 첨사의 특징을 의미론, 형태론, 통사론의 층위에서 논하고 있다. 첫째, 첨사의 의미론적 특징으로 의미론적인 측면에서 독립적이지 못하며 단순히 '의문, 긍정, 금지,…등의 다양한 부가적 의미를 나타낼 뿐이다. 둘째, 첨사의 형태론적 특징으로는 명사류나 동사류와는 달리 첨사는 굴절하지 않는다. 다른 품사들과는 달리 어근이나 어간이 될 수 없으며 다른 품사에 접속되어 새로운 첨사를 파생하지도 않는다. 또한 접미사와 다른 점은 첨사가 어떠한 품사와도 확고한 연관성이 없다는 점을 들고 있다. 셋째, 통사론적 특징으로는 일부의 첨사는 문장에서 다양한 품사와 어울려 사용된다. 그러나 관련된 낱말과 합하여 단일성분의 역할을 할 뿐 독자적인 독립성분이 될 수는 없다고 규정하였다.

〈 표 2.9 〉 領兪德木圖(1992:378-390)의 첨사분류

1. 의문첨사(asuux sul üg)	*bui, uu*
2. 긍정첨사 (batlax sul üg)	*šüü, daa, šid, mön*
3. 강조첨사(xüč nemegdüülex sul üg)	*čuu, l, xö*
4. 부정첨사(ügüisgex sul üg)	*ül, es, ügüi, biš, bus*
5. 금지첨사(xoriglox sul üg)	*büü, bitgii*
6. 반복첨사(daxix sul üg)	*bas*
7. 추정첨사(tösöölön sul üg)	*biz, baix*

8. 서술첨사(toočix sul üg)	*jum*
9. 회상첨사(durdax sul üg)	*bilee*
10. 호격첨사(duudax sul üg)	*aa*
11. 동의첨사(zövšööröx sul üg)	*za*
12. 지시첨사(tušaax sul üg)	*mai, mei*
13. 요구첨사(šaardax sul üg)	*al'*
14. 명령첨사(zaxirax sul üg)	*jostoi, xeregtei*
15. 추측첨사(magadlax sul üg)	*magad, magadgüi, bololtoi*

2.3.3 선행 첨사연구의 문제점

앞에서 간략하게 살펴본 바와 같이 주로 구어에서 널리 쓰이는 첨사에 대한 연구는 단순한 분류작업에 불과한 것이었으며 명확한 분류기준의 부재로 인하여 학자들 사이에 아직까지도 의견의 일치를 보지 못하고 있는 개념이다. 또한 이들의 첨사에 관한 연구는 고작 몇 페이지의 분량에 불과하며 본격적인 연구논문은 단 한편도 없는 실정이다.[19] 즉, 첨사에 관한 의미기술은 몽골 국내학자로는 G.Gantogtox (1987:131-139)와 C.Önörbajan (1994 : 226-231), 몽골 국외학자로는 Street(1963:125-131), 清格尓泰(1984:426-439, 1992 : 443-465), Kullmann & Tserenpil (1996: 326-349)등의 극소수학자들의 단편적인 연구 이외에는 거의 전무하다고 할 수 있을 정도이다. 이들 선행연구의 문제점으로는 첫째, 첨사의 종류와 첨사 형태소의 규정에 일관성이 없다. 그 결과 동일한 형태소가 학자에 따라 상이한 종류의 첨사로 분류되기도 하고, 상이한 의미를 지닌 형태소들이 동일한 항목의 첨사로 분류되기도 하였다. 둘째, 단순히 개별

---

19) P.Bjambasan은 필자와의 私信에서 여러 학자들이 분류해 놓은 첨사(sul üg) 들을 형태론적 관점에서 하나의 동일한 범주로 분류할만한 공통적 특질이 거의 없다고 주장하였다. 그는 규칙이나 원인을 규명하기 어려운 항목들을 쓸어 담는 'sul ügiin xüüdii'(첨사자루)라는 냉소적인 용어가 몽골어학자들 사이에 생긴 것도 이러한 현상과 무관하지 않으며, 첨사범주는 결국 잡동사니들의 거대한 덩어리가 되고 말았다고 개탄하였다.

형태소의 중심의미를 토대로한 의미론적 분류에 그치고 있기 때문에 몽골어 첨사의 가장 큰 특징인 중첩현상, 즉 첨사연쇄체의 의미와 기능을 규명하지 못하였으며, 더구나 이들 첨사연쇄체의 내부에는 선형적 선행관계가 엄격하게 준수된다는 사실을 간과하였다. 셋째, 첨사연쇄체의 공기관계 및 서법과의 호응관계가 존재하는 사실도 역시 간과하였다. 우리는 본 절에서 첨사의 의미에 관한 이들의 자의적인 분석을 간략하게 살펴보기로 하자.

G.Gantogtox(1987:131-139)는 긍정첨사의 용법을 '화자가 이야기하고 있는 내용에 대하여 '참'임을 확인긍정할 때 사용된다'고 정의하고 $\check{s}\ddot{u}\ddot{u}^2$, daa^4, dag^4을 긍정첨사로 제시하였다. 그러나 그는 이들 첨사들의 의미를 그것이 부가되는 문장의 의미와 혼돈함으로써 지나치게 수많은 의미를 나타내는 것으로 보았다. 즉 (1)에서

(1) a. Dugar min′ bid ix buruud-laa daa.
   Dugar 1Poss we(Nom) greatly blunder-Pst DAA
   '도가르야 우리가 크게 잘못하였다.'

b. jav-san xereg but-lee   dee.
   go-Pft affair be-fulfilled-Pst DAA.
   '갔던 일이 이루어졌다.'

c. Er xun čin′ xezee iim bai-laa daa.
   male man 2Poss when such be-Pst DAA.
   '사내대장부가 언제 이러하였던가.'

d. Xezee teg-ž   xel-lee dee ge-ž   sana-sn-aa⋯
   when do-that-way-Smlt tell-Pst DAA say-Smlt think-Pft-Refl
   '언제 그렇게 말했던가 하고 생각하고서⋯'

(1a.)는 우려나 근심(setgel zovnison baidal), (1b)는 흡족함이나 즐거움(setgel xanaž bajassan baidal), (1c.)는 재촉이나 요구(nexmžilsen öngö ajas), (1d.)는 심사숙고(eregcüülen sanagalzax öngö ajas)의 의미를 각각 덧붙여주고 있다고 보았다. 한편 그는 다음 (2)에서

(2) a. Odoo bid   xojor ja-na   daa.
　　　now   we(Nom) two   do what-NPst   DAA
　　　Zovlon(g)-ooc jaž angužr-(a)na   daa.
　　　hardship-Abl   how become-free-from-NPst DAA
　　　'이제 우리 둘은 어떻게 하나. 고통으로부터 어떻게 벗어나나.'

　　b. Xuu min′ ger-t-ee   xar′   daa.
　　　son 1Poss house-DatLoc-Refl   return DAA
　　　'애야 집으로 돌아가자.'

　　c. Mor′toi   č bol-oosoi   doo.
　　　horse-Comit Č become-Opt   DAA
　　　'말이라도 가졌으면 얼마나 좋을까.'

　　d. Bol′ doo,   bol′.
　　　stop DAA,   stop
　　　'그만 둬, 그만.'

　　e. Minii   mor′ alduur-čee   dee.
　　　I(Gen) horse come-loose-Pst DAA
　　　'내 말이 고삐가 풀렸다.'

　　f. Bi   čamaig   neg čad-″ja   daa, gaigüi.
　　　I(Nom) you(Acc) one outwit-Vol DAA, all right
　　　'좋아 내가 너를 한번 혼내주겠다.'

 (2a.)는 걱정이나 불안(setgel tügšsen ajas), (2b.)는 다정함(enxriilsen öngö ajas), (2c.)는 소망(xüssen öngö ajas), (2d.)는 성가심(tövögšöösön öngö), (2e.)는 추측(taamaglasan öngö ajas), (2f.)는 맹세(andgailsan öngö)의 의미를 각각 나타내는 것으로 분석하였다. 우리는 이러한 그의 분석이 전혀 설득력이 없는 것임을 쉽게 알 수 있다. 즉, 그의 주장을 받아들인다면 첨사 daa^4가 가질 수 있는 의미에는 아무런 제한이 없게 된다는 것을 뜻하기 때문이다. 왜냐하면 첨사 daa^4가 나타날 수 있는 문장의 수에는 한계가 없기 때문에 우리는 그때마다 표현되는 문장의미는 첨사 daa^4의 의미라고 분석해야만 할 것이다. 그러나 이러한 의미들은 원래의

문장에 나타나 있던 의미이지, 수의적 요소인 첨사 *daa*[4]로 인하여 덧붙여
진 의미는 아닌 것이다.

   한편, 이러한 그의 첨사의미 분석은 동의첨사로 규정되어 오고 있는 *za*
에서 가장 두드러지게 보인다. 그는 *za*에는 동의의 의미 이외에도 화자의
다양한 감정을 표출한다고 주장하고 이것을 양태첨사로 명명하였다.

(3) a. Za xuu min´, nadad   neg örgödöl bič-(i)ž   al´.
      Part son 1Poss, I(DatLoc) one application write-Smlt hand
      '자 애야, 나에게 청원서 하나 써주어라'

    b. Za   jaršig, üg   old-loo.
      Part trouble, word be-too-many-Pst
      '자 귀찮아, 쓸데없이 떠벌렸다.'

    c. Za   baiz,   jaa-ja   daa.
      Part wait-a-moment do-what-Vol DAA
      '자 가만있자 어떻게 할까.'

    d. Za   xar-(a)v   uu?
      Part   look-Pst   Q?
      '자 보았니?'

    e. Za   jaa-x-(a)v,   teg-´je.
      Part do-what-Irs-Pst, do-that-way-Vol
      '자 어쩌겠나, 그러자.'

    f. Za   ašgüi,   či   bai-(g)aa jum bai-na.
      Part wonderful, you(Nom) be-Impf   JUM be-NPst
      '자 잘 되었다, 너 있었구나.'

    g. Za baiz, za baiz, jaa-x   ve   aa
      Part wait-a-moment, do-what-Irs Q Voc
      '자 가만있자, 자 가만있자 어떻게 하지.'

    h. Za   xüü min´, xaa(n)-aas xaa xür-č   jav-na daa.
      Part son 1Poss, where-Abl where reach-Smlt go-NPst DAA
      '자 애야, 어디서 어디로 가는 건가?'

    i. Za   daa,   xür-eed   ir-čix-lee   dee.
      Part DAA, reach-Ant come-Int-Pst DAA
      '자 이제 도착했다.'

  (3a.)에서는 요구(šaardax öngö ajas), (3b.)에서는 성가심(tövögšöösön öngö ajas), (3c.)에서는 체념(arga barsan öngö ajas), (3d.)에서는 비꼼 (tavlaž jegöödsön öngö ajas), (3e.)에서는 결의(šiidsen öngö ajas), (3f.)에 서는 만족(setgel xanasan öngö ajas), (3g.)에서는 당혹감(bačimdax sandarsan öngö ajas), (3h.)에서는 간투사의 기능(ajalga ügiin üüreg), (3i.)에서는 확인강조(lavšruulan batatgasan setgeliin öngö)등의 어조를 각각 띤다고 분석하였다. 그러나 이처럼 다양한 의미는 개별적인 *za*만에 의한 것이 아니라 *za*와 결합하여 굳어진 표현들인 (3a.) *Za xüü min´,* (3b.) *Za jaršig,* (3c.) *Za baiz,* (3d.) *Za xarav uu,* (3e.) *Za jaaxav,* (3f.) *Za ašgüi,* (3g.) *Za baiz,* (3h.) *Za xüü min´,* (3i.) *Za daa*등의 간투 사의 의미이다(B.Ragčaa 1966:304-307), (D.Badamdorž 1997:190-191).

3. 현대몽골어의 첨사

우리는 현대몽골어의 첨사를 몇 가지 기준에서 다음과 같이 정리할 수 있겠다.

첫째, 형태론적 기준에서 보면 현대몽골어의 첨사는 명확한 어근이 없으며 따라서 파생접사와 결합하여 새로운 단어를 형성할 수 없다. 또한 곡용어미나 활용어미 등의 굴절어미를 취할 수 없다. 둘째, 의미론적 기준에서 독립된 어휘의미를 갖지 못하지만 문장내의 특정성분이나 전체 문장과 결합하여 특정한 부가의미나 양태의미를 나타낼 수 있다. 셋째, 통사론적 기준에서 독립된 문장성분이 될 수 없지만 문장내의 특정성분이나 문장전체와 결합하여 부가적인 의미를 나타낸다.[20]

우리는 이들 첨사를 그 의미와 분포를 토대로 그 위치가 고정되어 있는 고정첨사(fixed particle)와 상대적으로 자유로운 분포를 보이는 유동첨사(floating particle)로 크게 이분할 수 있다. 그리고 고정첨사에는 양태첨사, 의문첨사, 부정첨사와 금지첨사 등이 해당되며, 유동첨사에는 한정첨사가 속한다. 본 장에서는 이들 첨사들의 개별적인 의미와 기능, 그리고 첨사연쇄체의 내부순서를 논의하기로 한다. 이를 위하여 3.1에서는 고정첨사로 규정한 양태첨사, 의문첨사, 부정첨사와 금지첨사를 논의하고 3.2에서는 유동첨사로 규정한 첨사 *č*와 *l*의 통사·의미론적 특성을 고찰한다. 3.3에서는 첨사연쇄체의 선행관계에 관한 제약과 몽골어의 문장구조를 분석한다.

---

20) Particles carry no lexical meaning in themselves but express all kinds of emotional expressions. The sentence structure is intact even without them. Almost without exception, they are written separately and not added directly like a suffix. They are not declined. (Kullmann & Tserenpil 1996:326)

3.1 고정첨사

3.1.1 양태첨사

서법(Mood)은 '문장의 내용에 대한 화자의 심적 태도를 표현하는 것'으로 이 법은 동사의 형식으로 실현되는 통사적 범주이다(Jesperson 1924:313-321). 한편, 양태(modality)는 문장이 표현하는 명제에 대한 화자의 견해나 태도로 정의된다(Lyons 1977:452). 즉, 자연언어에서 양태는 문장이 뜻하는 사건에 대한 화자의 믿음, 앎, 희망, 의도, 필연, 당위, 확실성, 가능성 등등을 의미하는 것으로 결국 문장내용에 대한 화자의 정신적 태도로 정의할 수 있다. 이렇게 본다면 서법과 양태[21]는 화자의 태도의 문법적 실현여부를 문제로 하는 표리관계에 있는 것으로 볼 수 있다(안명철 1983:2). 화자의 태도를 나타내는 다양한 언어표현 중에서 양태첨사들에 의하여 드러나는 태도를 우리가 특별히 양태라고 구별하여 하나의 문법적인 범주를 설정하는 것은 이들이 다른 언어표현들과는 구별되는

---

21) Song(1997:69)은 몽골어의 양태가 굴절어미(inflectional suffixes), 우설적 표현 (periphrastic expressions), 문장첨사(sentence particles)에 의하여 표현된다고 논의하고 있다. 그는 Bybee & Fleishman(1995:6)이 제안한 행위주-지향양태(agent-oriented modality), 화자-지향양태(speaker-oriented modality), 인식양태(epistemic modality)등의 구분을 받아들이고 있다. 즉, 행위주-지향양태란 주술어(main predicate)가 지칭하는 행위의 완수와 관련하여 행위주에 부과된 조건들의 존재를 알리는 모든 양태의미를 내포한다. 이것은 곧, 의무, 필요, 능력, 희망, 의도, 의지, 가능성 등의 개념을 가리킨다. 그리고 화자-지향양태는 화자가 청자에게 승낙하는 발화와 지시행위(directives)-명령, 요구, 요청, 간청, 경고, 권유, 권고-등의 화행(speech act)을 담고 있다. 한편, 인식양태는 어떤 상황하에서 명제에 대하여 가지고 있는 화자의 앎이나 믿음에 대한 논리적 태도를 가리키는 것으로서 흔히 가능성, 추론된 확실성 등을 나타낸다. 이러한 구분을 토대로 그들은 행위주-지향양태가 동사, 조동사, 불구속첨사(non-bound particle)등에 의해 표현되며 나머지 두 양태는 굴절에 의해 표현되는 경향이 강하다고 논하였다. 또한 행위주-지향양태로부터 화자-지향양태가 인식양태로 발전한다는 통시적 경향의 보편성을 제안하였다. Song(1997)은 몽골어의 행위주-지향양태와 화자-지향양태의 경우는 그들의 주장이 옳지만, 인식양태는 굴절이 아닌 문장첨사에 의해 표현되며 일부의 굴절어미는 인식양태와 관련되어 있음을 지적하였다.

몇 가지 특징을 공유하고 있기 때문이다. 즉, 이들 양태첨사들은 모두 문법화과정(grammaticalization process)을 거쳐 형성되었으며, 특히 통사론적으로 양태첨사들이 나타내는 양태의미가 부정의 영향권에 들지 않으며, 문장의 주어와 화자 사이에 관련된 화용론적인 특징을 양태첨사가 보유하고 있음을 논의할 것이다.

양태첨사들의 의미를 분석하는 방법으로는 양태첨사가 출현하는 발화의 전후문맥이나 담화의 상황과 관련지어 고찰하기로 한다. 양태첨사가 부가된 문장들은 문법적인 관점에서는 적격이지만 실제적인 담화맥락에 사용된 발화의 관점에서는 부적격한 경우들이 흔히 있다. 이것은 결국 양태첨사의 의미와 기능에는 화용론적인 요인들이 긴밀하게 연관되어 있다는 증거이다. 따라서 우리는 실제적인 담화맥락 속에서만 양태첨사들의 핵심적인 의미파악이 가능한 것으로 보며 현대몽골어의 양태범주를 규명하기 위해서는 연구대상을 구어로 국한할 수밖에 없다고 믿는다.

3.1.1.1 *šüü* (주의환기)

첨사 *šüü*가 나타내는 양태의미에 관하여 논의한 학자들의 정의는 다음과 같다.

(1) (i) This particle is originally from the construction : biš + üü, i. e. : bišüü ＞ šuu／šüü.
In some usages the original meaning : "is it not" can still be traced. In modern usage as a particle it serves to emphasize the preceding statement. Also it is used to stress a fact of which the hearer may not be aware. (Hangin 1968:100)

(ii) The particle /šɯɯ/ is a negative interrogative particle corresponding to French n'est-ce pas?. It is used in rhetorical questions, e.g. /bi jabəlaa šɯɯ/ 'I went, didn't I?' (Poppe 1970:85)[22]

---

22) 그러나 Poppe가 제시하고 있는 예는 잘못된 분석이다. 즉, 아래 (i)에서

(iii) The particle /šɯɯɯ/ occurs only as a sentence particle; it
has a longer variant /bišɯɯɯ/. /šɯɯɯ/ expresses certainty or
emphasis on the part of the speaker, often with surprise
that he or the hearer has not hitherto been aware of some
fact. (Street 1963:127-128)

(iv) /šiu, šiü/는 적극적인 긍정이나 시인을 나타내는 어기사이다.
(淸格尒泰 1991:449)

(vi) 통보긍정(*medeelen batlax*), 주의긍정(*anxaaruulan batlax*), 강
조긍정(*onclon batlax*) (C.Önörbajan 1994:228)

(vii) The particle 'šüü' express the speaker's commitment to the
truth of the proposition being expressed. (Song 1997:133)

이들의 논의에서 Hangin(1968), Poppe(1970), Street(1963) 등은 *šüü*의
기원이 *biš* + üü 형식의 '부정소+의문첨사'의 부정의문 구조로부터 기원
하여 강조의 서법의미를 지닌다는 주장과 주로 몽골국내학자들에 의하여
정의되고 있는 '긍정', '시인'의 의미로 크게 둘로 나누어진다고 볼 수 있
다.23)

(i) Ta   nar jav-(a)x-güi   bol   bi   jav-laa šüü.
    you(Nom) Pl go-Irs-Neg   cond   I(Nom) go-LAA ŠÜÜ.
    '당신들이 가지 않으면 내가 가겠다'
    'javlaa'는 '동사어간+과거시제의미'의 구성으로 이루어져 있지만, 결코 과거
    시제의 의미를 갖지 않는다. 오히려 가까운 미래사실에 대한 기술로서 '나는
    지금 곧 가겠다'는 의미이다.

23) L.Mišig(1978:261)은 *šüü*가 구어에서 다른 단어와 결합하여 특정사물에 대한
    화자의 불쾌감이나 과소평가, 경시 등을 나타낸다고 설명한다.

(i) a. Nögöö   togoo   šüü jum(an)-d-aa   xool-oo   čana-arai.
       the-very cooking-pot šüü thing-DtLc-Refl meal-Refl boil-Hort
       '그 솥같은 것에 음식을 끓여라.'

    b. Za, jav-san šüü bol-(o)x-oos   doo.
       well, go-Pft šüü become-Irs-Abl DAA
       '자, 간 것처럼 하는 수밖에...'

    c. Ene zaluu ažil   šüü jum xii-deg.
       this young work šüü thing do-Hab

이제 첨사 *šüü*의 문장내에서의 기능과 의미를 살펴보기로 하자.

(2) a. Xadbaatar sain böx.
    Xadbaatar good wrestler.
    '핟바타르가 훌륭한 씨름선수다.'

  b. Ted   ažl-aa   duus-aa-güi.
    they(Nom) work-Refl finish-Impf-Neg.
    '그들이 일을 끝내지 않았다.'

  c. Činii   jar′-dag čin′ čono biš.
    you(Gen) say-Hab 2Poss wolf Neg
    '네가 늘 말하는 것은 늑대가 아니다.'

  d. Manai xon′ ene žil sain targal-(a)x-güi bai-ž med-ne.
    we(Gen) sheep this year well grow-fat-Irs-Neg be-Smlt
    know-NPst.
    '우리 양은 금년에 살이 잘 안 찔지도 모른다.'

(2a.)는 두 개의 명사구가 계사 없이 주술관계를 맺고 있는 문장이다.
(2b.)는 타동사인 형동사의 부정형이 술부를 구성하며, (2c.)는 (2a.)와
마찬가지로 계사가 없이 보어기능을 하는 명사구가 주어인 형동사와 주
술관계를 맺고 있다. (2d.)에서는 추정의 의미를 나타내는 형식인 -ž
*medne*이 술부의 핵을 이루고 있다. 즉 (2a.b.c.d.)는 첨사의 부가가 없이
도 완전한 문장으로 사실에 관한 평이한 서술에 해당한다. 이들 문장에
첨사 *šüü*가 부가된 (3)에서는

(3) a. Xadbaatar sain böx   šüü.
    Xadbaatar good wrestler ŠÜÜ
    '핟바타르가 훌륭한 씨름선수다 ŠÜÜ.'

  '이 젊은이는 일같은 것을 한다.'
  그러나 (ia.b.c)에 나타난 *šüü*는 첨사가 아닌 후치사 *šig*(like)의 변이형이다(Dž.
Luvsandordž 1985:228).

b. Ted   ažl-aa   duus-aa-güi   šüü.
   they(Nom) work-Refl   finish-Impf-Neg   ŠÜÜ
   '그들이 일을 끝내지 않았다 ŠÜÜ.'

c. Činii   jar'-dag čin' čono biš šüü.
   you(Gen) say-Hab 2Poss wolf Neg ŠÜÜ
   '네가 늘 말하는 것은 늑대가 아니다 ŠÜÜ.'

d. Manai xon' ene žil sain targal-(a)x-güi bai-ž med-ne šüü.
   we(Gen) sheep this year well grow-fat-Irs-Neg be-Smlt
   know-NPst ŠÜÜ.
   '우리 양은 금년에 살이 잘 안 찔지도 모른다
   ŠÜÜ.' (C.Önörbajan 1996:57)

 (3a.)에서는 명사의 뒤에, (3b.)에서는 형동사의 부정형 뒤에, (3c.)는
명사의 부정첨사 뒤에, (3d.)에서는 추측의 양태의미를 지닌 우설적표현
-*ž medne*의 뒤에 양태첨사 *šüü*가 각각 부가되고 있다. (3a.)에서 화자는
*Xadbaatar*가 훌륭한 씨름선수임을 단언함으로써 청자의 주의를 환기시키
는 서법의미를, (3b.)에서는 '그들이 일을 다 끝내지 않았다'는 사실을 청
자에게 보고함으로써 청자의 주의를 환기시키는 양태의미를, (3c.)에서는
청자가 잘못 알고 있는 사실을 첨사 *šüü*의 부가에 의하여 청자의 주의를
환기시키는 서법의미를, (3d.)에서는 '우리 양이 금년에는 잘 자라지 못
할 것'이라는 추정을 첨사 *šüü*의 부가에 의하여 확인해 주고 있다. 결국
양태첨사 *šüü*는 문장의 의미가 완결된 상태로 끝난 문미에 부가되어 명제
내용의 참임을 단언함으로써 청자의 주의를 환기시키고 있음을 알 수 있
다. 또한 첨사와 본문간에는 선택제약이 있음을 다음 (4)에서 볼 수 있다.

(4) Manai   xon' ene žil   sain targal-(a)x-güi
    we(Gen) sheep this year well grow-fat-Irs-Neg
    bai-ž   med-ne   {*biz, šiv, *bii, *deg}.
    be-Smlt know-NPst {BIZ, ŠIV, BII, DAG}

본문에 부가된 *{biz, šiv, bii, dag⁴}*은 선행연구에서 이미 살펴본 바와 같이 추정첨사로 정의되어 오고 있는데 (4)의 비문성은 본문에서 우설적 표현에 의하여 나타나는 추정의 양태의미에 다시 추정첨사를 덧붙일 수 없다는 것을 보여주고 있다. 한편 이들 추정첨사들의 경우와는 달리 첨사 *šüü*는 화자자신의 확신과 단언을 나타내므로 흔히 부사 '*jag*(exactly), *lav*(certainly), *magad*(definitely), *ünexeer*(really), *jostoi*(truely), *ergelzeegüi*(undoubtedly), *garcaagüi*(unquestionable), *zailšgüi*(inevitably), *jariangüi*(needless to say), *damžiggüi*(no doubt), *medeež*(of course), *ünendee*(actually), *jer n´*(generally)' 등과 공기하여 본문 명제내용의 참임을 더욱 강조하게 된다 (C.Önörbajan 1994:226-231). 따라서 다음 (5)와 같은 문장은 극히 어색하거나 이상한 발화가 되고 만다.

(5) a. ?Manai   delxii-d   ganc   nar bai-dag šüü.
     we(Gen) world-DtLc single sun be-Hab ŠÜÜ.
     '세상에는 단 하나의 태양이 있다 ŠÜÜ.'

    b. ?Delxii   tenxleg-ee toir-(o)n   erge-deg   šüü.
     Earth   axis-Refl   go round-Assoc revolve-Hab ŠÜÜ.
     '지구는 지축을 회전한다 ŠÜÜ.'

(5a.b.)의 본문명제는 청자에게 특별히 주지시키거나 주의를 환기시킬 필요도 없는 사실들로서 첨사 *šüü*의 부가로 인하여 문법성이 나빠진 예들이다.

한편, 첨사 *šüü* 는 첨사 *daa*와 결합하여 *šüü dee*형식의 이중첨사를 구성한다. 이러한 구성은 '주의환기'의 양태의미를 나타내는 것으로 파악한 단순형 *šüü*와 어떻게 다른가?

(6) a. Manai   delxii-d   ganc nar bai-dag šüü   dee.
     we(Gen) world-DtLc single sun be-Hab ŠÜÜ DEE.
     '세상에는 단 하나의 태양이 있다 ŠÜÜ DEE.'

    b. Delxii tenxleg-ee toir-(o)n   erge-deg   šüü dee.

    Earth   axis-Refl go round-Assoc revolve-Hab ŠÜÜ DEE.
    '지구는 지축을 회전한다 ŠÜÜ DEE.'

즉, 동일한 본문에 부가된 *šüü dee*형식의 이중첨사는 (5a.b.)와는 달리 정문을 이루고 있다. 이러한 의미상의 차이는 다음의 두 사람의 대화에서 확인할 수 있다.

(7) A : Eež   ee,   Solongos-yn sar   žižig-xen bai-na.
       mother Voc, Korea-Gen   moon tiny-Dim be-NPst.
       '엄마, 한국의 달은 조그마 하네.'
   B : Manai delxii-d ganc-xan *l* sar bai-dag{?šüü, šüü dee}
       we(Gen) world-DtLc single-Dim *L* sun be-Hab{ŠÜÜ, ŠÜÜDEE}.
       '이 세상에는 달이 하나 밖에 없단다'
       Tiim bol-(o)x-oor   Solongos-yn   sar   žižig-xen biš ee.
       so   become-Irs-Instr Korea-Gen   moon tiny-Dim Neg Voc.
       '그러니까 한국의 달은 조그맣지 않아.'
   A : Teg-vel manai Mongol sar(an)-d oirxon bai-dag jum uu?
       do-thus-Cond we(Gen) Mongol moon-DtLc near be-Hab JUM Q.
       '그렇다면 우리몽골이 달에서 가까운건가?'

(7)은 한국에 체류한지 얼마 안되는 두 모녀사이의 대화로 어린 딸인 A는 '세상에는 여러 개의 달이 있는데 한국의 달은 몽골의 달에 비하여 작다'고 생각하여 A와 같은 발화를 한다. 그리고 B는 A의 믿음이 그릇된 것이라는 것을 설명해 주기 위하여 첨사 *šüü dee*를 본문명제에 부가하고 있다. 그러나 아직은 정신연령이 낮은 A는 다시 의문을 갖는다. 이들 모녀의 대화와 마찬가지로 다음의 두 부부의 대화에서도 유사한 현상을 발견할 수 있다.

(8) A : Manai   xon´ ene žil sain targal-(a)x-güi   baix   aa.
       we(Gen) sheep this year well grow-fat-Irs-Neg be-Irs Voc.

'우리 양이 금년에는 살이 잘 찌지 않을 거야'

B : jaa-ž   bai-na?

do what-Smlt   be-NPst?

'어째서요?'

A : Gov′-iin mal-d   Xangai-n övs urgamal neg ix sain

Gov′-Gen livestock-DtLc Xangai-Gen grass plant one very well

taar-dag-güi   jum {?šüü, šüü dee}

fit-Hab-Neg   JUM {ŠÜÜ, ŠÜÜ DEE}

'고비지역의 가축들에게 항가이의 풀은 그다지 잘 맞지 않아

{ŠÜÜ, ŠÜÜ DEE}.

B : aa, tiim uu?

Oh, so Q?

'아, 그래요?'

이 대화의 배경상황은 고비지역에서 항가이지역으로 유목을 하고 있는
부부 사이의 대화로 남편A의 발화에 대하여 부인인 B는 의아스러운 질문
을 하고 있다. 그리고 A는 첨사 *šüü dee*를 부가한 A발화로 설명하고 이에
대하여 B는 비로소 납득하게 된다. 이러한 예들로부터 우리는 첨사 *šüü*의
양태의미는 청자에 대한 화자의 '주의환기'가 가장 두드러지며, 첨사 *šüü*
*dee*는 '설명'이나 '단언'이 일차적임을 알 수 있다.24) 토박이화자들은 A의

---

24) Ju.Mönx-Amgalan(1997:31)은 술부의 뒤에 첨가되어 나타나는 부가형태들이
    담화의 인칭지시속성을 구별하여 표명하는 기능(ögüülemǰiin biye zaax šinžiig
    jalgan ilerxiilex üüregtei)을 가진다고 논의하고 있다. 가령, *šüü*는 화자로부터
    청자를 향하여 발화한 특성을 지니고 있음에 비하여, *daa⁴*는 화자가 일차적으
    로 자신을 향하여 발화한 특성을 나타낸다고 분석하였다. 그리고 이들 첨사의
    중첩형인 *šüü dee*는 화자에게 확신과 믿음을 주는 '설득'(ünemšüülex)이 핵심
    의미이며, 여기에 '해명'(učirlax), '권유'(jatgax), '선동'(uxuulax), '상술'(toočix)
    등의 부가적인 의미가 덧붙어 나타난다고 설명한다. 한편, 清格尓泰(1991:451)
    는 단축형인 *šid(e)*는 긍정의 의미를 띠고 있지만 객관적, 소극적인 입장에서
    어떤 사건을 받아들인다는 의미이며, 이에 비해 *šii de*는 긍정적인 태도를 표
    현할 때 적극적으로 설명하거나 설득을 통하여 상대방을 확신시키려는 의미를
    띠고 있다고 논의하였다.

두 번째 발화에는 청자에 대한 불만인 '*Či üüniig meddeggüi jum uu?*'(너는 이것도 모르고 있느냐?'라는 의미가 함축되어 있다고 응답해 준다. 또한 다음 (9)에서 이들의 차이를 보면

(9) A : Önöödör Maikl Žordan-tai   en zeregč-(e)x   sagsan bömbögč
        today   Michael Jordon-Comit be-a-match-for-Irs   basket-
        ball-player
        bai-x-güi {šüü, ?šüü dee}
        be-X-Neg {ŠÜÜ, ŠÜÜ DEE}
        '현재 마이클 조던과 겨룰 농구선수는 없다{ŠÜÜ, ŠÜÜ DEE}.'
    B : Arai   č dee.   Bai-x *l* jos-toi{?šüü, šüü dee}
        somewhat Č DAA. be-Irs L rule-Comit{ŠÜÜ, ŠÜÜ DEE}
        '그렇지 않을 걸, 틀림없이 있다{ŠÜÜ, ŠÜÜ DEE}.'

(9A.)는 첨사 *šüü*에 의하여 청자의 주의를 환기시키면서 청자를 대화의 맥락 속으로 끌어들이는 기능을 하고 있고 이에 비하여 첨사 *šüü dee*는 화자와 이미 마련된 대화의 맥락 속에서 자신의 확신이나 믿음을 화자에게 적극적으로 주장하여 납득시키는 기능을 하고 있음을 알 수 있다.[25]

---

25) Street(1963:130)는 첨사연쇄체 *šüü dee*의 구성을 강조첨사(emphatic particle)와 비강조첨사(deemphatic particle)의 결합체로 분석하고 이 연쇄체는 불확실성의 기미를 지닌 단언이나 전혀 의혹의 여지가 없는 단언을 만드는 것으로 제의하였다.

(i) a. Ügüi, či   čin′ nad   neg yum zaxi-ž   bai-san <u>šüü dee</u>.
       No, you(Nom) 2Poss I(DtLc) one thing order-Smlt be-Pft ŠÜÜ DEE
       '아니, 너는 나에게 어떤 물건을 주문하였다 ŠÜÜ DEE.'
   b. Manai   uls-yg   xailuur togoo ge-deg   <u>šüü dee</u>.
      we(Gen) country-Acc melting pot   say-Hab ŠÜÜ DEE
      '우리나라를 용광로라고 부른다 ŠÜÜ DEE.'
   즉 (ia.)에서 화자는 '청자가 화자에게 어떤 물건을 사다줄 것을 부탁한 사실'을 확신하고 있으며, (ib.)에서 화자는 '우리나라가 용광로로 불리움'을 의심의 여지가 없는 명백한 사실로 진술하고 있다. 이때 첨사 *daa*[4]의 기능은 무뚝뚝함을 순화시켜 주는 것으로 제의하고 그는 첨사연쇄체 *šüü dee*에서 첨사 *daa*[4]가 없다면 이와 같은 단언은 지나치게 무뚝뚝한(overly blunt) 것으로 들린다고 설명

한편, (9B)의 *Arai č dee*의 *arai*는 부정의 맥락에만 나타나는 부정극어 (negtive polarity item)로 원래의 완전한 문장은 '*Arai č ügüi bailgüi dee.*' 에서 '부정소+계사'의 구조인 *ügüi bailgüi*가 모두 생략됨으로써 생긴 불완전한 구조이다. 이제 첨사 *šüü*와 *šüü dee*가 문법성의 차이를 보이는 또다른 구문을 살펴보기로 하자.

(10) a. {Bi, *Či, Ter} čamd   ix   bajarl-(a)san{šüü, *šüü dee}
       {I, You, He} you(DtLc) greatly thank-Pft{ŠÜÜ, ŠÜÜ DEE}
       '{나, 너, 그}는 너에게 무척 고마웠다{ŠÜÜ, ŠÜÜ DEE}.'

   b. {Bi, *Či, Ter} ix   uitgarl-(a)san{šüü, *šüü dee}
       {I, You, He} greatly become-lonely-Pft{ŠÜÜ, ŠÜÜ DEE}
       '{나, 너, 그}는 무척 외로웠다{ŠÜÜ, ŠÜÜ DEE}.'

   c. {minii, činii, tüünii} sanaa ix   zov-son{šüü, *šüü dee}
       {my, your, his}   mind greatly worry-Pft{ŠÜÜ, ŠÜÜ DEE}
       '{나, *너, 그}는 무척 근심하였다{ŠÜÜ, ŠÜÜ DEE}.'

(10)의 예들은 모두 주어의 심리상태를 나타내는 동사들26)로서 1인칭과 3인칭 주어는 허용하지만 2인칭주어는 허용하지 않는 인칭제약현상을

하였다. 우리는 첨사연쇄체 *šüü dee*에 관한 이러한 설명이 설득력이 없음을 즉시 간파할 수 있다. 왜냐하면 그가 제시한 단언의 종류는 확실성의 관점에서 서로 상반된 것으로서 예측가능성이 전무할 뿐만 아니라 문제는 첨사연쇄체 *šüü dee*가 이러한 단언을 구성하는 것이 아니라, 단순히 이러한 문맥에 출현하고 있을 뿐이라는 사실이다. 한편, Song(1997:135)은 첨사연쇄체 *šüü dee*의 구성을 확실성첨사(certainty particle)와 강조첨사(emphatic particle)의 결합체로 분석하고, (ii)와 같이 화자가 강한 확신을 가지고 단언을 하며 청자의 완전한 동의를 기대하는 맥락에서 나타난다고 주장하였다.

(ii) Bi čamaig xeden sar gui-ž bai-na <u>šüü dee</u>. (Hangin 1973:277)
    I(Nom) you(Acc) several month ask-Smlt be-NPst ŠÜÜ DEE
    'I have been begging you for several months (as you know).'

26) 현대몽골어에서 (10)과 같은 인칭제약현상을 보여주는 심리동사에는 *sanaa zobox*(to worry), *uitgarlax*(to grieve), *buximdax*(to be nervous), *bačimdax*(to hurry), *gansrax*(to lose heart), *setgel gonsoix*(to be disappointed), *sanaagaar unax*(to be despondent)등이 있다.

볼 수 있다. 그리고 첨사 *šüü*는 허용하는 반면 첨사 *šüü dee*는 비문을 형
성함을 아울러 보여 준다. 이제 이 첨사가 내포문 속에 나타날 수 있는
지의 여부를 살펴보기로 하자.

(11) a. Ene övgön   togloom *č* ge-sen   onož xel-ž   šüü ge-ž
　　　 this old man joke Č say-Pft right tell-Pst ŠÜÜ say-Smlt
　　　 Gongor dotr-oo   bod(o)-v.(侯万庄 1990下:467)
　　　 Gongor inside-Refl think-Pst
　　　 '이 노인은 농담이어도 옳게 말했다 ŠÜÜ'라고 공고르는 마음속
　　　 으로 생각하였다.
　　 b. Ene övgön togloom *č* ge-sen onož xel-ž šüü dee ge-ž
　　　 this old man joke Č say-Pft right tell-Pst ŠÜÜ DEE
　　　 say-Smlt Gongor dotr-oo   bod(o)-v.
　　　 Gongor inside-Refl think-Pst
　　　 '이 노인은 농담이어도 옳게 말했다 ŠÜÜ DEE'라고 공고르는
　　　 마음속으로 생각하였다.

현대몽골어에서 인용보문소의 기능을 하는 *gež*가 이끄는 내포문 속에
첨사 *šüü*와 *šüü dee*는 출현할 수 있음을 (11)은 보여준다. 한편, 첨사 *šüü*,
*šüü dee*등의 종결어미와의 공기관계와 부가적인 의미는 다음 장에서 자세
히 논의한다.

3.1.1.2 *daa*^{4} (단언)

첨사 *daa*^{4}에 관한 선행연구로부터 그 양태의미와 기능은 다음 (12)와
같이 요약할 수 있다.

(12) (i) The particle '*daa*^{4} seems to have a deemphatic meaning
　　　　 (although most writers call it emphatic). Ordinarily when
　　　　 occurring without a preceding sentence particle, this

particle adds an overtone of impatience or lack of enthusiasm. (Street (1963:125)

(ii) /*dee*/ complies with the vowel harmony. It emphasizes a statement, e.g. /bagši irnə *dee*/ ' the teacher will, of course, come; /bi tanaedə očin *doo*/ 'I shall by all means go to you'.(Poppe 1970:87)

(iii) The particle '*daa*[4]' is an emphasizing particle used to express the correctness of a statement. also used to emphasize one's genuine feeling.(Hangin 1973:305)
The particle '*daa*[4]' expresses a number of different shades of meanings which can be divided into the following categories : self-deprecatory nuance, nuance of resignation, nuance of impatience. When used after imperative form, the particle '*daa*[4]' indicates the impatience of the speaker. However, the situation and modification of tone, etc. can change the impatient overtone and give it an emphatic meaning. (Hangin 1968:136-137)

(iv) 소극적 긍정이나 객관적 사실을 소극적으로 받아들이는 태도를 나타낸다. 의문문 이나 희망명령문에 부가되면 더욱 부드럽고 온화한 의미를 띠게 된다.(清格尒泰 1991:449)

(ⅴ) The sentense particle '*daa*' stresses and emphasizes a statement. However, it is difficult to translate its exact meaning into English.(Song 1997:134)

이처럼 첨사 *daa*[4]에 대한 선행연구자들의 의미분석은 각각 자신들의 언어직관에 따라서 긍정, 강조, 비강조 등으로 상이하게 제시되고 있다. 동일한 형태소에 대한 상이한 이들의 분석 가운데에서 우리는 과연 어느 것이 첨사 *daa*[4]의 양태의미에 관한 합당한 설명인지 규명해 보자.

(13) a. Xair-tai   amrag   min′ čamtai-(g)aa   xavr-yn sar-d-aa
        love-Comit   sweetheart 1Poss you(Comit)-Refl spring-Gen
        month-DtLc-Refl uulz-(a)na daa.(Ju.Mönx-Amgalan 1995:111)
        meet-NPst DAA.
        '사랑하는 연인이여, 그대와 봄철에 만날 것이다.'
     b. Xereg-güi č Samdan-(g)iin ug(en)-d   or-(o)b   uu daa.
        use-Neg Č Samdan-Gen   word-DtLc enter-Pst Q DAA.
        '쓸데없이 삼당의 말을 들었나.'
     c. Öčigdör nadtai uulz-san xuu Čolmon biš dee.(C.Önörbajan1996:57)
        yesterday I(Comit) meet-Pft sun Čolmmon Neg DAA.
        '어제 나와 만난 아이는 출몽이 아니다.'

   (13a.)는 민요의 한 구절로 첨사 *daa*[4]는 비과거 시제표지의 뒤에 부가
되어 화자는 사랑하는 연인을 반드시 만나겠다는 결의나 확신을 나타낸
다. (13b.)는 흔히 독백 투의 말투로 의문첨사 'uu[2]'에 부가되어 직접적인
질문의 발화수반력을 약화시키는 효과를 갖는다. (13c.)에서는 부정첨사
가 부가된 명사구 보어의 뒤에 부가되어 있다. C.Önörbajan (1996:57)은
이들 예에 나타나는 첨사 *daa*[4]의 의미를 '숙고 · 통보(*eregcüülen
medeelex*)'로 분석하였다. 한편, Hangin(1968:136-137)은 첨사 *daa*[4]의 의
미를 다음 (14)에서

(14) a. Manai-x   zurgaa(n) zuu-(g)aad   ail,
        we(Gen)-PossPro six   hundred-about household,
        tavi(n) mjang-aad   mal-tai   daa.
        fifty   thousand-about livestock-Comit DAA.
        '우리는 600여 가구에 5만여 마리의 가축을 소유하고 있다.'
     b. Či jav-″ja ge-ž   bai-val jav daa.
        you go-Vol say-Smlt be-Cond go DAA.
        '너 가겠다면 가라.'
     c. Sonin juu bai-na.   jar′-čix daa !

news   what be-NPst.   talk-Int   DAA.
'새 소식이 뭐니, 이야기해라!'

(14a.)에서 화자는 '5만여 마리'의 가축이 그다지 많지 않은 수량임을
나타내고 첨사 daa^4의 의미를 자기비하나 겸손(self-deprecatory), (14b.)
에서는 체념(resignation), (14c.)에서는 초조(impatience)로 셋으로 나누
고 있다. 그러나 이러한 의미는 첨사 자체의 고유한 의미라기 보다는 첨
사가 부가되기 이전의 문장에 이미 나타나 있는 의미와 발화상황의 맥락
으로부터 수반되는 의미이다. 즉, 상황에 따라서는 (14a.)는 겸손이 아니
라 오히려 자랑이나 과시하는 의미로도 쓰일 수 있다. 토박이 화자들은
(14a)에서 부유함에 대한 만족감이나 은근한 부의 과시의 의미가 오히려
더 두드러진 것으로 응답하였다. 또한 (14b.)에서의 '체념'의 의미는 첨사
의 의미라기 보다는 부동사의 조건형어미 -val형태소를 가진 부사절과 명
령형어미를 가진 주절술어와의 관계에서 파생되는 의미이다.27) 또한 토
박이화자들은 오히려 이 구문에서 jav daa는 첨사가 부가되지 않은 단순
명령형 jav에 비하여 더욱 부드럽고 다정한 권유의 의미를 띠는 것으로
설명하고 있다. 마찬가지로 (14c.)에서도 화자의 '새로운 소식을 듣기 위
하여 청자에게 채근'하는 의미는 첨사 daa^4에 의해 나타나는 것이 아니라
전체 문맥과, 특히 동사어간 + 완료상 강조의 접미사 čix의 결합에 의하
여 드러난다(Kullmann & Tserenpil 1996:133-134). 첨사 daa^4의 의미를
파악하기 위하여 문형에 따라 몇 가지 부류로 나누어 보면,

(15) a. Ašgui, boroo or-(o)x n′ dee.(Ju.Mönx-Amgalan 1995:114)
     wonderful, rain   fall-Irs 3Poss DAA

---

27) (14b.)는 내몽골 방언의 용례로서 본고에서 다루고 있는 할흐방언에서는 다음
    (ia.b.)와 같이 표현한다.
 (i) a. Či   yav-″ya ge-vel   yav daa.
        you(Nom) go-Vol   say-Cond go   DAA
     b. Či   yav-maar bai-val yav daa.
        you(Nom) go-MAAR be-Cond go DAA
        '너 가고 싶으면 가거라.'

'잘됐어, 비가 (당장이라도) 오겠는 걸'

b. Ter oxin ödiid 30 garsan nas-tai bai-x˙ učir-tai daa.
that girl at this time 30 over age-Comit be-Irs reason-Comit DAA.
'그 여자아이는 지금쯤 서른을 넘었음에 틀림없다 DAA.'

(15a.b.)는 평서문의 문미에 첨사 daa^4가 부가되었다. 일부의 토박이 화자들은 (15a.)는 '비가 오는 것'에 대해 기뻐하는 감정을 분명히 나타내준다고 응답했다. 또한 (15b.)에서는 '그 여자아이가 30세를 넘었다'는 분명한 판단의 근거가 있음을 나타내는 부가적 의미를 갖는다고 응답했다. 그러나 그들은 다음 (16)에서는 정반대의 응답을 보였다.

(16) a. Bas *l* boroo or-(o)x n´ dee.
again *L* rain fall-Irs 3Poss DAA.
'또 비가 오겠는 걸'

b. Ter oxin ödiid 30 gar-san nas-tai bai-x učir-tai
that girl at-this-time 30 pass-Pft age-Comit be-Irs reason-Comit.
'그 여자아이는 지금쯤 30을 넘었음에 틀림없다.'

(16a.)에서는 '비가 오는 것'에 대해 싫어하는 감정을 나타내준다고 응답했다. 즉 '어제나 그제나 할 것 없이 매일같이 비가 온다'는 의미를 나타낸다고 응답하였다. 우리는 (15a)와 (16a.)의 유일한 차이는 부사어구의 차이에 불과함에도 불구하고 이처럼 상반된 응답으로부터 이것이 첨사 daa^4의 핵심적인 의미일 수는 없다는 것을 확인할 수 있다. 마찬가지로 (15b.)와 첨사 daa^4의 부가가 되지 않은 (16b.) 사이의 의미적인 차이를 명확히 구분할 수 없으며 다만 어쩐지 (15b.)가 더 자연스러운 발화로 들린다고 응답한다. 한편 의문첨사의 뒤에 첨가된 첨사 daa^4의 의미에 대해서는

(17) a. Za baiz, ter čin´ tuulai žil-iin zun san bil üü dee.
well just-a-moment, that 2Poss hare year-Gen summer SAN

> BIL Q DAA.
> '자 가만있자, 그것이 토끼해 여름이었던가.'

b. Dam-yn naimaa(n)-y tal-aar   zaalt xas-(a)gd-aa juu daa.
   indirect-Gen trade-Gen side-Instr directive exclude-Pass-Impf
   Q DAA.
   '중간소매상에 관한 규정이 없어진 것은 아닐까'
   (Ju.Mönx-Amgalan 1997:12)

(17a.)는 과거시제를 나타내는 *baisan*의 축약형인 *san*과 회상의 의미를 나타내는 *bilee*의 축약형 *bil*에 의문첨사 *üü*가 결합하여 이미 지난 사건을 발화시점으로 옮겨와 보고하는 의미를 나타낸다. 의문첨사의 뒤에 첨가된 첨사 *daa*[4]의 기능은 청자로부터 정보를 얻어내려는 행위인 적극적인 질문의 발화수반력을 약화시켜, 주로 독백의 표현처럼 스스로에게 자문하는 형식을 만든다. 또한 (17b.)와 같이 화자가 명백한 근거나 확증이 없이 단순한 추정과 확신의 결여상태를 아울러 나타낸다. 이제 명령문의 경우를 보기로 하자.

(18) a. Či naadam öngör-(g)ööd jav daa.(Ju.Mönx-Amgalan 1997:202)
        you(Nom) fesival   pass-Ant   go   DAA.
        '너 축제나 끝나고 가라 DAA.'
     b. Ta   xojor naaš-aa   suu *l* daa.
        you(Nom) two   hither-Refl sit *L* DAA.
        '너희들 둘 이쪽으로 앉아라 DAA.'

(18a.b.)는 몽골어 명령문의 전형적 형식인 동사의 어간형태의 뒤에 첨사 *daa*[4]를 부가한 구조이다. 이러한 첨사 *daa*[4]의 부가는 첨사 *daa*[4]가 부가되지 않은 구조에 비하여 명령의 단호함을 순화시켜 부드러운 권유형식으로 들리도록 만드는 것 같다고 토박이 화자들은 응답한다. 특히 (18b.)의 첨사중첩형 '*l* + *daa*'는 화자의 간절한 요청의 함의를 갖는다 (Street 1963:130). 우리는 이들 문장유형과 관련하여 첨사 *daa*[4]에는 특

별한 양태의미가 없으며 또한 일부 학자들의 정의에서 볼 수 있듯이 '강
조'의 의미는 전혀 없는 것으로 분석한다. 즉, 첨사 *daa*⁴는 문장전체의 음
조를 고르는 기능을 할 뿐 특별한 양태의미는 없다고 주장한다.[28] 이제
첨사 *daa*⁴의 몇 가지 특수한 용법에 관하여 살펴보자.

(19) a. Dorž-iin jari-san jum   ünen / bai-(g)aa {daa, *šüü, *biz}

---

28) 侯万庄(1990上:242)은 첨사중첩형 *l daa*는 (ia.b.)와 같이 시제종결어미 *-na*⁴
에 부가될 수 있지만, (ic.)에서와 같이 *-žee, -v, -laa*⁴등의 어미 뒤에는 부가
될 수 없다고 논의하고 있다.

(i) a. Üüniig   urtasga-ž,   boginosgo-ž bol-no   / doo.
   this(Acc) lengthen-Smlt shorten-Smlt become-NPst *L* DAA
   '이것을 늘일 수도 줄일 수도 있다 l daa.'

   b. Büü   sandar, bagš   udaxgüi ir-ne   / dee.
   Proh hurry, teacher soon   come-NPst *L* DAA
   '서두르지 마라. 선생님이 곧 오신다 / *daa*.'

   c. Damdin kino gar-tal   üzesgelen üz-{*-žee, *-v, *-lee} / dee.
   Damdin movie come-out-Term exhibition see-{Pst, Pst, Pst} *L* DAA
   '담딩은 영화가 나올 때까지 전시회를 구경하였다 / *daa*.'
   (ia.b.)에서 첨사중첩형 *l daa*는 본문에 부가되어 (ia.)에서 '이것은 늘일
   수도 있고 줄일 수도 있는 물건이지만 그대로 방치하고 있다'는 의미를 나
   타내고, (ib.)에서는 '선생님이 곧 오시기는 하지만 서두르거나 당황할 필
   요가 없다'는 의미이다. 즉, 첨사중첩형 *l daa*의 후행문은 대부분 'getel,
   tegtel, gevč'등의 접속사가 자연스럽게 뒤따른다. 따라서 논리적인 인과관
   계의 순서가 전도된 (ib.)는 할흐방언 화자들이 어색하거나 이상한 발화로
   받아들이고 있다. 또한 (ic.)에서 처럼 과거시제 종결어미와 첨사중첩형 *l
   daa*는 허용되지 않는 비문법적 결합형으로 규정되고 있지만 할흐방언에서
   는 (iia.b.)와 같이 완전히 문법적인 문장으로 받아들여지고 있다. 그리고
   첨사중첩형 *l daa*의 부가로 인하여 청자는 화자의 이후의 발화가 전혀 예
   상하지 못하는 의외의 사실에 관한 것임을 미리 알 수 있다.

(ii) a. Bat xeden žil-iin   ömnö Ulaanbaatar-t suu-ž bai-ž(ee) / dee.
   Bat several year-Gen before Ulaanbaatar-DtLc stay-Smlt be-Pst *L* DAA
   '바트는 몇 년 전에 올란바타르에 살고 있었다…(그런데 그때…)'

   b. Bid   xödöö neg malčin   ail-d   or-loo   / doo.
   we(Nom) country one herdsman household-DtLc enter-Pst L DAA
   '우리는 시골에 한 목부의 가정으로 들어갔다…(그런데 알고 보니…)'

Dorj-Gen talk-Pft JUM true L be-Impf
'도르찌가 이야기한 것이 사실일까?'
b. Muu eež min′ sain suu-dag l bai-(g)aa{daa, *šüü, *biz}
   bad   mother 1Poss well live-Hab L be-Impf
   '어머니가 편히 계실까?'

　(19a.b.)에서 구어에서 널리 사용되는 'l baigaaˊ daaↃ' 형식은 특별한 억양형을 지닌 관용적 표현으로서 다른 요소가 개입 할 수도 없고 앞서 살핀 예들과는 달리 첨사 daa^4는 수의적 요소가 아니라 필수적 요소이다. 이 형식의 의미는 '의혹'과 '기원'을 나타낸다고 토박이화자들은 응답했다. 즉, (19a.)에서 화자는 도르찌의 말의 진실성에 대해 반신반의하면서도 사실이기를 간절히 바라는 의미를 띠며, (19b.)에서도 화자는 어머니가 편안히 지내시기를 간절히 기원하고 있다.29) 이러한 사실은 다음 (20)의 비문성에서도 확인할 수 있다.

(20) a. *Ter ene xurald amž-(i)ž   ir-deg l bai-(g)aa daa.
        (s)he this meeting have time-Smlt come-Hab L be-Impf DAA.
        Ter ir-(e)x-güi   bai-(g)aasai
        (s)he come-Irs-Neg be-AASAI
        '그가 이 회의에 정시에 참석할까? 그가 오지 않으면(참 좋을

---

29) (19b.)의 주어 명사구는 아래 (ia.)와 같은 구성으로서 토박이화자들은 (ib.)와 동일한 의미를 갖는다고 보고한다.
　(i) a. {muu, *sain} + 명사 + {maan′,   min′}
　　　　{bad, good}   {1Poss(Pl), 1Poss(Sg)}
　　 b.{manai,   minii, *bidnii} + {muu, *sain} + 명사
　　　 {we(Gen), I(Gen), we(Gen)} {bad, good}
　　 (ia.)에서 형용사 muu와 sain의 부가에 의한 문법성의 차이로부터 이 구성의 표면적인 자기비하(self-demeaning)의 의미는 '화자가 스스로를 낮춤'으로써 청자를 존대하는 효과를 띠게되는 언어일반적인 원칙과는 달리 오히려 배타적인 친소나 유대관계를 나타낸다. 또한 (ib.)에서 볼 수 있듯이 일인칭대명사·복수·속격형의 청자배제형은 허용하는 반면, 청자포함형의 경우는 후행하는 형용사의 성격과 무관하게 언제나 부적격형을 초래한다.

텐데)′

   b. *Muu eež   min′ muu suu-dag *l* bai-(g)aa daa.
     bad   mother 1Poss bad live-Hab *L* be-Impf DAA.
     '어머니가 편찮으실까?'

(20a.)의 비문성은 '그가 회의에 참석한다는 사실이 믿어지지 않지만 참석하기를 간절히 바라면서도, 후행문장에서는 그가 오지 않기를 바람으로써 논리적 모순이 생겼다. (20b.)에서는 일반적으로 자신의 어머니가 불편하기를 바라는 자식은 없다는 상식과 배치되는 명제내용이어서 비문으로 된다.

첨사 *daa*⁴의 또다른 관용적 표현으로는 이와 정반대 되는 의미를 나타내는 *-dag*⁴ *baigaa daa*의 형식이다.

(21) a. Dorž margaaš ir-deg   bai-(g)aa daa.
     (Ju.Mönx-Amgalan 1995:112)
     Dorj tomorrow come-Hab be-Impf DAA.
     '도르찌가 내일 올지 모르겠어'
   b. Margaaš   tenger čelmeleg bai-dag bai-(g)aa daa.
     tomorrow weather clear   be-Hab be-Impf DAA.
     '내일 날씨가 맑을지 모르겠어'

(21a.)에서 화자는 '내일 도르찌가 오지 않으면 어떻게 하나'라는 우려나 염려를 나타내고 있다. (22b.)에서도 화자는 '내일 날씨가 맑지 않으면 어떻게 하나'라는 우려나 염려를 나타내고 있다. 이 표현의 특징은 부정소가 전혀 나타나지 않음에도 불구하고 부정적인 측면의 의미가 두드러지게 나타난다는 점이다.

이상의 논의로부터 우리는 첨사 *daa*⁴의 의미를 양태의미에 있어서는 중립적인 첨사로 분석한다. 따라서 첨사 *daa*⁴의 양태의미에 관하여 전술한 정의(12)에서 清格尒泰 (1991:449)의 분석 (12iv.)가 가장 적절한 것임을 확인한다. 이와 같이 양태의미에 있어서의 소극적, 중립적 성격의 단언은

첨사 *daa⁴*가 지닌 다양한 문종결어미들과의 자유로운 결합가능성을 설명
하여 준다. 다양한 형태의 문종결어미에 의하여 나타나는 서법의미와 양
태첨사 *daa⁴*사이에 아무런 충돌이나 모순이 발생하지 않는 현상은 곧바로
첨사 *daa⁴*의 양태의미가 대부분의 선행연구에서 제안된 바와 같은 '강조'
나 '역설'이 결코 될 수 없다는 사실의 반증이 된다.

한편 첨사 *daa⁴*는 비과거 시제표지의 형동사의 탈격과 결합하여 '특정
사건에 대한 화자의 내키지 않음'을 나타내는 관용적 어구를 형성한다.
즉, 다음 (22)는 특정 행위에 대하여 마음이 내키지는 않지만 어쩔 수 없
이 이행해야만 하는 것을 나타내는 형식들이다.

(22) a. {Bi, *Či, *Ter} margaaš tedentei   uulz-(a)x-aas daa.
         {I, you, (s)he} tomorrow they(Comit) meet-Irs-Abl DAA.
         '{나, 너, 그}는 내일 그들과 만날 수밖에'

     b. {Bid, *Ta nar, *Ted nar} tüüntei   xamt   jav-(a)x-aas daa.
         {we, you Pl, they Pl} he(Comit) together go-Irs-Abl DAA.
         '{우리, 당신들, 그들}은 우리들과 함께 갈 수밖에'

     c. {Bi, Či, Ter} margaaš tedentei   uulz-(a)x-aas
         {I, you, (s)he} tomorrow they(Comit) meet-Irs-Abl
         öör   arga bai-x-güi dee.
         other way be-Irs-Neg DAA.
         '{나, 너, 그}는 내일 그들과 만날 수밖에 없다 DAA'

(22a.b.)는 주어 인칭제약현상을 보여주고 있는 예로서 2, 3인칭의 주
어와는 공기할 수 없으며 1인칭 단수나 복수의 주어와만 어울림을 보여
준다. 한편, 축약형이 아닌 (22c.)에서는 주어 인칭제약이 해소되고 있음
을 보여준다.30)

---

30) 화자의 '내키지 않는 마음'이나 '마지못함'을 나타내는 관용적인 표현으로
    -xaas biš yax ve? 도 구어에서 흔히 사용된다(Dž. Luvsandordž 1985:221).
    (i) a. Teg-vel   bi   ene nom-yg unš-(i)x-aas biš ja-x   ve.
           do-so-Cond I(Nom) this book-Acc read-X-Abl   Neg do-what-Irs Q

3.1.1.3 dag^4 (확실성)

C.Önörbajan(1996:52-67)은 화자가 해당 문장내용을 통해 스스로에게 나 청자에게 양태의미를 나타내는 단어들을 추상적 수식어(*xiisver čimex ügs*)라 칭하고 dag^4은 특정사실에 대한 화자의 과소평가(*es toomsorlox*)를 나타내는 수식어로 정의하였다. 앞 절의 선행연구에서 대부분의 학자들에 의하여 긍정이나 단언첨사로 정의되었음을 살펴보았다. 그러나 이들은 첨사 dag^4의 분류만 제시하였을 뿐 뚜렷한 용례는 그다지 들지 않았다.

(23) a. Olon üg-güi tomootoi-d   n′ bol-son   jum dag uu?
    many word-Neg mature-DtLc 3Poss become-Pft JUM DAG Q?
    '말수가 적고 점잖아서 그렇게 된 일인가?'(E.Vandui 1966:225)
  b. Teg-ž xel-ž jar′-san jum dag uu daa.(G.Gantogtox 1987:133)
    do-so-Smlt say-Smlt talk-Pft JUM DAG Q DAA.
    '그렇게 이야기 하였던 것인가?'

(23a.b.)는 추정의 의미를 나타낼 뿐 긍정이나 단언의 의미는 없다. 즉, (23a.b.)는 혼자만의 생각이나 중얼거림에 해당한다고 토박이 화자들은 응답하였다. 또한 이 예들은 다음 (24)와 같이 양태의미를 손상하지 않고 바꿀 수 있다.

(24) a. Olon üg-güi tomootoi-d   n′   bol-son   bol-(o)ltoi.
    many word-Neg mature-DtLc 3Poss become-Pft become-ltoi.
  b. Teg-ž   xel-ž   jar′-san bol-(o)ltoi jum uu daa.
    do-so-Smlt say-Smlt talk-Pft   become-ltoi JUM Q DAA.

  '그렇다면 나는 이 책을 읽는 수밖에 (달리) 어쩌겠나.'
 b. Tegvel bi ene nomyg unšixaas biš.
 c. Tegvel bi ene nomyg unšixaas.
  관용적 표현 '-*xaas biš jax ve*'는 *jax ve*의 축약형(ib.)나, *biš jax ve*의 축약형(ic.)로도 흔히 사용되며 이들 사이의 의미상의 차이는 거의 느껴지지 않는다고 토박이화자들은 응답하였다.

이제 첨사 *dag⁴*의 양태의미를 살펴보기로 하자.

(25) a. Dorž öčigdör   xödöö jav-san dag.
        Dorž yesterday country go-Pft DAG.
        '도르찌는 어제 시골에 갔다 DAG.'
     b. Ted nar margaaš Ulaanbaatar-t   oč-(i)no dog.
        they Pl tomorrow Ulaanbaatar-DtLc go-NPst DAG.
        '그들은 내일 올란바타르에 간다 DAG.'

(25a.)에서 화자는 도르찌가 시골에 간 사실을 단언하고 있다. 첨사 *dag⁴*의 부가는 화자가 '도르찌를 배웅하였다든지, 떠나는 것을 분명히 목격했다든지' 등등의 명확한 근거를 토대로 단언하고 있음을 나타낸다. (25b.)에서도 화자는 '그들이 내일 올란바타르로 떠난다'는 사실을 가령, 그들이 내일 떠날 비행기표를 이미 구입했고 내일 그들과 함께 공항에 갈 계획을 세웠다든지 등등의 명확한 근거를 가지고 있음을 나타낸다.

한편 첨사 *dag⁴*의 뒤에 *šüü*, *šiv* 등의 첨사와 중첩하여 나타나면 추정의 양태의미를 나타낸다.

(26) a. Dorž öčigdör   xödöö jav-san dag{šüü, šiv, *biz, *bii}.
        Dorž yesterday country go-Pft   DAG
        '도르찌는 어제 시골에 갔다 DAG{ŠÜÜ, ŠIV, BIZ, BII}.'
     b. Ted nar margaaš Ulaanbaatar-t oč-(i)x dog{šüü, šiv, *biz, *bii}
        they Pl tomorrow Ulaanbaatar-DtLc go-Irs DAG.
        '그들은 내일 올란바타르에 간다 DAG{ŠÜÜ, ŠIV, BIZ, BII}.'

(26a.)에서 화자는 '도르찌가 어제 시골에 간 듯 하다'는 추정을, (26b.)에서도 '그들은 내일 올란바타르에 갈 것 같다'는 추정을 나타낸다. 따라서 추정을 나타내는 첨사 '*biz*'나 '*bii*'가 *dag⁴*의 뒤에 덧붙을 수 없는 현상은 자연스럽게 설명된다.

한편, 첨사 *dag⁴*는 화자는 본문명제내용에 대하여 무관심이나 대수롭지 않게 평가한다는 의미를 나타내기도 한다.

(27) a. Dorž ger-t-ee   bai-ž   *l* bai-na   dag.
        Dorž house-DtLc-Refl be-Smlt *L* be-NPst DAG.
        '도르찌는 늘 집에 있다 DAG.'
     b. Dorž tednii-d   ir-(e)ž   *l* bai-dag dag.
        Dorž they(Gen)-DtLc come-Smlt *L* be-Hab DAG.
        '도르찌는 그 사람들 집에 늘 온다 DAG'

(27a.b.)는 진행형 형식에 유동첨사가 개재된 '*-ž l bai-*'에 첨사 *dag⁴*이 부가되어 (27a.)에서는 도르찌가 하는 일없이 집에 빈둥거리고 있는 것을, (27b.)에서는 '도르찌가 사흘이 멀다하고 그들의 집에 온다는 것을 부정적으로 평가하며 화자의 주요 관심거리가 아님을 함축한다. 이러한 첨사 *dag⁴*의 의미는 다음 두 사람의 대화에서도 확인된다.

(28) A : Dorž ix   möngö-ör   šagn-uul-aa   juu?
         Dorž much money-Instr award-Caus-Impf Q?
         '도르찌는 거액을 상금으로 받았니?'
     B : Aa xen medex-ev. xeden tögrög *l* av-san bol-(o)ltoi dog.
         oh who(Nom) know-Q. a-few tögrög *L* take-Pft become-ltoi DAG.
         '아 누가 알겠어. 몇 푼 받았겠지 DAG.'

(28A)의 질문에 (28B)는 도르찌가 받은 금액에 대하여 과소평가 하거나 관심이 없다는 투의 감정을 드러내고 있다.

이와 같이 양태첨사 *dag⁴*이 지닌 의미는 매우 다양하기 때문에 그 핵심의미를 규정하기가 용이하지 않다. 앞서 살펴본 첨사 *dag⁴*의 양태의미는 '과소평가', '추정', '단언', '비난', '무관심' 등이다. 우리는 이러한 의미들을 양태첨사 *dag⁴*의 핵심의미가 아니라 맥락적 의미로 분석한다. 즉, 이들 가운데 '과소평가', '비난', '무관심'등은 (27), (28)에서 볼 수 있듯이 문맥 자체의 의미로서 첨사 *dag⁴*의 핵심의미는 될 수 없다. 특히 (28)에서는

과소평가의 *xeden tögrög*과 판단의 근거 기술의 표현으로 사용된 *bololtoi*
에 부가됨으로써, 그리고 (27)에서는 진행형 형식에 기대어 화자의 불만
이나 비평을 각각 나타내고 있다. 한편 (23)에서는 첨사연쇄체 *'jum dag*
*uu (daa)'*는 화자의 특정 사건에 대한 판단근거의 확실성이 의문첨사와의
결합으로 약화되었다. 결국 우리는 (25)에서와 같이 홀로 부가된 첨사
dag[4]의 양태의미인 '확실성'을 핵심의미로 제안한다.

3.1.1.4 *biz* (이미 앎)

첨사 *biz*는 그 양태의미에 대하여 (29)와 같이 다양하게 정의되어 오고
있다.

(29) (i) The particle *'biz'* expresses the speaker's feeling that a
statement is most likely true : it may be translated by
'probably, very likely, it must be that' or simply 'must'
(Street 1963:129)

(ii) *'biz'* is a modal particle which expresses the speaker's
belief or expectation, and it can be translated as : "I'm
sure…, I believe…, no doubt, etc."(Hangin 1968:93)

(iii) The particle *'ž-a'* occurs with the present tense ending in
'-mui (or some times *'-m'*) and also the defective verb
'bui.' The present tense with this particle is a potential
(*potentialis*) which may be translated "it is possible tha
t…," "perhaps…"(Poppe 1991:186)[31]

(iv) The particle *'biz'*, which historically originates from the

---

31) Ju.Mönx-Amgalan(1997:32)은 *bui zaa*가 문어체에서 널리 사용되어 '확증',
'단정'의 양태의미 (lavšruulan batalsan baimj utga)를 주로 나타낸다고 논의
하였다.

(i) Töröö   deedl-(e)x-iin učir   xolbogdol mašid   nariin bui zaa.
state-Refl respect-Irs-Gen reason tie   extremely delicate BUI ZAA
'자신의 국가를 존중하는 이유는 무척 복잡하지요 BUI ZAA.'

> defective copula *bi-*'to be'(Bosson 1964:83), expresses
> the modal meaning of probability.(Song 1997:133)

즉, 첨사 *biz*가 가진 양태의미에 대한 분석은 믿음이나 기대를 토대
로한 '확신'과 '추정'등으로 양분되어 파악하고 있음을 알 수 있다. 또
한 (29)에서 눈에 띠는 사실은 몽골국내학자들에 의해서는 그다지 뚜
렷한 정의도 없음을 알 수 있다. 다만, Ju.Mönx-Amgalan(1997:112)이
'화자가 특정사실에 대하여 확신에 찬 판단을 갖지 못하고 망설이거나
주저하는 의미를 나타낸다'고 정의한 것이 고작이다.[32] 이제 양태첨사
*biz*의 의미와 기능을 살펴보기로 하자.

(30) a. Ta čin′ olon gadaad xel med-ne biz?(Street 1963:129)
　　　　you(Nom) 2Poss many foreign language know-NPst BIZ.
　　　　'당신은 많은 외국어를 아시지요?'
　　b. Teer xar-(a)gd-(a)ž bai-(g)aa baišin bol uls-yn ix surguul′ biz?
　　　　that see-Pass-Smlt be-Impf building SM state-Gen
　　　　Univ. BIZ
　　　　'저기 보이는 건물은 국립대학교이지요?'(Hangin 1968:93)
　　c. Ta namaig tani-na biz?(E.Vandui 1966:229)
　　　　you(Nom) I(Acc.) recognize-NPst BIZ
　　　　'당신은 나를 아시지요?'
　　d. Xarin Baigalmaa *l* ene büxn-iig anzaar-(a)x-güi bai-san iz?
　　　　but Baigalmaa L this all-Acc perceive-Irs-Neg be-Pft BIZ?

---

32) 清格尔泰(1991:460)는 *biže, biže de, baiq-a, bii, bui ž-a, ba*등을 推量語氣詞
로 분류하였다. 그리고 *biže, biže de*는 추정에 대한 상당한 근거를 가지고 있
거나 스스로의 기준에 따라 어느 정도의 확신을 가지고 대화참여자의 동의를
구할 때 사용되며, 이에 비하여 *baiq-a, bii*(구어)는 일반적 추측을 의미하며
주로 대화참여자와 별다른 이견이 없이 동의를 나타낼 경우 널리 사용된다고
설명하였다. *bui ž-a*는 옛 문어체 표현에서 널리 사용되던 형태이며, *ba*는
biže, baiq-a, bii 셋의 의미를 포괄하고 있으며 *ba*와 *biže*는 의문문에서는 疑
問語氣詞, 비의문에서는 推量語氣詞로 쓰인다고 논하고 있다.

'그러나 바이갈마만은 이 모든 것을 깨닫지 못했겠지요?'
(Ju.Mönx-Amgalan 1997:106)

(30a.)에서 화자는 '청자가 많은 외국어를 알고 있다'는 확신에서 질문의 형식을 빌려 자신의 믿음이 참인지의 여부를 확인하고자 하는 의도에서 행한 발화이다. Street(1963:129)는 'You must know a lot of foreign languages 〔since you travel so much〕'로 설명하고 있다. 즉, 양태첨사 *biz*의 용법에는 본문의 명제내용에 대한 추정의 근거가 뚜렷이 있는 경우에 사용한다. 마찬가지로 (30b.)에서 화자는 이미 국립대학교에 대한 정보를 가지고 있으며 그 정보의 진위여부를 청자에게서 확인하고자 하는 발화이다. (30c.d.)에서도 화자는 본문명제내용에 대한 근거를 토대로 한 추정이다. 이와 같이 양태첨사 *biz*의 핵심의미는 '이미 앎 (구정보)'으로 규정할 수 있다.

이제 양태첨사 *biz*와 긍정첨사 *daa*⁴의 결합형식인 *biz dee*의 의미를 살펴보기로 하자. 앞의 (30a.c.)에 *biz dee*를 부가하여 의미를 서로 비교하면,

(31) a. Ta   čin′ olon   gadaad xel   med-ne   biz dee.
         you(Nom) 2Poss many foreign language know-NPst BIZ DAA.
         '당신은 많은 외국어를 아시지요.'

     b. Ta   namaig tan′-ž   bai-(g)aa biz dee.
         you(Nom) I(Acc) recognize-Smlt be-Impf BIZ DAA.
         '당신은 나를 아시지요'

즉, *biz dee*의 부가로 인하여 (31a.)에서 화자는 청자가 많은 외국어를 구사할 수 있다고 단언한다. (31b.)에서도 화자는 '청자가 자신을 일고 있다는 뚜렷한 확신'을 표명하고 있다. 즉, 곧이어 후행하는 문장, 가령 '*Bid döngöž doloo xonogiin ömnö Seüld tanilcsan šüü dee* (우리는 겨우 1주일 전에 서울에서 만나 인사를 나누었잖아요)'등에 의하여 화자는 청자가 자신을 모를 리가 없다는 분명한 근거를 가지고 있

다. 또한 *biz*가 청자로부터의 응답을 기대할 수 있는 반면 *biz dee*는
반드시 청자의 응답을 요구하지는 않는다는 차이가 있다. 이러한 차이
는 의문부호의 유무로부터도 확인된다. 따라서 양태첨사 *biz*는 '추정'의
발화수반력을 갖는데 비하여 *biz dee*는 '단정'의 발화수반력을 갖는 것
으로 분석된다.[33)]

이제 부정문 속에서의 쓰임을 살펴보자.

(32) a. Zöv bič-(i)x dürm-iin aldaa-tai bai-(g)aa jum biš biz dee.

   right write-Irs rule-Gen error-Comit be-Impf JUM Neg BIZ DAA.

   '정서법상의 실수는 없겠지요.'

  b. Zöv bič-(i)x dürm-iin aldaa-tai bai-(g)aa jum biš biz?

   right write-Irs rule-Gen error-Comit be-Impf JUM Neg BIZ

   '정서법상의 실수는 없겠지요?'(Ju.Mönx-Amgalan 1995:112)

---

33) Street(1963:131)는 첨사연쇄체 *biz dee*에서 첨사 *dee*는 첨사 *biz*가 지닌 양
태의미인 '높은 개연성(high-probability)'을 약화(deemphasize)시킨다고 논의
하였다.

 (i) a. Tiim bol či surguul′daa očtol bas neleen xeden xonog bolno <u>biz dee</u>.

   'In that case I guess it′ll be a few more days before you get [back] to
   school.'

  b. Xelzüin talaar Jevropyn xelnüüdees angid ondoo <u>biz dee</u>.

   'From the linguistic point of view [Mongolian] seems to be quite
   different from European languages.'

  c. Či čin′ zügeer baigaa <u>biz dee</u>.

   'I hope you′re feeling all right.'   (Lit. 'presumably you′re feeling all
   right', with the idea 'you <u>are</u> feeling OK aren′t you?')

  한편, Song(1997:136)은 *biz*를 개연첨사(probability particle)로, 그리고
  *daa*를 강조첨사(emphatic particle)로 규정하고 이들로 구성된 첨사연쇄체
  의 의미는 개연첨사 *biz*의 의미와 유사하다고 논의하였다. 또한 문장첨사
  *biz dee*는 화자가 강한 확신을 지닌 단호한 진술이라기 보다는 하나의 개
  연성으로써 명제를 제시하는 것을 뜻한다고 설명하였다.

 (ii) Üne xyamdar-san baraa-g bucaa-ž av-dag-güi šüü.

   Ene bič-sen-iig xar-ž bai-(g)aa <u>biz dee</u>.(Soukhbaatar 1995:66)

   '[We] do not take back goods sold at bargain prices.

   [You] must have read these words.'

   c. Zöv bič-(i)x   dürm-iin aldaa-tai   bai-(g)aa jum biš
      right write-Irs rule-Gen error-Comit be-Impf JUM Neg
      '정서법상의 실수는 없다'

(32c.)는 단순한 부정문이며, (32b.)는 첨사 *biz*가 부가되어 화자는 평소 청자에 대한 평가에서 결코 정서법상의 실수를 저지르지 않는다는 것을 잘 알고 있으며 이러한 자신의 확신이 옳은지의 여부를 확인하려는 의도에서 행하는 발화이다. 반면 (32a.)는 (32c.)와 거의 동의의 문장으로 토박이화자들은 응답했다. 유일한 차이는 (32a.)에서는 화자의 믿음이나 확신의 부가적인 양태의미가 드러나는 것으로 응답하였다. 이러한 사실은 다음(33)에서 두 사람의 대화에서도 확인된다 (B.Pürev-Očir 1995:62).

(33) A : Ene šuvuu-d juu(n)-d   sandar-na   ve?
         this bird-Pl what-DtLc be-scared-NPst Q?
         Bidnees ai-ž   bai-(g)aa jum biš biz.
         we(Abl) be-frightened-Smlt be-Impf JUM Neg BIZ.
         '이 새들이 무엇에 놀랐을까?
         우리를 무서워하는 건 아니겠지?'
     B : Biš ee. deer n′   elee ergeld-(e)ž bai-na.
         No part, above 3Poss kite whirl-Smlt be-NPst.
         '아냐, 위에 솔개가 맴돌고 있어.'

3.1.1.5 *šiv*(짐작)

첨사 *šiv*에 관하여 Š.Luvsanvandan(1968:90)[34]은 예상추정어미

---

34) Š.Luvsanvandan(1968:93)은 첨사를 문장어미(ügelberiin nöxcöl)로 규정한 후, -biz는 -bui ža, -šiv는 šig bui, -be는 bui에서 각각 기원한 것으로 설명하였다. 그리고 고전몽골문어의 bui는 현대몽골어의 동사 bii와 의문첨사 -be, -ve로 각각 분화한 것으로 논하였다. 한편 일반의문어미 -uu, -üü는 확인질의의 음조(lavlan asuux xög)로부터 기원한 것으로 추정하였다.

(*tösöölön baragcaalax nöxcöl*)로* G.Gantogtox(1987:130)는 추정의미로, C.Önörbajan(1987:140)은 양태첨사로 등으로 명명해 오고 있다. 한편 Ju.Mönx-Amgalan(1997:109)은 첨사 *šiv*의 양태의미를 특정사실에 대한 화자의 냉담함이나, 경시 혹은 풍자나 과장(*xöndiidüü toomžirgüi, esvel ül medeg jegöödön xetrüülsen baimž utga*)등으로 설명하였다.

(34) a. Tariač-(i)d urgač-aa xuraa-ž   duus-san šiv.
       farmer-Pl   crop-Refl gather-Smlt finish-Pft ŠIV.
       '농부들이 수확을 끝마쳤다 ŠIV'
    b. Ongoč   ir-(e)ž   jav-aa šiv.
       airplane come-Smlt go-Impf ŠIV.
       '비행기가 오고 있다 ŠIV'

(34a.)에서 화자는 '농부들의 수확이 다 끝난 듯 하다.', (34b.)에서는 '비행기가 오고있는 중인 것 같다.'는 의미를 각각 나타내고 있다. 즉, (34a.)에서 화자는 가령, 추수를 마친 듯한 빈 벌판을 본다던 지, 이맘 때 쯤이면 수확에 분주한 농부들의 모습이 전혀 보이지 않는다던 지 등등의 구체적인 근거를 토대로한 짐작이나 추정이다. 이와 마찬가지로 (34b.)에서도 화자는 비행기가 이륙하는 공항으로 직접전화를 하여 비행기가 정시에 출발하였다는 구체적인 정보를 알게된 후에 행하는 발화이다.

첨사 *šiv*는 또한 화자의 특정사건에 대한 경시나 무관심을 나타내기도 한다.

(35) a. Ene žil-iin naadam-d Dorž-iin mor′ türüül-(e)x šiv.
       this year-Gen festival-DtLc Dorž-Gen horse win-Irs ŠIV.
       '올해 축제에 도르찌의 말이 우승하다 ŠIV'
    b. Dorž daalgavr-aa   xii-sen bol-(o)v   šiv.
       Dorž assignment-Refl do-Pft become-Pst ŠIV.

'도르찌가 숙제를 하게 되었다 ŠIV'

  (35a.)는 화자가 도르찌의 말이 우승했음을 분명히 알고서도 그 사실이 못마땅하거나, 간신히 우승하였다는 의미를 나타낸다. 즉, 화자는 도르찌의 말이 우승한 사실에 그다지 관심이나 흥미가 없음을 표현할 때 사용한다. 그리고 이러한 양태의미를 나타내는 구문에서는 과거사실에 관한 기술임에도 불구하고, 미래시제를 나타내는 형동사어미 $-x$ 가 사용된 '동사어간+ $-x$ $\check{s}iv$'의 구성이 사용되는 것이 주목된다.[35] (35b.)에서 화자는 도르찌가 한 숙제에 대하여 무시하거나 과소평가하고 있음을 나타낸다. 즉 숙제를 하기는 했는데 건성으로 하였다는 의미로 화자의 불만을 표출하고 있다. 특히 (35b.)에서 술부를 구성하고 있는 복합술어 '$-san^4$ bol-'는 행위주가 특정의 행위를 이행함에 있어 자발적이거나 적극적이라기 보다는 비자발적으로 마지못해 건성으로 이행한다는 의미를 띤다. 따라서 구어에서는 행위주가 화자인 경우에 겸손이나 겸양표현으로 흔히 사용되기도 한다.

  (36) a. Bi   ter   nom-yg   n´   unš-san   bol-(o)v.
          I(Nom) that book-Acc 3Poss read-Pft become-Pst
          '나는 그 책을 읽었다.' (Kullmann & Tserenpil 1996:204)
       b. Bi   ger-ee   ceverl-(e)sen bol-son.

---

35) Street(1963)는 첨사 $\check{s}iv$가 형동사어미(그는 분사첨사(participial particle)로 명명함)로 이루어진 형용사류의 뒤에 주로 출현함을 논하였다.
  (i) Bid   önöödör sain ažill-(a)x šiv dee.(Street 1963:195)
      we(Nom) today   well work-Irs ŠIV DAA.
      '우리는 오늘 일을 잘 하였다 ŠIV DAA…'
      그러나 토박이 화자들은 (i)을 어색하거나 비문법적인 문장으로 판정하였다. 왜냐하면 (i)에서 행위주는 화자가 포함된 우리들이므로 '우리들이 한 일의 성과에 대한 판단'은 일반적으로 우리 스스로 잘 알 수 있음에도 불구하고 직접적인 판단을 회피함으로써 부적절한 발화가 되고 있다. 따라서 주어는 1인칭이 아닌 2, 3인칭으로 바뀌어야만 한다고 주장하였다. 이러한 현상으로부터 우리는 첨사연쇄체 $-x$ $\check{s}iv$에는 주어인칭제약이 존재함을 알 수 있다.

I(Nom) house-Refl clean-Pft   become-Pft
'나는 집안 청소를 하였다.'

즉 (36a.)에서 화자는 '그 책을 읽기는 읽었지만 건성으로 읽는 척만 하였음'을, (36b.)에서도 이와 유사하게 '집안 청소를 하는 시늉만 내었음'을 의미한다. 따라서 화자 스스로 자신의 과거행위에 대한 판단에 있어서 소극적인 입장에 있으므로 결국 자기비하를 통하여 겸손한 태도를 나타내게 되는 것으로 분석된다.

3.1.1.6 *bü*(vii)(우려)

첨사 *bii*는 양태첨사(baimj sul üg)- E.Vandui(1966:232) C.Önörbajan (1987:140), 정태수식어(xandan čimex üg)-P.Bjambasan (1989:30), 추정첨사(magadlax sul üg) -G.Gantogtox(1987:130), 추정어기사-淸格尒泰(1992:460)등의 용어로 명명되어 왔다. 한편, Ju.Mönx-Amgalan (1997:108)은 첨사 *bii*의 양태의미는 화자의 우려나 염려 (*seremžilen bolgoomžilson baimž*)를 나타내는 경우가 대부분인 것으로 분석하고 있다. 이 양태첨사의 핵심의미를 화맥을 토대로 논의하기로 한다.

(37) a. Ter *č* önöödör *l* ir-(e)x   bii(vii).
        (s)he *Č* today   *L* come-Irs BII(VII)
        '그 사람도 오늘 올 것이다 BII(VII)

   b. Manai mal *č* ödiid töll-(ö)ž duus-san bii(vii).
      we(Gen) livestock *Č* at-this-time breed-Smlt finish-Pft
      BII(VII)
      '우리 가축들도 지금쯤이면 새끼를 다들 낳았다 BII(VII).'

   c. Manai   xüüxed-üüd unt-(a)ž   bai-(g)aa bii.
      we(Gen) child-Pl   sleep-Smlt be-Impf   BII.
      '우리 애들이 자고 있다 BII

(37a.b.c.)는 모두 화자의 추정을 나타내는 표현들이다. (37a.)에서 화자는 '그가 오늘 올 것이다'는 사실에 대하여 막연한 추정을 하고 있다. (37b.c.)에서는 이러한 추정의 근거가 주로 시간상의 기준에 의하여 이루어지고 있음을 알 수 있다. 즉, (37b.)에서는 계절이, (37c.)에서는 가령, 밤늦은 시각 등이 추정의 근거가 되고 있다.

(38) a. Ted ing-(e)ž jav-ž bai-(g)aad töör-čix bii(vii).
they do-thus-Smlt go-Smlt be-Ant wander-astray-Int BII(VII)
'그들이 이렇게 가다가 길을 잃고 헤매다 BII(VII)

b. Öglöö ert bos-(o)x-oo mart-aad unt-čix bii(vii).
morning early get-up-Irs-Refl forget-Ant sleep-Int BII(VII)
'아침 일찍 일어나는 것을 잊고 자다 BII(VII).

(38a.b.)는 우려나 염려를 나타내고 있다. 즉, (38a.)는 '그들이 길을 잃으면 어쩌나', (38b.)는 '내가 아침 일찍 일어나지 못하면 어쩌나.' 등의 의미이다. 이러한 우려나 염려의 양태의미는 형동사의 현재미래형 어미 -x 뒤에 첨사 *bii*가 결합될 때에만 발생한다. 또한 내포문 속에서도 동일한 구성을 보이고 있음을 (39)에서 알 수 있다(Ju.Mönx-Amgalan 1997:168). 즉, 첨사 *bii (vii)*가 내포문의 문미에 출현하며 몽골어에서 보문소(complementizer)로 기능하는 인용동사의 병렬형 *gej*에 의해 모문동사인 복합술어형 *aiž jav-*에 의하여 지배되고 있다.

(39) Nügel! Bi ge-deg xün, xün-ii ami(n)-d xaldax n′ bitgii xel,
sin! I(Nom) say-Hab man, man-Gen life-DtLc encroach 3poss
Proh tell, xorxoi gišge-čix bii ge-ž ai-ž jav-dag jum.
insects trample-Int BII say-Smlt dread-Smlt go-Hab JUM.
'무슨 소리! 나로 말할 것 같으면 다른 사람에게 피해를 끼치기는 고사하고, 벌레라도 밟을까봐 늘 노심초사한다.'

한편, 첨사 *bii*는 반복상 혹은 습관상을 나타내는 형동사와 결합하여

(40) a. Aa,   či   ing-(e)ž   jav-dag bii(vii).
       Ah,   you(Nom) do-thus-Smlt go-Hab   BII(VII)
       '아, 너는 이렇게 처신한다 BII(VII)'
   b. Ter   bas teg-ž xičeel-ee   tasl-(a)ž   jav-dag bii(vii).
       (s)he also do-so-Smlt lesson-Refl miss-Smlt go-Hab BII(VII)
       '그(녀)도 역시 그렇게 수업을 빼먹고 다닌다 BII(VII)'

(40a.)에서 첨사 *bii*의 부가에 의하여 화자는 청자의 행동거지나 처신에 못마땅하게 평가하고 있는 의미를 더하여 준다. (40b.)에서도 마찬가지로 수업에 결석하는 학생에게 질책하는 의미를 더하여 준다. 즉, 화자가 이전에는 인식하지 못하고 지나쳤던 행위주의 특정행위나 사태를 뒤늦게 알아차리고 그에 대한 불만을 표출하는 상황에 주로 사용된다.

3.1.1.7 *jum*(확신)

첨사 *jum*에 관한 선행연구를 정리하면 다음과 같이 요약할 수 있다.

(41) (i) The particle '*jum*' (homonymous with a noun meaning 'thing') occurs frequently after both adjectival and nominal complements. when in a position where contrast with '*baina*' is possible, it refers to a fact that is true not just at the moment, but more generally. (Street 1963:159)

When '*jum*' occurs after an adjectival complement containing a participial particle, its meaning is difficult to pinpoint : basically it seems to indicate personal involvement of the speaker. Thus in statements it often shows certainty on the part of the speaker--something like 'it's a fact that…'---while in questions it implies that the speaker is really interested in the coming answer. (Street 1963:160)

(ii) The predicative particle *'jum'* is often used after verbal noun complements in referring to a fact. The use of this particle is more frequent in interrogative phrases. When it occurs in an affirmative sentence, it usually conveys the speaker's conviction or newly discovered fact. (Hangin 1968:87)

(iii) 일반적인 서술, 진술 등의 심적 태도를 나타내는 어기사로 대체로 문말에 오며 종종 문중에 놓이기도 한다. 문말에서는 주로 精詞類(名詞, 形容詞, 數量詞, 時位 詞, 代詞), 形動詞의 뒤에 놓이며 주로 원래부터 어기사의 형태가 없는 곳에 사용된다. 동사 *baix* 형태는 대부분 이 어기사의 도움으로 문장을 종결할 수 있다. 문중에서는 주로 *i, čini, bol, baiži* 등의 형태의 앞에 놓인다.36) (淸格尒泰 1984:426-439, 1992:443-465)

(iv) This particle is widely used as an intensifying copula

---

36) *jum*은 (i)에서와 같은 환경에서 문미가 아닌 문중에 흔히 출현한다.

(i) a. Ta sonirxol-toi jum bol bi   tand   neg bilyet ög-'ye.
    you interest-Comit JUM Cond I(Nom) you(DtLc) one ticket give-Vol
    '당신이 흥미를 느낀다면 나는 당신에게 표 한 장을 주겠다.' (侯万庄 1990下:486)

   b. Bol-dog   jum   bol   bid   xuv'sgal-yn   tüüx-iin   müzyei-g
    become-Hab JUM Cond we(Nom) revolution-Gen history-Gen museum-Acc üz-(e)x jumsan.
    look-Irs JUMSAN
    '가능하다면 우리는 혁명역사박물관을 구경하고 싶다.'

   c. Bi   basa med(e)-ku ügei jum čini čamadu   jaʏu-ban
    I(Nom) also know-Irs Neg JUM 2Poss you(DtLc) what
    kel(e)-ǯü ög-kü bui? (淸格尒泰 1992:448)
    tell-Smlt give-Irs Q?
    '나 역시 모르는데 너에게 무엇을 말하여 주겠느냐?'

after a noun, an adjective or as a particle after a verb
with an NDS(Noun Determining Suffix) in TTS(Tense-
bound Terminating Suffix))-function. In combination
with 'baina', it indicates that the thing being said has
just been found out. In combination with 'bilee', it
points out that the experience has been made before.
(Kullmann & Tserenpil 1996:337)

먼저, 첨사 *jum*의 분포제약을 살펴보면

(42) a. Manai   darga xot jav-{*-na^4, *-laa^4, *-v, *-žee^2} jum.
     we(Gen) director city go-{NPst, Pst,   Pst, Pst} JUM
   b. Ažlaa   xurdan xii-{*-ja^3, *-sugai^2, *-∅, *-aač^4, *-aarai^4,
     work-Refl quick do-{ Vol, Resl, Imper, Prec, Hort
     *-gtun^2, *-uuzai^2, *-g, *-tugai^2, *-aasai^4} jum.
     Bene,   Dubt,   Perm, Bless, Opt } JUM.
   c. Dulmaa nomoo unš-{*-ž^2, *-aad^4, *-n, *-val^4, *-vč, *-magc^4,
     Dulmaa book-Refl read-{Smlt, Ant, Assoc, Cond, Conc,
     Prep, *-xlaar^4, *-tal^4, *-saar^4, *-nguut^2, *-ngaa^4} jum
     Concm, Term, Prog,   Inst,   Incid} JUM
   d. Manai   darga xot jav-{-x, -san^4, -dag^4, -aa^4} jum.
     we(Gen) director city go-{NPst, Prf, Hab, Impf} JUM.
     '우리 상관은 도회지에 가-{X, SAN, DAG, AA} JUM'
   e. Mongol uls   bol Azi-in   oron   jum.
     Mongolia state SM Asia-Gen country JUM.
     '몽골은 아시아 국가이다.'(Kullmann & Tserenpil 1996:337)
   f. Ene xongor   mor′ č argagüi l sain jum.
     this light bay horse Č quite   L good JUM.
     '이 갈색말도 무척이나 훌륭하다.'

(42a.b.c.)에서 볼 수 있듯이 첨사 *jum*은 시제종결어미 $-na^4$, $-laa^{4'}$, $-v$, $-jee^2$나, 인칭종결어미 $-ja^3$, $-sugai^2$, $-\emptyset$, $-aac^4$, $-aarai^4$, $-gtun^2$, $-uuzai^2$, $-g$, $-tugai^2$, $-aasai^4$, 그리고 부동사로 명명되어온 연결어미 $-\check{z}^2$, $-aad^4$, $-n$, $-val^4$, $-v\check{c}$, $-magc^4$, $-xlaar^4$, $-tal^4$, $-saar^4$, $-nguut^2$, $-ngaa^4$등의 뒤에는 부가될 수 없으며, (42d.)와 같이 형동사의 어미 뒤, (42e.f.)와 같이 명사류로 구성된 술부의 뒤에만 부가될 수 있다. 이와같은 첨사 *jum*의 분포에 관하여 Ju.Mönx-Amgalan(1997:28)은 몽골어의 시제종결어미는 그 자체에 시제와 양태의미가 포함되어 있는 것에 비하여, 형동사어미에는 단순히 시제만 나타날 뿐 양태의미는 첨사의 부가에 의하여 나타나는 것으로 설명하고 있다. 또한 첨사 *jum*의 양태의미에 대하여 L.Mišig (1978:258)는 화자가 특정 인물이나 사물, 행위등에 대하여 이미 알고있는 사실을 청자에게 확인통보하는 경우에 사용하는 것으로 설명하고 있다[37]. 즉, (42d.)에서 화자는 '우리 상관의 도회지행'에 대한 사전의 지식을 가지고 있으며, (42e.)에서 '몽골이 아시아대륙에 속하는 국가임'을 화자는 청자에게 확신시키거나 보증하는 부가적인 양태의미를, (42f.)에서도 '이 갈색말이 좋은 말'임을 단정할 만한 충분한 배경지식을 화자가 이미 직접적이거나 간접적으로 확보하고 있음을 나타내준다. 이러한 사실은 첨사 *jum*이 부가되지 않은 다음 (43)과의 비교에서 그 차이를 알 수 있다.

(43) a. Mongol uls   bol   Azi-in   oron.
        Mongolia state SM Asia-Gen country.
        '몽골은 아시아 국가이다.'

     b. Ene xongor mor' *č* argagüi *l* sain.

---

37) *jum'* gedeg sul ügiig ögüülegč etgeed tuxain xün jum, üil javdlyn talaar negent medsen züilee sonsogč etgeeddee batlan sonsgoson utga zaaxad xeregledeg.(L.Mišig 1978:258)
  (i) a. Ene xav'-iin ail-uud 4-r sar-d   *l* gol ruu nüü-deg jum.
       This vicinity-Gen household-Pl 4-th month-DtLc *L* river Dir move-Hab Part.
    b. Cermaa ur'd šönö žižüür xii-(g)eed önöödör amar-č bai-(g)aa jum.
       Cermaa previous night person-on-duty do-Ant today rest-J be-Impf Part

this light bay horse $\check{C}$ quite L good
'이 갈색 말도 무척이나 훌륭하다.'

(43a.)는 '몽골이 아시아 국가'라는 사실에 대한 평이한 진술에 해당한다. 마찬가지로 (43b.)에서도 화자는 '이 갈색 말의 우수한 장점'에 대한 사전지식을 토대로 적극적으로 청자를 설득하는 양태의미는 나타내지 못하고 단순한 진술행위만을 구성할 뿐이다. 또한 의문문에 첨사 *jum*이 부가되면 의외의 사실에 대한 화자의 놀라움이나 감탄을 부가적으로 나타낸다.[38]

(44) a. Ter Mongol-oor zaa-dag jum uu?(Kullmann & Tserenpil 1996:337)

(s)he Mongolian-Instr teach-Hab JUM Q?

'그가 몽골어로 가르칩니까?'

b. Aav eež xojor end ažil xii-ž bol-dog-güi jum uu?(Street 1963:160)

father-mother two here work do-ž become-Hab-Neg JUM Q?

'아버지와 어머니는 이곳에서 일을 할 수 없습니까?'

c. Ter Mongol-oor zaa-dag uu?(ügüi juu?)

d. Aav eež xojor end ažil xii-ž bol-dog-güi juu?

(44a.)에서 화자는 '그가 몽골어로 가르침'에 대하여 의외의 사실로 받아들이고 있음을 함축한다. 마찬가지로 (44b.)에서도 화자는 '자신의 부모가 이곳에서 일을 할 수 없음'을 예상하지 못했던 의외의 사실로 받아들이고 있으며, 청자에게 그 이유를 제시해줄 것을 요구하는 의미

---

38) When '*jum*' occurs after an adjectival complement containing a participial particle, its meaning is difficult to pinpoint : basically it seems to indicate personal involvement of the speaker. Thus in statements it often shows certainty on the part of the speaker—something like 'it's a fact that ...'—while in questions it implies that the speaker is really interested in the coming answer. (Street 1963:160)

가 강하게 나타나는 것으로 토박이 화자들은 설명하였다. 이것은 첨사 *jum*이 부가되지 않은 단순한 의문문구성인 (44c.d.)와 비교하여 보면 그 차이를 알 수 있다. 즉 (44c.d.)에서 화자는 청자로부터 단순히 본문 명제의 참이나 거짓의 여부만을 묻고 있을 뿐이다39). 이러한 차이는 결국 다음과 같은 예문에서의 문법성의 차이를 초래한다.

(45) a. Ene jaa-san   xačin   jum be!
       this do-what-Pft   strange JUM Q!
       '이것은 참 이상하다.'
    b. ?*Ene jaa-san   xačin   be?
       this do-what-Pft   strange Q?
       '이것은 얼마나 이상한가?'

(45a.b.)는 '의문부사(특히, *jamar, jasan, xičineen, juutai* 등)+형용사+(*jum*)+의문첨사'의 구성으로 이루어진 감탄문이다(Kullmann & Tserenpil 1996:362). 이 구성에서 *jum*이 탈락하면 감탄의 의미는 사라지고 단순히 질문의 의미만을 갖게되어 어색하거나 이상한 발화가 되고 만다. 아래 (46)에서도 화자가 예상하지 못하였던 청자의 의외의 대답에 대한 질문에 역시 *jum*이 효과적으로 사용되고 있음을 볼 수 있다.

(46) A : Tanai-x   xed-üül-ee   ve?   (橋本 勝외 1994:5)
        you(Gen)-PossPro how-many-Coll-Refl Q?

---

39) 한편 구어에서 *jum uu*는 등위접속사로서 문어의 *bujuu*와 같은 의미로 사용된다.
 (i) A : Ta öglöö(n)-ii   xool(on)-d juu id-deg ve?
         you morning-Gen meal-DtLc   what eat-Hab Q
         '당신은 아침식사에 무엇을 먹습니까?'
     B : Bi   öglöö bolgon talx, öndög id-deg.
         I(Nom) morning each   bread, egg   eat-Hab
         Teg-eed   cai *jum uu* üxr-iin süü uu-dag.
         do-that way-Ant tea or   cow-Gen milk drink-Hab
         '나는 아침마다 빵과 계란을 먹습니다. 그리고 차나 우유를 마십니다.'

'당신네 가족은 몇 명입니까?'

B : Bi   ganc-aar-aa   am′dar-dag.

I(Nom) single-Instr-Refl   live-Hab

'나는 혼자 삽니다'

A : Öö, ta   čin′   ganc   bie   jum uu?

Oh, you(Nom) 2Poss single body JUM Q?

'어, 당신은 독신자입니까?'

한편, 첨사 *jum*과 조동사의 현재형 *baina*의 결합으로 이루어진 *jum baina*는 본문의 명제내용에 대하여 발화시와 관련하여 극히 최근에 새로이 인식하게 되었다는 부가적인 양태의미를 나타낸다(P.Bjambasan 1987:183).

(47) a. Ene žil Dorž ojuutan bol-(o)x jum bai-na.

(Ju.Mönx-Amgalan 1997:34)

this year Dorj   student   become-Irs   JUM   be-NPst.

'금년에 도르쩨는 대학생이 될 것이다.'

b. Manai   bagš   xediinii xödöö(n)-öös   ir-sen   jum bai-na.

we(Gen) teacher already country-Abl come-Pft JUM be-NPst.

'우리 선생님은 벌써 시골에서 돌아 오셨다.'

c. Xišig-iin-x   neleed bajan ail   jum   bai-na.

Xišig-Gen-Coll quite   rich   household   JUM   be-NPst.

'히식네는 상당히 부유한 가정이다.'

d. Ter ix zavgüi bai-dag jum bai-na.

(Kullmann & Tserenpil 1996:337)

(s)he very   busy   be-Hab   JUM   be-NPst.

'그(녀)는 항상 매우 바쁘다'

(47a.)에서 '금년에 도르쩨가 대학생이 됨'은 화자에게는 새로이 알게 된 정보이다. 즉, 화자가 가만히 생각해 보니 도르쩨가 올해 10년제

중등학교 졸업반이라는 것을 문득 깨달았다거나, 혹은 청자로부터 도
르찌의 대학입학준비에 관한 소식을 들었거나 등등의 직접적, 혹은 간
접적인 근거를 토대로 획득한 정보이다. (47b.)에서도 '선생님의 돌아
오심'은 발화시에야 비로소 알게된 사실이다. 즉, 선생님이 시골에 가
셨다가 돌아온 것을 이 문장의 발화이전에는 모르고 있었으며 이제서
야 알게 되었다는 것을 나타낸다. (47c.)에서도 화자에게 '히식네 가족
의 부유함'은 의외의 사실이며 화자는 히식네 가족이 가난할 것이라고
추정하고 있었음을 함축하고 있다. 마찬가지로 (47d.)에서 화자는 그
(녀)가 의외로 분주하다는 것을 이제야 비로소 깨닫게 되었음을 나타
내고 있다. 이와 같은 새로이 발견한 사실(newly discovered fact :
Hangin 1968:87), 혹은 놀라움(surprise : Kullmann & Tserenpil
1996:337)이 첨사와 조동사의 복합체인 *jum baina*의 중심의미임을 알
수 있다.

한편, 첨사 *jum*은 사물을 뜻하는 명사 *jum*과의 구별이 용이하지 않
다.[40) 특히 형용사류의 뒤에 분포하는 *jum*은 보어첨사와 명사중의 어
느 쪽으로도 중의적으로 해석될 수 있다(Street 1963:160).[41)

---

40) 또한, 구어에서는 *jum*이 사람을 낮추어 경시하는 말투에서도 흔히 발견된다.
　　이것은 사람을 깔보고 사물로 취급하는 것에서 기인한 듯하다.

　(i) a. Bi uul 　　 n′ 　　ene neg jum(an)-d 　xel-sen 　bai-x-güi juu.
　　　　 I original 3Poss this one thing-DtLc 　tell-Pft 　be-Irs-Neg Q
　　　　 '내가 원래 이 놈한테 말하지 않았겠어요?'

　　 b. Ter neg muu jum(n)-aas ganc bol-loo.
　　　　 that one bad thing-Abl 　single become-Pst
　　　　 '저 나쁜 놈 때문에 엉망이 되어버렸다.'

　　 c. Dulmaa neg xar jum-tai 　xamt 　jav-ž 　bai-san.
　　　　 Dulmaa one black thing-Comit together go-Smlt be-Pft.
　　　　 '돌마가 한 사내놈과 함께 가고 있었다.'

　　 d. Ter muusain 　　　　jum-nuud teg-ž 　　　*l* bai-g.
　　　　 that good-for-nothing thing-Pl 　do-so-Smlt *L* be-Perm
　　　　 '저 형편없는 놈들 그렇게 하도록 내버려둬'

41) This particle should not be confused with the homonym *jum*(thing), both
　　 of which are pronounced [im] in everyday speech. (Hangin 1968:87)
　(i) a. Idex jum baina uu? 　　　　　Is there anything to eat?

(48) a. ja-san　　　　saixan　amt-tai　　jum!
　　　　do-what-Pft　　good　taste-Comit　JUM.
　　　　a′. '대단히 맛이 좋다.'
　　　　a″. '대단히 맛이 좋은 음식이다.'
　　b. Gancxan tiim　amarxan jum　biš.
　　　　merely　such　easy　　JUM Neg
　　　　b′. '꼭 그다지 쉽지만은 않다.'
　　　　b″. '꼭 그다지 쉬운 일은 아니다.'

(48a′.b′.)는 첨사로 사용된 *jum*에 대한 해독이며, (48a″.b″.)는 명사로 사용된 *jum*에 대한 해독에 각각 해당한다. 따라서 형용사류의 피수식어인 명사로 사용되었는지 혹은 첨사로 사용되었는지는 전체 화맥을 떠나서는 판단하기가 어렵다. 그리하여 이러한 중의성을 피하기 위하여 구어에서는 명사와 첨사의 구별이 음성적으로 이루어진다. 즉, 명사로 사용된 경우에는 〔jum〕으로, 첨사로 사용된 경우에는 〔jəm〕 또는 더욱 약화되어 단어경계의 소멸로 인하여 〔im〕으로 발음되며, 매우 신중한 담화에서만 〔jum〕으로 발음된다(Street 1963:160), (清格尒泰 1992:444).

3.1.2 의문첨사

의문첨사는 평서문에 부가되어 의문문으로 변형시키는 역할을 하는 것으로, 몽골어의 의문첨사는 크게 의문사의문첨사 *be, ve*와 여부의문첨사 *uu, üü, juu, jüü*로 나누어진다.[42] 전자는 의문사의문문(Wh-question)의

---

b. Idex jum jum uu?	Is it something to eat?
c. Ene jamar jum?	How is this?
d. Ene jamar jum jum?	What is this thing?

42) Š.Luvsanvandan(1968:84)은 의문사의문문을 구별의문(yalgan asuux), 여부의문을 일반의문(yerönxii asuux)으로 구별하고, 이에 따라 의문첨사(그는 첨사 대신 문장어미로 명명함)의 종류도 구별의문첨사(yalgan asuux nöxcöl:구별의문어미)와 일반의문첨사(yerönxii asuux nöxcöl:일반의문어미)로 분류하

첨사로, 후자는 여부의문문(Yes-No question)의 첨사로 기능한다. 즉, 의문사의문문의 의문첨사인 *be*와 *ve* 두 변이형의 용법은 전자는 어말자음이 *v, l, m, n* 등의 자음인 경우에 사용됨에 비하여, 후자는 이들 자음을 제외한 자음으로 어말자음이 구성되는 경우에 사용된다. 한편 의문사가 없는 여부의문문의 경우에는 어말모음이 이중모음이나 장모음인 경우에는 *juu*나 *jüü*를, 그 밖의 경우에는 *uu*나 *üü*를 모음조화에 맞추어 사용한다. 본 절에서 우리는 의문첨사의 부가에 의한 일반의문문의 특성과 의미를 우선 논하고 난 뒤 첨사연쇄체의 부가에 의한 부가의문문의 통사·의미론적 특징과 구조를 중심으로 논의한다.

3.1.2.1 의문사의문과 여부의문

의문문은 평서문과 대비해서 음성, 형태, 통사적 특성을 가진 형식상의 문형의 일종으로 대개 화자가 청자로부터 정보요청의 질의화행을 갖는 문형이다. 몽골어의 의문문은 대체로 상승조의 억양을 가지며 형태론적인 측면에서 여부의문첨사를 갖는 여부의문문과 *xen*(누구), *juu*(무엇), *xaa(na)*(어디), *xezee*(언제), *jamar*(무슨), *al′*(어떤), *xed(en)*(몇), *xičneen*(얼마), *jaaž*(어떻게) 등의 의문사를 갖는 의문사의문문으로 나눌 수 있다. 여부의문문과 의문사의문문의 차이를 살펴보면,

(1) a. *Ta   minii ög-sön   nom-yg av-san   be?
      you(Nom) I(Gen) give-Pft   book-Acc take-Pft Q?

   b. *Či bidnii asuu-san-y xariu-g xezee ög-(ö)x üü?
      you(Nom) we(Gen) ask-Pft-Gen reply-Acc when give-Irs Q?

   c. Ta   minii ög-sön   nom-yg av-san   uu?
      you(Nom) I(Gen) give-Pft   book-Acc take-Pft   Q?
      '당신은 제가 드린 책을 받으셨습니까?'

   d. Či   bidnii asuu-san-y xariu-g xezee ög-(ö)x ve?
      you(Nom) we(Gen) ask-Pft-Gen reply-Acc when give-Irs Q?

였다.

'너는 우리가 한 질문에 대한 응답을 언제 해줄거니?'

(1a)는 의문사의문문의 첨사 'be'가 여부의문문에 쓰여 비문이 되었고, (1b.)는 여부의문문의 첨사 'uu가 의문사가 사용된 문장에 부가됨으로써 비문이 되었다. 이와 같은 의문첨사와 의문사의 호응관계는 다음 (2)에서

(2) a. Tany   ner   xen be?
     you(Gen) name who Q?
     '당신의 이름은 누구입니까?'

   b. Dorž jamar   nom av-san   be?
     Dorž what-kind-of book buy-Pft   Q?
     '도르찌는 무슨 책을 샀습니까?'

   c. Či juu(n)-d   ir-sen-güi   ve?
     you what-DtLc   come-Pft -Neg   Q?
     '너는 무엇 때문에 오지 않았느냐?'

   d. Önöögör xeden   sar-yn   xeden-ii   ödör ve?
     today how-many month-Gen how-many-Gen day Q?
     '오늘은 몇 월 몇 일입니까?'

(2a.)는 의문대명사 *xen*, (2b.)는 의문형용사 *jamar*, (2c.)는 의문부사 *juund*, (2d.)는 의문수사 *xeden* 등의 의문사가 사용되어 문말의 의문첨사 *be, ve*와 각각 호응하고 있다. 이와 같은 의문사와 의문첨사간의 엄격한 호응관계는 일종의 일치(agreement)현상으로서 문장의 두 요소 사이의 자질공유현상으로 분석할 수 있다. 한편, (2a.)에서 우리는 몽골어 의문문의 특징 중의 하나로서 사람에 관하여 질문할 경우에는 문장의 주어가 보통명사인 '이름'임에도 불구하고 사물을 지시하는 의문대명사 *juu*(무엇)를 사용하지 않고 사람을 가리키는 의문대명사 *xen*(누구)이 사용되고 있음을 알 수 있다. 즉, 이 경우 *Tany ner juu ve?*(당신의 이름은 무엇입니까?)로 바꾸면 비문이 된다. 한편 의문사와 의문첨사 사이의 엄격한 일치관계는 구어에서 특히 의문사가 술어의 바로 앞에 놓이고 의문사에 의미적 강

세(utgiin örgölt)-즉, 정보초점(informational focus)-가 놓이면 의문첨사는 수의적 요소가 된다.

(3) a. Ta nomyn san-d oč-ood juu unš-(i)v?(E.Vandui 1966:227)
     you library-DtLc visit-Ant what read-Pst
     '당신은 도서관에 들러서 무엇을 읽었습니까?'

  b. Či öčigdör tiiš-ee juu-(g)aar jav-san?
     you yesterday thither-Refl what-Instr go-Pft
     '너는 어제 거기 무엇을 타고 갔니?'

  c. Ter gudamž(in)-d xen jav-ž bai-na?
     that street-DtLc who go-Smlt be-NPst
     '저 거리로 누가 가고 있습니까?'

  d. ?*Xen ter gudamžind javž baina?
  e. ?*Ter xen gudamžind javž baina?
  f. ?*Ter gudamžind javž xen baina?

즉, 의문사와 술어 사이에 인접조건이 준수되는 (3a.b.c.)는 정문을 이루지만, (3d.e.f.)는 비문으로 판정된다.[43] 이제 의문사가 문장성분으로

---

43) 한편 몽골어에서는 특히, *xen*의 경우 의문사와 부정대명사가 형태적으로 구별되지 않기 때문에 이를 구별하기 위하여 구어에서는 강세(stress)에 의하여 정보초점이 표시되어 원활한 의사소통이 보장된다.
  (i) a. Tanai-d xen bai-gaa {yuu, ve}?
      you(Gen)-DtLc be-ImPf Q
   b. Tanai-d xen bai-gaa ge-ne ee?
     you-(Gen)-DtLc be-ImPf say-NPst Voc
   (ia.)는 '당신네 집에 누가 있습니까?'에서 의문사who의 의미와 부정대명사 someone의 의미가 둘 다 가능하다. 인용문인 (ib.)에서도 '당신네 집에 누가 있다고요?'에서 의문사와 부정대명사의 어느 쪽으로도 가능하다. 그러나 형태상으로는 동일하지만 음성적으로 구별이 되어 (ia.b.)에서 정보초점이 *xen*에 놓이면 의문사로, *baigaa*에 놓이면 부정대명사로 항상 이해된다. 이러한 현상은 강세에 의한 정보초점 표시가 용이하지 않은 한국어와 대비된다. (장석진 1985:182-188), (김영희 1975:222)참고.

사용되지 않는 여부의문문의 경우를 검토하자.

(4) a. Tany   ger   end-ees   ix   xol   uu?
       you(Gen) house here-Abl very distant Q?
       '당신의 집은 여기에서 매우 멉니까?'
    b. Či   xögžim-d   dur-tai   juu?
       you(Nom) music-DtLc   desire-Com   Q?
       '너는 음악을 좋아하니?'

여부의문문의 경우에는 어말모음이 이중모음이나 장모음인 경우에는 *juu*나 *jüü*가, 그렇지 않은 경우에는 *uu*나 *üü*가 모음조화에 맞게 부가되어 의문문을 구성한다. (4)에서 우리는 의문문의 경우에도 5-6개의 화계에 따라 의문문어미 '-느냐, -니, -ㄴ가/는가, -나, -어, -오, -소, -ㅂ니까, -습니까' 등으로 실현되는 한국어와는 달리, 몽골어에는 종결어미의 형태로 경어법이 나타나는 것이 아니라 *ta*(상대), *ööröö*(평대), *či*(하대) 등의 지시대명사와 일부 존대표현에 기대어 경어법이 미약하게 나타나고 있음을 알 수 있다.

한편, 몽골어의 선택의문문은 다음 (5)에서

(5) a. Ene čin′   šavar uu, els üü, šoroo juu?
       this 2Poss mud Q, sand Q, soil   Q?
       ′이것이 진흙이니, 모래니, 흙이니?'
    b. Či üüniig med-ex   üü, ügüi juü?   (Hangin 1968:109)
       you(Nom) this(Acc) know-Irs Q, No   Q?
       '너 이것을 아니, 모르니?'

즉 (5a.)는 소위 열거적 선택형(enumerative alternatives)으로서 열거사항의 배타적 선택을 뜻하며, (5b.)는 반의적 선택형(antonymous alternatives)에 해당한다. 선택의문문의 최종문장은 하강조의 억양형이다. (5b.)에서 선행문장의 술부 전체를 부정하는 부정첨사가 후행문장의 술부를 구성하고 있다. 한편, 특정사실에 대한 확신의 결여로 인하여 신빙성이 미흡한 추정에는 의문첨사대신 *bol(ov) (uu)?*형식이 사용된다(Ju.Mönx-Amgalan 1997:111).

(6) a. Manai-d   öčigdör   ir-sen   xün xen jum bol?
       (C.Önörbajan 1996:55)
       we(Gen)-DtLc yesterday come-Pft man who JUM BOL
       '우리 집에 어제 왔던 사람이 누구일까?'

    b. Ene jer n′   juu   bol-ž   bai-(g)aa jum bol?
       (侯万庄 1990上:80)
       this in general what become-Smlt be-Impf   JUM BOL
       '이 일이 대체 어떻게 되어가고 있는 것일까?'

    c. Či   min′ neelttei conx-oor-oo   minii jav-san züg-iig
       you(Nom) 1Poss open window-Instr-Refl I(Gen) go-Pft
       direction-Acc širt-eed zogs-(o)ž   bai-(g)aa bol-(ov) uu.
       (Ju.Mönx-Amgalan 1997:111)
       watch-Ant stand-Smlt be-Impf   become-Pst Q
       '너는 열린 창으로 내가 떠난 방향을 주시하며 서 있을까?'
       侯万庄(1990上:79-84)은   이러한   형식을   '형동사어미({-*x*,
       -*dag*^{4}, -*aa*^{4}, *san*^{4}} + (*jum*) + *bol*?'로 규정하고 있으며, *bol*은
       일반 의문첨사 *be, ve*와는 달리 감탄문에는 사용될 수 없는
       점을 차이점으로 지적하였다. 그는 또한 문미의 첨사 *doo*가
       결합되어 의문의 의미를 더욱 강하게 만든다고 논의하였다.

(7) Ačit   aav   min′ namaig alga bol-č-son-yg   med-eed
    benign father 1Poss I(Acc) disappear-Int-Pft-Acc know-Ant
    jaa-san   ix uil-(a)x bol doo.(侯万庄 1990上:80)
    do-what-Pft greatly weep-Irs BOL DAA
    '자상한 아버지께서 내가 사라져 버린 것을 알고 얼마나 크게 우
    실까.'

우리는 첨사 *bol*의 또 하나의 특징으로 본문 내에 의문사의 존재여부에 관계없이 여부의문문의 의문첨사인 *uu*와 결합할 수 있으며 *be, ve*와는 결합이 허용되지 않음을 관찰할 수 있다.

3.1.2.2 부가의문과 부정의문

몽골어의 부가의문은 정상적인 부정의문과는 몇 가지 점에서 차이를 보이고 있다. 우선 화자의 질문과 청자의 응답형에 있어서 차이를 보인다. 즉, 정상적인 부정의문문에서는 화자가 청자로부터 자신이 알지 못하는 본문명제의 참이나 거짓의 판정을 요구하는 것이라면, 부가의문문은 화자가 청자로부터 자신이 이미 알고 있는 본문명제의 참에 대하여 동의나 확인을 요청하는 화행이다. 또한 정상적인 의문문은 화자와 청자간의 사회적, 심리적 요인에 의해 결정되는 일종의 '사회-심리적 거리(socio-psychological distance)'에 무관하게 실현될 수 있지만, 부가의문문은 특히 화자와 청자간의 친밀도가 전제된 상황에서만 주로 실현되는 화용론적 제약이 있다.44) 몽골어 부가의문문의 구조적 특징으로는 선행하는 서술문인 본문부와 이에 부가된 꼬리부로 구성되어 있다는 점이다.

(8) a. Či   burxan bagš   bai-dag ge-deg-t itge-deg-güi   juu?

---

44) 성광수(1980:61)는 부가의문이 화자중심의 언어표현법이기 때문에, 부가의문법이 발달된 언어는 불친절하고 비사교적인 언어로 논의하였다. 그러나 부가의문법이 다른 지역의 방언에 비해 상대적으로 발달된 한국어의 경상도방언이나, 몽골어의 경우 부가의문문은 화자와 청자간의 사회적, 심리적 거리가 가깝지 않은 경우에는 좀처럼 실현되기 어려운 화용론적 제약이 있는 것으로 보아 오히려 친절하고 사교적인 측면이 있음을 간과한 것으로 보인다. 즉, 부가의문문은 청자를 적극적으로 담화 속으로 끌어들여 의사소통의 통로를 확보하려는 시도로도 보여진다.
한편, 영어에서는 부가의문문에서 화자의 명제에 대한 태도의 차이가 문말억양의 차이로 나타난다(Quirk et al 1972:391-392). 즉, 화자의 긍정적 가정(positive assumption)과 긍정적 기대(positive expectation)가 하강조에서 나타나고 긍정적 전제와 중립적 기대(neutral expectation)가 상승조에서 나타나며, 전자의 경우 화자는 진술을 확인하려는 의도가 있고 질문이라기 보다는 감탄의 발화수반력(illocutionary force)이 있다.

you(Nom) the Buddha be-Hab say-Hab-DtLc trust-Hab-Neg Q?
'너는 부처님이 존재한다는 것을 안 믿니?'

b. Či burxan bagš bai-dag ge-deg-t itge-deg jum biš üü?
you(Nom) the Buddha be-Hab say-Hab-DtLc trust-Hab JUM Neg Q?
'너는 부처님이 존재한다는 것을 믿지 않니?'

c. Či burxan bagš bai-dag ge-deg-t itg-ee-güi juu?
you(Nom) the Buddha be-Hab say-Hab-DtLc trust-Impf-Neg Q?
'너는 부처님이 존재한다는 것을 안 믿었니?'

d. Či burxan bagš bai-dag ge-deg-t itg-ee-güi jum biš üü?
you the Buddha be-Hab say-Hab-DtLc trust-Impf-Neg JUM Neg Q?
'너는 부처님이 존재한다는 것을 믿지 않았지 않니?'

(8a.c.)는 정상적인 부정의문문으로서 화자는 청자로부터 부처님의 존재에 대하여 청자가 믿고 있는지의 여부에 관한 정보제공을 요청하고 있다. 이에 반해 (8b.d.)는 부가의문문으로서 (8b.)의 경우 화자는 청자가 부처님의 존재를 믿고 있다는 자신의 단정이 참이라고 추정하며 청자의 동의나 확인을 요청하고 있다. 한편 (8d.)에서 화자는 청자가 부처님의 존재를 불신하고 있다는 자신의 단정에 대해 청자의 동의나 확인을 요청하는 화행이다. 따라서 몽골어의 부정부가의문문은 화자가 청자로부터 대개 긍정의 응답을 기대하고 있으며 발화수반력의 강도에 있어 부정의문문의 그것보다 훨씬 크다고 할 수 있다. 또한 몽골어의 부가의문문은 선행하는 서술문이 (8b)처럼 긍정문이건, (8d.)처럼 부정문이건 관계없이 언제나 부정문의 형식을 취한다는 특징을 아울러 보여주고 있다.

(9) A : Öčigdör šönö boroo or-oo-güi jum biš üü?
yesterday night rain fall-Impf-Neg JUM Neg Q?
'어젯밤에 비가 안 왔지 않아?'

B : a. Öčigdör šönö boroo or-oo-güi   juu?
      yesterday night rain   fall-Impf-Neg Q?
      '어젯밤에 비가 안 왔어?'

   b. Öčigdör šönö boroo or-oo-güi   ge-ž üü?
      yesterday night rain   fall-Impf-Neg say-Smlt Q?
      '어젯밤에 비가 안 왔다고?'

   c. ?*öčigdör šönö boroo or-oo-güi jum biš üü ge-ž üü?
      yesterday night rain fall-Impf-Neg JUM Neg Q say-Smlt Q?
      '어젯밤에 비가 안 왔지 않아라고?'

(9a.)는 반복표현으로서 부가의문문형식에 대해 꼬리를 제외한 본문의 긍정적 단언을 받아 반복질문이 이루어지고 있다. (9b.c.)는 인용보문소 역할을 하는 *ge-ž*와 의문첨사의 결합으로 구성된 반복구문이다. (9b.c)는 A의 발화내용을 수용하지 않고 그것의 참임에 대해 의심하는 태도를 드러내어 보이는 화행인데 (9c.)는 (9b.)와는 달리 부가의문문의 꼬리도 반복함으로써 적절한 반복질문이 될 수 없다. 이것은 한국어의 경우 부가의문문 형식 '-지 않아?'가 문말의 억양이나 화맥에 따라 단순의문문, 부가의문문, 부정평서문 등의 중의성을 띨 수 있는 것과 대비가 된다. 몽골어의 부정 부가의문문은 문말 상승조의 억양만을 갖는다. 그러면 이제 몽골어 부가의문문과 정상적인 부정의문문의 형태론적, 통사론적 특징을 살펴보자.

(10) a. *Öčigdör šönö boroo or-oo-güi   biš üü?
        yesterday night rain   fall-Impf-Neg Neg Q?
     b. *End gadn-y xün or-ž   bol-(o)x-güi   biš üü?
        here outside-Gen man enter-Smlt become-Irs-Neg Neg Q?
     c. *Dorž xičeel-d-ee   jav-dag biš üü?
        Dorž class-DtLc-Refl go-Hab Neg Q?
     d. *Či   xošuuč Bat mön biš üü?
        you(Nom) mažor Bat true Neg Q?

(10a.b)는 형동사의 부정형 뒤에, (10c.)는 형동사의 긍정형 뒤에 부정
첨사가 직접 접미될 수 없음을 각각 보여 준다. (10d.)는 Street (1963:
161)에서 정상적인 문으로 판단하고 있으나 토박이 화자들은 비문으로
판정한다. 즉, *mön*과 *biš*는 일종의 계사(copula)로서[45] (10d.)는 계사의
중첩금지제약의 위배로 인한 비문 발생현상으로 설명될 수 있다. 한편,
이들 예의 비문성은 다음 세 가지 방식으로 모면할 수 있다.

(11) a. Öčigdör šönö boroo or-oo-güi   juu?
　　　 yesterday night rain   fall-Impf-Neg Q?
　　　 '어젯밤에 비가 안 왔니?'

　　 b. End   gadn-y   xün or-ž   bol-(o)x-güi   juu?
　　　 here   outside-Gen man enter-Smlt become-Irs-Neg Q?
　　　 '이곳은 외부인이 들어갈 수 없니?'

　　 c. Dorž xičeel-d-ee   jav-dag-güi juu?
　　　 Dorž class-DtLc-Refl go-Hab-Neg Q?
　　　 '도르찌는 수업에 안 들어가니?'

　　 d. Či   xošuuč Bat   biš   üü?
　　　 you(Nom) major   Bat   Neg   Q?
　　　 '너는 바트소령이 아니니?'

(11a.b)는 (10a.b.)에서 부정첨사 *biš*를 삭제하여, (11c.)는 부정접사

---

45) Street(1963:158-162)는 명사나 형용사의 보어첨사(complement particle)로
bii(it seems), *mön*(really), *jum*(in fact), *biš*(not), *san*(was)등을 들고 있다.
Poppe(1970:148)는 주격보어(equational complement로 명명함)를 취하며 탈
락이 가능한 계사로 *bai-*(to be), *bol-*(to become)의 활용형, *jum*(is), *mön*(is
indeed)등을 들고 있다. 한편 Binnick (1979:35-37)는 계사를 두 종류로 나누
어 *baix*(to be), *bolox*(to become)를 중심부류로, *suux*(to remain, stay),
javax(to serve as) 등을 하위부류로 나누었으며, 또한 *baix*(to be)의 대치형으
로는 Street(1963)의 견해를 대체로 수용하여 *bii*(to be), *mön*(same), *jum*(to
be), *jumsan*(to be), *bilee*(was)등을 들고 있다. 그러나 *biš*(not)는 부사적 요
소의 일종으로 취급하여 계사의 대용형으로 보지 않았다(Binnick 1979:7-8).

*-güi*의 접미로 이루어진 형동사의 부정형이며, (11d.)는 *mön*을 삭제함으로써 각각 부정의문문으로 되었다. 이와는 또다른 방법은 (12)와 같이 선택의문문의 형식으로 바꾸는 것이다.

(12) a. Öčigdör šönö boroo or-son uu, or-oo-güi   juu?
       yesterday night rain fall-Pft Q, enter-Impf-Neg Q?
       '어젯밤에 비가 왔니, 안 왔니?'

    b. End gadn-y xün or-ž   bol-(o)x uu, bol-(o)x-güi   juu?
       here outside-Gen man enter-Smlt become-Irs Q,
       become-Irs-Neg Q?
       '이곳은 외부인이 들어갈 수 있니, 없니?'

    c. Dorž xičeel-d-ee   jav-dag uu, jav-dag-güi juu?
       Dorž class-DtLc -Refl go-Hab Q,   go-Hab-Neg Q?
       '도르찌는 수업에 들어가니, 안 들어가니?'

    d. Či   xošuuč Bat mön üü, biš üü?
       you(Nom) major Bat true Q, Neg Q?
       '너는 바트소령이니, 아니니?'

  (12a.-d.)의 또 다른 특징 중의 하나는 긍정항-부정항의 어순이 전도되면 비문을 형성하게 된다는 점이다. 즉, 몽골어는 긍정의문과 부정의문의 병렬형식에서 후자가 전자를 선행할 수 없는 어순제약을 지닌다.[46] 이제 마지막 방법인 부가의문문의 형식을 살펴보자.

(13) a. Öčigdör šönö boroo or-oo-güi   jum   biš üü?

---

[46] 장경희(1982:89-116)는 국어의문문에 관한 연구에서 발화상황으로부터 긍정의 내용이 가정되는 때에는 긍정의문이, 부정의 내용이 가정되는 때에는 부정의문이 각각 쓰이는 것으로 논의했다. 그는 화자의 믿음과 관계없이 사실인 것으로 존재하는 사실적 세계를 敍實的 상황, 화자의 생각 속에 존재하는 화자의 믿음의 세계를 敍想的 상황으로 분류하고, 화자의 서상적 가정과 서실적 가정의 진리치가 다를 때 그 명제의 진위를 묻는 여부의문을 하는 것으로 논의하였다.

    yesterday   night   rain fall-Impf-Neg JUM   Neg Q?
    '어젯밤에 비가 안 왔지 않니?'

b. End gadn-y xün or-ž   bol-(o)x-güi   jum   biš   üü?
   here outside-Gen man enter-Smlt become-Irs-Neg JUM neg Q?
   '이곳은 외부인이 들어갈 수 없지 않니?'

c. Dorž xičeel-d-ee   jav-dag-güi jum   biš   üü?
   Dorž class-DtLc-Refl go-Hab-Neg JUM Neg Q?
   '도르찌는 수업에 안 들어가지 않니?'

d. Či   xošuuč Bat biš jum   biš   üü?
   You major Bat Neg JUM Neg Q?
   '너는 바트소령이 아니지 않니?'

  부가의문문 (13a.-d.)의 예들은 본문의 명제의 참이나 거짓을 중립적으로 묻는 정상적 의문문인 (11)의 화행과는 달리, 화자는 본문의 명제가 참이라고 추정하고 청자의 동의나 확인을 요청하는 화행이다. (13a.-d.)에서 주목되는 몽골어 부가의문문의 특징중의 하나는 부가의문문의 꼬리부에는 시제표시형태소가 나타날 수 없다는 점이다.

(14) a. Öčigdör šönö boroo or-oo-güi   jum biš bai-
      yesterday night   rain   fall-Impf-Neg JUM Neg be-
      {*-x, *-san, *-(g)aa, *-dag, *-na, *-laa, *-v, *-žee} uu?
      {Irs, Pft, Impf, Hab, NPst, Pst, Pst, Pst} Q?
      '어젯밤에 비가 안 왔지 않니?'

   b. End   gadn-y xün or-ž bol-ox-güi jum biš bai-
      here outside-Gen man enter-Smlt become-Irs-Neg JUM neg be-
      {*-x, *-san, *-(g)aa, *-dag, *-na, *-laa, *-v, *-žee} uu?
      {Irs, Pft, Impf, Hab, NPst, Pst, Pst, Pst} Q?
      '이곳은 외부인이 들어갈 수 없지 않니?'

   c. Dorž xičeel-d-ee   jav-dag-güi jum biš bau-
      Dorž class-DtLc -Refl go-Hab-Neg JUM Neg be-

{*-x, *-san, *-(g)aa, *-dag, *-na, *-laa, *-v, *-žee} uu?
{Irs, Pft, Impf, Hab, NPst, Pst, Pst, Pst} Q?
'도르찌는 수업에 안 들어가지 않니?'

d. Či   xošuuč Bat biš jum biš bai-
you(Nom) major Bat Neg JUM Neg be-
{*-x, *-san, *-(g)aa, *-dag, *-na, *-laa, *-v, *-žee} uu?
{Irs, Pft, Impf, Hab, NPst, Pst, Pst, Pst} Q?
'너는 바트소령이 아니지 않니?'

이에 비하여 다음 (15)는 정상적 부정의문문의 예들이다.

(15) a. Öčigdör šönö boroo or-oo-güi bai-{*-x, -san, *-(g)aa, *-dag,
yesterday night rain enter-Impf-Neg be-{Irs, Pft, Impf,
Hab, -na, *-l(aa), -v, -ž(ee)} uu?
NPst, Pst, Pst, Pst} Q?
'어젯밤에 비가 안 왔(었)니?'

b. End gadny xün or-ž bol-(o)x-güi bai-{*-x, -san, -(g)aa,
here outside-Gen man enter-Smlt become-Irs-Neg be-{Irs,
Pft, Impf,
?-dag, -na, -l(aa), ?-v, -ž(ee)} uu?
Hab, NPst, Pst, Pst, Pst} Q?
'이곳은 외부인이 들어갈 수 없(었)니?'

c. Dorž xičeel-d-ee jav-dag-güi   bai-{*-x, -san, *-(g)aa, *-dag,
Dorž class-DtLc -Refl go-Hab-Neg be- {Irs, Pft, Impf, Hab,
-na, -l(aa), *-v, *-ž(ee)} uu?
NPst, Pst, Pst, Pst} Q?
'도르찌는 수업에 안 들어가(았)니?'

d. Či xošuuč Bat biš   bai-{*-x, -san, *-(g)aa, *-dag,
Či xošuuč Bat Neg be-{Irs, Pft, Impf, Hab,
-na, -l(aa), *-v, *-ž(ee)} uu?

NPst, Pst, Pst, Pst}   Q?
'너는 바트소령이 아니(었)니?'

(15a.-d.)에서는 조동사($tuslax~üil~üg$) bai-의 활용형과의 결합으로 시제와 상, 양태의 표현이 각각 이루어지고 있다.[47]

몽골어의 전형적 부가의문문과 정상적 부정의문문의 구조는 다음과 같이 분석된다.[48]

〈 표 3.1 〉 몽골어 부가의문문과 부정의문문의 구조
a. 몽골어의 전형적 부가의문문

본 문 술 어	부정첨사 (수의적)	꼬 리 부
1. 형동사어미(-x, $-dag^4$, $-san^4$, $-aa^4$, $?-maar^4$, $?-xuic^2$, -gč)	-güi	jum biš üü ?
2. 명사류	biš	

---

47) 형동사와 직설법동사의 각 어미들의 시제(tense), 상(aspect), 양태(modality)의 의미와 통사적 기능에 관해서는 Song(1997:217-219, 355-358)참조

48) 장석진(1985:157)은 한국어의 전형적 부가의문문과 정상적 부정의문문의 형태 통사적 특징을 (i)과 같이 도식화 하였다.
  (i) a. 전형적 부가의문문
       본문   꼬리
     {..V/A (TENSE)
       NP-COP   } 지   않(*TENSE) Int-ending?
   b. 정상적 부정의문문
     (i) 1형
       본문   부정부
     {..V/A (*TENSE) 지   않 (TENSE) Dec-/Int-ending (?)
       NP-이 아니 COP (TENSE)   Dec-/Int-ending (?)
     (ii) 2형
         ... 안 V/A (TENSE) Dec-/Int-ending (?)
       (ib.)는 이른바 장형부정, 단형부정 등으로 불리고 있는 형식으로 이 중 1형 즉, 장형부정을 무표(unmarked)의 부정구문으로 규정하고, 전형적 부가의문 (ia.)와는 달리 의문문뿐만 아니라 본문부에 시제를 동반하지 못하는 점을 관찰하였다. 이와는 대조적으로 부가의문의 경우에는 본문에는 시제가 들어갈 수 있는 반면 꼬리에는 허용되지 않는다.

b. 몽골어의 정상적 부정의문문

본 문 술 어	부 정 부
1. 형동사어미(-x, -dag⁴, -san⁴, -aa⁴, ?-maar⁴, ?-xuic², -gč)	-güi juu ?
2. 명사류	biš üü ?

우리는 이 〈 표 3.1 〉을 통하여 전통적으로 형동사어미로 분류되어 동일 범주안에 포함시켜 다루어 오고 있는 형태소들 사이의 차이를 확연하게 알 수 있다. 또한 *-gč*은 부가의문문이나 부정의문문이나 관계없이 형동사어미들과 같은 행태를 보이는 것이 아니라 명사류와 같은 행태를 보임에 주의해야 한다. 도표상에는 전통적인 분류와의 대조를 보이고자 동일 항목에 나열하고 있지만 가령, 본문술어의 *-gč*형태는 부정첨사로 *-güi*를 취하지 않고 항상 *biš*를 취함에 유의해야 한다. 반면 여타의 형동사들은 일률적으로 *-güi*와 결합하며 명사류는 *biš*와 결합하여 부가의문문과 부정의문문을 만들고 있다.

한편, 몽골어의 부가의문문은 부정의문의 형태를 띤 전형적 부가의문 이외에도 *tiim ee?*, *tee?*등의 대용어의 형태를 꼬리로 취하는 부가의문형이 있다. 즉, 이 대용어 부가의문문의 구조도 본문과 꼬리로 나눌 수 있으며 부정부가의문문과 동일한 화행, 즉 본문명제에 대한 청자의 동의 및 확인요청을 나타낸다. 한편, *tiim ee?*는 주로 성인층이나 노인층에서 사용되고, 그것의 단축형인 *tee* (〈*t + (iim) + ee*)?는 주로 청소년층에서 널리 사용되고 있다. 이는 꼬리로서 *tee?*가 더욱 간결한 음절구조로 이루어져 있기 때문에 청소년층에 더 선호되는 것으로 보인다. 또한 하강조의 억양형으로 실현될 경우에는 청자에 대한 동의요청의 화행을, 상승조의 억양형으로 실현될 경우에는 확인요청의 화행을 각각 나타낸다. 즉 아래 (16)에서

    (16) a. Dulmaa   saixan   xüüxen,{tiim ee, tee}?

           Dulmaa beautiful woman,{so Voc, so}?

           '돌마는 미인이야, 그지?'

        b. Dulmaa   saixan   xüüxen biš,{tiim ee, tee}?

           Dulmaa beautiful woman Neg,{so Voc, so}?

'돌마는 미인이 아니야, 그지?'

 (16)의 발화로써 화자가 청자에게 기대하는 응답은 대체로 음성형으로
표출되지 않는 무언의 응답이거나 고개의 끄덕거림 등과 같은 비언어적
동의이거나 긍정의 응답이다. 즉, 화자의 발화된 명제내용에 대한 선택적
인 정보제공의 의무가 청자에게 요구되지 않으며 다만 동의나 확인이 요
청되는 화행을 나타낸다는 점에서 앞서 살펴본 부정부가의문문과 동일하
다. 한편, 'tiim ee?'의 부정형인 'tiim biš ee?'는 부가의문문의 꼬리로 사
용될 수 없다.49) 또한 진위여부를 묻는 'tiim üü?'나 'ügüi juu?'도 부가의
문문의 꼬리로는 사용될 수 없다.

(17) a. Nojon Dorž ix surguul'-iin zaxiral biš, {tee, tiim ee}?
　　　 Mr. Dorž university-Gen president Neg, {so, so part}?
　　　 '도르찌씨는 대학총장이 아냐, 그지?'

 b. Nojon Dorž ix surguul'-iin zaxiral biš jum biš üü?
　　　 Mr. Dorž university-Gen president Neg JUM Neg Q?
　　　 '도르찌씨는 대학총장이 아니지 않니?'

 c. ?Nojon Dorž ix surguul'-iin zaxiral biš, tiim üü?
　　　 Mr. Dorž university-Gen president Neg, so Q?

 d. *Nojon Dorž ix surguul'-iin zaxiral biš, ügüi juu?
　　　 Mr. Dorž university-Gen president Neg, Neg Q?

 (17a.b.)는 각각 긍정부가의문문과 부정부가의문문으로서 선행하는 서

---

49) 'tiim biš ee?'는 부가의문문의 꼬리로는 사용될 수 없지만 다음 (i)에서와 같이
 (i) a. Noyon Dorj ix surguul-iin zaxiral biš ge-ne.
　　 Mr. Dorj university-Gen president Neg say-NPst.
　　 '도르찌씨는 대학총장이 아니라는데…'
 b. tiim biš ee?
　　 '그게 아니라고?'
　　 (ib.)의 *tiim biš ee?*는 *tiim biš gene ee?*의 축약형으로 이해되면 '반문'의
　　 의미를 지닌 적절한 발화로 이해된다.

술문만 실현되어도 문장의 명제내용이 전달되지만 부가의문문의 꼬리가 첨가됨으로써 선행문의 명제내용에 대한 화자의 태도가 훨씬 더 강조되고 있다. (17c.)가 (17d.)에 비하여 문법성이 한결 나아지는 이유는 *tiim üü?*를 *tiim üü, (esvel) ügüi juu?*의 축약형으로 이해하기 때문이다. 그러나 외형상 *tiim ee?*와 유사한 *tiim üü?*는 전자와는 달리 선행문과의 사이에는 상당한 휴지가 개입되며 독립적인 절구성이다. 부가의문문의 꼬리들은 등위접속이 불가능하지만 *tiim üü?*나 *ügüi juu?*는 (18)과 같이 등위접속이 가능하다.

(18) a. *Tiim ee,   (esvel)   jum   biš üü?

      so Voc, (otherwise) JUM Neg Q?

   b. Tiim üü, (esvel)   ügüi juu?

      so   Q,   (otherwise) No   Q?

      '그래, (아니면) 안 그래?'

이와 같은 몽골어의 대용어 부가의문문의 구조는 다음과 같이 분석된다.

〈표 3.2〉 몽골어의 대용어 부가의문문

본 문 술 어	부정첨사 (수의적)	꼬리부
1. 형동사어미(-x, -dag^4, -san^4, -aa^4, ?*-maar^4, ?*-xuic^2, -gč) 2. 명사류(명사, 형용사, 수사...)	-güi -biš	tiim ee? tee?
3. 직설법어미(-na^4, -laa^4, -v, -žee^2)	-∅	

즉, 우리는 이러한 대용어 부가의문문의 구조와 전형적 부가의문문(표 3.1a.), 정상적 부정의문(표 3.1b.)의 가장 두드러진 차이는 대용어 부가의문문에는 직설법어미가 허용된다는 것을 알 수 있다.

이제 부정 부가의문문과 대용어 부가의문의 의미상의 차이를 살펴보자.

(19) a. Bi öčigdör Lotte vüold-(o)d   or-ž   üz-sen,   tee?

    I(Nom) yesterday Lotte world-DatLoc enter-Smlt see-Pft, so
    '나는 어제 롯데월드에 가봤어, 그지?'

  b. Bi öčigdör Lotte vüold-(o)d or-ž üz-sen jum biš üü?
    I(Nom) yesterday Lotte world-DatLoc enter-Smlt see-Pft
    JUM Neg Q?
    '나는 어제 롯데월드에 가봤지, 않아?'

  c. Nojon Dorž ix surguul´-iin zaxiral biš, tee?
    Mr. Dorž university-Gen president Neg, so
    '도르찌씨는 대학총장이 아냐, 그지?'

  d. Nojon Dorž ix surguul´-iin zaxiral biš jum biš üü?
    Mr. Dorž university-Gen   president Neg JUM Neg Q?
    '도르찌씨는 대학총장이 아니지 않니?'

　(19a.)는 화자가 청자에게 선행하는 서술문(본문)의 명제내용에 대해 동의를 요청하여 제3의 청자에게 그 내용을 확인시키기 위한 목적으로 사용된다. 예를 들면, 어제 롯데월드에 함께 갔거나, 혹은 그곳에서 우연히 만났던 청자에게 자신의 말이 거짓이 아님을 다른 친구(들)에게 확인시켜 자랑하려는 의도에서 행하는 발화이다. (19b.)는 어제 가보았던 놀이동산을 롯데월드라고 믿고 있다가 뒤늦게 그곳이 다른 이름의 놀이동산이라는 이야기를 제3자로부터 들었거나, 자신의 생각이 사실이 아닐 수도 있다는 의심이 생겼을 때 함께 갔던 일행이나 인솔자에게 자신의 확신이 옳음을 확인해보려는 의도에서 행하는 발화이다. (19c.)에서 화자는 도르찌가 대학총장이 아니라는 단정을 내리고 있으며, 청자에게서 기대하는 응답은 긍정의 응답이며 부정의 응답은 예상하지 않고 있다. (19d.)에서 화자는 (19c)에 비해 도르찌가 대학총장이 아니라는 명확한 단정을 내리지는 못하고 있으며 어쩌면 아닐지도 모른다는 생각에 청자로부터 확인을 통해 자신의 견해와 맞추어 보려는 의도에서 행하는 발화이다. 결국, 심리적인 측면에서 긍정 부가의문문은 화자의 적극적 태도가 반영되는 반면, 부정 부가의문문은 화자의 소극적 태도가 드러나는 차이가 있다. 이러한 차이는 언어 표현의식상의 차이로부터 기인하는 것으로 보인다. 다

음 (20)은 추정을 나타내는 표현들로써 긍정 부가의문문은 가능하지만,
부정 부가의문문은 비문을 만든다.

(20) a. Öčigdör Uaanbaatar-t boroo or-son bai-x aa, tee?
yesterday Uaanbaatar-DtLc rain fall-Pft be-Irs Voc, so?
'어제 올란바타르에 비가 왔겠다, 그지?'

b. *Öčigdör Uaanbaatar-t boroo or-son bai-x aa, jum biš üü?
yesterday Uaanbaatar-DtLc rain fall-Pft be-Irs Voc JUM
Neg Q?
'어제는 올란바타르에 비가 왔겠다, 않니?'

c. Margaaš boroo or-ž č magadgüi, tee?
tomorrow rain fall-Smlt Č probable, so
'내일은 비가 올지도 몰라, 그지?'

d. ?*Margaaš boroo or-ž č magadgüi jum biš üü?
tomorrow rain fall-Smlt Č probable JUM Neg Q?
'내일은 비가 올지도 몰라, 않니?'

3.1.3 부정첨사와 금지첨사

몽골어의 부정은 다양한 부정첨사에 의하여 이루어진다. 그리고 몽골어
부정법의 가장 큰 특징은 명사류의 부정법과 동사류의 부정법으로 대별되
어 전자의 경우 부정첨사가 후치하고, 후자의 경우에는 첨사가 전치한다
는 점이다. 즉, 명사류(명사, 대명사, 수사, 형용사, 부사, 형동사 등)를
부정하는 첨사는 항상 명사류의 뒤에 분포하는 반면, 동사류(직설법동사,
명령·원망법동사, 부동사 등)를 부정하는 첨사는 항상 동사류의 앞에 분
포한다(Poppe 1974:174-175), (Yu 1991:6-8), (김미현 1994:6).
우리는 앞 절 2.3의 첨사에 관한 선행연구에서 대부분의 학자들이 부정
첨사로 *ügüi (-güi), biš (bus), ül, es* 등의 형태소를, 그리고 금지첨사로
büü, bitgii 등으로 분류해 왔음을 고찰하였다. 본 절에서는 부정첨사와 금

지첨사의 특징을 간략하게 살펴보고 종결어미와의 공기관계 및 분포제약
에 관해서는 4장에서 자세히 논의한다.[50]

3.1.3.1 부정첨사 : *ügüi, biš; ül, es*

몽골어에서 명사류의 부정은 *ügüi(-güi), biš (bus)*등의 부정첨사에 의하
여 이루어진다. '부재(absence)'를 의미하는 *ügüi*는 명사이며, 따라서 곡용
할 수 있다. 또한 *ügüi*는 계사의 존재여부에 무관하게 술어의 기능을 할
수 있다(Poppe 1974:174).

(1) a. Minii   ügüi-d   olon xün manai-d   oč-son.
       I(Gen) absence-DtLc many man we(Gen)-DtLc reach-Pft.
       '내가 부재중일 때에 많은 사람이 우리집에 들렀다.'
    b. Erdem   ügüi   bol   ene nas(n)-y zovlon.
       knowledge absence Cond this life-Gen suffering
       '지식이 없으면 평생의 고생'
    c. Namaig oilgo-x-güi   xün-tei   bi   xičneen
       I(Acc) understand-Irs-Neg man-Comit I(Nom) how-many
       jari-ad   č nemer-güi.
       talk-Ant Č benefit-Neg
       '나를 이해하지 못하는 사람과 아무리 이야기해도 소용없다.'
    d. Bi üüniig sanamsargüi-(g)eer xii-sen.
       (Kullmann & Tserenpil 1996:330)

---

50) 淸格尒泰(1992:456)는 *büi, bitegei, ügei, edüi, ülü, ese, biši, busu*등의 형태
    소를 否定語氣詞로 명명하고 이들의 분포를 다음과 같이 설명하였다. 즉, *büi,
    bitegei*는 명령·원망형동사의 앞에 사용하여 금지의 의미를 나타낸다. 그리고
    *ügei, edüi, ülü, ese*는 동사의 부정형식을 나타내며, 이 중 *ügei*는 形動詞의
    뒤에, *ügei, edüi*는 형동사 중의 ∀-ɑ (ge)뒤에(사용범위가 극히 제한적임) 사용
    한다. 한편 *ülü, ese*는 시제형태동사와 형동사의 앞에 사용하며 주로 문어체에
    발견된다. *biši, busu*는 精詞類(名詞, 形容詞, 數量詞, 時位詞, 代詞)의 뒤에 붙
    어 否定의 의미를 나타내며, *ügei*는 不在의 의미를 나타낸다.

I(Nom) this(Acc) accidental(ly)-Instr do-Pft
'나는 이것을 우연히 하였다.'

(1a.)에서 *ügüi*에는 여·처격어미가 접미되어 명사로 기능하고 있으며, (1b.c.)에서 *ügüi (-güi)*는 술어로 기능한다. (1b.)의 *ügüi*는 (1c.)에서 접미 사화하여 어두모음'*ü*-'의 탈락으로 인하여 선행하는 형동사 *oilgox*나 명사 *nemer*에 직접 접미되고 있다. (1d.)는 *-güi*의 파생접미사(derivational suffix)적 성격을 보여준다. 즉, *-güi*의 접미가 없는 명사형은 존재하지 않는다. 또한 *ügüi*는 상반된 의미를 지닌 두 낱말로 이루어진 복합어에 부가되어 차별 없음을 강조하는 표현을 만든다.

(2) Ödör šönö ügüi (=Ödör šönögüi)
    day   night absence
    '밤낮없이'

이와 같은 표현에는 *övöl zungüi*(겨울·여름 할 것 없이), *xögšin zaluugüi*(老少의 구별없이), *er emgüi*(남녀를 막론하고), *sain muugüi*(좋고 나쁨의 구별없이), *end tendgüi*(여기저기 할 것 없이 어디에나), *ert oroigüi*(조만간) 등이 있다. 또한 의문사의 중첩형에 *ügüi (-güi)*가 접미되어 '*xen xengüi*(everyone), *juu juugüi*(just like that), *al′ al′güi*(none), *xezee xezeegüi*(every moment), *xaa xaagüi*(everywhere)'등의 부정대사 (indefinite proword)를 형성하기도 한다(Kullmann & Tserenpil 1996:276-277). 한편, 부정첨사 *ügüi*는 대부분 후치수식으로 쓰이지만, 다음 (3)에서는 논항으로 사용되어 부정표지기능(negativity marking function)을 갖지 않는 관용적인 표현들을 형성한다(E.Vandui 1966:230, Hangin et al.(1986:564) Yu(1991:110-111).

(3) a. Bid xed-xen xonog-iin dotor büx möngöö ügüi xii-sen.
      we(Nom) a-few-Dim day-Gen within all money-Refl use-up-Pft.
      '우리는 단 몇 일만에 돈을 다 써버렸다.'

  b. Gaxai žil   Ix   Xaan   ügüi bol-(o)v.
     pig   year great emperor pass-away-Pst
     '돼지해에 황제가 서거하였다.'

  c. Öčigdr-in   cuglaan deer ter ügüi bai-v.
     yesterday-Gen rally   at   (s)he absent-Pst.
     '어제 집회에 그는 참석하지 않았다.'

이와 같이 *ügüi(-güi)*가 명사류의 존재(presence)를 부정하는데 비하여 명사류 부정첨사의 두 번째 부류인 *biš (bus)*는 명사류의 특질을 부정한다.51)

(4) a. Manai   ger   end-ees neg ix   xol   biš.
       we(Gen) house here-Abl one greatly distant Neg
       '우리 집은 여기서 그다지 멀지 않다.'

    b. Bi bagš biš, ojuutan bai-na.
       I teacher Neg, student be-NPst
       '나는 선생이 아니라 학생이다.'

    c. Ügüi, ene minii-x   biš.
       No,   this Gen-PossPro Neg
       '아니오, 이것은 나의 것이 아닙니다.'

    d. Ööx č biš, bulčirxai č biš.
       fat Č Neg gland   Č Neg

---

51) *ügei*와 *busu*의 의미상의 차이는 대체로 (i)과 같이 정의된다.
  (i) a. While the negative '*ügei*' expresses the mere idea of absence or nonexistence of something, the negative '*busu*' indicates that the object concerned, although existing or present, is not what it is believed to be. The negative '*busu*' is, in origin, a pronoun meaning '*another*'. (Poppe 1974:174)
      b. In the nominal negation, '*ügei*' is used to negate the existence of the nominals while '*busu*' is used to negate a quality of the nominals. (Yu 1991:2)

'비계도 아니고, 선도 아니다.'

(4a.)에서는 형용사, (4b.)에서는 명사, (4c.)에서는 소유대명사 등의 뒤에 부정첨사가 부가되어 전형적인 후치부정을 보인다. 한편, (4d.)에서는 명사류와 부정첨사의 사이에 유동첨사 č가 개입하고 있는 구성이다. 한편, 부정첨사 *biš* 는 명사와 마찬가지로 곡용을 한다.

(5) a. Ene bol sonirxoltoi biš-eer bar-(a)x-güi šal xereg-güi nom.
       this Sm interesting Neg-Instr finish-Irs-Neg utterly use- Neg book.
       '이것은   재미없는   것은   고사하고   전혀   쓸모없는   책이
       다.'(Kullmann & Tserenpil 1996:329)
    b. Tüünii čixer-t durtai biš-iig bid-nar med-(ex)-güi bai-san.
       (s)he(Gen) candies-DtLc   liking Neg-Acc   we(Nom)-Pl
       know-Irs-Neg be-Pft
       '그가 사탕을 좋아하지 않는다는 것을 우리는 모르고 있었다.'

(5a.)에서는 탈격어미, (5b.)에서는 대격어미가 각각 접미되어 문법관계를 나타낸다. 또한 *biš*는 구어에서 탈격표지된 명사류에 후행하여 부정의 원의미를 잃고 관용적 표현을 형성한다.

(6) a. Darga   zövšöör-sön jum   čin´ tedend ög-(ö)x-öös biš   dee.
       chief agree-Pft JUM 2Poss they(DtLc) give-Irs-Abl Neg DAA
       '상급자가 동의했으니 그들에게 부득이 줄 수밖에.'
       (侯万庄 1990上:73)
    b. Tantai sanal solilc-(o)x-oos biš, tulg-(a)n šaard-(a)x biš.
       you(Comit) opinion exchange-Irs-Abl Neg, forse-upon-Assoc
       urge-Irs Neg
       '당신과 의견을 교환할 뿐이지 강요하지는 않는다.'
    c. Zövxön amla-dg-aas   biš, jerdöö   bielüül-deg-güi.

merely promise-Hab-Abl Neg, completely carry-out-Hab-Neg.
'단지 약속만 할 뿐이지 전혀 실행하지 않는다.'

  (6a.)는 형동사의 현재미래형어미의 탈격에 부정첨사 biš가 부가되어 화
자의 '어쩔 수 없음'과 '내키지 않음'을 나타낸다. (6b.)는 '-xaas biš,...
{-xgüi, -x biš}', (6c.)는 '-dagaas biš, ...{-daggüi, -xgüi, -dag biš}'형식의
관용적 표현으로서 선행문의 긍정과 후행문의 부정이 동일한 형태의 부
정첨사 biš에 의하여 표현된다(侯万庄 1990上:73-75).
  한편, 현대몽골어에서 부정첨사 bus는 *angiin bus*(anti-class), *nam
bus*(non-partisan), *xöröngötön bus*(non-capitalistic), *xün bus*(inhuman),
xuul′ bus(illegal), *eelžit bus*(irregular, extraordinary), *namyn gišüün
bus*(non-party member)등의 극소수의 어휘에만 나타날 뿐이다(Sanžeev
1959:84, Yu 1991:112) 즉, 부정첨사 *bus*는 문법적 의미보다 어휘적 의
미를 더 강하게 나타내며 파생접미사로서의 기능이 두드러진 것으로 분석
된다(Kullmann & Tserenpil 1996:330).

  (7) a. Mongold   zasgiin gazr-yn   bus baiguullaga olon   bii.
         Mongolia-DtLc government-Gen Neg organization many be
         '몽골에 비정부기관이 많이 있다.'
      b. Bi togtmol   bus xevlel-iig muxlag-aas xudald-(a)ž av-dag.
         I periodical Neg publication-Acc kiosk-Abl buy-Smlt   get-Hab.
         '나는 비정기간행물을 가판점에서 구입한다.'
      c. Ene čin′ ünexeer jer bus-yn xereg (d)ee (侯万庄 1990上:116).
         This 2Poss really   ordinary Neg-Gen affair DAA
         '이것은 정말 평범하지 않은 일이다.'
      d. Ter gadaad oron-d olon žil xuul′ bus-aar am′dar-č bai-san.
         (s)he foreign country-DtLc many year law Neg-Instr live-Smlt
         be-Pft
         '그(녀)는 외국에 여러 해 동안 불법으로 체류하였다.'

　부정첨사 *bus*는 (7a.)에서 속격어미의 뒤에 부가되었고, (7b.)에서는 형용사의 뒤에 부가되고 있다. 또한 (7c.d.)에서는 속격과 도구격으로의 곡용가능성을 보여주고 있다.

　동사류의 부정은 부정첨사 *ül*과 *es*에 의해서 이루어지는데, 후치수식인 명사류 부정첨사들과는 달리 이들은 항상 동사의 앞에 놓인다. *ül*과 *es*는 의미 차이가 없으며 다만 피부정 동사류의 시상에 따라 서로 다른 분포를 보여준다.

(8)　a.　Mongol-d bičig üseg　ül　med-(e)gč　xün　olon　bai-na　uu?
　　　　　Mongolia-DtLc letter Neg know-Ag　man many be-NPst Q?
　　　　　'몽골에 문맹자가 많이 있습니까?'

　　　b.　Tednii xoorond　ül　oilg-(o)lc-(o)x　baidal　bii bol-žee.
　　　　　they(Gen) between neg understand-Rec-Irs state be become-Pst
　　　　　'그들 사이에 오해가 생겼다.'

　　　c.　Ter　namaig　ül　oišoo-v.
　　　　　(s)he I(Acc)　Neg respect-Pst
　　　　　'그가 나를 무시하였다.'

　　　d.　Ter　üüniig ül zövšöör-č garyn üseg zur-(a)x-aas tatgalz-(a)v.
　　　　　(s)he this(Acc) Neg agree-Smlt　signature　draw-Irs-Abl
　　　　　refuse-Pst
　　　　　'그는 이것에 동의하지 않고 서명하기를 거부하였다.'

　　　e.　Ta　üüniig　ül　zövšöör-völ garyn üseg zur-(a)x-güi bai-ž
　　　　　bol-no.
　　　　　You this　Neg agree-Cond signature　draw-Irs-Neg
　　　　　become-NPst
　　　　　'당신이 이것에 동의하지 않는다면 서명하지 않아도 됩니다.'

　　　f.　Ax　n´　düü-(g)ee　　　önöödör ül　ol-(o)vč
　　　　　older brother 3Poss younger brother-Refl today Neg find-Conc
　　　　　margaaš　zaaval ol-no　　ge-ž　　bod-loo.
　　　　　tomorrow　surely　find-NPst say-Smlt　think-Pst.

'그의 형은 (자신의) 동생을 오늘 찾지 못하더라도 내일은 반드시 찾겠다고 생각하였다.'

g. Tamxi   tat-(a)ž   ül bol-no.
   tobacco smoke-Smlt Neg become-NPst
   '담배를 피우면 안됩니다.'

이와 같이 부정첨사 *ül*은 동사류의 앞에 놓여 부정한다. 현대몽골어에서는 그 쓰임이 매우 제한되어 *bol-*(become), *zövšöör-*(agree), *oišoo-*(pay regard to), *oilgo-*(understand) 등의 동사와 결합하여 문어체의 관용적 표현에서만 나타날 뿐이다.52)

한편, 부정첨사 es는 주로 부동사와 직설법 과거시제의 동사를 부정하는데 쓰이고 있다.

(9) a. Tüüniig   es ir-(e)xleer   bi   ix   gaix-san.
       (s)he(Acc) Neg come-Concm I(Nom) greatly be-surprised-Pft
       '그가 오지 않아 나는 무척 놀랐다.'

    b. Ax   n′   düü-(g)ee   önöödör es   ol-(o)vč
       older brother 3Poss younger brother-Refl today Neg find-Conc
       margaaš   zaaval ol-no   ge-ž   bod-loo.
       tomorrow   surely find-NPst say-Smlt think-Pst.

    c. Bi   tüünd   xariu es   ög-(ö)x-öör   šiid-sen.

---

52) Poppe(1954,1974:175)는 고전 몽골문어에서의 부정첨사 ül(〈ülü), es(〈ese)의 분포를 다음과 같이 규정하였다.

(i) a. The negative *ülü* is used with verbal forms and also is placed before the latter. It occurs with all indicative forms, with the verbal nouns of the future and the actor (*nomen futuri, nomen actoris*), and with all converbs except for the *converbum conditionale* and *concessivum*.

   b. The negative *ese* is used only with verbs. It is placed before the verb. This negative is used with all indicative forms, with the so-called *nomen perfecti, converbum conditionale*, and *converbum concessivum*. The negative *ese* is a fossilized verb and a few forms still exist.

    I(Nom) he(DtLc)   answer Neg give-Irs-Instr decide-Pft

    '나는 그에게 대답해주지 않기로 결심하였다.'

d. Ter es med-(e)gč carail-aad   suu-ž   bai-san.

   (s)he Neg know-Ag make faces-Ant sit-Smlt be-Pft

   '그는 모르는 척하면서 앉아 있었다.'

e. Bi ene tal-aar   olon xonog xööcöld-sön   bol-(o)vč

   I this side-Instr many day strive after-Pft become-Conc

   ted nar es   zövšöör-(ö)v.

   they Pl   Neg agree-Pst

   '내가 이일에 관하여 수일 동안 애를 썼지만 그들은 허락하지 않았다.'

  이상의 예에서 우리는 부정첨사 *ül*과 *es*가 고전 몽골문어에서는 주로 시상과 서법의 차이에 따라 서로 구별되어 사용되었지만 현대몽골어에 들어서는 양자간의 구별도 흐릿하게 되었을 뿐만 아니라 소수의 관용적인 표현을 제외하고는 부정표지로서의 기능을 상실하게 되었다.[53] 결국, 현대몽골어의 부정법체계는, 특히 직설법동사의 경우 전치부정에서 후치부정으로의 체계적인 변화가 일어났음을 보여준다.

3.1.3.2 금지첨사 : *büü, bitgii*

  몽골어의 부정명령, 즉 금지명령은 금지첨사 *büü*나 *bitgii*를 명령·원망법동사의 앞에 두어 전치부정형식을 통하여 이루어진다.

(10) a. End tamxi   {büü, bitgii; *ül, *es} tat.

    here tobacco   {Proh; Neg}   smoke

    '여기에서 담배를 피우지 마라.'

  b. Dain daxin {büü, bitgii; *ül, *es} üz-(e)gd-(e)g.

---

war again   {Proh; Neg}   see-Pass-Perm
'전쟁이 다시는 일어나지 말기를'

c. Tüünii   üg-iig   {*büü, *bitgii; *ül, es} sons-žee.
   (s)he(Gen) word-Acc   {Proh; Neg}   hear-Pst
   '그의 말을 듣지 않았다.'

(10a.b.)에서 금지첨사 *büü, bitgii*는 허용되는 반면, 부정첨사 *ül, es*는 허용되지 않음을 볼 수 있다. (10a.)는 영형태인 -∅로, (10b.)는 원망형 어미인 -*g*가 술부동사에 접미되어 명령·원망법을 이룬다. 이와는 달리 (10c.)는 직설법 과거시제어미 -*žee*가 술부동사에 접미되어 금지첨사 *büü, bitgii*의 부가는 항상 비문을 초래한다. 한편 *büü*와 *bitgii*의 차이에 대하여 대부분의 학자들은 *büü*를 문어체로 *bitgii*를 구어체로 규정하였으며 이들 사이의 차이를 단순히 문체적인 것으로 설명하였다.54) 한편, 외형상으로 는 부정명령문의 구성을 이루고 있지만 금지의 의미를 전혀 띠지 않는 형식이 있다.55) 이들은 극소수의 관용적인 표현에서 발견된다.

---

54) 대표적으로 Hangin(1968)과 Poppe(1974)의 견해를 요약하면 다음(i)과 같다.
 (i) a. The negative commandor prohibitive particle *büü* is used in exactly the same way as *bitgii*. The difference is a stylistic one. *büü* is more literary, though it is frequent in every-day speech. (Hangin 1968:40, 1973 : 5)
  b. There are two prohibitive particles : *büü* and *bitegei*. The latter is a colloquial form. Both are used with imperative and optative forms and with the dubitative. These particles are placed before the verbal forms concerned. (Poppe 1974:175)

55) Yu(1991:73-75, 1993:27-29)는 이러한 형식을 유사금지구성(pseudo prohibitive construction)이라 칭하고 '*büü* + 2인칭 단순명령형' 구성이 유사 금지문으로 인식되는 경우는 '*med-, üz-, üzegd-, xar-, xaragd-, sons-, sonsogd-, sana-, xel-*'등의 이른바 화행동사와 지각동사들이라고 주장하였다. 그러나 제시하고 있는 예는 *büü med, büü xel* 뿐이며 여타의 동사는 어떤 의미로 쓰이는 유사금지구성인지에 대한 분명한 언급이 없다. 가령, '{*büü, bitgii*} *üz*, {*büü, bitgii*} *xaragd*, {*büü, bitgii*} *sons*, {*büü, bitgii*} *sana*' 등의 예에서 볼 수 있듯이 이들은 동사의 태(voice)의 성격에 관계없이 정상적인 금지명령을 구성할 뿐이다고 토박이화자들은 보고하였다. 한편, 유사금지구성에

(11) a. Ter irs-en üü, ügüi juu, büü med.
　　　　(Kullmann & Tserenpil 1996:334)
　　　　(s)he come-Pft Q, Neg Q,　　Proh know
　　　　'그가 왔는지 안왔는지 모른다.'
　　b. Gadna-as xandivl-(a)san　möngö tögrög xaašaa or-dg-iig xen č
　　　　büü med.
　　　　outside-Abl borrow-Pft money where enter-Hab-Acc who Č
　　　　Proh know
　　　　'외국에서 빌어온 돈이 어디로 들어가는지는 아무도 모른다.'

이와같이 (11a.b.)에 나타나는 *büü med*는 *medexgüi*와 동의어이다. 한편 (12)에서는 부정명령문의 구성이 접속사로 기능하고 있다.

(12) a. Nadad　　exner büü xel xojor xüüxed bii.
　　　　I(DtLc)　wife　Proh tell two　child　be.
　　　　'나에게 아내는 말할 것도 없이 두 아이가 있다.'
　　b. Bi angl´-iar bitgii xel oros-oor č jar´-ž čad-(a)x-güi.
　　　　I English-Instr Proh tell Russian-Instr Č speak-Smlt
　　　　be-able-Irs-Neg
　　　　'나는 영어는 고사하고 러시아어로도 말할 수 없다.'
　　c. Salšgüi sain nöxör-t martašgüi muu üg{büü, bitgii} xel.
　　　　inseparable good friend-DtLc unforgettable bad word {Proh}
　　　　tell.(J.Luvsandorj 1985:34)
　　　　'떨어질 수 없는 좋은 친구에게 잊을 수 없는 나쁜 말을 하지
　　　　마라'

(12a.b.)에서 {*büü, bitgii*} *xel*은 부정명령문의 술어를 구성하고 있는 것이 아니라 접속사로 사용되어 (12a.)에서 '아내가 있음'과 '두 아이가 있음'

서의 *büü*와 *bitgii*의 교체가능성에 대한 혼돈은 유원수(1998:177)에서 정리되고 있다.

중에서 화자는 전자보다 후자가 더욱 화용론적 척도의 극에 가까운 것으로 가정한다. 한편 부정문인 (12b.)에서 화자는 '영어에 의한 의사소통'과 '러시아어에 의한 의사소통' 가운데 후자가 더 쉬운 일이라는 화용상의 가정을 하고 있다. 따라서 화용론적 척도상의 극을 긍정하거나 부정함으로써 전체 문장의 긍정이나 부정을 강조한다. 이와는 달리 (12c)에서 {büü, bitgii} xel은 접속사가 아니라 술어로 사용되고 있으며 정상적인 부정명령문을 구성한다.

3.2 유동첨사

E.Vandui(1966:224-232), L.Mišig(1978:251-255), J.Luvsandorž(1985: 199) G.Gantogtox (1987:131-139)는 l, č를 강조첨사(xüč nemegdüülex sul üg)로, C.Önörbajan(1994:226 -231)은 강조수식사(onclon čimex ügs)로, Š.Luvsanvandan(1968:84-94) -l을 구별강조어미(salgan onclox nöxcöl), -č를 병렬강조어미(zeregcüülen onclox nöxcöl)로 각각 정의하였다. 한편 Poppe(1970:84-87)는 č를 연결-양보첨사(connective-concessive particle)로 l을 확인·강조첨사(confirmative and emphasizing particles)로, Street (1963:232)는 l, č를 後添첨사(Paragogic particle)로, Kullmann & Tserenpil(1996:345-349)은 č를 첨가초점첨사(additive focus particle), l은 제한초점첨사(restrictive focus particle)로, Song(1997:343)은 l, č를 강조첨사(emphatic particle)로 각각 규정하였다. 이처럼 기존의 연구는 이들 첨사가 지닌 공통적 특질에 초점을 맞추어 강조첨사의 동일 범주에 포함시킨 학자들이 대부분이며, 이들 첨사들이 지닌 상이한 특질을 부각시켜 별개의 첨사로 규정한 소수의 학자들로 양분됨을 알 수 있다. 여기서 우리는 다른 첨사들에 대한 선행연구가 미미하였던 것과 마찬가지로 이들 첨사에 대한 연구도 피상적인 수준에 머물러 있음을 다시 한번 확인한다. 만약 이들 첨사 l, č를 단순히 강조첨사로 규정한다면 이미 강조첨사로 정의한 šüü, daa⁴와의 구별은 또 어떻게 처리할 것인가가 문제로 남는다. 우리는 본 절에서 이들 첨사들의 공통적인 특질과 아울러 이질적인

특질들을 함께 논의하기로 하겠다.

3.2.1 č (포함)

첨사 č에 관한 연구는 대부분의 학자들이 단순히 강조첨사로 명명한 것
이외에는 거의 미미한 형편이다. 선행연구 중 비교적 자세하게 이 첨사의
성격을 정의한 것을 살피면 아래 (1)과 같이

(1) a. This particle occurs after nominals (including truncated
       nominals and those ending in a possessive particle), adjectivals,
       and adverbials. It has two quite different meanings. After a
       word with interrogative meaning, 'č changes this interrogative
       meaning to indefinite. If there is no interrogative word in the
       immediate context, this particle often has a contrastive or weak
       emphatic meaning.(Street 1963:237)
   b. The particle /č/ is a connective-concessive particle. It conveys
       the meanings 'and, also, too' and 'even'.(Poppe 1970:86)

첨사 č의 가장 대표적인 의미는 선행연구로부터 '포함'과 '양보'로 분석
하고 있음을 알 수 있다. 먼저, 우리는 첨사 č의 통사적 분포와 의미를
소위 부동사와의 공기가능성을 토대로 살펴보기로 하자.

(2) a. Odoo surguul′ deer oč-ood č xereg-güi bai-x.
       now school at go-Ant Č use-Neg be-Irs.
       '이제 학교에 가서 (Č) 소용없을 것이다.'
   b. Dorž-toi uulz-aad č ažil büt-sen-güi.
       Dorž-Comit meet-Ant Č work be-fulfilled-Pft-Neg
       '도르찌와 만나고 (Č) 일이 성사되지 않았다.'
   c. Dorž-toi uulz-(a)ž č čad-san-güi.

Dorž-Comit meet-Smlt *Č* be-able-Pft-Neg.
'도르찌와 만날 수 (Č) 없었다.'

d. Tanyg   jav-tal   *č* Dulmaa ir-(e)x-güi   bai-x aa.
you(Acc) go-Term *Č* Dulmaa come-Irs-Neg be-Irs Voc
'당신이 떠날 때까지 (Č) 돌마는 오지 않을 것이다.'

e. Bat čamaig   daga-ad   jav-bal   *č* jav-(a)g.
Bat you(Acc) follow-Ant go-Cond *Č* go-Perm
'바트가 너를 따라 가고 싶어한다면 (Č) 가게 하라.'

f. Dulmaa cai čana-ngaa   *č* duu ajal-dag.
Dulmaa tea boil-Incid   *Č* song hum-Hab.
'돌마는 차를 끓이면서 (Č) 콧노래를 부른다.'

g. *Övöl bol-(o)xloor   *č* cas or-ž   xüiten bol-dog.
winter become-Concm *Č* snow fall-Smlt   cold   become-Hab
'겨울이 되고 (Č) 눈이 내리고 추워진다.'

h. ?*Manai daičid uragš-aa davš-saar *č* bai-na.(侯万庄 1990
하:436)
we(Gen) militant forward-Refl go-ahead-Prog *Č* be-NPst
'우리의 용사들이 앞으로 전진하고 (Č) 있다.'

i. *Ter bodlogošir-(o)n   *č* suu-ž   bai-na.
(s)he think-through-Assoc *Č*   sit-Smlt be-NPst
'그(녀)는 사색에 잠겨 (Č) 앉아 있다.'

j. *Ter xaniad xür-(e)vč   *č* em   uu-dag-güi.
(s)he cough catch-Conc *Č* medicine take-Hab-Neg
'그(녀)는 감기에 걸려도 (Č) 약을 먹지 않는다.'

k. *Cas xail-magc *č* nogoo cuxui-ž exel-lee.(Kulmann 1996:164)
snow melt-Prep *Č* grass appear-Smlt begin-Pst
'눈이 녹자마자 (Č) 풀이 드러나기 시작하였다.'

l. *Bi utas duugar-(a)nguut *č* oči-ž av-san.
(Kulmann 1996:170)
I(Nom) telephone ring-Inst   *Č* go-Smlt   get-Pft

'나는 전화가 울리자 마자 (Č) 가서 받았다.'

첨사 'č'는 선행형(2a.b), 병렬형(2c.), 한계형(2d), 가정형(2e), 부수형(2f) 등의 연결어미와는 결합할 수 있지만, 수반형(2g.), 지속형(2h.), 연합형(2i.), 양보형(2j.), 준비형(2k.), 즉시형(2l.) 등의 연결어미에는 부가될 수 없다.56) 물론 이들 예에서 첨사 č의 부가가 없다면 모두 정문이다. 우리는 (2a.-l.)에서 첨사 č의 분포는 일부 학자들의 논의와는 달리 자유롭지 않으며 일정한 제약이 존재함을 알 수 있다. 한편, 토박이 화자들은 (2b.c.f.)에 나타나는 첨사 č의 의미를 *xürtel č bas* (-까지도 또한)로 파악하였으나 (2a.d.e.)에 나타나는 첨사 č의 의미는 단순히 선행하는 연결어미의 의미를 강조해 주는 것 이외에는 특별한 의미를 찾기 어렵다고 보고한다.

이제 명사와의 공기가능성을 살펴보기로 하자. 다음 (3)에서

(3) a. Manai   mal süreg *č* xurdan ös-č   bai-na.
      we(Gen) livestock *Č* fast   grow-Smlt be-NPst.
      '우리 가축들도 빨리 자라고 있다.'

    b. Bi   Dorž-iig *č* sain tani-na   šüü.
      I(Nom) Dorž-Acc *Č* well recognize-NPst ŠÜÜ.
      '나는 도르쩨도 잘 안다.'

    c. End Dorž-iin   *č* nom   bai-na.
      here Dorž-Gen *Č* book be-NPst.

---

56) 특히, 수반형과 지속형에 대한 토박이화자들의 문법성 판별은 일관되지 않았다. 즉, (2h.)에 대한 문법성 여부가 불확실하며 (2g.)의 예는 비문으로 판별하지만 다음 (i)은 정문으로 판정하고 있다.
  (i) Calin-(g)aa buu-xlaar *č* olon jum av-na   daa.
     wages-Refl pay-Concm *Č* many thing buy-NPst DAA.
     '월급을 타는 즉시 많은 물건을 살 것이다.'
여기서 첨사 č의 부가의미는 *jag ter üjed*(바로 그때)에 해당한다고 응답해 주었다. 우리는 여기서도 첨사 č가 '포함'의 의미를 갖지 못하고 단순히 수반형 연결어미의 뜻을 강조해 주고 있음을 확인할 수 있다.

'여기에 도르찌의 책도 있다.'

d. Bi   ene tuxai Dorž-(i)d   č xel-sen   dee.
   I(Nom) this about Dorž-DtLc Č tell-Pft   DAA.
   '나는 이것에 관하여 도르찌에게도 말하였다.'

e. Bi   Dorž-oor   č zaxua jav-uul-san.
   I(Nom) Dorž-Instr Č letter go-Caus-Pft.
   '나는 도르찌 (편)으로도 편지를 보냈다.'

f. Bi   Dorž-oos č asuu-na.
   I(Nom) Dorž-Abl   Č ask-NPst.
   '나는 도르찌에게서도 묻겠다.'

g. Bi   Dorž-toi   č kino   üz-deg.
   I(Nom) Dorž-Comit Č movie see-Hab.
   '나는 도르찌와도 영화를 본다.'

h. Či   Dorž-ruu č xar.
   you(Nom) Dorž-Dir   Č look.
   '너는 도르찌 (쪽)으로도 보아라.'

  (3a.)는 주격, (3b.)는 대격, (3c.)는 속격, (3d.)는 여·처격, (3e.)는 도
구격, (3f)는 탈격, (3g)는 공동격, (3h)는 방향격 등의 격표지된 명사의
뒤에 자유롭게 부가되어 부사 *bas* (역시)에 해당하는 의미를 각각 나타낸
다. 즉, 첨사 *č*는 격과는 직접적인 관계를 가지지 않으며 다만 화자의 특
정 사실에 대한 판단이나 기대, 평가, 만족 등의 감정적 요소를 간접적으
로 표현하는 수의적 성분임을 알 수 있다. 첨사 *č*의 일차적 의미는 '어떤
다른 것에 그것이 함께 포함됨'으로 요약할 수 있다(Kullmann &
Tserenpil 1996:345). 따라서 다음 (4)는 (5)의 해독을 갖게 된다.

(4) Süren   č šalgalt(an)-d una-čix-san.
    Süren   Č exam-DtLc   fall-Int-Pft .
    '수렝도 시험에 떨어졌다.'

(5) a. Süren-(g)ees öör xen neg n´   šalgalt(an)-d una-čix-san.

Süren-Abl other who one 3Poss exam-DtLc   fall-Int-Pft .
'수렝 이외의 누군가가 시험에 떨어졌다.'
b. Süren šalgalt(an)-d una-čix-san.
Süren exam-DtLc   fall-Int-Pft.
'수렝이 시험에 떨어졌다.'

(5a.)는 (4)의 전제(presupposition)이며, (5b.)는 (4)의 단언(assertion)
이다. 이 사실은 다음의 대화에서 가능한 응답을 살펴보면 알 수 있다.

(6) a. Süren č šalgalt(an)-d una-čix-san uu?.
Süren Č exam-DtLc   fall-Int-Pft Q?
'수렝도 시험에 떨어졌니?'
b. *Ügüi, xen č šalgalt(an)-d un-aa-güi.
No, who Č exam-DtLc   fall-Impf-Neg.
'아니, 아무도 시험에 떨어지지 않았어.'
c. *Süren l šalgalt(an)-d una-čix-san.
Süren L exam-DtLc   fall-Int-Pft .
'수렝만 시험에 떨어졌어.'
d. Ügüi, Süren šalgalt(an)-d un-aa-güi.
No, Süren exam-DtLc   fall-Impf-Neg.
'아니, 수렝은 시험에 떨어지지 않았어.'

즉, 앞의 (5a.)를 부정한 (6b.c.)는 적절한 대답이 될 수 없다는 사실은
(5a.)가 이미 전제로서 주어진 것임을 뒷받침한다. 한편, 단언인 (5b.)는
부정이 가능하므로 (6d.)는 (6a.)의 가능한 응답이 될 수 있다. 한편 첨사
č는 대등접속사(coordinate conjunction)로서 구절이나 기타의 문법적 구성
소를 연결하는 기능을 갖는다. 즉, 아래 (7)에서

(7) a. Dulmaa sain č xüüxen, saixan č xüüxen.
Dulmaa good Č girl,   beautiful Č girl.

'돌마는 좋은 여자이기도 하고 예쁜 여자이기도 하다.'

b. Oi mod urt-tai *č* bogino-toi *č* bai-dag.
woods long-Comit *Č* short-Comit *Č* be-Hab.
'숲 속에는 긴 (나무)도 있고 짧은 (나무)도 있다.'

c. A*č* gav′ja n′ uul(n)-aas *č* öndör, dalai-(g)aas *č* gün.
merit feat 3Poss mountain-Abl *Č* high, sea-Abl *Č* deep
'그(녀)의 공로는 산보다도 높고 바다보다도 깊다.'
(侯万庄 1990下:439)

d. *Č*i sain *č* biš muu *č* biš zügeer neg xačin xün jum.
you good *Č* Neg bad *Č* Neg ordinary one strange man JUM
'너는 좋지도 않고 나쁘지도 않은 그냥 좀 이상한 사람이다.'

e. Durtai *č* ter, durgüi *č* ter bid tüüniig javuulax-aar šiid-lee.
liking *Č* it disliking *Č* it we(Nom) (s)he(Acc)
end-Instr decide-Pst
'좋아하든 싫어하든 우리는 그(녀)를 보내기로 결정하였다.'

f. Ilüü *č* güi dutuu *č* güi, cagaan sar-tai *l*
superfluous *Č* Neg insufficient *Č* Neg, white month-Comit *L*
adilxan bai-(g)aasai.
identical be-Opt
'더도 덜도 말고 설날만 같았으면!'

g. Odoo noir *č* ügüi xool *č* ügüi ažill-(a)ž bai-na.
now sleep *Č* absent meal *Č* absent work-Smlt be-NPst
'이제 자지도 먹지도 않고 일하고 있다.'
(Kullmann & Tserenpil 1996:346)

　(7a.)에서는 술부접속, (7b.)에서는 형용사구의 접속, (7c.)에서는 명사
구 접속의 예에 각각 해당한다. 그리고 (7d.e.f.)는 관용적 형식으로서
(7d.)에서는 첨사 *č*와 부정소 *biš*의 복합형인 *č biš*가, (7e.)에서는 첨사 *č*
와 3인칭 지시사인 ter의 복합형인 *č ter*, (7f)에서도 유사하게 *č güi*,
(7g.)에서는 부재를 뜻하는 명사 *ügüi*와의 결합형인 *č ügüi*가 상관접속사

(correlative conjunction)의 역할을 하고 있다.

한편, 첨사 *č*는 의문사에 부가되면 부정대사[57] (*todorxoigüi tölöönii üg*) 를 형성한다(Ž.Tömörceren 1966:207-209).

(8) a. Ene ažl-yg xen   *č* xii-ž   čad-na.   (L.Mišig 1978:251)
    this work-Acc who(Nom) *Č* do-Smlt be-able-NPst.
    '이 일은 누구나 할 수 있다.'

  b. Ta   manai-d   xezee *č* ir-ž   bol-no.
    you(Nom) we(Gen)-DtLc when *Č* come-Smlt become-NPst.
    '당신은 우리 집에 언제라도 올 수 있다.'

  c. Xen-d   *č*   toxiold-(o)x javdal.
    who-DtLc *Č* happen-Irs   affair
    '누구에게나 일어날 수 있는 일.'

  d. Al'   *č* xot-(o)d olon xün   suu-dag.
    which *Č* city-DtLc many people live-Hab.
    '어느 도시에나 많은 사람들이 거주한다.'

즉, (8a.c.)는 의문대명사, (8b.)는 의문부사, (8d.)는 의문형용사에 유동첨사 *č*가 각각 결합하여 부정대사를 이루고 있다. 부정대사는 그 특성상 비한정성(indefiniteness)을 띠고 있으므로 자유선택(free choice)의 의미를 갖는다. 아래 (9)에서는 가장 기대되지 않는 최소하한선 까지로의 양보와 이에 부수되는 전체범주 중의 임의적으로 선택된 구성원의 허용은 가정적인 성격을 띠고 있음을 알 수 있다.

---

57) Those words which represent an indefinite person, object, kind, characteristic, circumstance, mass, etc. are called indefinite prowords. They are mostly formed with the help of the focus particle '*č*. Often they are used in negation with the negative particle '*-güi*. Therefore, the translations vary a lot, depending on whether the sentence is affirmative (e.g. 'everyone/anyone') or negative (e.g. 'no one'). (Kullmann & Tserenpil 1996:276)참조

(9) a. Ene ažl-yg   xen *č* xii-ž   čad-(a)x-güi.
      this work-Acc who *Č* do-Smlt   be-able-Irs-Neg.
      '이 일은 아무도 할 수 없다.'

   b. Ta   manai-d   xezee *č* ir-ž   bol-(o)x-güi.
      you(Nom) we(Gen)-DtLc when *Č* come-Smlt become-Irs-Neg.
      '당신은 우리 집에 언제라도 올 수 없다.'

   c. Xen-d   *č* toxiold-(o)x-güi   javdal.
      who-DtLc   *Č* happen-Irs-Neg   affair
      '누구에게도 일어날 수 없는 일.'

   d. Al′   *č* xot-(o)d   olon xün   suu-dag-güi.
      which *Č* city-DtLc many people live-Hab-Neg.
      '어느 도시에나 많은 사람들이 거주하지 않는다.'

한편, 첨사 *č*의 의미를 단순히 부사 *bas*(역시, 또한)로만 해독하기에는
어려운 예들이 있다.

(10) Böx   xün *č* büdüün övs(ön)-d   una-dag.
     wrestler man *Č* crude   grass-DtLc   fall-Hab.
     '씨름선수도 잡초에 걸려 넘어진다.'

(10)의 의미는 '아무리 건장한 씨름선수라도 힘없는 풀에 걸려 넘어진
다'는 것으로 한국어의 '원숭이도 나무에서 떨어진다'는 격언과 유사한 의
미를 지닌 관용적 표현으로서 단순히 아래 (11)의 해독만으로는 그 뜻이
온전하게 전달될 수 없다. 오히려 (10)의 의미는 (12)로서 현대몽골어의
'A *č* B'의 구성은 A라는 기대하기 어려운 극단적인 예를 들어서, 척도
상으로 A보다 약한 모든 경우에는 당연히 B가 성립함을 단언하는 경우에
이용된다.

(11) a. Böx xün-ees   öör xen neg n′ büdüün övs(ön)-d una-dag.
        wrestler man-Abl other who one 3Poss crude grass-DtLc

   fall-Hab.
   '씨름선수 이외의 누군가가 잡초에 걸려 넘어진다.'
b. böx   xün büdüün övs(ön)-d   una-dag.
   wrestler man crude grass-DtLc   fall-Hab.
   '씨름선수가 잡초에 걸려 넘어진다.'

(12) a. Böx   xün xüč   čadal-tai.
     wrestler man strength ability-Comit.
     '씨름선수는 힘이 세다.'
   b. Böx   xün   büdüün övs(ön)-d   una-dag.
     wrestler man crude   grass-DtLc fall-Hab.
     '씨름선수가 잡초에 걸려 넘어진다.'
   c. Böx xün-ees xüč čadal muu-tai   xün am´tan   bügd
     wrestler man-Abl strength ability bad-Comit people creature all
     büdüün övs(ön)-d   una-dag.
     crude   grass-DtLc fall-Hab.
     '씨름선수보다 힘없는 사람들은 모두 풀에 걸려 넘어진다.'

  즉, '씨름선수는 건장하고 힘이 세기 때문에 힘없고 보잘 것 없는 풀에
걸려 넘어지지는 않는다'는 화자와 청자 사이에 공유된 전제로 인하여
(12)의 해독이 가능하게 된다. 따라서 (10)의 부정문인 *Böx xün č büdüün
övsönd unadaggüi*(씨름선수도 풀에 걸려 넘어지지 않는다.)'는 단순한 부
정 이외의 의미는 갖지 않는다. 이와 같이 첨사 *č*는 어떤 성질이 갖는 정
도의 극을 나타내는 표현과 결합하여 극어(polarity items)를 형성한다.[58]

---

58) 이환묵(1982:93-122)은 Ladusaw(1980:106-144)의 논의를 받아들여 한국어
   의 파생극어가 갖는 속성을 (i)과 같이 규정하였다.
  (i) a. 긍정극어는 화용상의 눈금의 맨 아래 눈금을 가리키고, 부정극어는 맨 위
      의 눈금을 가리킨다.
    b. '-도'는 그의 입력표현이 가리키는 대상 이외에도 또 그러한 대상이 있음을
      함의한다.
    c. 긍정극어를 포함한 문장은 화용상의 눈금 및 화용상의 가정(pragmatic

(13) a. Teneg *č* tiimerxüü jum-yg   med-ne.
        idiot   *Č* so-and-so thing-Acc know-NPst.
        '바보도 그런 것은 안다.'

   b. *Teneg *č* tiimerxüü jum-yg   med-(e)x-güi.
        idiot   *Č* so-and-so thing-Acc know-Irs-Neg.
        '바보도 그런 것은 모른다.'

   c. *Suut   uxaantan *č* tiimerxüü jum-yg   med-ne.
        genius sage   *Č* so-and-so thing-Acc know-NPst.
        '천재도 그런 것은 안다.'

   d. Suut uxaantan *č* tiimerxüü jum-yg   med-(e)x-güi.
        genius sage   *Č* so-and-so thing-Acc know-Irs-Neg.
        '천재도 그런 것은 모른다.'

(13a.b.)에서 주어로 쓰인 *teneg*(바보)와 (13c.d.)에서의 *suut uxaantan* (천재)는 이들 대신에 *balčir xüüxed*(어린이), *tom xün*(어른)으로 각각 대치하여도 유사한 현상을 찾아 볼 수 있다. 즉, 전자는 긍정문맥에서만, 후자는 부정문맥에서만 정문을 이룰 수 있다. '바보'와 '어린이' 그리고 '천재' 와 '어른'은 화용론적 척도(pragmatic scale)상 각각 양극(pole)에 해당하는

---

assumption)과 관련하여 상향식 추론(upward-entailing)을 가능하게 한 다. 반면, 부정극어를 포함한 문장은 하향식 추론(downward-entailing)을 가능하게 한다.

또한 그는 '-도'의 특성을 다음과 같이 요약하였다.

(ii) a. '-도'는 입력표현의 통사범주를 출력표현에 그대로 전승시키는 특수한 함수표현으로서 함의적 의미만 그것이 속한 문장 속으로 끌어들일 뿐, 외연 의미를 갖지 않는 수식어의 일종이다.

   b. '-도'는 그의 입력표현이 화용상의 눈금의 양극 중의 하나를 가리키는 것 이어야 한다.

   c. '-도'에 의해서 파생된 극어는 그것이 화용상의 눈금의 맨 아래의 것(x_n) 을 가리킬 경우, 그의 수식표현, 즉, 극어를 입력으로 취하는 함수표현은 긍정자질〔+affirmative〕을 가져야하며, 화용 상의 눈금의 맨 위의 것(x_0) 을 가리키는 극어는 그것을 입력으로 취하는 함수표현이 부정자질 〔-affirmative〕을 가져야한다.

어휘이다. '바보'나 '어린이' 는 '그런 것'을 알 수 있는 가능성의 정도가 가
장 낮은 극과 관련된 어구인 반면, '천재'나 '어른'은 '그런 것'을 알 수 있
는 가능성의 정도가 가장 높은 극과 관련된 어구이다. 따라서 '바보나 어
린이가 '그런 것'을 앎'은 화자의 통상적인 판단이나 기대의 기준을 뛰어넘
는 놀라운 사실이며 '바보'나 '어린이'에는 일반적으로 강세가 부가된다.
이 경우 첨사 č의 의미는 '그런 것'을 아는 것으로 기대되는 최소하한선
(the least expected bottom line)까지의 양보(concession)로서 '바보'나 '어
린이'가 '그런 것'을 아는 사람들의 집합 속에 포함되며 이 집합은 공집합
이 아니다. 따라서 첨사 č는 '그런 것'을 아는 사람들의 집합 속에 '바보'나
'어린이' 이외에도 다른 원소(들)의 존재를 함의한다. 한편, 이와는 달리
(13d.)와 같은 문맥에서 부정극어로 사용되는 '천재'나 '어른'은 '그런 것'을
알지 못할 정도에 관한 화용론적 척도에서 가장 낮은 정도와 관련된다.
즉, '천재'나 '어른'이 '그런 것'을 안다는 것은 화자의 통상적인 판단이나
기대의 기준에 부합되는 사실이다. 따라서 '천재나 어른이 그런 것을 알지
못함'은 이러한 화자의 기준을 뛰어넘는 놀라운 사실이며 '천재'나 '어른'에
는 강세가 부가되며 첨사 č의 일차적 의미인 포함(inclusion)에 의하여 '그
런 것'을 모르는 사람들의 집합에 '천재'나 '어른'이 속하는 것으로 해석된
다. 이러한 첨사 č의 부가에 의한 극어형성은 다음 (14), (15)에서도 역시
관찰된다.

(14) a. Öčigdör   bi   ger-ees-ee   xamar-aa   *č* cuxuilga-san-güi.
        yesterday I(Nom) house-Abl-Refl nose-Refl *Č* protrude-Pft-Neg.
        '어제 나는 집밖으로 코빼기도 내밀지 않았다.'

   b. Dorž A üseg *č* med-(e)x-güi.
      Dorž A letter *Č* know-Irs-Neg.
      '도르찌는 A字도 모른다.'

   c. Ganc *č* dusal boroo or-son-güi.
      single *Č* drop   rain   fall-Pft-Neg.
      '비가 한 방울도 오지 않았다.'

   d. Neg *č* sööm gazar deeremd-üül-ž   bol-(o)x-güi.

one *Č* span   land   rob-Caus-Smlt become-Irs-Neg.
'한 뼘의 땅도 내어 줄 수 없다.'

(15) a. *Öčigdör bi   ger-ees-ee   xamar-aa   *č* cuxuilga-san.
        yesterday I(Nom) house-Abl-Refl nose-Refl *Č* protrude-Pft.
        '어제 나는 집밖으로 코빼기도 내밀었다.'
     b. *Dorž A üseg   *č* med-deg.
        Dorž A letter *Č* know-Hab.
        '도르찌는 A字도 안다.'
     c. *Ganc   *č* dusal boroo   or-son.
        single *Č* drop rain   fall-Pft .
        '비가 한 방울도 왔다.'
     d. *Neg *č* sööm gazar deeremd-üül-ž bol-(o)no
        one *Č* span land   rob-Caus-Smlt become-NPst.
        '한 뼘의 땅도 내어 줄 수 있다.'

첨사 *č*는 (14a.b.)에서는 목적어인 명사구의 뒤에, (14c.d.)에서는 한정사의 뒤에 각각 부가되어 부정극어(negative polarity items)를 형성하고 있음을 보여준다. 즉, (14a.)에서 *xamar*, (14b.)에서 *A üseg*, (14c.)에서 *ganc dusal boroo*, (14d.)에서 *neg sööm gazar*등은 첨사 *č*와의 결합에 의하여 파생된 부정극어이다. 그리고 이들은 주로 정도의 극을 나타내는 어구들이다. (14a.)에서 집밖으로 코를 내미는 일은 외출의 가장 첫 번째 단계, 즉 신체 중 가장 먼저 외부와 마주치는 부분으로 이해될 수 있는데 코를 집밖으로 내밀지 않았다는 것은 곧, 전혀 외출을 하지 않았다는 것을 의미한다. (14b.)에서도 *A*글자는 문자해득의 정도에 있어서 가장 낮은 최소하한선이며, (14c.)에서 *ganc dusal*(한 방울)은 액체의 최소수량단위이며, (14d.)에서도 *neg sööm*(한 뼘)은 치수의 최소수량단위로서 첨사 *č*와의 결합에 의하여 모두 부정극어를 형성하고 있다.59) 이와 같이 정도

---

59) 특히 1은 셀 수 있는 최소의 단위로써 많은 언어에서, 예를 들면 *'lift a finger'*, *'budge an inch'*, *'a red dime'*(英), *'een rode cent'*(和), *'eine muede*

의 극을 나타내는 어구여야만 한다는 극어의 속성은 다음 (16)에서 확인
할 수 있다.

(16) a. ?*Dorž B üseg č {meddeg,   med-(e)dg-güi}
          Dorž B letter Č {know-Hab, know-Hab-Neg}
          '도르찌는 B字도 {안다, 모른다}.'

     b. ?*Xojor č dusal boroo {or-son,   or-son-güi}
          two Č drop rain {fall-Pft, fall-Pft-Neg}
          '비가 두 방울도 {왔다, 오지 않았다}.'

     c. ?*Gurvan č sööm gazar deeremd-üül-ž{bol-(o)no, bol-(o)x-güi}
          three Č span land rob-Caus-Smlt{become-NPst, become-Irs-Neg}
          '세 뼘의 땅도 내어 줄 수 {있다, 없다}.'

즉, 첨사 č가 극어를 형성하는 기능을 가지고는 있지만 그것이 부가되
는 어휘항목이 화용론적 척도에 있어서 반드시 극을 나타내는 것으로 이
해되어야 한다는 조건을 충족시켜야만 극어를 형성한다. 앞의 (14)와 비
교하여 (16)의 유일한 차이점은 첨사 č가 부가된 어휘항목들이 화용론적
척도에서 극을 나타낼 수 없다는 사실이다.[60]

---

mark'(獨) 등과 같이 흔히 관용적 부정극어표현(idiomatic negative polarity
expressions)의 형성에 참여한다. 한편 한국어에서도 다음 (i)과 같이 '명사+
하(ㄴ)+(분류사)+(도)'형식은 부정극어를 이룬다.
(i) a. 만원은 고사하고 <u>동전 한 푼</u>(도) 없다.
   b. 순희는 요사이 <u>손(끝)</u> 하나(도) 까딱하지 않는다.
   c. 철수는 그런 일에는 <u>눈(썹)</u> 하나(도) 깜짝하지 않는다.
(ii) a. *만원은 고사하고 <u>동전 한 푼</u>(도) 있다.
   b. *순희는 요사이 <u>손(끝)</u> 하나(도) 까딱한다.
   c. *철수는 그런 일에는 <u>눈(썹)</u> 하나(도) 깜짝한다.
이와 같은 '명사+하(ㄴ)+(분류사)+(도)'형식에서는 이정민(1996:508)에서
양보표지(concession marker)로 규정된 '-도'의 부가여부에 관계없이 항상
부정극어를 이루고 있음을 알 수 있다. 이정민(1996:505-523), 이환묵
(1977:115-127, 1982:93-122)참조
60) 한편, 화용론적 척도상의 양극에 해당하지 않는 수량이나 정도표시어의 뒤에

(17) a. Önöödör *č* boroo {or-ž,　　　or-(o)x-güi}　bai-na.
　　　　 today 　*Č* rain 　{fall-Smlt, fall-Irs-Neg}　be-NPst.
　　　　 '오늘도 비가 {온, 오지 않는}다.'

　　 b. Dorž *č* tiimerxüü　jum-yg　　{med-ne,　　med-(e)x-güi}.
　　　　 Dorž *Č* so-and-so　thing-Acc　{know-NPst, know-Irs-Neg}
　　　　 '도르찌도 그런 것을 {안, 모른}다.'

(17a.)의 *Önöödör*는 비가 오는 정도와 관련된 화용론적 척도와는 아무
관계도 없으며, 마찬가지로 (17b.)의 *Dorž*도 그런 것을 모르는 정도와 관
련된 화용론적 척도와는 무관한 어휘항목이다. 따라서 첨사 *č*는 이들 어
휘항목들과 결합하여 극어를 형성할 수 없으며 긍정문맥이나 부정문맥에
두루 사용되어 첨사 *č*의 일차적 의미인 '포함'의 의미만을 나타내게 된다.
한편, 현대몽골어의 극어에는 파생극어 이외에도 소수이기는 하지만 본래
극어가 있다.61)

　　한정첨사 *č*가 오는 경우 화자의 감탄을 과장적으로 표현하는 기능을 갖는다.
(i) a.{bi, či, ter}　oird　　　10 *č*　kilo tur-(a)san.
　　　{I, you, he} recently　10 *Č*　kg　grow-thin-Pft
　　　'{나, 너, 그}는 요사이 10 킬로 *Č* (체중이) 줄었다.'
　 b.{bi, či, ter}　uls-yn　　　naadam-d　　5 *č* udaa turuul-sen.
　　　{I, you, he} state-Gen festival-DtLc　5 *Č* times win-Pft
　　　'{나, 너, 그}는 국가 경축일에 5 번 *Č* 우승하였다.'
　　(ia)에서 화자는 10kg의 체중감량에 대하여 의외의 놀라운 사실로 받아들
　　이고 있다. 마찬가지로 (ib)에서도 국가 경축일에서의　5번의 우승을 놀
　　라운 사실로 받아들이고 있다. 이것은 '10 *č* kilo'(10kg(씩)이나)를 '10 *l*
　　kilo'(겨우 10kg, 10kg만)와, 그리고 '5 *č* udaa'(5번(씩)이나)를 '5 *l* udaa'(겨
　　우 5번, 5번만)와 각각 대비해 보면 그 의미차이를 쉽게 간파할 수 있다.
61) 정도부사들과 부정소 사이의 영향권관계를 (i)에서 살펴보면
　(i) a. Cag agaar {maš, tun　, ix　　, neleed　, dendüü}　　xüiten bai-na.
　　　　 weather　{very, extremely, greatly, considerably, excessively} cold
　　　　 be-NPst
　　　　 '날씨가 {매우, 대단히, 무척, 상당히, 너무} 춥다.'
　　 b. Cag agaar {*maš, *tun　, *ix　　, *neleed　, *dendüü}　　xüiten biš
　　　　 bai-na.

(18) a. Dorž (al′)   xediinii   ir-sen   bai-na.
　　　 Dorž which already come-Pft be-NPst.
　　　 '도르찌가 이미 왔다.'

　　 b. *Dorž (al′)   xediinii   ir-ee-güi   bai-na.
　　　 Dorž which already come-Impf-Neg be-NPst.
　　　 '도르찌가 이미 오지 않았다.'

　　 c. Dorž xaraaxan ir-ee-güi   bai-na.
　　　 Dorj yet   come-Impf-Neg be-NPst.
　　　 '도르찌가 아직 오지 않았다.'

　　 d. *Dorž xaraaxan ir-sen   bai-na.
　　　 Dorj yet   come-Pft be-NPst.
　　　 '도르찌가 아직 왔다.'

　즉, *xediinii*는 긍정맥락에서만 사용되는 긍정극어이고, *xaraaxan*은 부
정맥락에서만 사용되는 부정극어임을 알 수 있다. *xediinii*나 *xaraaxan*이
나타내는 시간개념은 현재를 기준점으로 *xaraaxan*은 현재와 가장 가까운
과거의 한 시점을 가리키고, *xediinii*는 현재와 먼 과거의 한 시점을 가리
키는 것으로 분석한다면 *xediinii*와 *xaraaxan*은 현재와 관련된 과거의 시

---

　　 weather {*very, *extremely, *greatly, *considerably, *excessively}cold
　　 Neg be-NPst
　　 '날씨가 {매우, 대단히, 무척, 상당히, 너무} 춥지 않다.'

　 c. Cag agaar {ogt   , jer(döö) , neg ix   , tödii(lön)} xüiten biš
　　 bai-na.
　　 weather {absolutely, completely, one greatly, that much} cold Neg
　　 be-NPst
　　 '날씨가 {전혀, 결코, 별로, 그다지} 춥지 않다.'

　 d. Cag agaar {*ogt   , *jer(döö) , *neg ix   , *tödii(lön)} xüiten bai-na.
　　 weather {absolutely, completely, one   greatly, that much}   cold
　　 be-NPst
　　 '날씨가 {전혀, 결코, 별로, 그다지} 춥다.'

　　 즉, *maš, tun, ix, neleed, dendüü*...등의 부사는 긍정문맥에서만 나타나는
　　 긍정극어인 반면, *ogt, jer(döö), neg ix, tödii(lön)*...등은 부정문맥에서만
　　 나타나는 부정극어임을 알 수 있다.

간 중 서로 상반된 극의 시점을 가리키는 부사들로 규정할 수 있다.

한편, 화자와 청자가 갖는 화용론적 전제나 가정은 언어특정적 속성과 화맥에 따라 임의성을 띠게된다.

(19) a. Bat-Erdene $č$ ter zaluu avarg-yg   diil-(e)x-güi.
        Bat-Erdene $Č$ that young champion-Acc defeat-Irs-Neg.
        '바트에르덴도 그 젊은 장사를 이길 수 없다.'
     b. *Bat-Erdene $č$ ter zaluu avarg-yg   diil-ne.
        Bat-Erdene $Č$ that young champion-Acc defeat-NPst.
        '바트에르덴도 그 젊은 장사를 이길 수 있다.'

'바트에르덴'은 몽골의 현재 천하장사로 지난 10년간 단 한 차례도 패하지 않은 씨름선수이다. 따라서 (19a.b.)에서 볼 수 있듯이 첨사 $č$와 결합하여 부정극어를 형성하고 있다. 그러나 '바트에르덴'을 극어로 받아들이는 것은 그가 '어느 누구도 필적할 수 없는 천하장사'라는 사실이 화자와 청자 사이에 전제된 경우로 국한된다. 만약 이러한 전제가 없다면 '바트에르덴'은 극어가 될 수 없으며 (19b.)도 정문이 된다. 즉, (19b.)에서 '바트에르덴'은 '이 젊은 장사'를 이길 수 있는 가능성의 정도에 관한 화용론적 척도의 극과 무관한 고유명사로 이해되며 첨사 $č$에 의하여 '이 젊은 장사를 이길 수 있는 사람'은 '바트에르덴' 이외에도 또다른 인물이 존재함을 함의하게 된다.

3.2.2 I (단독)

첨사 I에 관한 선행 연구자들의 대표적인 논의는 (20)과 같이 요약된다.

(20) a. The meaning and usage of this particle are difficult to pin
        down. It does occur after nominals, adjectivals, and
        advervials of various sorts, but there seems to be severe

restrictions on its occurrence. In certain collocations it also occurs as a sentence particle.[62] This particle seems to express contrast or weak emphasis.(Street 1963:238-239)

b. /1/ is an emphasizing particle. Added to some verbal forms, it conveys the significance of 'still'. The particles /1/ and / dee/ are often used together in order to further emphasizes the statement.(Poppe 1970:87)

c. This is an emphatic particle which emphasizes the preceding word or phrases. It is often difficult to translate it into English. After nominals it often expresses the meaning 'alone, only'. After adjectivals and adverbials it serves to give a particular stress to the preceding word. After converbials it serves to emphasize the preceding sometimes with the effect of 'nothing else but …' (Hangin 1992:142)

우리는 이와 같은 논의로부터 첨사 *1*의 통사론적 분포와 그 의미를 규정하기가 용이하지 않음을 예상할 수 있다. 대체로 첨사 *1*은 문장내의 다

---

62) Street(1963:131)는 *1*과 *aa*⁴의 결합형이 강조(emphatic)나 대조(contrastive)의 의미를 나타내는 것으로 보았다. 그러나 이는 그릇된 분석으로서 그가 제시하고 있는 (i)에는 강조나 대조의 의미가 전혀 없으며 단순히 제3자의 말을 인용하여 보고하는 의미를 나타낸다.

(i) a. (Manai bagš) Mongol gazar ös-č xümüüǰ-sen xün ge-ne *1* ee.
(we(Gen) teacher) Mongolia place grow-Smlt grow-up-Pft man say-NPst *L* Voc
'(우리 선생님은) 몽골 땅에서 자란 사람이라더라.'

b. Minii deedes Angli-as ir-sen ge-ne *1* ee.
I(Gen) ancestors England-Abl come-Pft say-NPst *L* Voc
'나의 조상은 영국에서 왔다더라.'

즉, *lee*는 회상의 양태의미를 나타내는 *bilee*의 축약형으로서 (ia.b.)와 같이 *1*과 aa⁴로 분리할 수 없다. 그리고 현대몽골어의 구어에서는 특히 *baina*와 *gene*의 두 낱말의 뒤에서 bilee〉 -lee의 축약이 규칙적으로 발생한다. 현대몽골어 *bilee*의 기원은 고전 몽골문어의 계사인 *bülüge*혹은 *bölgöö*로 분석된다(Hangin 1973:188, 258), (侯万庄1990上:246-247).

양한 성분들에 부가될 수 있으며 일차적인 의미는 '단독(alone, only)'으로 파악되고 있음을 알 수 있다. 이제 첨사 l의 의미와 기능을 (21)의 예를 토대로 살펴보기로 하자.

(21) Önöödr-iin xural-d   ta   ir-sen-güi.   (E.Vandui 1966:225)
today-Gen meeting-DtLc   you(Nom) come-Pft -Neg.
'오늘 회의에 당신이 오지 않았다.'

(22) a. Önöödr-iin xural-d   ta l ir-sen-güi.
today-Gen   meeting-DtLc   you(Nom) L come-Pft-Neg.
'오늘 회의에 당신만이 오지 않았다.'

b. Önöödr-iin xural-d l ta   ir-sen-güi.
today-Gen   meeting-DtLc L you(Nom)   come-Pft-Neg.
'오늘 회의에만 당신은 오지 않았다.'

c. Önöödr-iin l xural-d   ta   ir-sen-güi.
today-Gen L meeting-DtLc   you(Nom)   come-Pft-Neg.
'오늘 회의에만 당신은 오지 않았다.'

d. Önöödr-iin xural-d   ta   ir-sen-güi l dee.
today-Gen   meeting-DtLc   you(Nom)   come-Pft-Neg L DAA.
'오늘 회의에 당신이 참석했더라면...'

e. ?*Önöödr-iin xural-d   ta   ir-sen-güi l
today-Gen   meeting-DtLc   you(Nom)   come-Pft-Neg L

(22a.)에서 첨사 l은 2인칭대명사의 주격형 뒤에 부가되어 '오늘 회의에 참석하지 않은 사람'은 '당신' 이외의 모든 사람이 배제됨을 의미한다. 즉, 단지 '당신' 혼자 회의에 참석하지 않았으며 당신을 제외한 나머지 사람들은 모두 회의에 참석하였음을 함축한다. (22b.)에서는 '당신은 오늘 회의에만 참석하지 않았다'는 의미로서 예를 들면, 오늘의 만찬회, 무도회, 콘서트 ...등의 다른 행사에는 모두 참석하였다는 것을 함축한다. (22c.)에서 첨사 l은 한정어로 사용된 '오늘'의 속격형 뒤에 부가되어 '당신은 오늘

열린 회의에만 불참했을 뿐 예를 들면, 어제나 그제 등의 오늘을 제외한
이전의 모든 회의에는 참석하였다'는 의미를 나타낸다. 한편, (22e)에서
볼 수 있듯이 첨사 *l*은 문미에 단독으로 나타날 수 없다.[63] 즉, (22d.)와
같이 첨사 *l*과 *daa*^{4}의 결합으로 이루어진 첨사연쇄체 *l daa*^{4}형은 문미에
위치할 수 있으며, 첨사가 전혀 부가되지 않은 (21)과 비교하면 '오늘 회
의에 당신이 참석하지 않음'에 대하여 화자의 '유감'이나 '불만' 등의 태도
를 부가적으로 나타낸다. 즉, 오늘 회의는 당신이 참석해야만 했던 중요
한 회의였다든가, 당신의 회의불참으로 바람직하지 않은 결의안이 채택되
었다든가 하는 등등의 화자와 청자 모두에게 이롭지 않은 일이었음을 간
접적으로 암시하고 있다.

이제 첨사 *l*이 명사의 곡용어미들의 뒤에도 부가될 수 있는지를 살펴보
기로 하자.

(23) a. Ene čin´   ja-x   arga-güi tany *l* buruu bai-na   daa.

---

63) L.Mišig(1978:254-255)는 첨사 *l*이 단독으로 문미에 오는 경우 '*garcaagüi*
   (unquestionably), *yag* (just right)'등의 의미를 덧붙여 주는 것으로 설명하고
   있다. 그러나 이것은 극소수의 북서부방언(홉드, 옵스 등지)에 국한된 언어현
   상으로서 일반적으로 할흐방언에서는 허용되지 않으며, 시나 운문 등의 문학
   작품에서 가끔 나타난다.
   (i) a. Ted   önöödör ir-ne   *l*.
          they(Nom) today   come-NPst *L*
          '그들은 오늘 반드시 온다.'
       b. Aav-aas   asuulaa   *l*.
          father-Abl ask-LAA *L*
          '아버지께 틀림없이 물어 보았다.'
       c. Bi   xon´ xariul-dag   *l*.
          I(Nom) sheep tend-grazing-livestock-Hab *L*
          '나는 양을 분명히 키운다.'
       d. Bagš öčigdör manai ang´-iin xural-d   suu-san   *l*.
          teacher yesterday we(Gen) class-Gen meeting-DtLc attend-Pft *L*
          '선생님은 어제 우리 학급회의에 참석하였다.'

    this 2Poss do-what-Irs way-Neg you(Gen) *L* wrong be-NPst DAA.
    '이것은 어쩔 도리 없는 당신만의 잘못이다.'

  b. Eej   min´ ger-t   *l* suu-x   dur-tai.
     mother 1Poss nomadic tent-DtLc *L* live-Irs desire-Comit
     '어머니는 게르에만 사는 것을 좋아한다.'

  c. Ted tanyg   *l* xülee-ž   bai-(g)aa jum.
     they you(Acc) *L* wait-Smlt be-Impf   JUM
     '그들은 당신만을 기다리고 있다.'

  d. Bi   Dorž-oos *l* asuu-san bai-x-güi juu?
     I(Nom) Dorž-Abl *L* ask-Pft   be-Irs-Neg Q?
     '나는 도르찌한테서만 물어보았지 않겠어요?'

  e. Galt terg-eer *l* jav-san n´   deer.
     fiery cart-Instr *L* go-Pft   3Poss better
     '기차로만 가는 것이 낫다.'

  f. Čamtai   *l*   uulz-(a)x ge-ž   ir-sen   bai-na šüü dee.
     you(Comit) *L* meet-Irs say-Smlt come-Pft be-NPst ŠÜÜ DEE.
     '너하고만 만나려고 왔다 ŠÜÜ DEE.'

  g. Angiin   darga bagš puu *l* xar-aad   medüüleg ög-(ö)v.
     class-Gen head teacher Dir *L* see-Ant   testimony give-Pst
     '학급장은 선생님께로만 쳐다보고 증언을 하였다.'

  (23a.)에는 속격어미, (23b.)에는 여·처격어미, (23c.)에는 대격어미, (23d.)에는 탈격어미 (23e.)에는 도구격어미, (23f.)에는 공동격어미 (23g.)에는 방향격어미 등이 첨사 *l*의 수식을 각각 받고 있다. 이와 같이 유동첨사 *l*은 명사의 격어미 뒤에서는 분포상의 제약을 전혀 받지 않고 자유로이 부가됨을 알 수 있다.

  한편, 첨사 *l*은 소위 부동사의 뒤에 부가되어 부동사의 본래 의미를 강조해 주는 기능을 갖기도 한다.

  (24) a. Ter end ir-eed   *l* nom av-aad   jav-laa.

    (s)he here come-Ant *L* book take-Ant go-Pst
    '그는 이곳에 와서 L 책을 가지고 갔다.'

b. Bold surguul´-d sur-č bai-(g)aa a-vč eceg ex xojor-oo
   Bold school-DtLc study-Smlt be-Impf be-Conc father
   mother two-Refl
   težee-(g)eed *I* bai-dag jum.   (L.Mišig 1978:219)
   feed-Ant   *L* be-Hab JUM.
   '볼드는 학교에 재학 중임에도 불구하고 부모님을 부양하고 L
   있다.'

c. Minii bie övčtei bai-(g)aa bol-(o)vč ažl-aa xii-ž *I* bai-na.
   I(Gen) body sick be-Impf become-Conc work-Refl do-Smlt *L*
   be-NPst.
   '나는 몸이 아프지만 (계속, 쉬지 않고) 일을 하고 L 있다.'

d. Minii xenz xurga   namaig xar-val   *I* tan´-dag.
   I(Gen) late-born lamb I(Acc)   see-Cond *L* recognize-Hab.
   '나의 막둥이 새끼양은 나를 보면 L 알아본다.'

e. Cas xail-magc *I* nogoo cuxui-ž   exel-lee.
   snow melt-Prep *L* grass appear-Smlt begin-Pst
   '눈이 녹자마자 L 풀이 드러나기 시작하였다.'

f. Bi   utas   duugar-(a)nguut *I* oči-ž   av-san.
   I(Nom) telephone ring-Inst   *L* go-Smlt get-Pft
   '나는 전화가 울리자 마자 L 가서 받았다.'

g. Dulmaa cai čana-ngaa *I* duu ajal-dag.
   Dulmaa tea boil-Incid *L* song hum-Hab.
   '돌마는 차를 끓이면서 L 콧노래를 부른다.'

h. Činii setgel-iin zovlon sain nöxör-tei-(g)ee
   uulz-(a)xlaar *I* you(Gen) heart-Gen suffering good
   comrade-Comit-Refl meet-Concm *L* doroo aril-čix-na.
   immediately vanish-Int-NPst.
   '너의 근심걱정은 좋은 남편과 만난 즉시 L 곧 사라질 것이다.'

i. Bid xičeel-ee davt-saar *l* opoi-n 11 cag bol-go-loo.
we(Nom) lesson-Refl review-Prog *L* evening-Gen 11 o′clock become-Caus-Pst
'우리는 복습을 하느라 L 밤11시를 넘겼다.' (L.Mišig 1978:206)

j. ?Tungalag Tamir-yn gol čimee-güi mjaralz-(a)n *l* urs(a)-na.
clear Tamir-Gen river noise-Neg glare-Assoc *L* flow-NPst.
'맑은 타미르강은 조용히 L 반짝거리며 흐른다.'

k. ?Bid gurav aav-yg-aa dald or-tol *l* xar-laa.
we(Nom) three father-Acc-Refl covert enter-Term *L* see-Pst.
'우리 셋은 아버지가 시야에서 사라질 때까지 L 쳐다보았다.'

l. *Us šingen bol-(o)-vč *l* mös bol-(o)n xatuur-na.
water liquid become-Conc *L* ice become-Assoc become-hard-NPst.
'물은 액체이지만 L 얼음이 되어 단단해진다.'

첨사 *l*은 선행형(24a.b.), 동시형(24c.), 조건형(24d.), 준비형(24e.), 즉시형(24f.), 부수형(24g.), 수반형(24h.), 지속형(24i.), 연합형(24j.), 한계형(24k.), 양보형(24l.) 등의 연결어미에 각각 부가되어 있다. 토박이화자들의 언어직관에 의하면 이들 중 연합형(24j.), 한계형(24k.), 양보형(24l.) 등의 연결어미 뒤에는 첨사 *l*의 부가가 부자연스러운 문장을 초래한다고 응답하고 있다. 그러나 연합형(24j.)와 한계형(24k.)의 뒤에 첨사 *l*의 부가에 대한 문법성 판별에는 일치점을 찾을 수 없으며 완벽한 정문이 된다는 쪽과 어색하고 (24l.)의 경우와 마찬가지로 이상한 문장으로 들린다는 두 부류로 첨예한 대립을 보여주었다. 그러나 (24)에서 우리에게 중요한 점은 앞서 (2)에서 살펴본 바 있는 첨사 *č*와의 차이점이다. 즉, 첨사 *č*에 비하여 첨사 *l*의 문장내에서의 분포는 상대적으로 훨씬 더 자유로움을 알 수 있다.[64]

---

64) 侯万庄(1990上:241-242)은 공동부동사, 양보부동사, 한계부동사, 수반부동사 등의 뒤에는 첨사 *l*이 부가될 수 없다고 논의하고 있다. 그러나 이것은 그가 주로 내몽골방언을 토대로 하여 내린 분석결과로 보인다.

3.2.3 유동첨사와 부사

첨사 *l*과 *č*는 부사와 결합할 경우에도 부사의 기능과 의미에 따라 상이한 분포상의 제약을 보인다. 형용사나 부사를 수식하는 정도부사(혹은 강세부사)에는 첨사 *l*이나 *č*를 취할 수 있느냐의 여부에 따라 몇 가지 유형으로 나눌 수 있다. 먼저, 첫 번째의 유형으로 정도부사 *ix*를 살펴보기로 하자.

(25) a. Süxbaatar-yn   talbai   deer   ix   {*l*,   *č*}   olon   xün
       Süxbaatar-Gen   square   at   greatly {*L*, *Č*}   many man
       cuglar-san   bai-laa.
       assemble-Pft   be-Pst.
       '수흐바타르 광장에 무척 {l,   č} 많은 사람이 운집하였다.'
    b. Öčigdör šönö ted ix {**l*, ?*č*} xol jab-aa-güi   dee.
       yesterday   night   we(Nom)   greatly {*L*, *Č*} far   away
       go-Impf-Neg   DAA.
       '어젯밤 그들은 무척 {l, č} 멀리 가지 않았다.'

(25a.)에서 정도부사 *ix*의 뒤에 첨가된 *l*과 *č*는 부사의 의미를 더욱 강하게 해줄 뿐 앞절에서 우리가 살펴보았던 것처럼 '단독'이나 '포함'의 의미는 전혀 없다. (25b.)에서는 두 첨사가 모두 부정문맥에서는 분포상의 제약이 있음을 보여 준다. (25b.)에서 *ix č*의 구성은 토박이화자들의 문법성판별이 엇갈리고 있는데, 문법적인 적격형으로 판단하는 화자들은 이 문장을 (26)과 동일한 의미로 받아들이고 있다.

(26) Öčigdör šönö ted   tiim *č* ix xol   jab-aa-güi dee.
     yesterday night we(Nom)   such *Č* ix far-away go-Impf-Neg
     DAA.
     '어젯밤 그들은 그다지 멀리 가지 않았다.'

즉, *ix č*의 구성을 부정극어인 *tiim č*와 *ix*의 결합으로 판단할 경우에만
정문으로 판별됨을 알 수 있다. 이들 예를 통하여 우리는 현대몽골어의
정도부사 *ix*는 긍정문맥에서는 첨사 *l*과 *č*를 자유로이 취할 수 있지만, 부
정문맥에서는 전혀 취하지 못함을 알 수 있다. 한편, 우리는 이와 유사한
현상을 *ovoo*(quite)에서도 발견할 수 있다.

(27) a. Bat emneleg-t xevt-eed bie n′ ovoo {*l*, *č*} saižir-laa.
　　　　Bat hospital-DtLc lie-Ant body 3Poss quite {*L*, *Č*} recover-Pst.
　　　　'바트가 병원에 입원한 후 몸이 상당히 {l, č} 회복되었다'.

　　　b. Manai bag odooxon-d-oo ovoo{*l*, *č*} sain togl-(o)ž bai-na.
　　　　 we(Gen) team at-present-DtLc-Refl quite {*L*, *Č*} well play-
　　　　 Smlt be-NPst.
　　　　 '우리 팀이 현재로서는 상당히 {l, č} 경기를 잘하고 있다.'

　　　c. Bat emneleg-t xevt-eed bie n′ ovoo{**l*, **č*} saižir-san-güi.
　　　　Bat hospital-DtLc lie-Ant body 3Poss quite{*L*, *Č*}
　　　　recover-Pft-Neg.
　　　　'바트가 병원에 입원한 후 몸이 상당히 {l, č} 회복되지 않았다.'

　　　d. Bat emneleg-t xevt-eed bie n′ {*ovoo} saižir-san-güi.

　　(27a.b.)에서는 각각 동사와 부사의 앞에 *ovoo*와 첨사 *l*, *č*가 각각 놓여
있으며 정문으로 판별된다. 반면에 (27c.)에서는 어떠한 첨사의 부가도
허용되지 않음을 알 수 있으며 이러한 점에서 *ix*와 동일한 범주에 속하는
부사로 규정할 수 있다. 그러나 (27d.)의 예는 이러한 판단이 그릇된 것
임을 보여준다. 즉, *ovoo*는 첨사의 존재나 종류에 무관하게 부정맥락에서
는 항상 비문을 형성한다. 또한 (28)은 *ovoo*가 긍정적인 측면의 형용사만
을 수식함을 보여준다.

(28) ovoo {sain, tom, böx, xurdan.....*muu, *žižig, *xevreg, *udaan...}
　　 quite {good, big, strong, fast..... bad, small, weak, slow...}

우리는 *ovoo*의 부류에 드는 정도부사는 긍정문에서는 l과 *č*를 모두 취할 수 있으며, 반면 부정문에서는 어느 것도 취할 수 없음을 알 수 있다. 세 번째 유형의 정도부사로 *tun*을 살펴보자.

(29) a. Öčigdör   zuslan   deer tun {*l, č} saixan bai-laa.
       yesterday summer cottage at   very {L, Č} good   be-Pst
       '어제 여름별장에는 매우 {l, č} 좋았다.'

    b. Ene tun {*l, č} üntei   beleg šüü.
       this very {L, Č} valuable gift ŠÜÜ.
       '이것은 매우 {l, č} 값비싼 선물이다.'

    c. Bagš   nadad   tun {*l, *č} xecüü   daalgavar   ög-öö-güi.
       teacher I(DtLc) very {L, Č} difficult assignment give-Impf-Neg.
       '선생님은 나에게 매우 {l, č} 어려운 과제를 주지 않았다.'

    d. Bi tüünd {*tun} ix gomd-moor üg   xel-ee-güi   jum.
       I(Nom) (s)he(DtLc) very greatly feel-hurt-MAAR word tell-
       Impf-Neg JUM
       '나는 그(녀)에게 {tun} 무척 속상할만한 말을 하지 않았다.'

(29a.b.)에서 *tun*은 *č*는 연결을 허용하지만, *l*과의 결합은 비문을 형성한다. 한편, 부정문 (29c.)에서는 어느 첨사도 비문을 형성한다. (29d.)는 정도부사 *tun*이 부정맥락에서는 결코 출현할 수 없음을 보여준다. 즉, 정도부사 *tun*의 부류에 속하는 부사들은 긍정문에서 첨사 *č*만을 허용할 뿐이다.

네 번째 유형의 정도부사로 *daanč*를 들 수 있다.

(30) a. Ene gutal daanč {*l, *č} ünetei   bai-na.
       this shoes too   {L, Č} expensive   be-NPst.
       '이 신발은 너무 {l, č} 비싸다.'

    b. Bagš nadad   daanč {*l, *č} xecüü   daalgavar   ög-öö-güi.
       teacher I(DtLc) too {L, Č} difficult assignment give-Impf-Neg.

'선생님은 나에게 매우 {*l, č*} 어려운 과제를 주지 않았다.'

(30a.b.)에서 정도부사 *daanč*는 긍정문이나 부정문에 관계없이 첨사 *l,
č*와의 결합이 불가능함을 보여준다.

이상의 정도부사들과 유동첨사의 결합가능성을 도표로 살펴보면 〈표
3.3〉과 같다.

〈표 3.3〉 정도부사와 유동첨사의 공기관계
(각 항목의 앞 열은 긍정문, 뒷 열은 부정문)

	ix		maš		ovoo		nen		ulam		bür		ünexeer		tun		xeterxii	
l	○	×	×	×	○	×	×	×	○	×	×	×	○	×	×	×	○	×
č	○	?	○	×	○	×	○	×	○	×	○	×	○	×	○	×	○	×

	asar		daanč		ülemǰ		dendüü		aimaar	
l	×	×	×	×	×	×	○	×	×	×
č	×	×	×	×	×	×	○	×	×	×

〈표 3.3〉에서 볼 수 있는 특징에 따라 우리는 이들을 크게 세 가지
유형으로 분류할 수 있다. 즉, 첫째 유형으로는 *ix, ovoo, ulam*(still
more), *ünexeer*(really), *dendüü*(too much), *xeterxii* (extremely)등을 포괄
하는 부사유형으로서 긍정맥락에서는 첨사 *l*과 *č* 어느 것과도 자유로운
결합을 보이지만 부정맥락에서는 또한 두 첨사 어느 것과도 어울릴 수 없
는 특징을 갖는다. 둘째, *tun*유형의 정도부사로 *maš*(very), *nen*(much),
bür(entirely)등과의 결합에서 알 수 있듯이 긍정맥락에서 첨사 *č*만을 선택
하여 결합이 가능하며, 마지막으로 셋째형은 *daanč, asar* (tremendously),
ülemǰ(greatly), *aimaar*(terribly)등에서 볼 수 있듯이 긍정, 부정맥락의 존
재와는 무관하게 유동첨사와의 공기가 불가능한 유형의 정도부사에 각각
포함된다.

한편, 수량부사와 유동첨사의 공기관계를 살펴보면,

(31) a. Bi   ter   arxi(n)-aas žaaxan {*l*, ?*č*} uu-san.
    I(Nom) that liquor-Abl a-little {*L*, *Č*} drink-Pft
    '나는 그 술을 조금 {l, č} 마셨다.'

  b. Dorž möngö(n)-ÖÖs-öö tüünd   žaaxan {**l*, *č*} ög-öö-güi.
    Dorž money-Abl-Refl (s)he(DtLc) a-little {*L*, *Č*} give-Impf-Neg
    '도르찌는 자신의 돈을 그에게 조금 {l, č} 주지 않았다.'

(32) a. Dorž Dulmaa-(g)aas ilüü {*l*, *č*} ažilsag jum.
    Dorž Dulmaa-Abl   more {*L*, *Č*} diligent JUM
    '도르찌는 돌마보다 더 {l, č} 부지런하다.'

  b. Bat busd-aas   ilüü {?*l*, *č*} saixan am'dar-dag-güi.
    Bat the-others-Abl more {*L*, *Č*} well   live-Hab-Neg
    '바트는 다른 사람들 보다 더 {l, č} 잘 살지 않는다.'

(33) a. Ta minii xariult möng-iig dutuu {*l*, ?*č*} ög-sön bai-na daa.
    you(Nom) I(Gen) return morney-Acc insufficient {*L*, *Č*}
    give-Pft be-NPst DAA
    '당신은 거스름돈을 덜{l, č} 주었다.'

  b. Ter ažl-aa   dutuu   {**l*, *č*} xii-(g)ee-güi bai-na.
    (s)he work-Refl incompletely {*L*, *Č*} do-Impf-Neg be-NPst
    Bügd-iig xii-x n'   *č* xiisen   bai-na.
    all-Acc do-Irs 3Poss *Č* do-Pft be-NPst.
    '그는 일을 덜 {l, č} 하지 않았다. 모든 것을 하기는 하였다.'

(34) a. Bid   tüünd   baga zereg   {*l*, *č*} tusl-(a)san.
    we(Gen) (s)he(DtLc) a-little degree {*L*, *Č*} help-Pft
    '우리는 그에게 약간 {l, č} 도와주었다.'

  b. Bid   tüünd   baga zereg {*l*, *č*} tusl-aa-güi.
    we(Gen) (s)he(DtLc)   a-little degree {*L*, *Č*} help-Impf-Neg
    '우리는 그에게 약간 {l, č} 도와주지 않았다.'

(35) a. Bid   bügd {*l*, **č*} amžilt-tai   šalg-uul-san.
    we(Nom) all   {*L*, *Č*} success-Comit examine-Caus-Pft
    '우리는 모두 {l, č} 시험에 합격하였다.'

b. Bid   bügd {*l*, *č*} amžilt-tai   šalg-uul-aa-güi.[65]

we(Nom) all {*L*, *Č*} success-Comit examine-Caus-Impf-Neg

'우리는 모두 {*l*, *č*}시험에 합격하지 않았다.'

이와 같은 수량부사와 유동첨사 사이의 공기관계를 요약하면 〈 표 3. 4 〉와 같다.

〈 표 3.4 〉 수량부사와 유동첨사의 공기관계
(각 항목의 앞 열은 긍정문, 뒷 열은 부정문)

	žaaxan		*ilüü*		*dutuu*		*baga zereg*		*bügd*		*cöm*	
l	○	○	○	×	○	×	○	×	○	○	○	○
č	×	○	○	○	×	○	×	○	×	○	×	○

우리는 수량부사와 첨사의 결합가능성에 따라 *žaaxan, bügd, cöm* 등이 동일한 유형에 속하고, *ilüü, dutuu*는 첨사 *l*과 *č*와의 결합이 불가함을 알 수 있다. 또한 거의 유사한 의미의 부사인 *žaaxan*과 *baga zereg*이 서로 다른 행태를 보이고 있다.

---

65) 전체를 가리키는 *bügd(eeree), cöm(ööröö)*등의 부사는 부정맥락에서 중의성을 갖는다.

(i) a. Bat-yn-xan   manai-d   bügd(-eer-ee) ir-sen-güi   dee.
    Bat-Gen-Coll we(Gen)-DtLc all-(Instr-Refl) come-Pft-Neg DAA.
    '바트네는 우리 집에 모두 오지 않았다.'
   b. Batynxan manaid bügd(eeree) *l* irsengüi dee.
   c. Batynxan manaid bügd(eeree) *č* irsengüi dee.
   즉, (ia.)는 '*xen č manaid irsengüi.*'(아무도 우리 집에 오지 않았다)와 '*ixenx n´ manaid irsen.*'(대부분은 우리집에 왔다)는 전체부정과 부분부정의 해독을 갖는다. 이러한 중의성은 양화표현 와 부정표현의 영향권의 포함관계에서 기인한다. 즉, 부정표현이 양화표현보다 좁은 영향권을 가지면 전체부정으로, 그렇지 않고 넓은 영향권을 가지면 부분부정의 해독을 갖는다. 한편 첨사의 부가는 중의성을 소멸시키는 기능을 한다. 즉 (ib.)는 전체부정의 해독만을 갖고, (ic.)는 부분부정의 해독만을 갖는다. 이 경우 첨사 *č*와 *l*은 '영향권 표지'의 기능을 갖는 것으로 분석된다.

150 현대몽골어 연구

이제 시간부사와의 공기관계를 살펴보기로 하자.

(36) a. Mongol-d odoo {*l*, *č*} övöl   bol-ž   bai-(g)aa daa.
       Mongolia-DtLc now{L, Č} winter become-Smlt be-Impf   DAA.
       '몽골에 이제 {l, č} 겨울이 되고 있다'
     b. Bid   odoo {*l*, *č*} daxiž tiiš-ee   jav-(a)x-güi.
       we(Nom) now {L, Č} again that way-Refl go-Irs-Neg
       '우리는 이제 {l, č} 다시는 그곳으로 가지 않는다.'
(37) a. Bat türüün   {*l*, *č*} end xür-eed   ir-sen.
       Bat not-long-ago {L, Č} here reach-Ant   come-Pft
       '바트는 얼마 전에 {l, č} 여기에 도착하였다.'
     b. Bat türüün   {**l*, *č*} end xür-eed   ir-ee-güi.
       Bat not-long-ago {L, Č} here reach-Ant come-Impf-Neg
       '바트는 얼마 전에 {l, č} 여기에 도착하지 않았다.'
(38) a. Malčin   xün öglöö   ert {*l*, **č*} bos-dog.66)
       herdsman man morning early {L, Č} get up-Hab
       '목부들은 아침 일찍 {l, č} 일어난다.'
     b. Dorž ger-t-ee   ert {**l*, *č*} xap′-ia-güi   dee.
       Dorž house-DtLc-Refl   early {L, Č} return-Impf-Neg DEE.
       '도르쩨는 집에 일찍 귀가하지 않았다.'
(39) a. Dulmaa ger-iin-xen-d-ee   xaaja {*l*, **č*} zaxia bič-deg.
       Dulmaa house-Gen-Coll-DtLc-Refl sometimes{L, Č}
       letter write-Hab
       '돌마는 집안 식구들에게 가끔 {l, č} 편지를 쓴다.'
     b. Dulmaa ger-iin-xen-d-ee xaaja {*l*, *č*} zaxia bič-deg-güi.

---

66) 그러나 다음과 (i)같이 *č*가 등위접속사의 기능을 하고 있는 것으로 이해될 때
   에는 정문이 된다고 토박이화자들은 응답하였다.
   (i) Malčin   xün öglöö   ert   *č* bos-dog,   oroi   oroi *č* unt-dag
     herdsman man morning early Č get-up-Hab, evening late Č sleep-Hab
     '목부들은 아침 일찍 Č 일어나고, 저녁 늦게 Č 잠든다'

Dulmaa house-Gen-Coll-DtLc-Refl sometimes {*L, Č*} letter write-Hab-Neg
'돌마는 집안 식구들에게 가끔 {l, č} 편지를 쓴다.'

(40) a. Dorž manai-x-aar   mer ser   {*l*, **č*} üz-(e)gd-(e)x jum.
Dorj we(Gen)-PossPro-Instr once in a while {*L,   Č*} see-Pass-Irs JUM
'도르쩨는 우리 집에 이따금 {l, č} 나타난다'

b. Dorž manai-x-aar mer ser   {***l*, *č*} üz-(e)gd-(e)x-güi jum.
Dorj we(Gen)-PossPro-Instr once-in-a-while{*L, Č*} see-Pass-Irs-Neg JUM
'도르쩨는 우리 집에 이따금 {l, č} 나타나지 않는다.'

(41) a. Ter nomyn san-d bainga {*l*, **č*} suu-dag jum.
(s)he library-DtLc   regularly {*L, Č*} sit-Hab JUM
'그는 도서관에 언제나 {l, č} 들른다.'

b. Ter nomyn san-d bainga   {***l*, *č*} suu-dag-güi jum.
(s)he library-DtLc   regularly {*L, Č*} sit-Hab-Neg JUM
'그는 도서관에 언제나 {l, č} 들르지 않는다.'

(42) a. Tanai xüü dandaa {*l*, **č*} düü-(g)ee uil-uul-ž bai-x jum.
You(Gen) son always {*L, Č*} brother-Refl cry-Caus-Smlt be-Irs JUM
'당신 아들은 늘 {l, č} 동생을 울린다.'

b. Xüü min′ dandaa{***l*, *č*} düü-(g)ee uil-uul-dag-güi jum šüü.
son 1Poss always{*L, Č*} brother-Refl cry-Caus-Hab-Neg JUM ŠÜÜ
'나의 아들은 늘 {l, č} 동생을 울리지 않는다.'

(43) a. Dulmaa urgelj {*l*, **č*} saixan xuvcas öms-deg jum.
Dulmaa always {*L, Č*} beautiful clothes wear-Hab JUM
'돌마는 항상 {l, č} 아름다운 옷을 입는다.'

b. Dulmaa urgelj {***l*, *č*} saixan   xuvcas öms-deg-güi jum.
Dulmaa always {*L, Č*} beautiful clothes wear-Hab-Neg JUM

'돌마는 항상 {l, č} 아름다운 옷을 입지 않는다.'

(44) a. Bi   saja   {*l,   č}   ger-lüü-(g)ee   uts-aar   jari-san.
I(Nom)   žust before {L,   Č}   house-Dir-Refl   telephone-Instr
talk-Pft
'나는 금방 {l, č} 집으로 전화를 하였다.'

b. Bi   saja   {*l,   č} ger-lüü-(g)ee   uts-aar   jari-san-güi.
I(Nom)   just   before {L,   Č}   house-Dir-Refl   telephone-Instr
talk-Pft-Neg
'나는 금방 {l, č} 집으로 전화를 하지 않았다.'

(45) a. Dorj   ödör   tür   {*l,   *č}   salxi(n)-d   gar-san.
Dorj   day   temporarily {L,   Č}   wind-DtLc   go out-Pft
'도르찌는 낮에 잠시 {l, č} 산책을 나갔다.'

b. Dorj   ödör   tür   {*l,   č}   salxi(n)-d   gar-san-güi.
Dorj   day   temporarily {L,   Č}   wind-DtLc   go out-Pft-Neg
'도르찌는 낮에 잠시 {l,   č} 산책을 나가지 않았다.'

(46) a. Ter   genet   {*l,   *č}   uxaan ald-(a)ž   una-san.
(s)he suddenly {L,   Č}   mind   lose-Smlt   fall-Pft
'그는 갑자기 {l, č} 정신을 잃고 쓰러졌다.'

b. Ter   genet   {*l,   *č}   uxaan   ald-(a)ž   un-aa-güi.
(s)he suddenly {L,   Č}   mind   lose-Smlt   fall-Impf-Neg
'그(녀)는 갑자기 {l, č} 정신을 잃고 쓰러지지 않았다.'

(47) a. Dorž   xediinii {?l,   *č}   xödöö   jav-san.
Dorj   already   {L,   Č}   country   go-Pft
'도르찌는 이미   {l,   č} 시골에 갔다.'

b. Dorž   xediinii {*l,   *č}   xödöö   jav-aa-güi.
Dorj   already   {L,   Č}   country   go-Impf-Neg
'도르찌는 이미   {l, č} 시골에 가지 않았다.'

이상의 예들을 통하여 우리는 시간부사와 유동첨사 *l, č*의 공기관계를
다음 〈표 3.5〉와 같이 요약할 수 있다.

〈 표 3.5 〉 시간부사와 첨사의 공기관계
(각 항목의 앞 열은 긍정문, 뒷 열은 부정문)

	odoo	türüün	ert	xaajaa	mer ser	bainga	dandaa
l	○ ○	○ ○	○ ×	○ ○	○ ×	○ ×	○ ×
č	○ ○	○ ○	× ○	× ○	× ○	× ○	× ○

	ürgelž	saja	tür	genet	xediin(ii)	aažimdaa
l	○ ×	○ ○	○ ×	? ×	? ×	? ×
č	× ○	○ ○	× ○	× ×	× ×	× ×

〈 표 3.5 〉에서 볼 수 있는 특징에 따라 우리는 이들을 크게 세 가지 유형으로 분류할 수 있다. 즉, 첫 번째 유형으로 *türüün, saja*등의 부사유형으로서 이들은 긍정, 부정 등의 맥락에 관계없이 유동첨사와 자유로이 결합한다. 그리고 가장 보편적인 두 번째 유형으로는 *ert, mer ser, zarimdaa, bainga, dandaa, ürgelž, tür*등에서 볼 수 있듯이 긍정맥락에서는 첨사*l*이, 부정맥락에서는 첨사 *č*가 상보분포를 보인다. 그리고 마지막 유형으로는 *genet, xediin(ii), aažimdaa*등의 시간부사로서 이들은 유동첨사와 거의 공기할 수 없으며 긍정문맥에서 첨사 *l*과의 결합이 드물게 허용될 뿐이다.

3.3 첨사연쇄체의 상대적 내부순서

이제 이들 첨사들간에 존재하는 선형적 순서의 성격을 고찰하여 보기로 하자. 첨사들간의 문장내에서의 상대적 순서에 관한 연구는 첨사자체에 관한 연구와 마찬가지로 매우 미미한 수준에 머물러 오고 있다. 이들 첨사들은 본질적으로 수의적 성분들로서 주로 문미에서 비교적 자유롭게 단독으로도 혹은 몇몇의 첨사가 중첩되어서도 출현할 수 있기 때문에 이들 사이의 일정한 순서상의 자리매김은 매우 난해한 작업이라는 것을 알 수 있다. 본 절에서는 이들 첨사들이 무질서하게 중첩될 수 없으며 이들

사이에는 엄격한 선행관계(precedence relation)에 관한 제약이 존재함을
밝히고, 아울러 이러한 제약을 지배하는 의미론적, 화용론적 기제에 관하
여 살펴보기로 하겠다.

  먼저, 현대몽골어의 문장구조와 첨사의 분포에 관하여 논의하기로 하
자. Street (1963:155-158)는 형동사어미(그는 분사첨사(participial particles)
로 명명함) '-x, -san, -dag, -aa'나 명사류 등으로 이루어진 보어의 직후에는
반드시 *baina*가 생략되어야 한다고 논의하였다.[67]

  (1) a. Ter   ažil-d-aa   jav-san (baina).
         (s)he(Nom) work-DtLc-Refl   go-Pft   ∅

---

67) *baix*는 'to have'와 'to be'의 두 가지 의미를 갖는다(Hangin 1968:15). 따라서
   *surguul´ baina*는 '학교이다.'와 '학교가 있다.'라는 중의적인 문장이다. 그러나,
   가령 *surguul´ baina uu?*와 같이 의문첨사가 부가된 의문문에서는 '학교가 있
   습니까?' 혹은, '학교를 소유하고 있습니까?'라는 해독만 가질 뿐 '학교입니까?'
   라는 해독은 갖지 않는다. 그러므로 계사 *baina*로 종결된 단언은 의문문에서
   는 다음(i.b.c.)와 같이 *baina*가 탈락되어야 하며, 그렇지 않고 *baina*를 보유하
   고 있으면 비문이 된다.
   (i) a. Önöödör saixan   ödör bai-na.
          today   beautiful day be-NPst
          '오늘은 좋은 날이다'
       b. Önöödör saixan   ödör {?*bai-na} üü?
          today   beautiful day { be-NPst} Q?
          '오늘은 좋은 날입니까?'
       c. Ulaanbaatar xičneen xün-tei {?*bai-na} ve? (L.Lxagva 1978:103)
          Ulaanbaatar how much people-Comit { be-NPst} Q?
          '올란바타르는 인구가 얼마입니까?'
          그러나 현재가 아닌 과거시제의 *bai*-동사는 탈락할 수 없으며, 현재시제
          일 경우에도 존재(to exist)나 소유(to have)의 의미로 사용된 경우에는
          탈락할 수 없다.
   (ii) a. Ter č ix covoo sergelen xüüxed bai-san jum daa. (侯万庄 1990下:487)
           (s)he Č very clever smart   child   be-Pft   JUM DAA.
           '그(녀)도 무척 영리한 아이였다 JUM DAA.'
        b. Manai   ger   tend bai-na. (Street 1963:163)
           we(Gen) house there be-NPst.
           '우리 집은 저기에 있다.'

'그는 직장에 갔다.'

b. Öglöö(n)-ii   cai-(g)aa   bi   gertee   uu-dag   (baina).
   morning-Gen tea-Refl I(Nom) house-DtLc-Refl drink-Hab   Ø
   '아침식사를 나는 집에서 한다.'

c. Ene minii   xajag (baina).
   this I(Gen) address   Ø
   '이것은 나의 주소이다.'

d. Minii düü   ix   sain suragč (baina).
   I(Gen) younger brother very good student.   Ø
   '나의 동생은 매우 좋은 학생이다.'

이들의 예에서 *baina*를 구어에서 생략하지 않는 경우는 무척 드물거나 상당히 강조적인 용법으로 분석하였다.[68] Street(1963:158-162)는 *baina*가 생략된 문장의 술부에 나타나는 '*bii*(it seems), *mön*(really), *jum*(in fact), *biš*(not), *san*(was)'등을 모두 보어첨사(complement particle)로 명명하였다.

(2) a. Ter   sain   xün bii.
       (s)he(Nom) good   man   seem
       '그(녀)는 좋은 사람일 것이다.'

   b. Ta   Johnson guai mön üü?
      you(Nom) Johnson Mr.   right Q?
      '당신이 존슨씨 맞습니까?'

   c. Tüünii   bie   sain   jum.
      (s)he(Gen) body good   JUM
      '그(녀)의 신체는 건강하다.'

---

68) Song(1997:346)은 Bybee(1988)의 문법화과정에 대한 제의를 수용하여 본문 (1a.b.)와 같은 형동사+ *bai*-구성에 나타나는 연계사 *bai*-는 본동사(full verb) 〉 조동사(auxiliary verb) 〉 문법표지(grammatical marker) 와 같은 문법화과정을 거친 것으로 제안하고 있다.

   d. Ene minii nom biš.
      this I(Gen) book Neg
      '이것은 나의 책이 아니다.'

   e. jaaruu bačuu jum(an)-d Dolgor-yn ers šiidemgii n´ ünen xavtai
      san.
      hasty urgent thing-DtLc Dolgor-Gen very resolute 3Poss
      really agreeable SAN
      '시급한 일에 관한 돌고르의 단호한 자세는 정말로 만족스러웠다.'

한편, 그는 다음 (3)의 예를 제시하며, Poppe(1970)[69]의 주장과는 달리 이들 첨사를 계사(copula)의 대체형이라기 보다는 보어의 성분으로 간주해야만 한다고 주장하였다(Street 1963:143).

  (3) a. Ene n´ bidnii oči-x-oor zor´-ž jav-aa Inget-tolgoi dax´
       this 3Poss we(Gen) go-Irs-Instr intend-Smlt go-Impf Inget-
       tolgoi at
       uls-yn až axui mön a-žee.
       state-Gen farm right be-Pst
       '이것은 우리가 방문하기 위하여 가고 있던 잉겔-톨고이에 소재
       한국영농장이 틀림없었다.'
    b. Bat biš bol-son n´ minii žavšaan!
       Bat Neg become-Pft 3Poss I(Gen) luck
       '바트가 아니었던 것은 나의 행운이다.'

즉, (3a.)에서는 *ažee*(was)가, (3b.)에서는 *bolson*(became)이 각각 계사

---

69) The equational complement is a noun, pronoun, or adjective in the subject-direct object form, followed by a copula which may, however, be omitted. The copula is a finite form of the verbs 'bai-'(to be) and 'bol-'(to become), or 'jum'(is) or 'mön'(is indeed)-in emphatic speech(Poppe 1970:148).

로 기능하고 있음을 볼 수 있다. 우리는 이른바 보어첨사들이 무질서하게 배열되어 있지 않으며 이들간에는 선형적 순서가 존재함을 (4)에서 볼 수 있다.

(4) a. Ter   sain xün {*mön biš, *biš mön, mön jum, *jum mön}.
       (s)He good man
    b. Ter sain xün {*jum biš, biš jum, *mön biš jum, *biš mön jum}.
    c. Ter sain xün {jum bii, *bii jum, ?mön bii, *bii mön}
    d. Ter sain xün {mön jum bii, *mön bii jum, biš jum san,
       *biš san jum}

   (4a.b.)에서 *mön*과 *biš*는 순서를 결정할 수 없는 동일한 교점을 차지하고 있으며 *jum*을 선행하고 있음을 알 수 있다. 그리고 (4c.d.)는 *jum*과 *bii*의 순서와 *bii*와 *mön*의 상대적 순서가 *jum bii*, *mön bii* 임을 보여준다. 그러나 *jum*과 *mön*이 동일한 위치를 차지 않고 *mön jum*의 순서를 갖는다는 것을 우리는 (4a.)에서 이미 보았다. (4d.)는 이들 세 첨사간의 순서는 *mön jum bii*임을 보여준다. 이와 같이 이들의 선형적 선행관계에는 이행적 관계(transitive relation)가 성립함을 알 수 있다. 한편, *mön*은 *bii*와 마찬가지로 형용사보어의 뒤에는 부가될 수 없다(Kullmann & Tserenpil 1996:343).

(5) a. Sarnai ceceg gojo   {*mön, biš, jum, *bii}
       rose   flower beautiful
       '장미꽃은 아름답다 {MÖN, BIŠ, JUM, BII}
    b. Dulmaa uxaantai {*mön, biš, jum, *bii}
       Dulmaa intelligent
       '돌마는 지혜롭다 {MÖN, BIŠ, JUM, BII}'

   Ju.Mönx-Amgalan(1997:27-31)은 첨사 *jum*을 선행하는 명사류의 술어와 후행하는 다양한 첨사들의 경계를 이루며 궁극적으로 다양한 문장첨사가 부가되는 토대로 규정하였다. 그는 시제종결어미는 시제와 양태의미를 동시에 나타내기 때문에 양태첨사의 부가는 불필요하지만, 형동사를 포함하여 명사류로 이루어진 술어의 경우에는 단순히 시제만 나타날 뿐 양태의미는 그 자체에는 포함되어 있지 않으므로 반드시 특정 첨사의 부가가 필수적이라고 주장한다. 그리고 첨사 *jum*의 기능은 시제와 양태의미의 하중을 균등하게 해주는 것으로 규정하였다. 그리고 *jum*의 뒤에는 '*daa, šüü, biz, be, uu, bii, dag, san, bilee, bolov uu, bol, šiv...*'등의 첨사, 불구동사 등이 선형적 순서를 지키며 중첩하여 나타날 수 있음을 주장하였다.[70] 그러나 그는 이들 사이에 존재하는 선형적 순서를 일일이 밝히지는 못하였다. 이러한 첨사의 중첩현상에 대하여 C.Önörbajan (1996:63-65)은 첨사가 나타내는 양태의미는 문미로 갈수록 더욱 추상적인 특성을 띠게 된다고 주장하였다. 그는 구체적 부가어와 추상적 부가어로 분류하고 추상적 부가어에 주의환기 *anxaaruulan sanuulax* (šüü), 심사숙고 *ergeüülen bodox* (daa⁴), 과소평가 *es toomsorlox* (dag⁴), 주저 *ergelzex* (biz, bii), 의문 *asuux* (be², uu², juu²), 회상 · 소망 *dursax, möröödöx* (san⁴), 의혹 *sežiglex* (šiv) 등의 다양한 양태의미를 나타내는 부가어들을 포함시켰다. 또한 이들 부가어들의 상대적 순서에도 관심을 갖고 중첩된 부가어의 첫 번째 자리에는 '*jum, bololtoi, čadna, mön, biš, baix, jostoi, xeregtei..*'등의 구체적 부가어가 놓이며 이들의 뒤에는 전술한 추상적 부가어가 뒤따르며 가장 뒷자리에 *daa⁴*가 놓인다고 주장하였다. 그리고 *daa⁴*의 뒤에는 주로 화자의 청자에 대한 친밀감, 호감, 혹은 풍자 등의 의미를 띠고 있는 간투사 *xö(ö)*만이 부가될 수 있을 뿐이라고

---

70) 淸格尒泰(1984:426-439, 1992:443-465)도 일반서술어기사 *jum*의 뒤에 다른 종류의 어기사 (*šiu, šiü ; da, de ; šiu da, šiü de ; šide ; a, e ; bile ; biže ; gen-e*등)가 수반되는 현상을 언급하고 있다. 또한 *jum uu, jum bui, jum bišiü* 등은 의문형식, *jum bain-a, jum baižai, jumsanžai*등은 조동사형식으로 각각 규정하였다. 한편, P.Bjambasan (1987:184-185)은 현대몽골어의 구어에서는 거의 소멸한 불구동사의 어근인 '*a-*', '*bü-*'등의 몇몇 활용형으로부터 이들 첨사들이 기원한 것으로 설명하고 있다. 즉, *dag⁴ 〈 a-dag, a-ž 〈a-žee 〈a-žugu, -lee 〈bi-lee 〈bü-lgee, bii 〈bui, san 〈a-san 〈a-ɣsan* 등과 같이 변천해 온 것으로 분석하였다. (Poppe 1991:101-103)참조

논하고 있다.

이제 우리는 이들 양태첨사들간의 상대적 내부순서를 (6)의 용례들을
통하여 살펴보기로 하자.

(6) a. Buural Dagdan čin′ zaluu nas(an)-d-aa   od-toi   er
       Buural Dagdan 2Poss young age-DtLc-Refl star-Comit man
       bai-san jum šüü dee xöö.   (C.Önörbajan 1996:63)
       be-Pft JUM ŠÜÜ DEE XÖÖ.
       '보랄닥당은 젊은 시절 행운아였다 JUM ŠÜÜ DEE XÖÖ.'
    b. Ter xün xedxen xon-ood   buc-(a)x šiv dee xöö.
       that man several spend-a-night-Ant return-Irs ŠIV DEE XÖÖ
       '그 사람은 몇 일을 보내고 돌아갈 것이다 ŠIV DEE XÖÖ.'
    c. Bi üüniig čin′ xii-ž   döngö-nö   šüü dee.
       I(Nom) this(Acc) 2Poss do-Smlt barely-manage-NPst ŠÜÜ DEE
       '나는 이것을 간신히 할 수 있다 ŠÜÜ DEE.'
    d. Bat udaxgüi   ir-(e)x   sanaa-tai   jum uu daa.
       Bat linger-Neg come-Irs   intention-Comit JUM Q DAA
       '바트가 머지않아 올 생각이다 JUM UU DAA.'
    e. jer n′ xii-sen-ee sain šalga-ž bai-x jostoi   jum šiv dee.
       in general do-Pft -Refl well check-Smlt be-Irs necessary JUM
       ŠIV DEE
       '보통 자신이 처리한 일은 잘 점검해 두어야 한다 JUM ŠIV
       DEE.'
    f. Či üüniig nadad sain tailbarl-aad ög-č čad-(a)x-güi jum biz dee.
       you this(Acc) I(DtLc) well explain-Ant give-Smlt be-able-
       Irs-Neg JUM BIZ DEE.
       '너는 이것을 나에게 잘 설명해 줄 수 없다 JUM BIZ DEE.'
    g. Ene xün Bat-yn ganc törsön nagac n′ jag mön šüü dee.
       this man Bat-Gen single real maternal relative 3Poss just
       right ŠÜÜ DEE

'이 사람이 바트의 유일한 모계친족임이 분명히 맞다 ŠÜÜ DEE ′
h. Ter   xür-eed   ir-(e)x-güi   *l* jum baix daa, xöörxii.
   (s)he reach-Ant come-Irs-Neg *L* JUM BAIX DAA, Intj
   '그(녀)가 오지 않을 것이다 JUM BAIX DAA.'

(6a.)에서 우리는 *jum šüü dee*, (6b.)에서 *šiv dee*, (6c.)에서 *šüü dee*,
(6d.)에서 *jum uu daa*, (6e.)에서 *jum šiv dee*, (6f.)에서 *jum biz dee*,
(6g.)에서 *mön šüü dee*, (6h.)에서 *jum baix daa*등의 연쇄체를 확인할 수
있다.
한편, 우리는 다음 (7)의 예에서

(7) a. Dorj Dulmaa xojor čin′ naiz-uud jum baina   šüü   dee (xö).
       Dorj Dulmaa two 2Poss friend-Pl JUM BAINA ŠÜÜ DEE (Intj)
       '도르찌와 돌마는 친구이다 JUM BAINA ŠÜÜ DEE.'
    b. Xöörxii, Suren ene tuxai öčigdör   *l* med-sen   jum baina
       Oh, poor thing, Suren this about yesterday *L* know-Pft JUM
       BAINA lee   šüü dee.
       LEE ŠÜÜ DEE
       '쯧쯧, 수렝이 이것에 관하여 어제에서야 알았다 JUM BAINA
       LEE ŠÜÜ DEE.'
    c. Ter xojor *č* al′ xediinee dotno bol-čix-son   jum   šiv dee.
       that two *Č* already intimate become-Int-Pft JUM ŠIV DEE
       '그 둘도 이미 가까운 사이가 되었다 JUM ŠIV DEE.'
    d. Ter *č* ix   covoo sergelen xüüxed bai-san jum daa.
       (侯万庄 1990下:487)
       (s)he *Č* very clever smart   child   be-Pft   JUM DAA.
       '그(녀)도 무척 영리한 아이였다 JUM DAA.′
    e. Ter žil-iin xavar Naran baga surguul′-d or-son jum dag.
       that year-Gen spring Naran little school-DtLc enter-Pft JUM
       DAG

'그해 봄 나랑은 소학교에 들어갔다 JUM DAG.' 혹은 JUMDAG

f. Tüüniig xar-(a)x bür gaix-dag jumsan.
  it(Acc) see-Irs each wonder-Hab JUMSAN
  '그것을 볼 때마다 감탄한다 JUMSAN'

g. Aav ter deel-iig öör xün-ees av-san jum bol(ov) uu?
  (侯万庄 1990上:88)
  father that robe-Acc other man-Abl take-Pft JUM BOL Q?
  '아버지는 그 옷을 다른 사람에게서 샀다 JUM BOL(OV) UU?'

h. Ug n′ č ol-ž jad-(a)x jum-güi sandaa.
  (Hangin 1973:279)
  root 3Poss Č find-Smlt be-unable-Irs thing-Neg SAN DAA ......
  '실제로는 찾기가 어려울 것도 없다 SAN DAA.'

I. Germančuud cag-iig ix nariin barimtal-dag jum bilee.
  the Germans time-Acc very strictly keep-Hab JUM BILEE.
  '독일인들은 시간을 매우 엄격하게 지킨다 JUM BILEE.'

　(7a.)에서 *jum baina šüü dee*, (7b.)에서 *jum baina lee šüü dee*, (7c.)에서 *jum šiv dee*, (7d.)에서 *jum daa*, (7e.)에서 *jum dag*, (7f.)에서 *jum san*, (7g.)에서 *jum bol(ov) uu*, (7h.)에서 *san daa*등의 첨사연쇄체를 각각 얻을 수 있다. (7a.)에서는 첨사의 부가로 인하여 화자는 '도르찌와 돌마가 친구사이임'을 극히 최근에 알게 되었다는 것과 그러한 사실을 청자에게 통보나 설명하는 부가적인 의미를 띠게된다. 이와 유사하게 (7b.)에서도 화자는 '수렝이 이것에 관하여 어제에야 알게되었음'을 극히 최근에 간접적인 정보를 통하여 인식하게 되었다는 것과 그것을 청자에게 통보나 설명하는 부가적 의미를 나타내고 있다. 특히 *jum baina*에 부가된 *-lee*는 첨사*bilee*의 축약형으로서 화자의 무심한 태도를 덧붙여 주는 역할을 한다(Kullmann & Tserenpil 1996:203). 한편 (7c.)에서 화자는 '당신 두 사람의 관계가 이미 가까워졌음'을 사실로 추정하고 있으며 또한 이 사실은 화자가 원하지 않는 것으로서 화자는 불쾌감과 과소평가, 경시 등의 부가적인 의미를 아울러 전달하고 있다. (7d.)에서 화자는 '그(녀)가 총명

한 아이였음'을 긍정함과 동시에 감탄의 의미를 띠고 있다. 한편 (7e.f.)에
서 화자는 과거의 사건을 회상하거나 사색하는 부가적 의미를 띠고 있다.
(7g.)에서 화자는 확신의 결여로 인하여 판단을 유보하는 부가적 의미를
나타낸다(Ju.Mönx-Amgalan 1997:111). (7h.)에서 우리는 첨사 *san*과 *daa*
가 축약되어 *sandaa*형으로 쓰이고 있음을 알 수 있다.[71] (7i)에서 화자는
청자에게 '독일인들의 시간엄수'에 관한 자신의 지식이 직접적이거나 혹은
간접적인 경험을 통하여 획득한 것임을 상기시키고 있다(Kullmann &
Tserenpil 1996:337). 이들 용례에 나타나는 첨사들의 중첩연쇄체의 유
형을 정리해 보기로 하자. 본문부분을 제외한 첨사연쇄체의 배열형은 다
음과 같다.

(8)   jum šüü dee

       šüü dee

       jum uu daa

       jum šiv dee

       jum biz dee

       mön šüü dee

       jum baix daa

       jum baina šüü dee

       jum bainalee šüü dee

       jum šiv dee

       jum daa

       jum dag

       jum san

       jum bol(ov) uu

---

71) 특히, *san daa*는 구어에서 관용적인 표현인 *-ž jadax jumgüi*의 뒤에 흔히 부
    가되어 특정 행위가 그다지 어렵지 않고 쉬운 일임을 나타낸다.
  (i) a. Ug n´ č oilgož jadax jumgüi san daa
      '원래 이해하지 못할 바도 아니다.'
    b. Ug n´ č xiiž jadax jumgüi san daa.
      '원래 하지 못할 바도 아니다.'

san daa

jum bilee

이와 같은 첨사연쇄체의 선형적 선행관계와 내부구조를 다음과 같이
정리할 수 있다.

〈표 3.6〉 본문 (명사류+명사류)구성의 첨사연쇄체의 구조와 양태의미

<table>
<tr><td>본문(주어+술어)</td><td>긍정,부정</td><td>연계사</td><td colspan="2"></td><td colspan="2"></td><td></td><td></td><td></td><td></td></tr>
<tr><td rowspan="8">명사류+명사류</td><td rowspan="8">mön/biš</td><td rowspan="8">baisan
(*baigaa)
(*baidag)
(*baix)
(*baina)</td><td rowspan="8">yum</td><td rowspan="8">확

신</td><td>baina (-lee)</td><td>처음 앎</td><td rowspan="2">šüü</td><td rowspan="2">주의
환기</td><td>dee</td><td rowspan="8">단

언</td></tr>
<tr><td>baix</td><td>단순짐작</td><td>daa</td></tr>
<tr><td rowspan="2">biz/
šiv</td><td>이미 앎</td><td rowspan="3">Ø</td><td rowspan="3"></td><td rowspan="3">dee</td></tr>
<tr><td>짐작</td></tr>
<tr><td>bii   (vii)</td><td>불만</td></tr>
<tr><td rowspan="3">bol(ov)/
dag/
bil(ee)</td><td>불확실성</td><td rowspan="3">uu²</td><td rowspan="3">의문</td><td rowspan="3">daa</td></tr>
<tr><td>확실성</td></tr>
<tr><td>과거지각</td></tr>
<tr><td>san</td><td>회상</td><td>Ø</td><td></td><td>daa</td></tr>
</table>

(단, 명사류+형용사의 본문구성 뒤에는 mön이 올 수 없다.)

이 표는 우리가 앞서 (8)에서 열거하였던 모든 첨사연쇄체의 선형적
선행관계를 토대로 정리 작성한 것이다. 이제 이러한 선형적 선행관계
가 준수되고 있는 지 그 여부를 살펴보기로 하자. 다음 (9)에서 첨사
들 사이의 순서를 살펴보면

(9) a. Gancxan tiim amarxan jum biš biz dee.(Street 1963:160)
       merely such easy   thing Neg BIZ DEE
       ˈ단지 그처럼 손쉬운 것이 아니겠지요.ˈ
    b. Či   namaig tes-č   čad-(a)x-güi ge-ž   arai
       you(Nom) I(Acc) endure-Smlt be-able-Irs-Neg say-Smlt
       somehow
       bod-son   jum biš biz.   (Ju.Mönx-Amgalan 1997:95)

think-Pft   JUM Neg BIZ
'너는 내가 견디지 못할 것이라고 다소간 생각하지는 않았겠지'

(9a.b.)에서 *jum*과 *biš*의 순서가 우리들의 예측과는 달리 역전되어 있다. 그러나 이것은 외견상의 반증례에 지나지 않음을 곧 알 수 있다. 즉, (10a.b.)에서 *jum*은 첨사가 아닌 명사로서 본문의 술어로 사용되고 있다.

(10) a. jer n′tiim amarxan <u>jum</u> biš bai-san <u>jum</u> bai-na šüü dee.
     in general such easy   thing Neg be-Pft   JUM be-NPst
     ŠÜÜ DEE
     '대체로 그다지 쉬운 일은 아니었다 JUM BAINA ŠÜÜ DEE'
   b. Önöö   zaxi-san <u>jum</u> sanaa(n)-d or-ž ir-(e)x <u>jum</u> biš.
     the same order-Pft   JUM mind-DtLc   enter-Smlt come-Irs
     JUM Neg.
     '그(녀)가 주문한 물품이 (무엇인지) 머리에 떠오르지 않는다.'
     (Street 1963:161)

(10a.b.)에는 *jum*이 각각 두 개씩 나타나는데 전자는 명사로, 후자는 첨사로 각각 달리 기능하고 있다. 한편, 다음 (11)의 예를 살펴보자.

(11) a. Dorž önöödör uts-aar   jari-san bai-x jum.
     Dorž today telephone-Instr talk-Pft be-Irs JUM
     '도르쩨가 오늘 전화를 하였다 BAIX JUM.'
   b. Ter xičeel-d-ee   ir-ee-güi   bai-x jum.
     (s)he class-DtLc-Refl come-Impf-Neg be-Irs JUM
     '그(녀)는 수업에 오지 않았다 BAIX JUM.'
   c. Minii tol′   bai-x-güi bai-x jum.
     I(Gen) dictionary be-Irs-Neg be-Irs JUM
     '나의 사전이 없다 BAIX JUM.'
   d. Manai xaalga ongorxoi bai-x jum.

we(Gen) door   open   be-Irs JUM
'우리 현관문이 열려있다 BAIX JUM.'

(11)에서 우리는 *jum*과 *baix*의 순서가 〈 표 3.6 〉의 정리와는 달리 뒤 바뀌어 있음을 알 수 있다. 그러나 이들 예에서 사용된 *baix jum*은 굳어 진 표현으로 주로 화자가 의외의 사건에 대하여 놀라움을 나타내는 문장 에 사용된다.72) 즉 (11a.)에서 화자는 도르찌가 오늘 전화를 한 일에 대

---

72) 구어에서 명사류나 형동사뒤에 첨가되어 '의아스러움'의 양태의미를 나타내는 또다른 형식으로는 동사어간 *bai*-와 형용사파생접사-*ltai*의 결합형인 *bailtai*가 종종 쓰이기도 한다.
(i) a. Ter xün odoo ger-t-ee xar′-san   bai-ltai. (Ž.Luvsandorž 1985:201)
      that man now house-DtLc-Refl   return-Pft   be-ltai
      '그 사람은 이제는 귀가했을 텐데...'

   b. Dorž-iig   xar-(a)x-(a)d böx   bai-ltai xün, ge-tel ....
      Dorž-Acc see-Irs-DtLc   wrestler be-ltai man, say-Term ....
      '도르찌를 쳐다보면 씨름 선수일 듯한데..., 그러나....'
      즉 (ia.)에서 화자는 '그 사람'이 지금쯤이면 분명히 귀가했을 것이라고
      단정할 만한 충분한 근거를 가지고 있다. 가령 청자가 귀가한 지 몇 시
      간이 흘렀다든지, 그가 곧장 귀가하겠다고 말했든지 혹은 그의 집이 무
      척 가깝다든지 하는 등등의 청자에 대한 평소의 판단으로 보아 지금쯤
      이면 이미 집에 도착해 있어야 한다고 추정하고 있다. 그럼에도 불구하
      고, 가령 그가 전화를 받지 않는다든지, 집에 사람이 있다는 징표가 없
      다든지 따위의 이유에 대하여 강한 의아심을 나타내고 있다. (ib.)에서도
      외견상 도르찌가 소유하고 있는 씨름선수의 독특한 신체적 특징들로 인
      하여 그와 같은 단정이 충분히 타당하다고 여기고 있다. 그러나 실제로
      그는 씨름을 전혀 모르는 사람이어서 화자는 의아스러워 하고 있다. 이
      와 같이 *bailtai*는 주관적인 판단의 근거를 토대로한 추정이다. 한편, 동
      사어간 *bol*-와 형용사파생접사 -*ltai*의 결합형인 *bololtoi*는 (ii)에서
(ii) a. Ter xün odoo ger-t-ee   xar′-san   bol-(o)ltoi.
      that man now house-DtLc-Refl return-Pft   become-ltai
      '그 사람은 이제는 귀가했을 지도 모른다.'

   b. Dorž-iig   xar-(a)x-(a)d böx   bol-(o)ltoi xün, ge-tel ....
      Dorž-Acc see-Irs-DtLc   wrestler become-ltai man, say-Term ....
      '도르찌를 쳐다보면 씨름 선수일 지도 모른다, 그러나....'
      (iia.b.)에서 화자는 자신의 추정에 대한 확신이 강하지 못하다. 즉 (iia.)

하여 의아하게 여기고 있다. 왜냐하면 도르찌는 전화를 할 사람이 아니라
고 화자는 단정하고 있다. (11b.)에서도 화자는 그(녀)의 결석에 대하여
의아해 하고 있으며, 그(녀)의 결석을 의외의 사건으로 받아들이고 있다.
이와 유사하게 (11c.)에서도 사전의 부재는 이해할 수 없는 일이다. 왜냐
하면 분명히 사전을 챙겨 넣었다든지, 항상 사전을 가지고 다닌다든지 하
기 때문에 당연히 사전을 소지하고 있다고 단정할 충분한 근거를 확보하
고 있기 때문이다. (11d.)에서도 화자는 현관문이 열려있음을 의외의 비
정상적인 사건으로 받아들이고 있다. 따라서 이들 예문들의 뒤에는
'jaasan jum bol?(무슨 일일까?)', 'jaasan xačin jum be?(참 이상하군?)'등
의 문장이 자연스럽게 따라 나온다.

〈 표 3.7 〉 본문 (명사류+형동사)구성의 첨사연쇄체의 선형적 선행관계
a. 명사류+형동사(-SAN^4)

본 문(주어+술어)	부정	조동사				
명사류+형동사 (-san^4)	-güi	baisan *baigaa baidag baix	yum	baina (-lee)	šüü	dee
				baix		daa
				biz/ šiv	∅	dee
				bii (vii)	∅	dee
				bol(ov)/ dag/ bil(ee)	uu	daa
				san	∅	daa

이제 본문이 명사류와 형동사로 이루어진 경우의 첨사들의 내부순서를

에서 화자는 자신의 눈으로 직접 확인하지 않고 제삼자의 이야기와 같
은 간접적인 정보를 토대로 내린 추정이다. 또한 (iib.)에서도 '도르찌를
씨름선수로 단정할 만한 판단의 근거'를 화자가 가지고 있지만 스스로
신빙성을 의심하고 있다. 한편, *bololtoi*와 유사한 의미를 지닌 *janztai,
majagtai, šinžtei, baidaltai*등의 용례와 기능에 관해서는 Ju.Mönx-
Amgalan(1997:102) 참조

살펴보기로 하자. 형동사가 문장의 술부를 구성하는 경우에는 각각의 시제어미 형태소에 따라 상이한 모습을 보이고 있다. 그러나 첨사들 내부의 상대적인 순서는 술부가 명사류로 구성된 〈표 3.6〉과 동일함을 알 수 있다.

b. 명사류＋형동사(-DAG[4])

본문(주어＋술어)	부정	조동사			
명사류＋형동사 (-dag[4])	-güi	baisan *baigaa *baidag baix	yum	baina (-lee)	šüü	dee
				baix		daa
				biz／ šiv	∅	dee
				bii (vii)	∅	dee
				bol(ov)／ dag／ bil(ee)	uu	daa
				san	∅	daa

c. 명사류＋형동사(-AA[4])

본 문(주어＋술어)	부정	조동사			
명사류＋형동사 (-aa[4])	-güi	baisan baigaa baidag baix	yum	baina (-lee)	šüü	dee
				baix		daa
				biz／ šiv	∅	dee
				bii (vii)	∅	dee
				bol(ov)／ dag／ bil(ee)	uu	daa
				san	∅	daa

d. 명사류+형동사(-X)

본 문(주어+술어)	부정	조동사				
명사류+형동사 (-x)	-güi	baisan baigaa baidag baix	yum	baina (-lee)	šüü	dee
				baix		daa
				biz / šiv	∅	dee
				bii (vii)	∅	dee
				bol(ov) / dag / bil(ee)	uu	daa
				san	∅	daa

우리는 앞서 살펴본 바와 같이 본문이 명사류+명사류로 이루어진 〈표 3.6〉의 예와는 달리 형동사가 술부를 구성하는 경우에는 부정첨사로 *biš*가 아닌 *-güi*를 취하며, 긍정형과 조동사의 직접적인 결합 가능성은 형동사어미의 종류에 따라 각각 달라짐을 알 수 있다. 예를 들면, 〈표 3.7 a.〉에서 형동사어미 *-san*[4]은 부정접사 *-güi* 및 조동사의 활용형들과 결합하면 언제나 비문을 초래한다. 그리하여 '**javsan-güi bai-*'형은 일률적으로 '*javaa-güi bai-*'로 교체되지만, 긍정의 경우에는 이러한 제약이 존재하지 않는다.

4. 현대몽골어의 문종결어미와 첨사

몽골어동사의 활용형어미는 전통적으로 네 부류로 나누어져 오고 있다.(Poppe 1970:128, 1991:89-103) 즉, 직설법(indicative)어미, 명령·원망법(imperative-optative)어미, 형동사(verbal noun)어미, 부동사(converb)어미 등으로 분류해 오고 있다. 특히 형동사와 부동사에 관한 정의나 구성성분에 관하여 학자들마다 다양한 논의가 이루어져 왔지만 궁극적으로 동사의 활용어미를 이들 4부류로 나누고 있다는 점에서는 일치한다. 다만 이들 활용어미의 의미와 기능에 따른 하위 분류체계에는 다소간의 차이가 확인된다. 한편, Poppe(1954, 1974:89)는 동사의 형태를 첫째, 완전한 문장의 술어, 곧 종지형(finite forms)으로 사용될 수 있는 명령·원망형과 모든 직설법형, 둘째, 문장의 주어, 목적어, 수식어, 술어로 사용되는 형동사형, 그리고 셋째, 불완전한 문장의 논리적 술어(logical predicates)나 동사의 수식어로 사용되는 부동사형으로 삼분하였다(Binnick 1979:56).[73]

지금까지 문종결어미에 관한 연구는 주로 서법범주와 관련하여 형태론적 연구에 편중되어 왔으며 통사론적 연구나 의미론적 연구는 상대적으로 소외되어 미진한 형편이다. 우리는 몽골어의 동사어미를 전통적으로 종결형(tögsgöx xelber)또는 종결형 어미(tögsgöx nöxcöl)와 비종결형(tögs bus xelber)또는 연결어미(xolbox nöxcöl)로 크게 둘로 나눈 A.Bobrovnikov (1849:130-145), Š.Luvsanvandan(1951:116-130), P.Bjambasan (1987: 86-108), C.Önörbajan(1987:146-157), Ž.Sanžaa (1987:158-168), Kullmann & Tserenpil (1996:139-191)등의 논의를 수용하여, 특히 문종결어미의 통사론

---

73) The verbal forms are classified as (a) those serving as the predicate of a completed sentence (finite verbs), (b) those serving as subject, object, attribute or predicate of a sentence, and (c) those serving as attribute to verbs or logical (not grammatical) predicates of incomplete sentences. To the first group belong the imperative and optative forms and all indicative forms. To the second group belong verbal nouns. To the third group belong the converbs.

적, 의미론적 특성과 화행을 고찰하고 첨사들과의 공기관계를 제한하는 제약의 성격을 규명한다.

4.1 직설법어미

몽골어 동사의 직설법어미의 형태로는 {-na, -ne, -no, -nö}--(이하 -na^4 로 표기함), {-laa, -lee, -loo, -löö}--(이하 -laa^{4}로 표기함), -v , {-žee, -čee}--(이하 -žee^{2}로 표기함) 등이 있다. 이들 직설법어미들은 크게 비과 거시제(non-past tense:NPst로 표기함)와 과거시제(past tense:Pst로 표기 함)의 대립체계를 보여준다. 즉, -na^{4}는 비과거 시제어미인 반면, -laa^4, -v , -žee^{2}는 과거시제 어미로서 이들 어미형태가 접미된 동사는 정형동사 (finite verbs)로서 문장의 술부의 핵을 이루며, 의문첨사를 비롯한 문장첨 사의 개입이 없다면 평서문을 구성한다. 본 절에서는 몽골어 직설법어미 들의 통사론적, 의미론적 기능을 우선 살핀 후 첨사들과의 상호관계를 고 찰하겠다.

4.1.1 비과거 시제어미 : -na^4

Hangin(1992:23), Ž.Sanžaa(1987:161-163), P.Bjambasan(1979:135), L.Mišig (1978:110- 112) 등은 현재와 미래시제어미로 정의하였고, D.Badamdorž (1997:189)와 Street 1963:120)는 미래시제를 나타내는 기 능이 주요기능이며 부차적으로 어떤 조건이 충족되면 발생하는 행위나 발 화시를 포함하여 상당기간에 걸쳐 해당되는 상황을 가리키는 소위 '현 재·미래지속시제' 또는 '무시제(timeless)', '일반 현재시제(jerönxii odoo cag)'등을 가리키는 것으로 분석하였다. 한편 Poppe(1970:130)는 미완료 상의 현재시제(present tense of the imperfect로, Song(1997:151)은 비과 거시제표지(non-past marker)등으로 정의하여 다양하게 명명되어 오고 있 다. 우리는 선행연구로부터 몽골어의 시제체계는 궁극적으로 과거와 비과 거의 두 시제만의 양분대립으로 이루어져 있다는 것을 파악할 수 있다.

이 종결어미의 쓰임을 살펴보면 아래 (1)에서

(1) a. Töv aimag Ulaanbaatar-aas uragš orš-(i)no.
   (B.Pürev-Očir 1997:244)
   center province Ulaanbaatar-Abl forwards exist-NPst
   '중앙道는 올란바타르로부터 남부에 위치한다.'
 b. Us šim-güi bol-(o)vč tümen   bodis-yg težee-ne.
   water nutrition-Neg become-Conc ten-thousand object-Acc
   feed-NPst
   '물은 영양가가 없지만, 세상만물을 양육한다.'
   (Ž.Sanžaa 1987:162)
 c. Xavr-yn süül sar-aar cas xail-ž gazar ges-ne.
   (Street 1963:120)
   spring-Gen last month-Instr snow melt-Smlt soil thaw-
   NPst
   '늦봄에는 눈이 녹고 언 땅이 녹는다.'

(1a.b.c.)는 현재사실이나 변함없는 진리에 대한 진술로서 비과거시제어
미 $-na^4(=-na, -ne, -no, -nö)$가 사용되고 있다. 다음 (2)에서는

(2) a. Bi   margaaš buč-(a)ž   ir-ne.
   I(Nom) tomorrow return-Smlt come-NPst.
   '나는 내일 돌아온다.'
 b. Ta   zamč xeregl-(e)x sanaa-tai   bol bi urtai jav-na.
   you(Nom) guide use-Irs intention-Comit Cond I(Nom) willingly
   go-NPst.
   '당신이 안내인을 고용할 생각이라면 내가 기꺼이 가겠다.'
   (Street 1963:120)
 c. Bid nar udaxgüi Bujant-uxaa-d   buu-na.
   we Pl   soon   Bujant-uxaa-DtLc land-NPst

'우리는 곧 보인트오하(공항)에 내린다.'

(2a.c)에서는 미래를 가리키는 부사, 즉 *margaaš*(내일), *udaxgüi*(머지않아, 곧), (2b.)에서는 미래의 의미를 나타내는 조건부사절의 형태와 같이 쓰여 미래시제의 의미가 표현된다. 한편, Song(1997:152-160)은 $-na^4$가 나타낼 수 있는 습관상, 진행상 등의 미완료상의 의미를 비과거, 문맥, 동사의 어휘적 특성으로부터 부차적으로 파생된 개념으로 분석하고 있다. 결국 이 시제종결어미는 주로 미래시제의 의미를 나타내며, 해당 행위나 사건이 현재와 미래에 걸쳐 지속되는 것으로 요약할 수 있다(Kullmann & Tserenpil 1996:190-191, D.Badamdorž 1997:187).

4.1.2 과거 시제어미 : $-laa^4$, $-v$, $-žee^2$

$-laa^4$, $-v$, $-žee^2$는 표(4.1)과 같이 많은 학자들에 의하여 다양하게 논의되어 오고 있다. 이들의 선행연구로부터 다소간의 미세한 차이는 있지만 대체로 유사한 관점에서 $-laa^4$, $-v$, $-žee^2$를 몽골어의 과거시제를 나타내는 세 가지 형태소로 규정하고 있음을 확인할 수 있다.

〈 표 4.1 〉 몽골어 과거시제 어미형태의 정의 및 구분

	$-laa^4$	$-v$	$-žee^2$
Street(1963)	first-hand knowledge	past	recent past
Luvsanvandan(1968)	과거진행 öngörön ürgelžilsen	비인식된 과거 medegdeegüi öngörsen	인식된 과거 medegdež öngörsen
Poppe(1970)	present of perfect	past of perfect	past of imperfect
Bjambasan(1978)	직전종결 sajaxan tögssen	과거종결 öngörön tögssön	과거진행 öngörön ürgelžilsen
Mišig(1978)	최직전과거 döngöž saja öngörsen	직전과거 türüin öngörsen	먼 과거 ert öngörsen
Nadmid(1984)	근래 인식된 과거 sajavtar medegdež öngörsen	인식된 과거 medegdež öngörsen	비인식된 과거 sanamsargüi öngörsen
Sanžaa(1987)	인식된 직전과거 medegdež saja öngörsen	인식된 과거 medegdež öngörsen	비인식된 과거 medegdeegüi öngörsen

Binnick(1990)	evidential past	past	inferential past
Hangin(1992)	immediate past	past	unnoticed past
Önörbajan(1994)	직접인식한 과거 bijeer medež öngörsen	직접 인식한 먼 과거 bijeer medež ert öngörsen	간접 인식한 과거 bijeer medeegüi öngörsen
Song(1997)	direct knowledge past	neutral past	indirect knowledge past
Badamdorž(1997)	인식한 근래 과거 medež sajavtar öngörsen	가까운 직전과거 oirmogxon sajaxan öngörsen	무관한 먼 과거 orolcoogüi ert öngörsen

4.1.2.1 -laa⁴

대부분의 학자들에 의하여 과거시제어미중의 하나로 정의된 종결어미 $-laa^4$(=-laa, -lee, -loo, -löö)는 발화시(utterance time)가 참조시 (reference time)인 절대기준시에서 발화시와 밀접하게 연결된 가까운 과 거를 가리키는 맥락에 사용된다.

(3) a. Luvsan doloo(n) cag-t klub-yn xural deer ir-lee.
　　 (Street 1963:121)
　　 Luvsan seven o'clock-DtLc club-Gen meeting at　　come-Pst
　　 '롭상은 7시에 클럽회의에 왔다.'

　 b. Nar gar-aad　　 tungalag saixan ödör bol-loo.
　　 sun rise-Ant　 clear　　 good　 day　 become-Pst
　　 '해가 뜨고 맑고 화창한 날이 되었다.'

　 c. Žargal surguul'-d ir-sen-güi　　 nileen xed　 xono-loo.
　　 Žargal school-DtLc come-Pft-Neg quite　 a-few　 pass-the-night-Pst
　　 '짜르갈이 학교에 안 나온지 상당일이 지났다.'

(3a.b.c)는 발화시와 비교적 가까운 과거상황에 관한 단언이다. 또한 화 자는 이들 상황을 직접체험을 통해 인식하고 있는 경우에 해당한다. 즉,

(3a.)는 화자가 '롭상'이 클럽회의에 7시에 오는 것을 직접 목격하여 알고 있는 경우의 발화이며, (3b.)는 화자가 해가 뜨고 날씨가 화창하게 되는 것을 직접 경험한 경우의 발화이다. 마찬가지로 (3c.)에서 화자는 '짜르갈'이 결석이나 결근한 사실을 직접 인식하고 있는 상황에서 행하는 단언행위이다.

한편, 다음 (4)에서는 미래의 맥락에서 사용된다.

(4) a. Bid   unt-laa,   garax-d-aa   čiiden   untraa-(g)aarai !
       we(Nom) sleep-Pst   go-out-DtLc-Refl lamp   turn off-Hort !
       '우리는 자겠다. 나갈 때 전등을 *끄거라*!'   (L.Mišig 1978:127)
   b. Xedxen xon-ood   šalgalt exel-lee.
      a-few   pass-the-night-Ant exam.   begin-Pst
      '몇 일만 지나면 시험이 시작된다.'

(4a.)에서는 명령문의 부가에 의하여, (4b.)에서는 미래의 의미를 나타내는 부사절과 함께 쓰임으로써 발화시와 밀접하게 연결된 미래상황을 가리키고 있다. 이것은 동일한 과거시제어미의 범주에 속하지만 미래의 맥락에는 사용될 수 없는 *-v, -žee*^{2}와 가장 뚜렷한 차이이다. 즉, *-laa*^{4}형태는 미래에 반드시 발생할 행위나 사태를 상대방에게 미리 주지시키거나 단정적으로 확언하는 화행에 널리 사용되고 있다(Ž.Sanžaa 1987:167). 따라서 과거와 미래의 시제표지로 동시에 사용될 수 있기 때문에 중의성이 발생할 수 있다. 즉,

(5) Önöö oroi bid xojor xamt guanz(an)-d xool-oo id-lee.
    this enening we(Nom) two together restaurant-DtLc meal-Refl
    eat-Pst.
    a. '오늘밤 우리는 함께 식당에서 밥을 먹었다.'
    b. '오늘밤 우리는 함께 식당에서 밥을 먹는다.'
    (Street 1963:121)

　(5)는 (5a.)와 (5b.)의 어느 쪽이든 가리킬 수 있다. 즉, 기준시인 발화
시점이 가령 오전이나 오후 1, 2시여서 도저히 저녁식사를 할 수 없는 상
황이라면 (5b.)의 해독이 선택되고, 저녁식사가 이미 끝난 한밤중에 청자
에게 한 발화라면 (5a.)의 해독이 선택된다. 이처럼 발생할지도 모르는
중의성은 화맥이나 다른 시제형태, 통사적 구성 등을 통하여 해소된다.
즉, (6)에는 중의성이 발생할 가능성이 전혀 없다.

(6) a. önöö oroi　　bid xojor xamt　　guanz(an)-d　　xool-oo
　　　 this enening we two　together　restaurant-DtLc meal-Refl
　　　 id-(-sen, -v, *-žee)
　　　 eat-(Pst, Pst, Pst)
　　　 '오늘밤 우리는 함께 식당에서 밥을 먹었다.'
　　b. önöö oroi　　bid xojor xamt　　guanz(an)-d　　xool-oo
　　　 this enening we two　together　restaurant-DtLc meal-Refl
　　　 id-(-ne,　　 -x-eer　bol-loo)
　　　 eat-(-NPst, -Irs-Instr become-Pst.
　　　 '오늘밤 우리는 함께 식당에서 밥을 먹(-는, -기로 하였)다.'

　(6a.)는 과거시제 형동사어미나 직설법 시제종결어미를 사용함으로써
미래시제의 해독이 불가능하며, 반면 (6b.)는 미래시제 형동사어미나 통
사적 구성을 사용함으로써 과거시제의 해독은 차단된다. 한편, $-laa^4$형태
의 일차적인 시제의미는 과거이기 때문에 현대몽골어의 구어에서는 어미
$-laa^4$형태만으로 이루어진 단일 문장의 발화는 미래를 가리키는 상황에
거의 쓰이지 않으며, 미래시제의 의도로 사용된 발화는 어색하거나 부적
절한 것이 되고 만다. 따라서, 중의성을 회피하기 위하여 (7)과 같이 현
재나 미래의 의미를 갖는 후행문이 뒤따른다.

(7) a. Bid　　　　moskva jav-laa, zaxi-x　jum　bai-na　　uu?
　　　 we(Nom) Moscow go-Pst, order-Irs thing be-NPst　Q?
　　　 '우리는 모스크바에 간다, 부탁할 것이 있느냐?'

(D.Badamdorž 1997:187)

b. Bi   max xöšiglö-löö, či   guril zuur !
   I(Nom) meat chop-Pst,   you(Nom) flour knead !
   '나는 고기를 썰겠다, 너는 밀가루를 반죽해!'

즉, (7a.)는 화자는 어미 $-laa^4$형태를 사용하여 '모스크바로 떠나는 행위' 가 임박한 사태임을 청자에게 미리 주지시킴으로써 청자의 부탁이나 주문 따위가 있으면 지금 당장 이야기하지 않으면 안된다는 뜻을 전달하고 있다. (7b.)에서도 화자는 지금 당장 '고기를 잘게 써는 행위'를 이행할 의도임을 청자에게 전달하면서 청자로 하여금 '밀가루를 반죽하는 행위'를 즉시 이행할 것을 명령하고 있다. 따라서 (7a.b.)는 후행문과 결합하여 다음 (8)과 동일한 미래시제의 의미를 갖는다.

(8) a. Bid moskva jav-(a)x ge-ž bai-na. zaxi-x   jum bai-na   uu?
   we Moscow go-Irs say-Smlt be-NPst.
   order-Irs thing be-NPst Q?
   '우리는 모스크바에 가려고 한다. 부탁할 것이 있느냐?'

b. Bi   max xöšigl-öx ge-ž   bai-na.   či   guril!
   I(Nom) meat chop-Irs say-Smlt be-NPst. you(Nom) flour knead !
   '나는 고기를 썰려고 한다. 너는 밀가루를 반죽해!'

이와 같이 직설법 과거시제어미 $-laa^4$는 가까운 미래시제어미로 대용되어 사용될 경우에는 일종의 연결어미처럼 문장을 완전히 종결시키지 못하고 있다.

4.1.2.2 -v

과거시제어미 -v는 현대몽골어의 구어에서는 평서문에서 거의 사용되지 않으며 의문문에만 남아 있는 과거시제어미이다. 다른 두 과거시제어미에 비하여 서법의미에 있어서 '무색(colorless)-(Street 1963:122)', '중립적

(neutral)-(Song 1997:184)' '단순과거(simple past)-(Poppe 1970:131)' 등
으로 정의되고 있다.

  (9) a. Xümüüs cöm ineemcegl-(e)n xar-cgaa-v.
       (Ž.Sanžaa 1987:165)
       people all smile-Assoc look-Coll-Pst
       '사람들이 모두 웃으며 쳐다보았다.'
    b. Tömör guai ta xojor sain jav-ž ir-(e)v üü?
       (D.Badamdorž(1997:187)
       Tömör Mr. you two well go-Smlt come-Pst Q?
       '터머르씨와 당신은 잘 다녀왔습니까?'
    c. Bodol-d-oo dara-gd-saar xool-oo $č$ es id-(e)v.
       thought-DtLc-Refl oppress-Pass-Prog meal-Refl $Č$ Neg
       eat-Pst.
       '생각에 잠겨 밥도 안 먹었다.'
    d. {bid, *či, ted} xödöö jav-aad ir-(e)v
       {we, you, they} country go-Ant come-Pst.
       '{우리, 너, 그들}은 시골에 다녀왔다.'

  과거시제어미 -v는 (9a.)에서 문어체의 긍정평서문에 사용되고 있으며,
구어에서는 형동사의 완료상표지인 -san⁴으로 대체되어 사용된다. 즉, 평
서문의 경우에는 주어의 인칭에 관계없이 또한 긍정문이건 부정문이건 상
관없이 구어에서는 전혀 사용되지 않는다. 그러나 의문문의 경우에는
(9b.)와 같이 의문첨사와 결합하여 구어에서 널리 사용되고 있다. (9c.)는
부정첨사와 결합하여 부정문을 형성하고 있는데 이 형식도 현대 몽골어의
구어에서는 형동사의 부정형인 *idsengüi*, 혹은 *ideegüi*로 대체됨으로써 완
전히 소멸된 형태가 되었으며 단지 문어체 표현에서만 잔존하고 있다.
(9d.)는 과거시제어미 -v의 주어인칭제약의 예로서 문어체 표현일지라도
2인칭대명사 주어와는 공기할 수 없음을 보여 주고 있다. 이와 같이
(9a.c.d.)의 과거시제어미 -v는 구어에서는 더 이상 쓰이지 않음으로써 화

석화된 형태임을 알 수 있다.

4.1.2.3 -*žee*^{2}

-*žee*^{2}(= -*žee*, -*čee*)는 주로 특정 사건이나 행위가 발화시보다 훨씬 이전에 발생하여 그 행위의 결과가 이미 종료된 상황에 사용된다. 또한 화자가 그 행위나 사건에 직접 참여하거나 목격하지 않았으며, 단지 간접적으로 알게 되었다는 서법의미를 나타낸다. 그리고 동사어간에 직접 접미되는 시제종결어미 -*žee*, -*čee*는 어간말음이 주로 'v, g, r, s'등의 자음으로 끝난 경우에는 -*čee*를, 그 이외의 경우, 즉 모음이나 'v, g, r, s'등을 제외한 다른 자음이 어간말음인 경우에는 -*žee*를 접미한다.

   (10) a. Tod mongol bičg-iig 1648 on-d zoxio-žee.
        (D.Badamdorž 1997:186)
        Tod mongol scrift-Acc 1648 year-DtLc invent-Pst.
        '톳문자는 1648년에 창제되었다.'
     b. Ert ur´d cag-t emgen övgön xojor am´dar-č bai-žee.
        early ago time-DtLc old woman old man two live-Č be-Pst.
        '먼 옛날 할머니와 할아버지가 살고 있었다.'
     c. Čünx n´ bai-x-yg bod-(o)x-od, bagš öglöö ert ir-žee.
        bag 3Poss be-Irs-Acc think-Irs-DtLc, teacher morning early come-Pst.
        '가방이 있는 것을 보니, 선생님은 아침 일찍 오셨다.'

  (10a.)는 발화시 이전에 이미 '톳문자의 창제'가 이루어졌으며 화자는 문자창제 행위에 직접적인 참여나 목격 등의 방법을 통한 직접적인 경험이 없다. 이처럼 화자의 직접적인 경험이 배제된 과거상황의 맥락에서 배타적으로 사용되기 때문에 (10b.)처럼 옛날 이야기의 도입부에 흔히 나타난다. (10c.)는 화자가 선생님이 아침 일찍 오는 것을 직접 보지 못했지만 선생님의 가방이 있는 사실로부터 추론하여 이와 같은 단정을 내리고 있다.

(11) a. Mor′ n′ bai-na, ax {ir-žee, ?*jav-žee}
     horse 3Poss be-NPst, brother {come-Pst, go-Pst}
     '그의 말이 있다. 형이 {왔다, ?*갔다}.'

  b. Utaa bagšr-aad, tüimer gar-čee. (D.Badamdorž 1997:187)
     smoke gather-Ant, conflagration break out-Pst.
     '연기가 자욱하고 큰 불이 났다.'

(11a.)의 후행문의 '형이 온 사실'은 그가 타는 말이 있는 것을 목격하고 추론한 것임을 선행문이 보여주고 있다. 화자는 형이 오는 것을 직접 보지 못했지만 그의 말의 존재로부터 간접적인 확인을 통해 인식하게 되었다. 마찬가지로 (11b.)에서 화자는 '화재의 발생'을 자욱한 연기로부터 추론을 통해 알게된 사실을 진술하고 있다. 이처럼 화자의 주관적인 추론에 의한 단언행위에 사용되는 $-žee^2$는 구어에서 미래의 상황에도 종종 쓰일 수 있다.

(12) A : Bat Dulmaa xojor bie bie(n)-d-ee xačin ix sain ge-ne.
       Bat Dulmaa two each other-DtLc-Ref extremely very
       good say-NPst.
       '바트와 돌마는 서로 무척 좋아한다고들 한다.'
   B : Ter xojor *č* suu-{-žee, -na, *-v, *-laa, *-san}.
       that two *Č* marry-{Pst, NPst, Pst, Pst, Pft}
       '그들도 곧 결혼 할 것이다.'

(12B)는 (12A)의 '바트와 돌마가 정도 이상으로 좋아한다'는 발화로부터 주관적인 추론에 의해 두 사람이 머지 않아 분명히 결혼하게 될 것이라고 예측하고 있다. 또한 이 발화가 적절한 것이 되기 위해서는 화자와 청자사이에는 '바트와 돌마' 두 사람이 아직은 결혼하지 않았다는 사실에 대한 배경지식이 전제되어야 한다. (12B.)에서 다른 과거시제어미로는 적절한 미래의 의미가 나타나지 않고 과거시제의 의미만을 띤다는 것을 알 수 있다. 따라서 상대방의 전술발화가 없이 단독으로 쓰인 다음 (13)은

중의성을 띨 수밖에 없다.

(13) Ta   uls-yn   bajar naadam-d orolc-žee.   (Ž.Sanžaa 1987:168)
     you(Nom) state-Gen festival-DtLc   participate-Pst.

  a. Ta   uls-yn   bajar naadam-d   orolc-{?-ov,   -loo, -son}
     you(Nom) state-Gen festival-DtLc participate-{Pst, Pst, Pft}.
     '당신은 건국기념 축제에 참여하였다.'

  b. Ta   yls-yn   bajar naadam-d orolc-{-no,   -ox bol-no}.
     you(Nom) state-Gen festival-DtLc participate-{NPst,
     Irs become-NPst}
     '당신은 건국기념 축제에 참가할 것이다.'

즉, (13)은 (13a.)의 과거의미로도, (13b.)의 미래의미로도 가능하여 중
의성이 발생한다. 즉, (13)은 상대방이 축제에 참가하여 찍은 사진이나
경기에 참가하여 획득한 상품 등을 직접 확인하고난 후에 행하는 발화일
경우 (13a.)와 같은 과거의 의미를 띤다. 또한 (13)은 상대방이 축제에
참가하기 위하여 말을 조련한다든지, 활쏘기나 씨름연습을 한다든지, 또
는 먼길을 떠날 채비를 한다든지 등의 축제참가 준비과정을 직접 목격한
후 행하는 발화일 경우 (13b.)와 같은 미래의 의미를 띤다. 이러한 시제
상의 중의성은 주로 맥락을 통하여 해소되거나 과거나 미래를 분명하게
나타내는 시제어미형태나 통사적 구성에 의존함을 알 수 있다. 한편 이러
한 중의성은 의문문이나 부정문이 되면 소멸되어 과거시제의 의미만 띠게
된다.

(14) a. {*bi, *ta, ter}   yls-yn   bajar naadam-d orolc-(o)ž uu?
        {I, you, (s)he} state-Gen festival-DtLc participate-Pst Q?
        '{나, 당신, 그}는 건국기념축제에 참가했습니까?'

   b. {*bi, *ta, ?ter} uls-yn bajar naadam-d es   orolc-žee.
        {I, you, (s)he} state-Gen festival-DtLc Neg participate-Pst.
        '{나, 당신, 그}는 건국기념축제에 참가하지 않았다'

c. {*bi, *ta, *ter} uls-yn bajar naadam-d   orolc-žee   jüü?
   {I, you, (s)he} state-Gen festival-DtLc   participate-Pst Q?

d. {*bi, *ta, *ter} uls-yn   bajar naadam-d {xezee, jaaž,
   xen-tei, ju-(g)aar...}
   {I, you, (s)he} state-Gen   festival-DtLc   {when, how,
   who-Com, what-Inst...}
   orolc-žee   ve?
   participate-Pst Q?

과거시제어미 -žee^{2}는 의문첨사를 동반할 경우에는 여부의문문이건, 의문사의문문이건 관계없이 장모음 -ee가 탈락하여 -ž, -č형태로 된다 (Č.Luvsanžav 1976:65-67). 즉, 비문으로 판정된 (14c.d.)에서 볼 수 있듯이 -žee^{2}는 의문첨사와 결합하여 의문문을 형성하려면 (14a.)와 같이 반드시 장모음이 탈락하여 -ž, -č의 형태로 변해야만 한다. 그리고 이러한 장모음탈락의 결과 외형상으로는 소위 부동사의 병렬형 혹은 동시형과 같아졌다. 그러나 부동사의 병렬형은 의문첨사와 결합하여 의문문을 만들 수 있는 주술어의 기능이 없으며 다만 연결어미로서의 기능만을 가질 뿐이다. (14b.)에서 부정첨사와 결합된 술어 es orolcžee는 문어체로서 현대몽골어의 구어에서는 형동사의 완료상이나 미완료상에 부정첨사가 접미된 orolcsongüi, 혹은 orolcoogüi가 사용된다. 한편, (14a.b.)에서 우리는 주어공기제약(Subject cooccurrence restriction)현상을 발견할 수 있다. 즉, 의문문과 부정문에서는 3인칭대명사만 주어로 쓰일 수 있으며 1, 2인칭대명사 주어는 비문을 야기한다. 이러한 주어공기제약현상은 평서문의 경우에도 마찬가지로 나타난다.

(15) {?*bi, ta, ter} uls-yn   bajar naadam-d orolc-žee.
     {I, you, (s)he} state-Gen festival-DtLc   participate-Pst.
     '{나, 당신, 그}는 건국기념축제에 참가하였다.'

즉, 1인칭대명사는 평서문에서 과거시제어미 -žee^{2}와 같이 쓰일 수 없다.[74] 우리는 그 이유를 어미 *-žee*[2]가 가진 서법의미에서 찾을 수 있다. 어미 *-žee*[2]는 화자의 간접적인 인식과 주관적인 추론을 나타내기 때문에 이미 발생한 과거사건에 1인칭대명사의 쓰임은 부적절하고 어색할 수밖에 없다. 왜냐하면 일반적으로 정상적인 이성을 가진 사람이라면 스스로 직접 이행하였거나 함께 참여한 행위나 사건에 대해 간접적인 인식을 가질 수 없기 때문이다. 즉 이것은 과거회상의 표현에서 한국어의 '-더-'와 유사한 기능을 하는 우설적 표현인 *baina lee*의 용법에서 확인 할 수 있다.

(16) a. *Bi   emneleg-iin   öröö-nd   xevt-(e)ž *bai-na   lee*.
       I(Nom) hospital-Gen room-DtLc lie-Smlt   be-NPst   part.
       '나는 병실에 누워 있더라.'

   b. Ser-eed xar-san čin′ bi emneleg-iin öröö(n)-d xevt-(e)ž
      bai-na *lee*.
      wake up-Ant   look-Pft   2Poss I hospital-Gen   room-DtLc
      lie-Smlt be-NPst   part.
      '정신을 차려 보니 나는 병실에 누워 있더라'

   c. {či, ter}   emneleg-iin   öröö(n)-d   xevt-(e)ž *bai-na   lee*.
      {you, (s)he} hospital-Gen room-DtLc lie-Smlt be-NPst   part.
      '{너, 그(녀)}는 병실에 누워 있더라.'

(16b.)에서 '병실에 누워있음'이라는 사태는 화자의 의식이 없는 상태에서 일어난 일로서 화자가 그 사실을 지각하기 이전에 이미 발생하여 존재하는 지각적 사태이다. 반면 (16a.)는 사태발생이전에 이미 화자의 의식이 먼저 존재하는 작위적 사태이다.[75] 즉, 전자는 화자의 지각의 대상이 되는 지각적 사태를 나타내는 지각적 명제에 해당하는데 비해서 후자는 명제내용을 화자가 일으킨 작위적 명제에 해당한다(장경희 1983:299).

---

74) Binnick (1990:50), Hangin (1992:114), Song (1997:193) 참조

75) 국어의 선어말어미 '-더-'의 의미와 통사론적 특성은 손호민(1974), 서정수 (1977), 김영희(1980), 김차균(1980), 유동석(1981), 임홍빈(1983), 장경희 (1983)참조

(16c.)에서 화자는 '너' 혹은 '그'가 병실에 누워있는 것을 직접 확인하고 체득한 상황을 회상하여 보고하는 의미를 나타낸다. 결국 (16a.c.)에서 볼 수 있는 '비동일 주어제약'은 (16b.)에서 화자의 지각이나 의식이 사태발생 이후로 제한되어 해소되고 있다. 한편, 평서문에서 1인칭대명사가 과거시제어미 $-žee^2$와 같이 쓰일 수 있는 경우는 극소수의 동사에 불과하다. 즉, *uxaan aldax*(의식을 잃다), *martax*(잊다), *nam untax*(깊이 잠들다), *šal sogtox*(만취하다) 등의 동사들로서 이들 동사구의 공통점은 행위주의 의식이나 지각의 대상이 될 수 없는 상황을 나타낸다는 점이다. 즉, '의식 불명상태'를 사건시(event time)에 스스로 의식할 수는 없으며, 이와 마찬가지로 '건망증', '숙면', '만취' 등의 사태도 사건시에 행위주가 의식하거나 지각한다는 것은 비정상적이거나 불가능한 일이다.

4.1.3 직설법어미와 첨사

본 절에서는 앞서 살펴본 직설법어미들과 제3장에서 논의한 첨사들과의 공기관계를 검토한다. 먼저, 비과거 시제어미로 규정된 $-na^4$의 경우부터 고려하자.

첫째, 앞서 논의한 (1)의 예를 통하여 이른바 긍정첨사들과의 관계를 다시 보면

(17) a. Töv aimag Ulaanbaatar-aas uragš orš-(i)no {?šüü, ?daa^4}.
     '중앙道는 올란바타르로부터 남부에 위치한다.'

   b. Us šimgüi bolovč tümen bodisyg težeene {?šüü, ?daa^4}
     '물은 영양가가 없지만, 세상만물을 양육한다 {šüü, daa^4}.'

(17a)는 주로 문어체에 사용되는 동사 *oršix*와 몽골인이면 누구나 알고 있는 상식적인 정보를 양태첨사의 부가에 의하여 강조함으로써 문법성이 나빠진 경우이다. (17b.) 역시 문어체 표현으로써 첨사들과의 결합이 용이하지 않음을 알 수 있다(C.Damdynsuren 1994:48).

둘째, 추정첨사들과의 결합관계를 보면

(18) a. Töv aimag Ulaanbaataraas uragš oršino
　　　　{?biz, ?šiv, ?bii, ?dag^4}.

　　 b. Us šimgüi bolovč, tümen bodisyg težeene
　　　　{?biz, ?šiv, ?bii, ?dag^4}.

(18a.b.)에서 볼 수 있듯이 문어체표현과 추정첨사와의 결합도 이상한 문장을 초래한다.

셋째, 의문첨사와의 공기관계를 살펴보자.

(19) a. Töv aimag Ulaanbaataraas uragš   oršino {*uu, *be^2}.

　　 b. Us šimgüi bolovč, tümen bodisyg težeene {*üü, *be^2}.

(19a.b.)에서 볼 수 있듯이 문어체표현과 의문첨사와의 결합도 이상한 문장을 초래한다.

넷째, 부정첨사나 금지첨사와의 공기관계를 살펴보면

(20) a. Töv aimag Ulaanbaataraas uragš
　　　　{*ül, *es, *büü, *bitgii} oršino.

　　 b. Us šimgüi bolovč, tümen bodisyg
　　　　{*ül, *es, *büü, *bitgii} težeene.

(20a.b.)에서 볼 수 있듯이 부정첨사나 금지첨사와의 결합도 이상한 문장을 초래한다. 한편, 이러한 문장의 이상함은 진실이나 사실을 부정하거나 금지하기 어렵다는 언어일반적인 현상에도 기인하는 것으로 보인다. 이제 구어체표현과 첨사간의 공기관계를 살펴보자.

(21) a. Bi　　　margaaš buč-(a)ž　　ir-ne　　　{šüü, daa^4}
　　　　I(Nom) tomorrow return-Smlt come-NPst {ŠÜÜ, DAA}.
　　　　'나는 내일 돌아온다 {ŠÜÜ, DAA}.'

　　 b. Bid nar udaxgüi Bujant-uxaa-d buu-na {šüü, daa^4}

we Pl soon Bujant-uxaa-DtLc land-NPst {ŠÜÜ, DAA}.
'우리는 곧 보인트오하에 착륙한다 {ŠÜÜ, DAA}.'

(21a.b.)는 모두 문법적인 문장으로 *šüü*는 화자가 청자에게 '내일 돌아
온다', '보인트오하공항에 곧 착륙한다'는 명제내용을 환기시키거나 상기시
키는 양태의미를 나타낸다. 한편, daa^4는 청자에게 주의를 환기시키거나
상기시키는 양태의미는 없고, 단지 미래시제로 표현된 술부와 결합하여
화자의 확신이나 믿음을 청자에게 표출하는 부가적인 의미를 띠고 있다.
따라서 (21a.b)의 *šüü*와 결합된 문장 다음에는 (22a.b.)의 발화가 흔히 동
반하여 적절한 표현을 구성할 수 있지만, daa^4와 결합한 문장의 후행발
화로는 다소간 어색한 표현이 된다.

(22) a. Tülxüür-ee   žižüür-t   orx′-ioroi.
       key-Refl   guard-DtLc leave-behind-Hort
       '열쇠는 수위에게 맡겨라.'
    b. Gaal-iin   medüülex xuuds-aa   xurd-xan   bögl-öörei.
       customs-Gen notify   leaflet-Refl quick-Dim fill-up-Hort
       '세관 신고서를 빨리 작성해라.'

둘째, 추정첨사와의 결합을 살펴보자.

(23) a. bi margaaš buc-(a)ž ir-ne {*biz, *šiv, *bii, *dag⁴}.
       '나는 내일 돌아온다.'
    b. {bid, ter, ted} udaxgüi bujant-uxaad buu-na {biz, *šiv, bii,
       dag⁴}.
       '{우리, 그, 그들}이 곧 보인트오하에 착륙한다.'
    c. Či margaaš buc-(a)ž ir-ne {biz, *šiv, *bii, *dag⁴}.
       '너는 내일 돌아온다.'

(23a.)는 1인칭 단수의 주어와 직설법 종결어미 '-na⁴'로 이루어진 문장

은 추정첨사들과 공기할 수 없다는 것을 보여준다. 한편, (23b.)에서 1인칭 복수, 3인칭 단·복수의 경우에는 *šiv*을 제외한 다른 첨사들은 모두 허용된다. (23c.)에서 *biz*는 추정의 의미가 아닌 질문의 경우에만 정문으로 판단된다.

셋째, 의문첨사와의 공기관계를 살펴보자.

(24) a. Či   margaaš   buč-(a)ž   ir-ne   {*üü, *be}?
      you tomorrow return-Smlt come-NPst Q?
      '너는 내일 돌아온다 Q?'

   b. Ted nar udaxgüi Bujant-uxaa-d   buu-na   {*üü, *be}?
      they Pl soon   Bujant-uxaa-DtLc lamd-NPst   Q?
      '그들은 곧 보인트오하에 착륙한다 Q?'

(24a.b.)에서 우리는 종결어미 $-na^4$는 의문첨사와 결합하여 의문문을 구성할 수 없음을 알 수 있다. 만약 (24a.)가 *Ta margaaš bucaž irne üü.*의 형식이 되면 공손한 요청의 의미를 갖게된다. 이와 관련된 현상은 4.3에서 자세히 다루기로 한다.

넷째, 부정첨사나 금지첨사와의 공기가능성을 살펴보자.

(25) a. {bi, či, ter}   margaaš {*ül, *es ; *büü, *bitgii} buč-(a)ž ir-ne.
      '{나, 너, 그}가 내일 {Neg ; Proh} 돌아온다.'

   b. {bid, ta nar, ted} udaxgüi Bujant-Uxaa-d {*ül, *es ; *büü, *bitgii} buu-na
      '{우리, 너희, 그들}이 곧 보인트오하에 {Neg;Proh} 착륙한다.'

즉, 시제종결어미 $-na^4$는 주어의 인칭이나 수에 관계없이 부정첨사나 금지첨사와는 결합할 수 없다.[76]

---

76) 그러나 문어에서는 3.1.3에서 논의한 바와 마찬가지로 가능성을 나타내는 동사 *bol-*(to become, to be possible)와 부정첨사 *ül*이 결합하면 금지명령을 이

이제 직설법 과거시제어미와 첨사들간의 공기관계를 검토하자. 우선 우리는 앞 절에서 논의한 순서대로 -laa⁴부터 살펴보면

(26) a. {či,   ta nar, *ted, *Dorž} odoo jav-laa   juu?
        {you, you Pl, they, Dorž} now   go-Pst   Q?
        '{너, 당신들, 그들, 도르찌}는 이제 갈거니?'
     b. {*xen, *xezee, *jagaad, jaaž...} jav-laa ve?
        {who, when, why,   how...}   go-Pst Q?
        '{누구, 언제, 왜, 어떻게 ...}(가)   갈거니?'

(26a.)에서 가까운 미래의 의미로 사용될 때 2인칭 단·복수는 주어로 쓰일 수 있지만, 3인칭의 경우에는 수에 관계없이 비문이 된다. 3인칭의 경우에는 -x gež bai-의 형식이 대신 사용된다. (26b.)는 의문사와 종결어미 -laa⁴가 잘 어울리지 못함을 보여준다. 한편, 이에 대한 긍정의 응답은 다음 (27)에서

(27) a. teg-lee,   {bi, bid} jav-laa.
        do-so-Pst, {I, we}   go-Pst.
        '그럴 거야, {나, 우리} 갈 거야.'
     b. ?teg-ne,   {bi, bid} jav-na.
        do-so-NPst, {I, we} go-NPst.
        '그런다, {나, 우리} 갈 것이다.'

시제종결어미 -laa⁴형태의 질문에 대한 응답에도 마찬가지로 -laa⁴형태

룬다.
(i) a. End tamxi tat-(a)ž   ül   bol-no.   (Yu 1991:75)
       here tobacco smoke-Smlt Neg become-NPst
       '여기서 담배를 피우면 안됩니다.'
    b. Gad(n)-y   xün op-ž   ül   bol-no.   (Kullmann 1996:191)
       outside-Gen man enter-Smlt Neg become-NPst
       '외부인이 들어오면 안됩니다.'

로 이루어지고 있음을 볼 수 있다. (27b.)는 '{*či, ta nar*} *odoo javax uu?*에 대한 응답이다.

이제 긍정첨사와의 공기가능성을 살펴보자.

(28) a. Luvsan döngöž saja xural-aas   ir-lee   {süü, daa^4}
       Luvsan   žust now   meeting-Abl come-Pst {SÜÜ, DAA}
       '롭상은 이제 막 회의에서 돌아왔다 {SÜÜ, DAA}'

    b. Xedxen xon-ood   šalgalt exel-lee   {süü,   daa^4}
       a-few   pass-the-night-Ant exam.   begin-Pst {SÜÜ, DAA}
       '몇 일만 지나면 시험이 시작된다 {SÜÜ, DAA}'

(28a.)는 롭상이 회의를 마치고 집에 돌아 온지 얼마 지나지 않았다는 의미이며, (28b.)는 시험이 몇 일밖에 남지 않았다는 의미로 각각 과거사실과 미래사실을 나타내고 있다. 한편, 추정첨사와의 공기가능성을 살펴보면,

(29) a. Luvsan döngöž saja xural-aas ir-lee {*biz, šiv, *bii, *dag^4}
       Luvsan   just   now   meeting-Abl   come-Pst   {BIZ, ŠIV, BII, DAG}
       '롭상은 이제 막 회의에서 돌아왔다 {BIZ, ŠIV, BII, DAG}.'

    b. Xedxen xon-ood šalgalt exel-lee {*biz, *šiv, *bii, *dag^4}
       a-few   pass the-night-Ant   exam.   begin-Pst   {BIZ, ŠIV, BII, DAG}
       '몇 일만 지나면 시험이 시작된다 {BIZ, ŠIV, BII, DAG}.'

(29a.)에서 *šiv*를 제외한 추정첨사들은 비문을 만든다. *šiv*가 사용될 수 있는 경우는 롭상의 귀가장면을 직접 목격하지는 못했지만 그의 목소리라든지, 현관문을 여닫는 소리라든지 그밖에 그의 귀가사실을 추론할 만한 단서를 토대로 하여 내린 결론이다. 첨사 *šiv*가 부가되지 않았다면 롭상의 귀가장면을 직접 목격하였다는 양태의미는 그대로 살아 남는다. (29b)

에서 우리는 동일한 형태소 -laa⁴가 가까운 미래의 의미로 사용되는 맥락
에서는 추정첨사가 부가될 수 없음을 알 수 있다.

이제 부정첨사나 금지첨사와의 결합가능성을 살펴보자.

(30) a. Luvsan   döngöž saja   xural-aas   {*ül, *es ; *büü, *bitgii}
ir-lee.

Luvsan just now meeting-Abl {Neg ; Proh} come-Pst

'롭상이 이제 막 회의에서 {Neg, Proh} 돌아왔다'

b. Xedxen xon-ood šalgalt {*ül, *es ; *büü, *bitgii}   exel-lee
a-few pass-the-night-Ant exam.

{Neg ; Proh}   begin-NPst.

'몇 일만 지나면 시험이 {Neg, Proh} 시작된다'

c. Luvsan döngöž saja xural-aas {ir-ee-güi, *ir(e)-x-güi}

Luvsan just now meeting-Abl {come-Impf-Neg, come-Irs-Neg}

d. Xedxen xon-ood šalgalt {*exel-lee-güi,   exle-x-güi}
a few pass-a-night-Ant exam.

{begin-Pst-Neg, begin-Irs-Neg}

(30a.b.)에서 볼 수 있듯이 부정첨사 *ül, es*나 금지첨사 *büü, bitgii*는 직
설법어미 -laa⁴와 공기할 수 없음을 알 수 있다.[77] 즉, 이들의 부정은

---

77) 그러나 부정첨사 *es*는 *xelex, anxaaruulax*등의 극소수 동사와 결합하여 '추궁'
이나 '비난'의 화행을 이룰 경우에는 정문이 된다. 그러나 이 경우에도 여전히
인칭제약이 존재한다.

(i) a. Bi   čamd   es xel-l(ee) üü?
I(Nom) you(DatLoc) Neg tell-Pst Q?
'내가 너에게 말하지 않았느냐?'

b. *Či   nadad   es xel-l(ee) üü?
you(Nom) I(DatLoc) Neg tell-Pst Q?
'네가 나에게 말하지 않았느냐?'

c. ?Bi   {tüünd, tedend}   es xel-l(ee) üü?
I(Nom) {(s)he(DatLoc), they(DatLoc)} Neg tell-Pst   Q?
'내가 {그(녀)에게, 그들에게} 말하지 않았느냐?'

(30c.d.)와 같이 *-güi*의 접미에 의한다.

이제, 두 번째 과거시제종결어미 *-v*와 첨사들과의 공기관계를 살펴보자.

(31) {*bid, *či, ted, Dorž} xödöö jav-aad ir-(e)v
{*biz, šiv, *bii, *deg}
{we, you, they, Dorž} country go-Ant come-Pst
{BIZ, ŠIV, BII, DAG}
'{우리, *너, 그들, 도르찌}은 시골에 다녀왔다
{BIZ, ŠIV, BII, DAG}.'

추정첨사가 부가된 (31)에서 우리는 1인칭, 2인칭과는 수에 관계없이 공기할 수 없고, 단지 3인칭 단·복수의 (대)명사와 공기할 수 있음을 알 수 있다. 첨사 *šiv*가 부가되지 않으면 구어에서는 사용되지 않는 문어체 표현이지만 첨사의 부가로 인하여 구어에서 널리 쓰이는 형태이다.

(32) A : Dorž xödöö jav-aad ir-(e)v šiv.
         Dorž country go-Ant come-Pst ŠIV.
         '도르찌는 시골에 갔다 왔다 ŠIV.'
     B : jaž bai-na?
         how be-NPst?
         '어떻게 알았어?'
     A : Gadaa xon′ mail-ž bai-na.
         outside sheep bleat-Smlt be-NPst.
         '집 밖에 양이 울고 있어.'

두 사람의 대화로부터 (32A)는 '도르찌가 시골에 다녀온 사실'을 직접 보지는 않았지만 그가 시골에서 가져온 양의 울음소리로부터 추론을 통하

즉, (ib.)는 주어인칭제약과 목적어인칭제약을 위배함으로써 비문이 되었고, (ic.)는 청자가 그(녀)나 그들과 같이 화자인 내가 말을 했던 장소에 함께 있었다면 적절한 문장으로 판정된다.

여 발화하고 있음을 알 수 있다. 즉, A와 B는 현재 집밖이 아닌 실내에서 대화를 주고받고 있다. 만약 A가 집밖에서 귀가하면서 도르찌의 집밖에서 울고 있는 양을 직접 목격한 경우라면 'Dorž xödöö javaad iržee'로 발화한다. 또한 청자에게 상기시키거나 주의환기의 양태의미를 갖는 *šüü*와는 다음 (33)과 같이 공기할 수 없다.

(33) *Dorž xödöö   jav-aad ir-(e)v   šüü.
   Dorž country go-Ant come-Pst ŠÜÜ.
   '도르찌는 시골에 갔다 왔다 ŠÜÜ.'

한편, 현대몽골어의 구어에서 과거시제어미 *-v*는 문장첨사 *daa⁴*, 또는 *aa⁴*와 결합하면 과거의 상황을 가리키는 것이 아니라 미래에 발생할지도 모르는 바람직하지 못한 행위나 사건에 대해 상대방의 주의를 환기시키거나 미리 경고하는 발화에서 흔히 발견된다.[78] (D.Badamdorž 1997:187)

---

78) Kullmann & Tserenpil(1996:336-337)은 '*-v + (d)aa*'형식과 인칭종결어미 *-uuzai²*와의 비교에서 후자가 공식적이고 격식을 갖춘 말투임에 비하여 전자는 (i)과 같이 주로 구어체에서 청자에게 위협하는 상황에 사용된다고 논의하고 있다.
   (i) a. Ene nom-yg   xün-d   ög-(ö)v (d)öö!
      this book-Acc man-DtLc give-Pst (D)AA
     b. Či ene tuxai tüünd   xel-(e)v (d)ee!
      you this about (s)he(DtLc) say-Pst   (D)AA
      즉, 화자는 청자에게 긍정형으로 표현된 위협명령에 의하여, (ia.)에서는 '이 책을 다른 사람에게 주지 말 것'을, (ib.)에서는 '이것에 관하여 그(녀)에게 이야기하지 말 것'을 각각 명령하고 있다.
      그러나 표면상으로는 부정명령형식이 아닌 긍정명령형식만이 가능하다. 즉, (ii)와 같이 부정첨사 'es'가 부가된 경우에는 비문이 되고 만다. (iia.)에서 화자는 청자에게 '이 책을 다른 사람에게 줄 것'을, 또한 (iib.)에서는 '이것에 관하여 이야기 할것'을 뜻할 수는 없다.
   (ii) a. *Ene nom-yg xün-d   es ög-(ö)v (d)öö!
       this book-Acc man-DtLc Neg give-Pst (D)AA
      b. *Či ene tuxai tüünd   es xel-(e)v ee!
      you this about (s)he(DatLoc) Neg say-Pst (D)AA.

(34) a. {*bi, či, *ter} uuniig   mart-čix-(a)v   (d)aa.
        {I, you, (s)he} this(Acc.) forget-Int-Pst (d)aa.
        '{나, 너, 그}는 이것을 잊어버렸다 DAA'

   b. Ta   margaaš   ažil-d-aa jav-{-av, *-laa, *-žee, *-san} (d)aa
      you   tomorrow work-DtLc-Refl go-{Pst, Pst,   Pst,
      Pft} (d)aa.
      '당신은 내일 출근했다 DAA'

(34a.)에서 우리는 과거시제어미 $-v$와 문장첨사 daa^4, 또는 aa^4의 결합으로 이루어진 구조에는 주어인칭제약이 있음을 알 수 있다. 즉, 1인칭과 3인칭대명사는 '경고'나 '주의환기'의 발화수반력을 갖는 이러한 구문의 주어로 쓰일 수 없다. (34a.)에서 화자는 '네가 이것을 잃을 것'에 대하여 우려나 염려를 나타내고 있다. (34b.)는 가령, 의사가 환자에게 몇 일간의 휴식을 권하는 상황이나, 내일은 휴무여서 출근할 필요가 없다는 사실을 청자에게 환기시키는 등의 상황에서 적절한 발화이다. 그런데 (34b.)는 그 밖의 과거 시제어미형들은 경고나 주의환기의 발화수반력을 갖는 문장에 쓰일 수 없으며 미래의 시간부사와도 공기할 수 없음을 보여주고 있다. 과거시제어미 $-v$가 문장첨사 daa^4, 또는 aa^4와 결합하여 갖게되는 상대방의 '주의환기'나 '경고'의 의미는 이들 첨사의 부가가 없으면 앞서 논의한 (9)와 같이 단순한 과거사실의 진술이 된다. 또한 이 어미는 명제내용에 대한 화자의 부정적인 평가와 화자와 청자사이의 친밀도가 전제된 상황에서만 사용된다.

(35) a. ?Či   šalgalt(an)-d-aa   sain beltge-v   (d)ee.
        you(Nom) exam.-DtLc-Refl   well prepare-Pst (d)aa.
        '네가 시험준비를 잘 하였다 DAA.'

   b. ?Xüü min´, či   ažilsag xün bol-(o)v   (d)oo.
      son 1Poss, you(Nom) diligent man become-Pst (d)aa
      '얘야! 너는 근면한 사람이 되었다 DAA.'

(35a.)는 청자가 시험에 대비하여 준비를 잘 하게 될까 미리 염려하여 경계하는 하는 말투이며, (35b.)는 청자가 장차 부지런한 사람이 되는 것을 미리 염려하는 발화이다. 따라서 (35a.b.)는 모두 정상적인 상황에서는 부적절한 발화로서, (35a.)는 청자에게 시험준비를 소홀히 하지 않으면 혼내 주겠다든지, 시험준비는 불필요하다는 식의 위협이나 만류의 발화수반력을, (35b.)는 자식에게 부지런한 사람이 되는 것보다는 시류에 편승하여 일 안하고도 편안히 사는 편이 낫다는 식의 충고로서는 비정상적인 충고의 발화수반력을 갖는다. 따라서 이들이 정상적인 상황에서 적절한 발화가 되기 위하여서는 (36)과 같이 바뀌어야 한다.

(36) a. Či   šalgalt(an)-d-aa   muu   beltge-v   (d)ee.
        you(Nom) exam.-DtLc-Refl   badly prepare-Pst (d)aa.
        '네가 시험준비를 소홀히 하였다 DAA.'

     b. Xüü min´, či   zalxuu xün bol-(o)v   (d)oo.
        son 1Poss, you(Nom) lazy   man become-Pst (d)aa.
        '애야! 너 게으른 사람이 되었다 DAA.'

이제 이 어미가 부정첨사 *es, ül*나 금지첨사 *büü, bitgii*와 결합할 수 있는 지 살펴보기로 하자.

(37) a. Či üüniig {*ül, *es ; *büü, *bitgii} mart-čix-(a)v   (d)aa.
        you(Nom) this(Acc.) {Neg ; Proh} forget-Int-Pst (d)aa.
        '네가 이것을 {Neg; Proh} 잊어버렸다 (D)AA'

     b. Ta daxiž iim aldaa {*ül, *es ; *büü, *bitgii} garga-v (d)aa.
        you(Nom) again this mistake {Neg ; Proh} make-Pst (d)aa.
        '당신이 다시 이런 실수를 {Neg; Proh} 저질렀다 (D)AA'

     c. Ene žil gan gačig {*ül, *es ; *büü, *bitgii} bol-(o)v   (d)oo.
        this year drought {Neg ; Proh} become-Pst (d)aa.
        '금년에 가뭄이 {Neg; Proh} 들었다 (D)AA.'

     d. *Ene žil   gan gačig bol-(o)v   (d)oo.

       this year   drought   become-Pst   (d)aa.
       '금년에 가뭄이 들었다 (D)AA.'

  (37a.b.)는 이 과거시제어미가 부정첨사나 금지첨사와는 공기할 수 없음을 보여준다. (37c.d.)는 부정첨사나 금지첨사와 공기할 수 없을 뿐만 아니라 이들 부정소가 없는 문장에서도 부적절한 문장이 된다. 이것은 인간이 통제할 수 없는 자연현상에 관한 진술이기도 하지만, 결국 3인칭 주어명사구에 해당되기 때문에 앞의 (34a.)와 같이 주어인칭제약의 위배로 인하여 비문으로 되었다. 그리고 우리는 앞의 예들로부터 첨사 $(d)aa^4$는 직설법어미 -v과 연결되어 청자의 경계심이나 주의를 환기시키는 경우의 형식에서 수의적인 요소가 아니라 문장의 필수성분이 되고 있음을 알 수 있다.

(38) a. *Či   margaaš   minii   nom-yg   avčir-x-aa   mart-(a)v.
      you(Nom) tomorrow I(Gen) book-Acc bring-Irs-Refl forget-Pst.

    b. Či   margaaš   minii   nom-yg   avcir-x-aa   mart-(a)v   (d)aa.
      you(Nom) tomorrow   I(Gen)   book-Acc.   bring-Irs-Refl
      forget-Pst   (d)aa.

  (38a.)는 과거시제를 나타내는 종결어미 -v가 분명한 미래를 가리키는 부사 margaaš와 동일한 문장 속에 사용되어 시제상의 모순이 발생하여 비문으로 된다. 반면 (38b.)에서는 과거시제어미와 미래부사는 동일한 절 속에 분포함에도 불구하고 첨사 $(d)aa^4$의 영향으로 비문이 되지 않고 정문이 된다.

  이제 마지막으로 직설법 과거시제어미 $-žee^2$와 첨사들의 공기관계를 검토하자. 먼저 추정첨사들과의 결합관계를 살피면, 앞의 예 (10)에서

(39) a. Tod mongol bičg-iig 1648 on-d zoxio-ž(ee)
       {*biz, šiv, *bii, *dog}.
      Tod mongol scrift-Acc 1648 year-DtLc invent-Pst

{BIZ, ŠIV, BII, DAG}.

'톤문자가 1648년에 창제되었다 {BIZ, ŠIV, BII, DAG}.'

b. Ert ur'd cag-t emgen övgön xojor am'dar-č

early ago time-DtLc old woman old man two live-Assoc

bai-ž(ee) {*biz, šiv, *bii, *dog}.

be-Pst {BIZ, ŠIV, BII, DAG}

'먼 옛날 할머니와 할아버지가 살고 있었다 {BIZ, ŠIV, BII, DAG}.'

c. Cünx n' bai-x-yg bod-(o)x-od, bagš öglöö ert

bag 3Poss be-Irs-Acc think-Irs-DtLc, teacher morning early

ir-ž(ee) {*biz, šiv, *bii, *dog}.

come-Pst {BIZ, ŠIV, BII, DAG}

'가방이 있는 것을 보니, 선생님은 아침 일찍 오셨다 {BIZ, ŠIV, BII, DAG}.'

(39a.b.c.)에서 볼 수 있듯이 *šiv*를 제외한 다른 추정첨사는 과거시제어미 *-žee*[2]와 공기할 수 없다. 한편 다음 (40)에서

(40) a. Tod mongol bičg-iig 1648 on-d zoxio-ž(ee) {šüü, daa}.

Tod mongol scrift-Acc 1648 year-DtLc invent-Pst {ŠÜÜ, DAA}.

'톤문자가 1648년에 창제되었다 {ŠÜÜ, DAA}.'

b. Ert ur'd cag-t emgen övgön xojor am'dar-č bai-ž(ee) {*šüü, *daa}.

early ago time-DtLc old woman old man two live-Č be-Pst {ŠÜÜ, DAA}.

'먼 옛날 할머니와 할아버지가 살고 있었다 {ŠÜÜ, DAA}'

c. Cünx n' bai-x-yg bod-ox-od, bagš öglöö ert

bag 3Poss be-Irs-Acc think-Irs-DtLc, teacher morning early

ir-ž(ee)   {šüü,   daa}.
come-Pst {ŠÜÜ, DAA}.
'가방이 있는 것을 보니, 선생님은 아침 일찍 오셨다 {ŠÜÜ,
DAA}.'

(40a.c.)와는 달리 (40b.)는 첨사 *šüü, daa⁴*가 부가될 수 없다. 이는 옛
날 이야기의 도입부의 첫머리 표현으로서 배타적으로 사용되는 'Ert ur'd
cagt …. am'darč baižee'형식이 이미 굳어진 관용적 표현이기 때문에
다른 첨사들과의 결합이 용이하지 않은 것으로 보인다. 즉, 의문, 추정,
부정, 강조 등의 첨사가 부가되면 비문이나 어색한 문장을 초래하게 된다.
  본 절에서 논의한 직설법어미와 첨사 사이의 공기관계는 아래 〈표 4.
2〉와 같이 요약된다.

〈표 4.2〉 직설법어미와 첨사의 공기관계

첨사 \ 어미	$-jee^2$	$-v$	$-laa^4$	$-na^4$
daa^4	○	○	○	○
uu^2 / yuu^2	○	○	○	○
ül	×	×	×	▽
es	○	×	×	?
ügüi	×	×	×	×
-güi	×	×	×	×
biš	×	×	×	×
bus	×	×	×	×
šüü	○	○	○	○
biz	×	×	×	○
šiv	×	○	○	×
bii	×	×	×	○
dag^4	×	?	?	○
san^4	×	×	×	×
šüü dee	×	○	○	○
biz dee	×	×	×	○

šiv dee	×	○	○	○
bii dee	×	×	×	○
dag daa	×	?	×	○
{uu/yuu} daa	○	○	○	○

4.2 형동사어미

동사의 어간에 어미를 결합하여 형성되는 형동사는 동사와 명사 및 형용사의 특성을 동시에 갖는다. 즉, 명사와 마찬가지로 주어, 목적어 등의 문법관계를 나타낼 수도 있는 한편, 동사와 마찬가지로 문장의 술어로 기능하며 시제와 상, 태를 나타낼 수 있으며, 동사의 전치부정소인 부정첨사 *ül, es*와 결합하여 부정문을 형성할 수도 있고, 의문첨사와 결합하여 의문문을 형성할 수도 있다. 또한 몽골어 명사류의 특징인 곡용의 특성을 가짐으로써 격어미와 재귀소유어미를 동시에 취할 수 있으며 후치부정 접미사 *-güi*와 결합하여 부정의미를 나타낸다. 뿐만 아니라 형용사와 마찬가지로 후행하는 명사를 수식할 수 있다. 이처럼 다양한 문장성분으로 기능할 수 있기 때문에 학자에 따라, 심지어 동일한 학자의 경우에도 논의 당시의 관점이나 기준이 달라짐으로써 다양하게 분류되어 오고 있다. A.Popov, A.Bobronikov등은 몽골어 *üilt ner*의 주요 특징 중 형용사적 기능이 가장 두드러진 것으로 보고 이를 形動詞 'glagolynye prilagatelnye로 칭하였고, Ramstedt, Poppe, B.Rinčin, Š.Luvsanvandan등은 *üilt ner*의 주요 특징 중 명사적 기능이 가장 두드러진 것으로 보고 動名詞 '*verbal-noun (üiliin ner)*', 혹은 時制詞 '*cagt ner*'로 명명하였다. 또한 A.Rudnev, D.Sanzheev등은 동사의 특징이 가장 지배적인 것으로 보고 동사에 포함시켰다. 한편, P.Bjambasan(1987:86-87)[79]은 Schmidt(1831)이래로 주로 서구학자들을 중심으로 verbal-noun, verbal nominal (Binnick

---

79) 그는 형동사어미의 사용빈도를 조사하여 그것의 상대적인 위계를 1.-*x*, 2.-*san⁴*, 3.-*dag⁴*, 4.-*gč*, 5.-*aa⁴*, 6.-*maar⁴*, 7.-*xuic²*의 순서로 점차 빈도수가 격감하는 것으로 논의하였다(P.Bjambasan 1987:96)

1979:20)이라고 일컬어져 오던 *üilt ner*(형동사)라는 특정의 동사범주가 없음을 주장하고 다만 형동사어미 또는 형동사접사라 불리는 일군의 형태소만이 존재한다고 논의하였다. 그리고 형동사어미의 주요기능은 동사를 명사와 연관시키고, 형동사어미가 접미된 동사는 명사를 수식하는 동사적 한정사를 만든다고 보고 이를 동사의 한정접속어미(*üil ügiin todotgon xolbox nöxcöl*)로 명명할 것을 제안했다. 한편 Kullmann & Tserenpil(1996:139-150, 184-191)은 형동사의 두 가지 기능을 모두 고려하여 명사한정어미(noun determining suffixes)와 시제-구속종결어미(tense-bound terminating suffixes)로 양분하여 형동사어미의 성격을 규정하고 있다.

우리는 선행연구로부터 형동사어미에 관한 분류를 아래 〈 표 4.3 〉과 같이 요약할 수 있다.

〈 표 4.3 〉 형동사어미의 분류

-san[4], *-aa[4]*, *-dag[4]*, *-x*, *-gč*	Poppe(1970:132-135), Bjambasan(1979:165), Nadmid(1984:191), 정제문(1986:137-139), Sanzheyev(1988:113-116), Song(1997:115)
-san[4], *-aa[4]*, *-dag[4]*, *-x*, *-maar[4]*	Street(1963:205-208)
-san[4], *-aa[4]*, *-dag[4]*, *-x*, *-gč*, *-xuic[2]*	Luvsanvandan(1961:338-343)
-san[4], *-aa[4]*, *-dag[4]*, *-x*, *-gč*, *-maar[4]*	Sanžeev(1962:130-132)
-san[4], *-aa[4]*, *-dag[4]*, *-x*, *-maar[4]*, *-xuic[2]*	Önörbajan(1994:185-189)
-san[4], *-aa[4]*, *-dag[4]*, *-x*, *-gč*, *-maar[4]*, *-xuic[2]*	Nadmid(1966:153-162) Cedendamba(1974:94-99) Luvsanžav(1976:84) Mišig(1978:165-198) Bjambasan(1987:86-93)
-san[4], *-aa[4]*, *-dag[4]*, *-x*, *-gč*, *-maar[4]*, *-xuic[2]*, *-lgüi*, *-mc*	Galsan(1976:182-183)
-san[4], *-aa[4]*, *-dag[4]*, *-x*, *-gč*, *-maar[4]*, *-xuic[2]*, *-uuštai[2]*, *-šgüi*, *-ltai[3]*, *-ltgüi*, *-m(güi)*	Kullmann & Tserenpil (1996:139-155)

우리는 이들 중 종결어미로서의 기능이 가능한 $-san^4$, $-aa^4$, $-dag^4$, $-x$ 네 형태소만을 다루기로 한다. 기타의 형태들은 굴절접사가 아닌 파생접사로서의 성격이 두드러지기 때문이다. Kassatkin(1963:36-37), Bosson(1964:116) 등은 $-maar^4$를 동사에서 형용사를 파생하는 파생접사로 정의했으며, C.Önörbajan(1994:26)은 $-gč$를 동사에서 명사를 파생하는 파생접사로 분류하였다. 한편 Song(1997:148)은 Matthews(1974:61-62), Bybee(1985:5)등의 제안을 받아들여 파생접사와 굴절접사의 명확한 한계구분이 용이하지 않다고 논의하고 이들 사이의 관계는 단절적(discrete)이라기 보다는 점진적(gradual)인 것으로 주장하고 어미 $-gč$, $-maar^4$, $-xuic^2$는 척도상 파생의 극(derivational end of the scale)에 근접한 것이며, 이에 비하여 $-san^4$, $-aa^4$, $-dag^4$, $-x$ 는 굴절의 극(inflectional end of the scale)에 근접한 것으로 논의하고 있다. 이러한 논의는 언어의 형식이나 내용의 기술에 문법범주의 차이나 참 · 거짓의 양분적인 차이로서가 아니라 범주와 범주사이의 정도의 차이뿐만 아니라 참. 거짓에 있어서도 정도의 차이를 용인하는 Ross(1972)의 스퀴시(squish)와 의미면에서의 동일범주의 구성원들 사이의 비단절성(non-discreteness)을 제안한 Lakoff(1972)의 불투명 논리(fuzzy logic)와 유사함을 알 수 있다.[80]

만약 $-gč$, $-maar^4$, $-xuic^2$를 $-san^4$, $-aa^4$, $-dag^4$, $-x$와 동일한 범주로 분류한다면 $-uuštai^2$, $-šgüi$, $-ltai^4$, $-ltgüi$, $-mgüi$, ...등등의 접미사도 이 범주에 들지 못할 아무런 이유를 찾을 수 없으며, 나아가 이러한 분류를 허용할 경우 또한 거의 대부분의 파생접사를 포괄하는 범주가 될 것이다. 그러나 문제는 구성원의 수나 범주의 크고 작음이 아니라 형태론적, 통사론적 성격과 기능의 동일성에 있는 것이다(Ž.Nadmid 1966:153), (P.Bjambasan 1987:104).

우리는 선행연구로부터 형동사어미의 시상에 관한 분류를 아래 〈 표 4.4 〉와 같이 요약할 수 있다.

---

80) 언어의 비단절성을 다룬 '스퀴시(squish)'와 '불투명논리(fuzzy logic)'에 대한 자세한 설명은 장석진(1985:197-216) 참조, 한편 성분분석이론 (componetial analysis theory)의 대안으로 제시된 원형이론(prototype theory)과 언어범주의 불명확한 경계에 관해서는 류시종(1995:27-52)참조.

〈 표 4.4 〉 형동사어미의 시상분류[81]

	-san[4]	-aa[4]	-dag[4]	-x
Luvsanvandan, Demčigdorž(1951)	과거완료 öngörön tögssen	과거미완료 öngörön tögsöögüi	현재(반복) odoo cag (olon udaa)	미래 ireedüi cag
Street(1963)	past	present or durative	havitual or continual	timeless or future
Nadmid(1966)	과거완료 öngörön tögssen	과거진행 öngörön ürgelž baigaa cag	현재반복 odoo cagt daxin davtan bolox	미래 ireedüi cag
Poppe(1970)	perfect	imperfect	habitual or frequent	future
Luvsanžav(1976)	과거 öngörsen	과거진행 öngörön ürgelž baigaa cag	반복이행현재 davtan üildex odoo cag	미래 ireedüi cag
Mišig(1978)	직전과거 türüün öngörsen cag	반복발생현재, 무간극계속 daxin davtan boldog odoo cag, zavsar seggüi ürgelžildeg	발화시로부터 현재 그와 동시에 계속되는 현재 yarij bui üyees exleed odoo mön tüüntei zeregcen ürgelžilž bui odoo cag	미래 ireedüi cag
Bjambasan(1987)	명확한 과거 todorxoi öngörsen cag	현재 odoo cag	반복발생,상존 daxin davtan bolox, baingaa baix cag	미래발생 ireedüid bolox cag
Kullmann & Tserenpil(1996)	past	progressive present	indefinite present	future
Song(1997)	perfective aspect marker	imperfect aspect marker	habitual marker	irrealis modality marker

현대몽골어 형동사어미에 의하여 표현되는 시제는 직설법 시제 종결어미들과는 달리 절대시제(ünemlexüi cag)가 아닌 상대시제(xarʹcangui cag)이다(Š.Luvsanvandan 1968 : 27-28). 즉, 직설법 시제종결어미들이 어떤 상황의 시간적 선후위치를 결정하는 기준시(reference time)가 바로 발화시(utterance time)인 절대기준시(absolute reference time)만을 갖는데 비

---

81) Poppe(1974:93-95)는 접미사의 종류에 따라 형동사(그는 Verbal Nouns으로 칭함)를 Nomen Actoris ʹ-vči, -gči(복수 -včin, -gčin, -včid, -gčid)ʹ, Nomen Praesentis ʹ-uiʹ, Nomen Usus ʹ-dav, -degʹ, Nomen Futuri ʹ-qu, kü (-qui, küi, -qun, kün)ʹ, Nomen Imperfecti ʹ-va, -ge(-vai, -geiʹ, Nomen Perfecti ʹ-v san, -gsenʹ 등으로 분류하였다.

하여 형동사어미들은 '발화시'가 '기준시'가 아닌 어떤 다른 '상황시'를 기준시로 삼는 상대기준시(relative reference time)도 가질 수 있다. 따라서 형동사어미가 접미된 동사의 시제는 내포문(embedded sentence)에서는 상대시제를, 모문(matrix sentence)에서는 절대시제를 각각 나타낸다 (Poppe 1974:112).

4.2.1 $-san^4$, $-aa^4$, $-dag^4$, $-x$

본 절에서는 현대몽골어 형동사의 통사론적 특성을 고찰한다.

첫째, 이들 형동사어미가 어간에 접미된 형동사들은 명사와 마찬가지로 문장의 주어나 목적어로 기능할 수 있다.

(1) a. Ta nar-yn ir-sen   čin´ maš sain. (Ž.Nadmid 1966:155)
       you Pl-Gen come-Pft 2Poss very good.
       '여러분들이 온 것은 매우 잘된 일이다.'

   b. Eež-iin   xel-deg n´ jaax argarüi zöv döö.
       mother-Gen say-Hab 3Poss absolutely true DAA.
       '어머님이 말씀하시는 것은 두말할 나위 없이 옳다.'

   c. Tüünii   ir-ž   jav-aa n´ sain xereg. (L.Mišig 1978:193)
       he(Gen) come-Smlt go-Impf 3Poss good affair.
       '그가 오고있는 것은 좋은 일이다.'

   d. Dylmaa-giin angl´-iar jari-x čamaas xamaagüi deer.
       Dylmaa-Gen english-Inst speak-Irs you(Abl.) unrelated better.
       '돌마의 영어 구사능력이 너보다 훨씬 낮다.'

(1a.b.c.)는 인칭대명사의 속격어미에서 주어표시어로 그 기능이 전이된 *čin´, n´* 등에 의하여 주어와 술부가 명확하게 구별된다[82]. 그리고 (1d.)

---

82) Poppe(1970:153-154))는 이들을 주어표시사(subject indicators)로 명명하였다. 그는 몽골어에서 주어기능을 가질 수 있는 품사로 명사, 대명사, 실사화한 형용사, 수사, 형동사, 그리고 기타 구절들로 정의하고 이들은 주어표시사를 취할 수 있으며 주어표시사 다음에는 항상 休止(pause)가 뒤따르는 것으로 분

에서는 주어와 술부사이에는 상당한 휴지가 개입된다. (1a.-d.)에서 형동
사는 주어명사절의 술부를 이루며 자신의 논리적 주어를 명사나 대명사의
속격형으로 취하고 있다. (1d.)에서는 비교의 대상이 '돌마의 영어 구사능
력'과 '청자의 영어 구사능력'이지만 사실상 표면적으로는 '능력'과 '사람'을
비교하고 있음에도 불구하고 한국어의 경우와 마찬가지로 정문을 이룬다.
한편 명사와 형동사의 차이점 중의 하나는 후자가 문장의 주격보어 형식
으로는 쓰이지 않는다는 점이다. 즉, (1a.b.c)의 어순을 바꾸어 주어와 보
어의 기능을 역전시키면 반드시 비문이 발생한다.

   (2) a. *Maš sain jum n′ ta nar-yn ir-sen.
         very good thing 3Poss you Pl-Gen come-Pft.
         '매우 잘된 것은 여러분들이 온 것이다.'
     b. *jaax argagüi zöv n′ eež-iin xel-deg dee.
         absolutely true 3Poss mother-Gen say-Hab DAA.

석하였다. 또한 주어표시사는 명사나 인칭대명사의 뒤에서는 수의적이지만 실
사화한 형용사, 수사, 지시대명사, 형동사의 뒤에서는 필수적이라고 보았다.
그는 주어표시사로 n′, čin′이외에 *bol(bol), gegč*, 그리고 休止를 들고 있다.
그러나 아래 (i)의 čin′은 주어표시사도 인칭재귀소유격어미도 아니다. 특히,
형동사의 과거형시제어미 *-san*[4] 에 후행하는 čin′은 일종의 접속사 구실을 하
며 선행절에 부가되어 주로 기대하지 않았던 의외의 사실을 나타내는 후행절
을 이끈다.
(i) a. Neg xar-san čin′, ömnö maan′ neg dov *l* xar-(a)gd-(a)x šig.
    one see-Pft 2Poss front 1Poss(Pl) one knoll *L* see-Pass-Irs
    like
    '알고 보니, 우리 앞에는 언덕 하나만 보이는 것 같았다.'
  b. Emgen n′ argal tüüg-eed ir-sen čin′, övgön n′ ünee-(g)ee
    old woman 3Poss dung gather-Ant come-Pft 2Poss, old man 3Poss
    cow-Refl al-aad id-čix-sen bai-žee.
    kill-Ant eat-Int-Pft be-Pst.
    '할머니가 마른 소똥을 주워 왔더니, 할아버지는 암소를 (이미) 잡아 먹어
    버렸다.'
    한편, 우리는 이러한 주어표시사가 문장발화시 의미나 정보단위로 규정
    될 수 있는 말토막(rhythmic unit)과 관련되며 말토막경계(rhythmic unit
    boundary)를 나타내는 역할을 하고있음을 알 수 있다(이호영 1996).

'두말할 나위 없이 옳은 것은 어머님의 말씀이다.'
c. *Sain xereg n′ tüünii ir-ž jav-aa.
   good affair 3Poss he(Gen) come-Smlt go-Impf.
   '좋은 일은 그가 오고있는 것이다.'

이와 마찬가지로 다음 (3)에서도 어순을 뒤집게 되면 비문이 발생한다.

(3) a. Tüünii zuurd-aar nas bar-san javdal xaramsaltai bai-na.
       he(Gen) halfway-Inst pass-away-Pft matter regrettable be-NPst.
       '그가 급작스럽게 별세한 일은 유감스럽다.'

   b. *Xaramsaltai javdal n′ tüünii zuurd-aar nas bar-san bai-na.
       regrettable matter 3Poss he(Gen) halfway-Inst pass-away-Pft be-NPst.

   c. Tüünii zuurd-aar nas bar-san-d (bid) ix xarams-(a)ž bai-na.
       he(Gen) halfway-Inst pass-away-Pft-DtLc (we) very pity-Smlt be-NPst.
       '그가 급작스럽게 별세한데 대하여 (우리는) 유감스럽게 여긴다.'

(3b.)는 (3a.)의 어순을 재배치한 구문으로 앞의 예들과 마찬가지로 비문이 발생한다. 그리고 (3a.)는 비교적 격식을 차린 말투임에 비하여 구어에서는 주로 (3c.)의 형식이 널리 쓰인다. 즉, 현대몽골어의 무표어순은 화자의 주관적 평가를 나타내는 *sain*(good, fine), *muu*(bad, ill), *zöv*(right, proper), *züitei*(correct, right), *buruu*(wrong, guilty), *demii*(unnecessary), *xaramsaltai*(regrettable), *deer*(better than), *door*(worse than) 등의 어휘 항목들이 문말에 놓여 모문술어로 기능한다는 점이다. 다음 (4)에서는

(4) a. Dorž-iin jag xezee jav-sn-yg Dulmaa *l* med-(e)ž bai-(g)aa.

    Dorž-Gen   just   when   go-Pft-Acc   Dulmaa   *L*   know-Smlt
    be-Impf.
    '도르찌가 정확히 언제 갔는지 돌마만이 알고 있다.'

b. Togtox-yn aduu mall-(a)dg-iig   bi   Süreng-ees   duul-san.
   Togtox-Gen horse raise-Hab-Acc I(Nom) Süreng-Abl hear-Pft.
   '톡토흐가 말을 키운다는 것을 나는 수렝에게서 들었다.'

c. Süren buruu oilg-ož bai-(g)aa-(g)aa   genet   med-žee.
   Süreng   wrongly understand-Smlt   be-Impf-Refl   suddenly
   know-Pst.
   '수렝은 자신이 오해하고 있다는 것을 문득 알았다.' (L.Mišig
   1978:193)

d. Bi nar šing-(e)x-ees ömnö buc-(a)x-yg   bod-(o)ž   bai-na.
   I sun set-Irs-Abl before return-Irs-Acc think-Smlt be-NPst.
   '나는 해지기전에 돌아갈 것을 고려하고 있다.'

    (4a.-d.)에서 형동사로 이루어진 명사절들은 타동사인 *medex*, *duulax*, *bodox*의 목적어위치에 각각 놓여 명사적 기능을 갖는다. 그러나 모문에 내포된 명사절 내부의 구조를 살펴보면 (4a.)에서 *jag xezee*, (4c.)에서 *buruu*, (4d.)에서 *nar šingexees ömnö*등의 부사구의 수식을 받고, (4b.)에서는 명사인 *aduu*를 목적어로 지배하고 있으며 (4a.-d.)모두에서 논리적 주어를 갖는 등 동사적 특성을 고스란히 보존하고 있음을 알 수 있다. 한편 (4b.)에서 명사절 속의 주어는 구어에서 주격, 속격, 대격 모두 가능하며 이때 가장 중요한 것은 휴지(pause)이다. 만약 휴지가 없다면 'Togtoxyn aduu'(톡토흐의 말), 즉 톡토흐라는 사람 소유의 말이 되고, 주격의 경우에는 'Togtox aduu'(제자리에 가만히 있는 말), 즉 방목을 할 때 주인으로부터 멀리 도망가지 않는 말의 의미가 되고, 대격의 경우에는 화자와 청자간에 익히 잘 알고 있는 특정한 '톡토흐'라는 인물을 가리키게 된다. 즉, 내포문이나 종속절의 주어가 주절 주어와 다를 경우에는 반드시 속격이나 대격의 형태를 띠게된다. 한편 (4d.)와 같이 무생물일 경우에는 그대로 주격을 사용하여 내포문이나 종속절의 주어를 나타낸다. 또

한 사람을 지시하는 고유명사와는 달리 속격이나 대격형으로 쓰여 주어를 나타낼 수 없다.

둘째, 형동사어미 $-san^4$, $-aa^4$, $-dag^4$, $-x$는 문장의 정형동사(finite verb)로 사용될 수 있으며 이 점에서 문장 종결어미의 기능을 갖는 직설법어미들과 동일한 기능을 보여주며, 조동사와의 결합이 없이는 문장의 술부를 형성할 수 없는 부동사(converb)와는 상이한 기능을 보여주고 있다.[83]

(5) a. Bi   Samdan-d   zaxia   bič-sen.

     I(Nom) Samdan-DtLc   letter   write-Pft.

     '나는 삼당에게 편지를 썼다.'

   b. Mongolčuud   xurdan mor´-io   erxeml-(e)deg.

     the Mongols   race-horse-Refl   honor-Hab.

     '몽골인들은 경주마를 애지중지한다.'

   c. Minii   xüü   Ölziit Baišint-yn   čereg-t   darg-aar   bai-(g)aa.

     I(Gen)   son Ölziit Baišint-Gen   troops-DtLc   officer-Instr   be-Impf.

     '내아들은 '얼질배쉰트'의 군부대에서 장교로 있다.'

     (Ž.Nadmid 1966:156)

   d. Tenger   muuxai   zagna-x   n´,   xon´-io   oirt-uul!

---

83) Š.Luvsanvandan(1978:48-57)은 종래의 형동사어미를 한정접속어미(todotgon xolbox nöxcöl)로 정의하고 이 어미가 접미된 동사는 문장종결술어가 될 수 없고 반드시 종결어미가 접미된 동사와 결합하여 복합술어(niilmel ögüülxüün)를 구성해야 한다고 제안하였다. 그러나 (5)에서 볼 수 있듯이 형동사는 홀로 문장을 종결할 수 있는 능력이 있다. 이와 관련하여 Binnick(1979:39)는 형동사(그는 verbal nominal로 칭함)가 술부의 핵을 구성하는 구문을 무동사문(Verbless sentence)으로 규정하고 이는 계사(copular-그는 *baix*, *bolox*, *suux*, *javax*를 계사로 분류하고 *bii*, *mön*, *jum*, *jumsan*, *bilee*등은 계사첨사(copular particles)로 규정함))의 생략으로 인하여 발생하였으며, 형동사는 아마도 정형동사로의 이행과정에 있는 것 같다고 주장하였다. 이와 유사하게 복합술어의 일부 성분의 생략에 의한 축약현상에 의지한 설명은 P.Bjambasan(1987:94-95), Street(1963:154-164)에서도 논의되고 있다.

(L.Mišig 1978:127)

sky badly behave-Irs 3Poss, sheep-Refl approach-Caus
'날씨가 흐리겠다. 양떼를 불러 모아라!'

　(5a.)에서 동사어간 *bič*-에 접미된 완료상의 표지 *-san*⁴으로 이루어진 형동사는 발화시점 이전에 '내가 삼당에게 편지 쓰는 행위'가 완료되었음을 나타낸다. (5b.)에서 학자들에 따라 습관상, 반복상, 지속상 등으로 다양하게 정의된 *-dag*⁴이 동사어간 *erxeml*-에 접미되어 몽골인들은 항상 경주마를 소중하게 여기고 있다는 지속상을 나타낸다. 즉. 일정한 기간동안 상태가 계속되는 것을 표현하는 상이다. 지속상을 나타내는 시간부사로는 *ürgelž*(계속), *dandaa*(항상), *odoo č*(아직도), *udaan*(오래), *tür zuur*(잠시), *mönx üürd*(영원히) 등이 있으며, 반복상을 나타낼 때는 시간부사 *xaajaa*(가끔), *zarimdaa*(때때로), *bain bain*(번번이), *ödör bür*(날마다), *daxin daxin*(거듭)등을 들 수 있는데 형동사어미 *-dag*⁴은 이들 부사와 흔히 함께 쓰여 그 의미를 명시적으로 나타낸다. (5c.)에서는 동사어간 *bai*-에 접미된 미완료상의 표지 *-aa*⁴는 '어떤 동작이나 상태가 발화시 이전의 어느 한 점에서 시작하여 발화의 순간까지 지속되고 있음을 나타낸다. 즉 화자의 아들이 군대에 장교로 간 동작이 종결되고 그 결과 상태가 남아 지속되고 있음을 나타내는 결과상에 해당한다. 한편 다른 형동사어미에 비하여 *-aa*⁴는 긍정평서문에서 극소수의 동사, 예를 들면 *baix*(있다), *suux*(살다, 앉다), *javax*(가다) 등의 극소수의 자동사를 제외하고는 대부분의 동사어간에 접미되지 못하지만 부정평서문과 의문문, 그리고 양태첨사 *biz*가 부가된 구문의 경우에는 그러한 제약을 갖지 않는 특징을 지닌다(L.Mišig 1978:117-118), (Ž.Nadmid 1966:157-158). 한편 (5d.)에서 동사어간 *zagn*-에 접미된 *-x*어미는 다른 형동사어미들이 기준시인 발화시에 어떤 행위나 상황이 이미 발생하여 완료되었거나 혹은 미완료되어 지속중임을 나타내는데 비하여, 이 어미는 어떤 상황이 실세계에서 아직 발생되지 않고 가상의 영역 속에 머물고 있는 예정상을 나타낸다. 또한 이 어미는 긍정평서문의 문말위치에서는 반드시 첨사나 조동사를 수반해야만 하는데 비하여 부정평서문과 의문문의 경우에는 이러한 제약을 보이지 않는다.

(6) A : Či Moskva jav-(a)x n′   uu?   (L.Mišig 1978:128)
       you(Nom) Moscow go-Irs 3Poss Q?
       '너 모스크바 갈거니?'
    B : {Ügüi n′, tegex n′}
       '{아니, 그럴 거야}'

(7) A : Avtobus ir-(e)x-güi   n′   üü?
       Bus   come-Irs-Neg 3Poss Q?
       '버스가 안 올까?'
    B : Ir-(e)x-güi   n′,   javgan   jav-″ja !
       come-Irs-Neg 3Poss, on-foot   go-Vol.
       '안 올 거야, 걸어가자 !'

  (6)은 긍정의문문, (7)은 부정의문문으로서 3인칭대명사의 재귀속격어
미인 n′이 형동사어미 -x에 연결되어 어떤 동작이나 상태의 발생이 임박
하였음을 나타낸다.84) 물론 첨사의 기능을 하는 재귀속격어미 n′이 없이
도, 예를 들면 (6A)대신 Či Moskva javax uu?('너 모스크바 갈거니?')'와
같이 의문문을 구성할 수 있다. 그러나 전자에 비해 후자에는 동작이나
상태발생의 임박성은 나타나지 않는다. 또한 우리는 위의 (6B), (7B)에서

---

84) 이 경우 주어의 인칭에 관계없이 n′이 사용된다(J.Nadmid 1966:160).
  (i) a. Bi   čamaas   xocr-(o)x   {n′, *min′, *čin′, *maan′,   tan′}
       I(Nom) you(Abl) fall-behind-Irs {3Poss, 1Poss, 2Poss, 1Poss(Pl),
       2Poss(Hon)}
       '내가 너 보다 늦을거야.'
    b. Či   döngöž ir-čix-eed   jav-(a)x
       you(Nom) barely come-Int-Ant go-Irs
       {n′, *min′, *čin′, *maan′,   tan′}   uu?
       {3Poss, 1Poss, 2Poss, 1Poss(Pl), 2Poss(Hon)} Q
       '너는 (이렇게) 금방 왔다가 떠날거니?'
    c. Tegexdee čono guai ter ač-ii   min′ bač-aar   xariul-ž
       However wolf Mr. that benefit-Acc 1Poss deceit-Instr answer-Smlt
       bar′-ž   id-(e)x {n′, *min′, *čin′, *maan′,   tan′}
       take-Smlt eat-Irs {3Poss, 1Poss, 2Poss, 1Poss(Pl), 2Poss(Hon)}
       '그러나 늑대는 배은망덕하게도 교활하게 나를 잡아먹을 것이다.'

질문에 대한 응답에서도 *n´*이 함께 출현함에 비하여 *Či Moskva javax uu?*에 대한 응답인 {*Ügüi, tegne, tegexgüi*}에서는 *n´*이 나타나지 않음을 볼 수 있다.

  셋째, 한정사적 기능을 하며, 또한 한정절의 술어로 사용되어 후행명사를 수식한다. 즉, 형동사어미 *-san⁴*, *-aa⁴*, *-dag⁴*, *-x*은 한편으로는 현대몽골어의 관계절 구성에서 내포문(embedded setence)의 술어로 기능하며, 다른 한편으로는 비종결어미로서 일종의 轉成어미 구실을 하고 있는 것으로 보인다.

(8) a. Inee-sen xün büxen nöxör biš, uurl-(a)san xün büxen
       daisan biš.
       laugh-Pft man all comrade Neg, be angry-Pft man all
       enemy Neg.
       '웃음짓는 사람 모두 친구가 아니고, 화내는 사람 모두 적이 아
       니다.' (Hangin 1973:3)
   b. Töv azi-d orš-dog Mongol oron žil-iin dörvön uliral-tai.
       central asia-DtLc exist-Hab Mongol country year-Gen
       four season-Comit.
       '중앙아시아에 위치한 몽골은 사계절이 있다.'
   c. Minii xažuu-d suu-ž jav-aa zaluu xel-lee. (Street
       (1963:207))
       I(Gen) side-DtLc sit-Smlt go-Impf young say-Pst.
       '내 옆에 앉아있던 젊은이가 말했다.'
   d. Mongolčuud als xol gazar jav-(a)x xün-ii döröö-g
       the Mongols far away place go-Irs man-Gen stirrup-Acc
       süü-geer mjalaa-dag.
       milk-Instr anoint-Hab
       '몽골인들은 먼 곳으로 떠나는 사람의 鐙子에 젖을 뿌려 축원한다.'

(8a.-d.)는 모두 피수식명사 혹은 핵심명사(head noun)를 수식하는 관계절(relative clause)구성에 해당하는 것으로 각각 피수식명사인 *xün, Mongol oron, zaluu, xün* 등이 관계절 내부의 주어로 이해된다. 한편 다음 (9)에서

(9) a. Ter öčigdör bič-san zaxia-(g)aa önöödör xün-eer jav-uul-san.
     (s)he yesterday write-Pft letter-Refl today man-Instr go-Caus-Pft.
     '그는 어제 쓴 편지를 오늘 인편으로 부쳤다.'

  b. bi činii unš-dag nom-yg av-aa-güi.
     I you(Gen) read-Hab book-Acc take-Impf-Neg.
     '나는 네가 읽는 책을 갖지 않았다.'

  c. Manai xilčid ex orn-oo xamgaal-(a)x üürg-ee
     we(Gen) border-guard mother-land-Refl protect-Irs duty-Refl
     ünenč-eer biel-üül-deg.
     faithful-Instr carry out-Hab.
     '우리 국경수비대는 조국을 방위할 의무를 성실히 수행한다.'

  d. Öčigdr-iin temceen-d manai surguul-iin türüül-sen javdl-yg
     yesterday-Gen competition-DtLc we(Gen) school-Gen win-Pft matter-Acc
     büx sonin-d bič-sen bai-na.
     all newspaper-DtLc write-Pft be-NPst.
     '어제 경기에서 우리 학교가 우승한 사실이 모든 신문에 개재되었다.'

(9a.b.)는 관계절로서 피수식명사인 *zaxia, nom* 등은 관계절 내부의 목적어이다. 그러나 이들과는 달리 (9c.d.)는 피수식명사가 관계절 내부의 구성성분이 되지 못한다. 즉 (9c.d.)의 형동사어미가 접미된 절은 피수식명사의 내용에 해당하는 것으로 소위 내용절(content clause) 또는 동격절(appositive clause)로 불려진다. 전자는 관계화(relativization)에, 후자는

명사구 보문화(NP-complementation)에 각각 해당된다. 여기서 우리는 현대몽골어의 형동사어미 $-san^4$, $-aa^4$, $-dag^4$, $-x$가 피수식명사와의 구조적 관계에 따라 관계화표지(relativizer)와 보문화표지(complementizer)의 이중적 기능을 갖고 있음을 알 수 있다. 한편, 현대몽골어의 경우 관계절과 관련하여 인구어의 경우와 같은 제한적(restrictive)관계절과 비제한적(non-restrictive) 관계절의 구분은 거의 무의미한 논의인 것으로 보인다. 왜냐하면 제한적, 비제한적 구분은 의미론적으로만 모호하게 나타날 뿐, 형태론적, 통사론적으로는 아무런 차이도 나타나고 있지 않기 때문이다 (Binnick 1979:89).

(10) a. Ter öčigdör bič-san zaxia-(g)aa önöödör xün-eer jav-uul-san.
    (s)he yesterday write-Pft letter-Refl today man-Instr
    go-Caus-Pft.
    '그는 어제 쓴 편지를 오늘 인편으로 부쳤다.'

    b. Töv azi-d orš-dog Mongol oron žil-iin dörvön uliral-tai.
    central asia-DtLc exist-Hab Mongol country year-Gen
    four season-Comit.
    '중앙아시아에 위치한 몽골국은 사계절이 있다.'

(10a.)의 *öčigdör bičsen zaxia*는 여러 대상 가운데 특정한 대상만을 선택하는 제한적의미로도, 혹은 특정한 대상을 여타의 대상과 구별함이 없이 화자가 단순히 추가적인 정보를 덧붙이는 부가적 의미로도 이해될 수 있다. 즉, (10a.)에서 '어제 쓴 편지'의 관계절이 여러 개의 '편지' 가운데 특정한 하나의 편지를 지칭하는 경우에는 제한적 관계절이 되고, '편지'에 대한 추가적인 정보를 덧붙이는 경우, 즉 그가 오늘 인편으로 편지를 부쳤는데 그 편지는 어제 쓴 것이었다는 식의 의미를 가질 때 비제한적 관계절이 된다. 그러나 이러한 관계절의 두 종류로의 구분은 (10b.)에서 처럼 관계절의 피수식명사가 고유명사일 경우에는 언제나 비제한적 의미만을 갖는다는 점에서 두 관계절의 구분이 현대몽골어에서 그다지 중요한 개념이 아니라는 것을 말해 준다. 즉, '중앙아시아에 위치한 몽골국'이 여

러 '몽골국'가운데 특정한 하나의 '몽골국'을 제한하는 제한적 의미로의 해독은 거의 불필요하다. 이것은 고유명사는 가장 전형적인 의미론적 한정명사(semantic definites)로서 제한적 관계절이 제공하는 추가정보에 의해 한정성이 결정되는 것이 아니라 주어진 발화상황에서 지시물을 분명히 지시하게 되며 근본적으로 유일성을 지님으로써 한정성의 근원은 명사자체에 있다(김영철 1992:68-71). 한편 관계절의 피수식명사가 양화사의 한정을 받을 때에도 제한적 해독만을 갖는다.

(11) Nadad surguul'-d sur-dag xojor düü bai-na.
  I(DtLc) school-DtLc study-Hab two younger-brother be-NPst.
  a. '나에게는 학교에 다니는 동생이 둘 있다.'
  ?b. '나에게는 동생이 둘 있는데 그들은 학교에 다닌다.'

(11b.)의 에서 볼 수 있듯이 (11)은 '나'에게 동생이 '둘'밖에 없다는 해독은 갖기 어렵다. 즉 이 문장의 발화는 화자에게 또다른 몇 명의 동생이 있다는 것을 함축한다. 따라서 다음의 (12a.)가 자연스럽게 연결될 수 있다.

(12) a. Bas ažil xii-deg xojor düü bai-na.
    also work do-Hab two younger-brother be-NPst.
    '또한 직장에 다니는 동생이 둘 있다.'
  b. Minii xojor düü xojoul-aa surguul'-d sur-dag.
    I(Gen) two younger brother both-Refl school-DtLc study-Hab.
    '나의 두 동생은 둘다 학교에 다닌다.'

(12b.)는 나에게는 동생이 두 명밖에 없다는 의미이다. 요약하면 현대몽골어에는 비제한적 관계절의 설정이 설득력이 없는 것으로 보인다.
넷째, 형동사어미 $-san^4$, $-aa^4$, $-dag^4$, $-x$는 사격어미를 취하여 다양한 문법관계를 나타낼 수 있다.[85]

---

85) 몽골어의 격어미가 지닌 문법적 특성 및 의미에 관해서는 Ž.Tömörceren (1966:90-97), L.Mišig(1978:3-37), D.Badamdorǰ(1997:157-166), Poppe

(13) a. Bat xool id-sen-ii-(x)ee daraa dandaa šüd-ee ugaa-dag.
   Bat meal eat-Pft-Gen-Refl after always tooth-Refl wash-Hab.
   '바트는 밥을 먹고 난 후 항상 이를 닦는다.' (L.Mišig
   1978:179)

  b. Dorž surguul´-d-aa jav-dag-t-aa jav-san.
   Dorž school-DtLc-Refl go-Hab-DtLc-Refl go-Pft.
   '도르찌는 항상 등교하는 시간에 학교에 갔다.'

  c. Dorž ažil xii-ž bai-(g)aa-(g)aar bar-(a)x-güi
   Dorž work do-Smlt be-Impf-Instr finish-Irs-Neg
   oroi-n surguul´-d sur-dag.
   evening-Gen school-DtLc study-Hab
   '도르찌는 일을 할뿐만 아니라 야간학교에 다닌다.'

  d. Dorž xot or-(o)x-oos-oo ömnö ter emegtei-tei uulz-žee.
   Dorž city enter-Irs-Abl-Refl before that woman-Comit
   meet-Pst.
   '도르찌는 도시로 떠나기 전에 그 여자와 만났다.'

  e. Ter činii ur´d av-san-tai adilxan gutal av-san.
   (s)he you(Gen) before buy-Pft-Comit similar shoes
   buy-Pft.
   '그는 네가 이전에 산 것과 꼭 같은 신발을 샀다.'

  f. Činii oč-dog ruu bi margaaš oč-no.
   you(Gen) go-Hab Dir I(Nom) tomorrow go-NPst.
   '네가 항상 들르는 곳으로 나는 내일 들르겠다.'

 (13a.)는 형동사의 어미 *-san*[4]에 속격어미가 접미되어 후치사인 *daraa*
의 지배를 받고 있다. (13b.)에서는 형동사어미 *-dag*[4]에 여 · 처격어미가,
(13c.)에서는 형동사어미 *-aa*[4]에 도구격어미가, (13d.)에서는 형동사어미
*-x*에 탈격어미가, (13e.)에서는 형동사어미 *-san*[4]에 공동격어미가, (13f.)
에서는 형동사어미 *-dag*[4]에 방향격어미가 각각 접미되어 시간, 방식, 장

(1970:117-121, 1974:139-155), Street(1963 : 214-219)등 참조.

소 등을 의미하는 부가어구를 구성한다.

4.2.2 -*gč*, -*maar*[4], -*xuic*[2]

이제 -*gč*, -*maar*[4], -*xuic*[2]등의 통사적 기능과 의미를 살펴보자. 먼저 -*gč* 형태소의 특성에 관하여 Poppe(1970:132), Binnick(1979:31)는 -*gč*를 행위자(actor)의 형동사를 만들며 명사, 형용사, 동사의 역할을 하는 것으로 분석했다. 한편, Š.Luvsanvandan, B.Demčigdorž (1951:122)는 현재시제로서 1회를 가리키는 형동사(*odoo cag ganc udaa zaasan üilt ner*)로, Ž.Nadmid (1966:157-158)는 현재시제의 상시행위 이행자를 가리키는 형동사(*odoo cagt baingaa güicetgegčiig zaasan üilt ner*)로 정의하였고, Č.Luvsanžav(1976:84)도 그와 유사하게 상시행위의 현재시제 형동사(*baingaa üildex odoo cagt ner*)로 정의하였다.

(14) a. Ene duu-g sur-(a)gč-d-yn zarim n′ sain sur-(a)v.
　　　 this song-Acc learn-Ag-Pl-Gen some 3Poss well learn-Pst.
　　　 '이 노래를 학생들 중 일부는 잘 배웠다.'
　　　 (C.Süxbaatar 1998:135)

　　 b. Tör   bol olon tümn-iig   udird-(a)n žolood-(o)gč jum.
　　　 government SM the masses-Acc lead-Assoc direct-Ag   JUM.
　　　 '정부는 국민을 선도하는 지휘자이다 JUM.'

　　 c. Bürtelz-(e)n   xar-(a)gd-(a)gč baraa   neg üe dald or-ž
　　　 become-dim-Assoc look-Pass-Ag outline one time   disappear-Smlt
　　　 neg üe il gar-na. (D.Nacagdorž 1961:234)
　　　 one time come-out-NPst.
　　　 '아스라히 보이는 윤곽이 한동안은 사라지고 한동안은 또렷하게 나타난다.'

　　 d. Süüliin üe-d bičig üseg ül   med-(e)gč-d-iin too ers ös-öv.[86]

---

86) 토박이 화자들은 본문(14d.)가 구어에서는 거의 사용되지 않는 문어체표현으

recent times-DtLc scrift Neg know-Ag-Pl-Gen number steep
increase-Pst
'최근 문맹자의 수가 급격히 증가하였다.'

(14a.)는 목적어가 문두로 이동한 구문으로 복수접미사-*d*와 속격어미
-*yn*이 차례대로 접미되었다. 이것은 명사의 고유한 특징이며, 또한
*suragčdyn*은 뒤따르는 부정대명사 *zarim*의 한정사 구실을 하고 있다.
(14b.)에서 *žoloodogč*는 복합동사인 *udirdan žoloodox*의 어간에 -*gč*형태소
를 접미하여 명사화하였다. 또한 대격어미 -*iig*가 접미된 *olon tümen*을 목
적어로 지배하고 있어 동사의 특성을 잃지 않고 있음을 보여준다. (14c.)
에서는 동사 *xarax*의 어간에 접미된 피동접미사 -*gd*의 뒤에 -*gč*형태소가
연결된 구조이다. 그리고 *xaragdagč*는 핵명사(head noun) *baraa*의 수식어
로서 형용사적 기능을 하며 또한 선행하는 부동사 *bürtelzen*의 수식을 받
고 있다. (14d.)에서 동사류의 부정첨사인 *ül*과 결합하여 동사부정형이 되
었고, 소위 영형태소의 대격어미가 표지된 명사 *bičig üseg*를 목적어로 지
배하고 있다. 따라서 -*gč*형태소는 명사와 동사, 형용사의 특성을 모두 보
유하고 있다는 점에서 앞서 우리가 살펴 본 형동사어미 -*san*^{4}, -*aa*^{4},
-*dag*^{4}, -*x* 와 동일한 것으로 보인다. 그러나 아래 (15)에서

(15) a. *Dorž   neeree   xödöö   jav-(a)gč.

     Dorž   really   country   go-Ag.

b. Dorž   neeree   xödöö   jav-{-san, -aa,   -dag, *-x}

    Dorž   really   country   go-{-Pft-, -Impf, -Hab, -Irs}

    '도르찌는 정말로 시골에 가-{-Pft, -Impf, -Hab, -Irs}'

c. *Dorž xödöö   ogtxon   č   jav-(a)gč-{-güi}.

    Dorž   country   at-all   Č   go-Ag-Neg.

로서 이 보다는 아래 (i)이 훨씬 선호된다고 응답해 주었다.

(i) süüliin üyed   bičig üseg med-deg-güi xümüüs olšir-č   bai-na.
recent times-DtLc scrift   know-Hab-Neg peolpe
multiply-Smlt be-NPst.

d. Dorž xödöö   ogtxon   č jav-{-san-, -aa-, -dag-, -x-}-güi
   Dorž country at all   Č go-{-Pft-, -Impf-, -Hab-,
   -Irs-}-Neg.
   '도르쩨는 시골에 결코 가-{-Pft-, -Impf-, -Hab-, -Irs-}-Neg.
e. Dorž xödöö   ogtxon   č {*ül, *es} jav-(a)gč.
   Dorž country at-all   Č {Neg}   go-Ag.

(15a.)에서 동사어간 *jav*-에 접미된 *-gč*는 (15b.)와는 달리 문장의 술어로 기능할 수 없다. (15c.)는 *javagč*가 (15d.)와는 달리 부정극어(negative polarity item)인 *ogtxon č*(absolutely, completely, at all)와 공기할 수 없음을 보여준다. 또한 (15e.)에서 우리는 (14d.)의 *bičig üseg ül medegč*와는 달리 동사류의 부정첨사 *ül*, 혹은 *es*와 공기할 수 없음을 알 수 있다. 따라서 동사의 특징 중의 하나로 제시되었된 부정형의 구성방식이 그다지 신뢰할 수 없는 기준임을 알 수 있다. 실제로 현대몽골어에서 동사류의 부정첨사 *ül*과 결합하여 부정형을 구성하는 유일한 어휘항목인 *bičig üseg ül medegč*는 이미 화석화된 문어형태이며 구어에서는 *bičig üseg meddeggüi xün*으로 통용된다.

(16) a. {*ül, *es}{oršin suu-gč, ex bari-gč, surgan xümüüžüül-(e)gč}
        {Neg}   {resident,   midwife,   pedagogist}
        {ÜL, ES} '주민, 산파, 교육학자'
     b. Zasg-iin   erx   {*ül, *es} bari-gč nam.
        government-Gen power   {Neg}   hold-Ag party.
        '집권 {ÜL, ES}당'
     c. Zasg-iin   erx   bari-gč {bus, biš} nam.
        government-Gen power   hold-Ag {Neg}   party.
        '집권 {BUS, BIŠ}당'
     d. On-y šildeg {suragč, njagtlan bodogč, ediin zasagč,
        dasgalžuulagč}.
        year-Gen best {student, accountant, economist, coach}

'올해의 최우수 {학생, 경리, 경제학자, 코치}'

(16a.b.)에서 볼 수 있듯이 동사류의 부정첨사인 *ül*, 혹은 *es*가 개입되어 부정형을 만들 수 없고 (16c.)와 같이 명사류의 부정첨사인 *bus*, 혹은 *biš*에 의해 부정형이 형성되어 '여당'과 '야당'의 구별이 이루어진다. 따라서 (16a.)에서도 명사류의 부정첨사인 *bus*, 혹은 *biš*에 의해 부정형이 형성되면 적격한 구성이 된다. (16d.)는 속격과 형용사로 구성된 한정사구의 피수식어인 핵명사의 위치를 '동사어간+-*gč*'형이 차지하고 있다. 그러므로 우리는 '동사어간+-*gč*'형의 부정첨사의 접미가능성에 관한 한 이제는 더 이상 동사류의 행태를 보이지 않으며 명사류와 동일한 행태를 보이고 있음을 알 수 있다. 한편, C.Süxbaatar(1998)는 형동사의 완료형어미인 -*san*⁴의 명사형 복수어미 -*gsad*⁴와 형동사 -*gč*의 복수형 -*gčid*의 차이를 시제에 기대어 설명하고 있다.

(17) a. ažilagčid : jer n′ ažilladag, odoo č ažillaž baigaa xümüüs.

    b. ažillagsad : ažillasan, ažillaž baisan xümüüs.   (C.Süxbaatar

       1998:134)

즉, (17a.)는 현재 일을 하는 근로자, (17b.)는 과거에 일을 했던 근로자로 구별한다. 이러한 구별은 다음 (18)에서

(18) a. Ažil-(a)gč-d-aas   surguul′-d   els-üül-ne.

      work-Ag-Pl-Abl   school-DtLc   enter-Caus-NPst.

      '근로자를 학교에 입학시킨다.'

    b. ?Ažil-(a)gsd-aas   surguul′-d   els-üül-ne.

      work-GSAD-Abl   school-DtLc   enter-Caus-NPst.

    c. *Ene duu-g   sur-(a)gč(i)-d-yn   zarim   n′   ir-sen.

      this song-Acc learn-Ag-Pl-Gen   some   3Poss   come-Pft.

      '이 노래를 배우는 사람들 몇이 왔다.'

    d. Ene duu-g   sur-(a)gsad-yn   zarim   n′   ir-sen.

this song-Acc learn-GSAD-Gen some 3Poss come-Pft.
'이 노래를 배운 사람들 몇이 왔다.'

(18b.)는 근로자였던 사람들을 학교에 입학시킨다는 의미여서 다소 이상
한 문장으로 들린다. (18c.d.)의 문법성의 차이는 형동사 *suragč*의 복수형
인 *suragčid*는 완전히 명사화하여 목적어를 지배할 능력을 상실했음을 보
여주고 있다. 만일 여전히 타동사로서 복수를 지배할 수 있다면 (18d.)와
마찬가지로 정문이 되어야 한다. 이러한 차이는 어휘에 따라 문법화의 정
도가 다른 것으로 설명할 수 있다. 즉 동일하게 *-gč*형태로 구성된 명사들
사이에도 완전히 명사화한 부류와 여전히 동사의 특성을 유지하고 있는 부
류로 크게 둘로 나눌 수 있겠다.

(19) a. neg {*xar-(a)gd-(a)gč, *med-(e)gč, *jav-(a)gč, *duul-(a)gč.....}
         one {look-Pass-Ag,   know-Ag,   go-Ag,   sing-Ag}
         '한 {보이는, 아는, 가는, 노래하는}'
     b. neg {sur-(a)gč, unš-(i)gč, zoxio-gč, xüleen av-(a)gč}
         one {learn-Ag, read-Ag, write-Ag, receice-Ag}
         '한 {학생, 독자, 작가, 수신기}'

즉, (19a.)부류의 형동사는 아직 온전한 명사 구실을 할 수 없으며 따
라서 명사구의 핵명사가 될 수 없으므로 비적격형이 된다. 이에 반해
(19b.)는 온전한 명사구실을 하며 명사구의 핵명사가 되어 적형식을 구성
한다.

이제 우리는 두 번째로 *-xuic²*을 살펴 보기로 하자. 이 형태소에 대해
Ž.Nadmid(1966:153)는 미래시제에 발생할 '정도' (*ireedüi cagt bolox xir
xemžee*)나 '가능성(*bololcoo*)'을 가리키는 것으로, Č.Luvsanžav(1976:84)도
마찬가지로 '정도'를 가리키는 미래시제 (*xir xemžeeg zaax ireedüi cag*)의
형동사어미로 정의하였다. 한편 Kullmann & Tserenpil(1996:153)은 어미
*-xuic²*는 특정행위가 실현가능한 것을 나타내지만 그 행위가 실제로 발생
할 것인지의 여부는 불확실하다고 규정하고 있다.

(20) a. Eež ee ! ta nadad nom av-č xürelc-xüic möngö
    ög-öörei.
    mother Voc! you I(DtLc) book buy-Č suffice-XÜIC
    money give-Hort.
    '어머니! 저에게 책을 사기에 충분한 돈을 주세요.'
  b. Nööc bololcoo-(g)oo daičl-(a)xuic-aar ažil erxel-eerei.
    resourse potentials-Refl mobilize-XÜIC-Instr work
    engage-Hort.
    '잠재적 능력을 총동원하여 일하라'
  c. Ene zarlal-yg üz-(e)gd-(e)xüic gazar naa-(g)aarai.
    (Ž.Nadmid 1968:162)
    this poster-Acc see-Pass-XÜIC place attach-Hort.
    '이 벽보를 보일 만한 곳에 붙여라.'
  d. Burantag-iin bie med-(e)gd-(e)xüic saižir-(a)v.
    (P.Bjambasan 1987:104)
    Burantag-Gen body konw-Pass-XÜIC improve-Pst.
    '보란탁의 몸이 눈에 띨 정도로 나아졌다.'

(20a.)는 자동사의 어간에, (20b.)타동사의 어간에 -*xuic*²를 접미하여 후
행명사를 직접 수식하는 형용사적 기능으로 사용되었으며, (20c.d.)는 타
동사의 피동형어간에 -*xuic*²를 접미하여 (20c.)에서는 형용사적 기능으로,
(20d.)에서는 후행하는 동사구를 수식하는 부사적 기능으로 사용되고 있
다. 또한 (20b.)에서는 목적어 명사구를 지배함으로써 동사의 특성도 아
울러 가지고 있다. 이제 서술어 기능의 가능성을 살펴보자.

(21) a. *Nom av-(a)x-(a)d möngö xürelc-xüic.
    book buy-Irs-DtLc money suffice-XÜIC
  b. Nom av-(a)x-(a)d möngö xürelc-xüic bai-na.
    book buy-Irs-DtLc money suffice-XÜIC be-NPst.
    '책을 사기에 돈이 충분하다.'

   c. *Xün bolgon ažil xii-ž čad-(a)xuic.
      man each work do-Smlt be-able-XÜIC.
   d. Xün bolgon ažil xii-ž čad-(a)xuic bol-loo.
      man each work do-Smlt be-able-XÜIC become-Pst.
      '누구나 일을 할 수 있을 정도로 되었다.'

(21a.c.)는 동사의 어간에 접미된 $-xuic^2$는 문장의 주술어(main predicate)로 기능할 수 없으며, (21b.d.)와 같이 조동사 *baix*나 *bolox*의 도움으로 술부를 구성할 수 있게 된다. 이제 부정첨사와의 결합가능성을 살펴보기로 하자.

(22) a. Nom av-(a)x-(a)d möngö {*ül, *es} xürelc-xüic.
      book buy-Irs-DtLc money {ül, es} suffice-XÜIC
    b. Nom av-(a)x-(a)d möngö xürelc-xüic-{*-güi, *-ügüi}
      book buy-Irs-DtLc money suffice-XÜIC-{-güi, -ügüi}.
    c. Nom av-(a)x-(a)d möngö xürelc-xüic bai-x-güi.
      book buy-Irs-DtLc money suffice-XÜIC be-Irs-Neg.
      '책을 사기에 돈이 충분하지 않다.'

(22a.b.)에서 부정첨사의 직접 연결에 의한 부정형구성이 불가능하며, (22c.)와 같이 조동사의 역할을 하는 형동사의 미래형 *baix*에 부정첨사가 연결되어 부정형을 만든다. 한편 몽골어 명사의 가장 큰 특징인 격어미와 복수접미사를 취할 수 없다는 점에서 오히려 부동사와 유사한 면이 있다 (김방한 외 1986:137). 그리고 접미사 $-xuic^2$는 현대몽골어에서 *xiiž čadaxuic*(할 수 있을 만한)', *oilgoxuic*(이해할 만큼)', *xalxlaxuic*(가릴만한), *xürelcxüic*(충분한), *daičlaxuic*(동원할 만한)', *üzegdexuic*(보일 만한), *medegdexuic*(감지할 정도의), *dügnež baixuic*(결론내릴 만한)'등의 극소수의 동사에서만 발견되는 소멸되어가는 과정에 있는 형태소이다 (P.Bjambasan 1987:104).

이제, 마지막으로 $-maar^4$형의 특징을 살펴보자. 이 $-maar^4$에 대하여

Poppe(1974:48)는 명사파생접사로, C.Damdinsüren, B.Cevegžav(1948:93)
등은 부동사로, D.Sanzheev 1962:130-132)는 형동사로, Š.Luvsanvandan
(1968:132)은 명사파생접사 *-m+ -aar*^{4}(도구격어미)의 복합체로 학자에
따라 다양하게 그 성격을 파악하였다. 한편, *-maar*^{4}의 의미에 관하여
Street(1963:208)는 가능성, 개연성(possibility, probability), 바람직함
(advisability or desirability)으로, Poppe(1974:48)는 적절, 적합
(suitableness, fitness), Kullmann & Tserenpil(1996:151)은 실현 가능한
소망(a wish or a desire that can be realized), 또는 의도(intention) 등으
로 분석하였다.

(23) a. Bagš-aas   asuu-maar   jum   ix   bai-na.
         teacher-Abl ask-MAAR   thing many be-NPst.
         '선생님께 질문할 것이 많이 있다.'

     b. End tend jav-ž   jum   üz-meer   sana-gd-laa.
         here there go-Smlt thing see-MAAR think-Pass-Pst.
         '여기저기 다니며 경험을 쌓고싶은 생각이 들었다.'

     c. Tednees   üüniig   daa-maar-y   n´   duud-aad   ir!
         they(Abl) this(Acc) lift-MAAR-Acc 3Poss summon-Ant
         come.
         '그들 가운데에서 이것을 들어올릴 수 있는 사람을 불러와!'

     d. *Üüniig   daa-maar-y   n´   tednees   düüd-aad   ir !
         this(Acc) lift-MAAR-Acc 3Poss they(Abl) summon-Ant come.

(23a.)에서 타동사어간 *asuu*-와 접미사 *-maar*의 연결로 이루어진
*asuumaar*는 후행하는 명사 *jum*을 수식하는 형용사적 기능으로 사용되고
있다. (23b.)에서 *üzmeer*는 타동사 *sanax*와 인접하여 목적어의 위치를 차
지하고 있지만 타동사 *sanax*는 목적어를 지배할 능력을 상실한 자동사로
쓰이고 있다. 왜냐하면 타동사의 어간에 피동접미사 *-gd*-가 접미됨으로써
논항구조에 변화가 왔기 때문이다. 따라서 (23b.)의 *üzmeer*는 부사적인
부가어역할로 쓰이고 있으며 한편으로는 *jum*을 목적어로 지배하는 동사

적 특성을 보이고 있다. 한편, (23c.)에서 대격표지가 접미된 *daamaary*는 부동사의 선행형어미 *-aad⁴*에 의해 결합된 복합동사 *duudaad irex*의 목적어로 사용됨으로써 명사의 기능을 하는 듯이 보인다. 그러나 이 형태는 문두에 있는 3인칭복수대명사를 선행사로 취하는 *daamaar xüny*형태에서 중복을 피하기 위하여 명사 *xün*을 생략함으로써 이때 생략이 일어난 명사 *xün*만 탈락하고 원래 명사에 접미되었던 대격표지를 *daamaar*가 그대로 물려 받음으로써 파생된 형태이다. 그러나 어순이 도치된 (23d.)에서는 비문이 발생하게 된다. 이제 *-maar⁴*가 온전한 서술어로 사용될 수 있는지를 살펴보자.

(24) a. *Bid nar bagš-aas jum asuu-maar

   we(Nom) Pl teacher-Abl thing ask-MAAR.

 b. *Ta nar end tend jav-ž jum üz-meer.

  you Pl here there go-Smlt thing see-MAAR.

(24a.b.)는 문장 주어의 인칭이나 수에 관계없이 모두 비문이 된다. 즉, *-maar⁴*는 문장을 종결하는 종결어미로는 사용될 수 없다.87) 따라서 긍정첨사나, 추정첨사의 결합도 허용하지 않는다.

(25) a. Bid nar bagšaas jum asuumaar {*šüü, *daa, *biz, *šiv, *bii, *dag ...}

 b. Ta nar end tend javž jum üzmeer {*šüü, *daa, *biz, *šiv, *bii, *dag ...}

즉, *-maar⁴*는 조동사 *baix*나 *bolox*의 도움이 없이는 문장을 완전히 종결

---

87) 그러나 구어에서 (i)과 같이 불완전문장의 형태로 -maar가 모문술어의 기능으로 사용되는 예도 드물게 나타난다(Kullmann & Tserenpil 1996:152).

 (i) Tüünii gad(n)-aas n´ xar-(a)x-(a)d ix uurtai xün ge-ž bod-moor.

  (s)he(Gen) outside-Abl 3Poss look-at-Irs-DtLc greatly angry man say-Smlt think-maar

  '그의 외모를 보면 무척 성마른 사람으로 여길만하다.'

시킬 수 없기 때문에 문장첨사의 부가여부에 관계없이 비문을 구성한다. 만약 *baix*나 *bolox*의 도움을 받게되면 완전한 문장을 이룬다(P.Bjambasan 1987:182-183), (Kullmann & Tserenpil 1996:151-152).

(26) a. Bid nar bagš-aas jum asuu-maar bai-na.
 '우리는 선생님에게 질문을 하고 싶다.'

 b. Ta nar end tend jav-ž jom üz-meer bolson.
 '당신들은 여기저기 다니며 경험을 쌓을 만하게 되었다.'

 c. Odoo *l* neg boroo or-moor   bai-na.
 now *L* one rain fall-MAAR be-NPst.
 '이제 비가 올 것 같다.'

 d. Margaaš xural   xii-meer   bol-son.
 tomorrow conference do-MAAR become-Pft.
 '내일 회의를 할 것 같다.'

4.2.3 형동사어미와 첨사

이제 형동사어미와 첨사들간의 상호관계를 살펴보기로 하자. 앞에서 든 예 (5)를 다시 살펴보면

(27) a. Bi Samdan-d   zaxia bič-sen {šüü, daa, šüü dee}
 I(Nom) Samdan-DtLc   letter   write-Pft {ŠÜÜ, DAA, ŠÜÜ DEE}.
 '나는 삼당에게 편지를 썼다 {ŠÜÜ, DAA, ŠÜÜ DEE}.'

 b. Mongolčuud xurdan mor-io erxeml-(e)deg {šüü, daa, šüü dee}
 the Mongols race-horse-Refl   treasure-Hab {ŠÜÜ, DAA, ŠÜÜ DEE}.
 '몽골인들은 경주마를 애지중지한다 {ŠÜÜ, DAA, ŠÜÜ DEE}.'

 c. Minii xüü ölziit baišint-yn   čereg-t darg-aar bai-(g)aa

{šüü, daa, šüü dee}

I(Gen) son Ölziit Baišint-Gen troops-DtLc officer-Instr be-Impf.

'내아들이 '얼질배쉰트'의 군부대에서 장교로 있다 {ŠÜÜ, DAA, ŠÜÜ DEE}.'

d. Tenger muuxai zagna-x n′ {šüü, daa, šüü dee}

(L.Mišig 1978:127)

sky badly behave-Irs 3Poss {ŠÜÜ, DAA, ŠÜÜ DEE}.

'날씨가 나빠지겠다 {ŠÜÜ, DAA, ŠÜÜ DEE}.'

(27a.-d.)에서 볼 수 있듯이 형동사어미에 긍정첨사 šüü, daa[4], šüü dee 가 자유롭게 부가된다. 한편 šüü와 daa[4]의 쓰임과 차이에 관해서는 다음 (28),(29)에서

(28) A : Či Samdan-d zaxia ünexeer bič-sen biz.

you(Nom) Samdan-DtLc letter really write-Pft BIZ.

'너는 삼당에게 편지를 정말로 썼겠지?'

B : bič-sen dee bič-sen. itg-(e)x-güi bol bagš-aas asuu.

write-Pft DAA write-Pft. trust-Irs-Neg Cond teacher-Abl ask.

'썼다 썼어. 믿지 못하면 선생님께 물어봐.'

(29) A : Bagš aa, Dorž Samdan-d zaxia bič-sen jum uu?

teacher , Dorž Samdan-DtLc letter write-Pft JUM Q?

'선생님, 도르찌가 삼당에게 편지를 썼습니까?'

C : (Dorž Samdan-d zaxia) bič-sen šüü. juu ge-ž?

(Dorž Samdan-DtLc letter) write-Pft ŠÜÜ.

what say-Smlt?

'썼다. 왜 그러니?'

(28A.)는 (28B.)가 '삼당에게 편지를 썼다는 사실'을 신뢰하지 못하고 있다. 추정첨사 *biz*와 부사 *ünexeer*의 사용으로 인하여 오히려 강한 의심을 나타낸다. (28B)는 긍정첨사 *daa*[4]를 접속사의 기능으로 반복표현을 이용하여 응답하고 있다. 그러나 ?**bičsen šüü bičsen*의 형식은 상당히 어색하거나 비문으로 판정된다. 즉, *šüü*는 *daa*[4]와는 달리 반복표현에 사용될 수 없다. 또, (29C.)에서 만약 *bičsen dee*로 바꾸면 의미가 변해지게 된다. 즉, '도르찌가 삼당에게 편지를 보낸 일'이 사실이라는 점만을 확인해 줄 뿐, 편지의 내용의 성실성이라든지, 그것의 중요성에 대하여 화자는 부정적인 평가를 내리고 있음을 함축하는 것이다.

둘째, 추정첨사와의 공기현상을 살펴보자.

(30) a. Bi Samdand zaxia bičsen {?biz, ?šiv, ?bii, deg}
  '나는 삼당에게 편지를 썼다 {BIZ, ŠIV, BII, DAG}.'

b. Mongolčuud xurdan morio erxemledeg {biz, ?šiv, bii, deg}
  '몽골인들은 경주마를 애지중지한다 {BIZ, ŠIV, BII, DAG}.'

c. Minii xüü ölziit baišintyn čeregt dargaar baigaa {?biz, ?šiv, ?bii, dag}
  '내아들이 '얼짇배쉰트'의 군부대에서 장교로 있다 {BIZ, ŠIV, BII, DAG}.'

d. Tenger muuxai zagnax n´ {*biz, šiv, *bii, dag} (L.Mišig 1978:127)
  '날씨가 흐리겠다 {BIZ, ŠIV, BII, DAG}.'

(30a.)에서 1인칭 주어를 가진 문장과 결합된 추정첨사들은 평서문에서 단언의 화행을 나타내는 문맥에 쓰이면 모두 이상한 발화가 된다. 즉, (30a.)는 '삼당에게 편지를 썼던 행위'를 망각했거나 편지를 쓰기는 썼지만 너무 많은 사람에게 보내는 편지여서 삼당에게 보냈는지의 사실여부가 명확하지 않은 경우 청자에게서 확인하고자 하는 의도에서 하는 발화로는 적절하다. (30b.)에서 *šiv*를 제외한 다른 추정첨사들은 모두 가능하다. (30c.)의 이상함은 형동사어미와 추정첨사들의 결합에서 생긴 것이 아니

라, 자신의 아들이 어디에서 무엇을 하고 있는지도 모르거나 무관심을 드러내는 표현들로부터 발생한다. 따라서 주어를 2인칭이나 3인칭으로 바꾸면 모두 정문이 된다. (30d.)에서 3인칭 재귀속격어미 n'과 형동사어미 $-x$의 결합은 매우 임박한 미래시제(*mödxön bolox ireedüi cag*)를 나타낸다 (L.Mišig 1978:126-128). 가령, 심한 바람이 갑자기 불기 시작했다거나, 비구름이 몰려와 곧 비나 우박 등이 쏟아질 것을 확신하고 있기 때문에, 상대적으로 먼 미래를 나타내는 다른 추정첨사와는 공기할 수 없다. 그러나 다음 (31)에서는

(31) Tenger muuxai zagnax {biz, šiv, bii, dag}
　　　'날씨가 흐리겠다 {BIZ, ŠIV, BII, DAG}.'

　현재·미래시제의 형동사 $-x$만이 추정첨사들과 결합한 경우에는 모두 정문을 이룬다. 한편, *šiv*는 과거의 상황과 미래의 상황을 추정하는 맥락에 모두 사용될 수 있다.

(32) A : Öčigdör　tenger　mön　muuxai　zagna-x　šiv.
　　　　　yesterday　sky　really　badly　behave-Irs　ŠIV.
　　　　　'어제는 날씨가 정말 나빴다 ŠIV.'
　　　B : Xarin tiim ee.　manai-x　　　xeden xon' surag-güi.
　　　　　well　so　Voc,　we(Gen-Poss.Pro)　few　sheep　news-Neg.
　　　　　'글세 말야, 우리 집은 양 몇 마리를 잃어버렸어.'

　또한, 형동사어미들은 의문첨사의 부가에의하여 의문문을 구성한다. 그리고 의문사와 의문첨사 사이의 호응관계만 준수하면 언제나 적격한 문장을 이룬다.

(33) a. Či Samdan-d zaxia bič-sen üü?
　　　　　'네가 삼당에게 편지를 썼느냐?'
　　　b. Mongolčuud xurdan mor'-io erxeml-(e)deg üü?

'몽골인들은 경주마를 애지중지합니까?.'

c. Ceren Ulaanbaatar-t   suu-(g)aa   juu?
   Ceren Ulaanbaatar-DtLc reside-Impf   Q?
   '체렝이 올란바타르트에 살고 있습니까?'

d. Tanai   xiceel xezee exl-(e)x   ve?
   you(Gen. Pl) class   when begin-Irs Q
   '당신들의 수업은 언제 시작합니까?'

이제 부정첨사나 금지첨사와의 공기가능성을 살펴보자.

(34) a. Či Samdan-d   zaxia {*ül, *es ; *büü, *bitgii} bič-sen üü?
        '네가 삼당에게 편지를 {Neg ; Proh} 썼느냐?'

     b. Mongol-čuud   xurdan mor´-io   {*ül, *es ; *büü, *bitgii}
        erxeml-(e)deg üü?
        '몽골인들은 경주마를 {Neg ; Proh} 애지중지합니까?.'

     c. Ceren Ulaanbaatar-t {*ül, *es ; *büü, *bitgii} suu-(g)aa juu?
        '체렝이 올란바타르트에 {Neg ; Proh} 살고있습니까?'

     d. Tanai xiceel margaaš {*ül, *es ; *büü, *bitgii} exl-(e)x üü?
        '당신들의 수업은 내일   {Neg ; Proh} 시작합니까?'

(34a.-d.)에서 우리는 부정첨사와 금지첨사 어느 것도 형동사어미와 같
이 공기할 수 없음을 알 수 있다. 즉 이들의 부정은 부정접미사 *-güi*의 접
미에 의하여 이루어진다.

(35) a. Či Samdan-d   zaxia {bič-sen-güi, bic-ee-güi} juü?
        '너는 삼당에게 편지를 쓰지 않았느냐?'

     b. Mongolčuud xurdan morio erxeml-(e)deg-güi juü?
        '몽골인들은 경주마를 애지중지하지 않습니까?.'

     c. Ceren Ulaanbaatar-t suu-x-güi bai-(g)aa juu?
        '체렝이 올란바타르트에 살고 있지 않습니까?'

d. Tanai xiceel margaaš exl-(e)x-güi juü?
'당신들의 수업은 내일 시작하지 않습니까?'

이와 관련하여 Ž.Nadmid(1966:155-156)는 형동사가 모문이나 내포문의 술어로 사용될 수 있다는 점에서 여타의 동사형과 아무런 차이도 없으며, 특히 현대몽골어의 구어에서 널리 사용되는 형동사는 직설법동사와 치열하게 경쟁하고 있다고 주장하였다. 이러한 주장은 L.Mišig(1978:110-130)에 논의된 직설법동사와 형동사 사이에 존재하는 부정형의 공유현상에 의하여도 확인할 수 있다. 간략하게 이를 도표화하면 아래와 같다.

〈표 4.5〉 직설법동사와 형동사의 긍정형과 부정형의 대응관계

직설법동사어미	형동사의 부정형	형동사어미
-na^4	-xgüi	-x
-laa^4	-sangüi^4	-san^4
-v	-aagüi^4	
-žee^2		
		-aa^4
	-daggüi^4	-dag^4

우리는 앞에서 직설법동사의 부정첨사로 현대몽골어에서는 문어체의 일부 관용적인 표현에 화석형으로만 남아있는 부정첨사 *ül, es*는 더 이상 구어에서 사용되지 않게 되었음을 살펴보았다.[88] 즉, 현대몽골어의 구어에

---

[88] Yu(1991:15-23)에서도 유사한 견해를 볼 수 있다. 그는 부정표지가 동사에 전치하는 현상을 동사앞 부정(preverbal negation)으로 명명하여 명사류의 부정인 명사뒤 부정(postnomial negation)과 대비시켰다. 그리고 현대몽골어에서는 *es, ül* 등의 부가에 의한 동사앞 부정이 *ügei, busu*를 부가하는 형동사의 부정형으로 대치됨으로써 NEG$_a$ V 〉 VN NEG$_b$으로의 역사적 과정(그는 이것을 부정표지의 표류 혹은 교체(drift or alternation in negativity marking)로 정의함)을 겪은 것으로 분석하였다. 또한 그는 (i)과 같은 문법화 과정을 제의하여 몽골어의 동사앞 부정표지들의 성격을 동사류의 부사적 수식어(adverbial modifiers)로 규정하였다. 즉 (a)유형에 속하는 몽골제어, 만주-퉁

서는 부정형에 비하여 긍정형이 훨씬 더 많은 불균형한 체계를 보이고 있
다. 그리고 이러한 체계상의 공백은 형동사의 부정형에 의하여 메워지고
있음을 알 수 있다(Kullmann & Tserenpil 1996:184).

 본 절에서 논의한 형동사어미와 첨사 사이의 공기관계를 요약하면 아래
표와 같다.

〈 표 4.6 〉 형동사어미와 첨사의 공기관계

어미 / 첨사	형동사어미(정형동사기능 가능)				(정형동사기능 불가능)		
	-x	-san^4	-dag^4	-aa^4	-gč	-maar^4	-xuic^2
daa^4	✕	○	○	○	○	○	✕
uu^2/juu^2	○	○	○	○	○	✕	✕
ül	✕	✕	✕	✕	✕	✕	✕
es	▽	✕	✕	✕	✕	✕	✕
ügüi	○	○	○	○	✕	○	✕
-güi	○	○	○	○	✕	○	✕
biš	▽	▽	▽	▽	○	✕	✕
bus	✕	✕	✕	✕	✕	✕	✕
šüü	✕	○	○	○	○	▽	✕
biz	?	○	○	○	○	✕	✕
šiv	○	○	?	○	○	✕	✕
bii	○	○	○	○	○	✕	✕
dag^4	○	○	○	○	○	?	✕
šüü dee	✕	○	○	○	○	▽	✕
biz dee	✕	○	○	○	○	✕	✕
šiv dee	○	○	○	○	○	✕	✕
bii dee	○	○	○	○	✕	✕	✕
dag^4 daa	○	○	○	○	○	✕	✕
{uu^2/juu^2} daa	○	○	○	○	○	✕	✕

구스어, 한국어 등이 (b)유형에 속하는 현대 터어키어, 일본어 등의 언어보다
더 이른 유형으로 주장하고 그 근거를 18세기의 문헌에 남아 있는 동사앞 금
지(preverbal prohibition)명령에서 찾고 있다.
(i) (Negative) Word, possibly Verb 〉(a) Negative Auxiliary or Adverb 〉(b)
    Negative Suffix

4.3 명령·원망법어미

몽골어의 동사형태들에 대한 전통적인 분류방법은 첫째, 완전한 문장의
서술어로 기능하여 정형동사(finite verbs)에 해당하는 명령·원망법동사
와 직설법동사를 한 부류로, 그리고 문장의 주어, 목적어, 한정어, 술어
등의 다양한 문법기능을 하는 형동사와, 동사의 한정어나 불완전한 문장
의 논리적 술어로 사용되는 부동사를 비종결형동사의 부류로 분류하여 오
고 있다(Poppe 1970:83, 1991:89), Song(1997:78-79). 한편, Sanzheev
(1988:111-112) 는 명령·원망형 동사형태 (imperative-optative verbal
forms)에 관한 설명에서 이들을 동일한 범주로 묶는 이유를 금지첨사 *büü*
의 첨가에 의한 부정형의 파생가능성과 명령과 기원·원망사이의 의미론
적 경계가 불분명하기 때문인 것으로 설명하였다.[89]

현대몽골어의 명령·원망법어미에 의하여 표현되는 문장유형에는 명령
문, 의향문, 기원문, 경계문 등이 있다. 4.3.1에서 명령문의 경우 명령·
원망법어미와 인칭대명사 사이에는 화계에 따른 대응관계가 있음을 논의
한다. 몽골어의 명령문은 명령·원망법어미---C.Önörbajan(1983:146):
bieer tögsgöx nöxcöl(인칭종결어미), Street(1963:115): horatative particles,
Poppe(1970:128-130): imperative suffixes 등으로 명명—로 형성되며 부정
명령문은 금지첨사(prohibitive particle) *büü*와 *bitgii*의 첨가에 의해 표현된
다.[90] 몽골어 명령문의 특징 중의 하나는 통사적 주어가 흔히 생략되는
대부분의 언어와는 달리 일반적으로 주어가 생략되지 않는 점이다(Poppe
1991:165). 또한 2인칭 직접명령형의 경우 零形態 (*xooson teg xelber*,
teg morfem)의 어미가 어간에 첨가되어 명령형을 이룬다는 점이다. 영형
태의 어미가 존재한다는 근거는 몽골어의 형태론적 특징상 순수 어근만으

---

89) These forms are united in one group of imperative-optative conjugation
according to the grammatical principle : they all can be accompanied by
the pre-positional negation particle *'buu'* (orthographically *'buu'* but
phonetically *'bü'*) *'not'*. The semasiological boundaries between an order,
and the expression of a wish, have always been very unstable (Sanzheyev
1988:111).

90) Street (1963:115)는 negative preverbs로 규정함

로는 단어를 구성할 수 없으며 항상 어간을 기반으로 접미사, 어미 등이 선형적으로 결합한다는 膠着語(agglutinative language)의 일반원리에 뿌리를 두고 있다(Luvsanvandan 1968:80), (P.Bjambasan 1970:216), (Poppe 1974:39). 본 절에서 우리는 현대몽골어 명령문의 문종결어미의 형태와 인칭대명사 사이의 결합관계를 화계[91]를 토대로 검토하고, 전통적으로 몽골어학에서 명령·원망법이라는 동일 범주로 함께 묶여 다루어져 오고 있는 문장어미들의 의미와 각각의 화행을 중점적으로 고찰한다.

4.3.1 2인칭 문종결어미

4.3.1.1 -∅ (명령)

-∅(영형태)는 지시 *tušaax* (Č.Luvsanžav 1976:38), 직접명령 *šuud zaxirax* (B.Bažilxan 1966:141), 직접명령지시 *šuud zaxiran tušaax*(L.Mišig 1978:135), 충고 *zövlox*, 요구 *šaardax*, 요청 *guix*(C.Önörbajan 1987:153), 명령지시 *zaxiran tušaax*(Ju.Mönx-Amgalan

---

91) 화계는 담화장면에 있는 화자와 청자간의 사회적, 심리적 요인에서 규제되는 것으로서 화식(manner of speaking)을 규제하는 요인으로는 (1)친족관계 (2)사회적 지위 (3)연령(長幼, 成年·未成年) (4)性別 등을 들 수 있으며, 심리적 요인으로는 화자와 청자간의 친소의 정도와 같은 내적관계를 들 수 있다(장석진 1985:258)), (이익섭 외 1983:228). 즉, 화계는 상대경어법의 체계 안에서 고려되어야할 개념으로서 상대경어법은 화자가 청자를 자기와 대비하여 그 존비관계에 맞추어 대접하는 경어법이다. 이 경어법은 여러 등급으로 갈려 단지 높이느냐 않느냐로 이분되는 주체경어법이나 객체경어법보다 훨씬 복잡한 경어법이다. 경어법은 어떤 대상을 과연 어느 정도로 합당하게 높이거나 낮추어 대접하는가를 언어적으로 표현하는 체계를 가리킨다. 몽골어는 한국어나 일본어 등과는 달리 한 문장의 주어를 언어적으로 대접하여 표현하는 주체경어법 표시의 특별한 형태소가 없으며 다만 특수한 존대어가 일부 있을 뿐이며 이 조차도 주로 공식적인 자리나 문어체 표현에서 주로 쓰이고 있다. 지금까지 몽골어 경어법에 대한 체계적인 연구는 시도된 바도 없고, 심지어 몽골어에는 경어법체계가 없는 것으로 주장되어 오고 있는 실정이다. 또한, 몽골어의 존대어에 대한 연구는 R.Žagvaral(1976:94)의 지적처럼 일부 문법학자들의 형태론연구에서 존대의 의미를 가진 파생접미사에 대한 단편적인 분석이외에는 언급할만한 것이 거의 없다.

1997:195) 등의 서법의미(*baimž utga*)를 나타내는 것으로 학자들에 따라 다양하게 정의 되고 있다.

몽골어의 화계 중 청자를 가장 낮추는 상대경어법으로서 2인칭 문종결어미의 零形態 (teg xelber) 즉, -∅으로 표현된다. 이 문종결어미에 관한 몽골 국외학자들의 상대적으로 차세한 정의를 보면,

(1) a. -∅ is a simple imperative. when used with a verb stem that is not expanded, or that is expanded only by ČI, this particle states a curt, direct order : unless addressed to a child, animal, or social inferior, it is plainly rude. (Street 1963:116)

    b. a zero suffix forms an imperative which expresses a strict order. (Poppe 1970:128)

    c. The verb in its root form is in the imperative and when used alone or with a familiar pronoun it expresses outright command. (Hangin 1992:3)

    d. This suffix expresses a direct command which is addressed to the 2nd person singular or plural. If the subject is omitted, only the context will show whether it is singular or plural. (Kullmann & Tserenpil 1996:177)

(1a.-d.)의 정의로부터 우리는 어미 -∅형태가 단호한 명령의 화행을 이루게 됨을 예측할 수 있다.

(2) a. Či odooxon emč-(i)d oč-(i)ž biy´-ee üz-üül.
     you (Nom) just now physician-DatLoc go-Smlt body-Refl see-Caus.
    '너 당장 의사에게 가서 진찰 받아!' (L.Mišig 1978:135)

    b. Ta nar öglöö ert bos-č bie-iin tamir xii-ž bai.
     you Pl morning early get-up-Smlt body-Gen strength do-Smlt be.
    '너희들 아침 일찍 일어나 운동을 해!'

    c. *Süren Dorž xojor gazar ux-uul.
       Süren Dorž two ground dig-Caus.
       '수렝과 도르찌는 땅을 파!'

  (2a.)에는 2인칭 단수형이, (2b.)에는 복수형이 문장의 주어로 각각 사용되어 명령형어미인 영형태와 주술관계(predication)를 맺고 있다. 즉, 몽골어 명령형어미는 수범주에 있어서는 중립적이다. 그러나 (2c.)에서 볼 수 있듯이 주어가 2인칭이 아닌 경우에는 비문이 된다. 또한 이 영형태의 화계는 화자의 청자에 대한 권위가 가장 강하게 나타나며 따라서 아랫사람에게 단호한 명령을 내릴 때 가장 효과적인 화계이다.[92]

  (3) a. Oxin min′ bos! nar gar-(a)x-yn ömnö xuvcasl-(a)x-aa
       bod!
       daughter I(Gen) get up. sun rise-Irs-Gen before
       dress-Irs-Refl think.
       '애야 일어나! 해뜨기 전에 옷을 챙겨 입어!'
    b. Ene xün-ee odooxon manai-d xürg-(e)ž ög.
       this man-Refl just now we(Gen)-DtLc guide-Smlt give.
       '이 사람을 즉시 우리 집까지 바래다 줘!' (Ju.Mönx-Amgalan
       1997:195)
    c. ?Ta xoiš-oo buc-(a)ž jav!
       you (Nom) backwards-Refl return-Smlt go.
       '당신은 되돌아가라'

---

92) 군대의 지휘용어로 쓰이는 표현들은 다음 (i)과 같이 연결어미의 기능을 하는 이른바 副動詞(converb)의 先行形, 혹은 分離形인 -aad⁴가 사용된다.

  (i) Alxaad! 앞으로 갓, Davšaad! 일제히 전진, Dairaad! 일제 공격, Bucaad! 일제 후퇴, Ergeed! 뒤로 돌아, Gallaad! (=Buudaad!) 일제 사격개시, Baruun tiiš! (=baruunšaa) 우향우, Züün tiiš! 좌향좌
  이들 중 마지막 두 명령어는 부사로만 이루어진 형식이지만, 이 형식도 간결명료함을 요구하는 명령어의 일반적 특성에 비추어 피수식어인 동사의 생략으로 분석된다.
  Ju.Mönx-Amgalan (1997:86), M.Bazarragčaa (1987:278-279) 참조

   d. Či   gar-(a)x   dur-tai   bol   ganc-aar-aa   gar!
      you(Nom) go-out-Irs desire-Comit Cond single-Instr-Refl
      go-out.
      '너 나가고 싶으면 혼자 나가!'   (Street 1963:116)

(3a.d.)는 화자와 청자간에 상하관계가 분명히 드러나는 호칭어가 영형태의 화계와 호응을 보이고 있다. (3b.)는 명령문의 주어가 생략되어 있지만 영형태의 종결어미로부터 화자와 청자간의 존비관계가 드러나고 있다. 한편, (3c.)는 정상적인 상황에서는 부적절한 발화이지만, 가령 교통통제를 하고 있는 경찰이 통제구역 안으로 들어오려는 행인에게 접근금지를 통고하는 상황에서는 적절한 발화가 될 수 있다. 즉, (3c.)에서 주어인 *Ta*에는 존대의 의미가 없는 중립적인 화계인 평대에 해당하며 음운론적 특징은 상대의 *Ta*에 비하여 짧은 하강형의 강세패턴을 보여준다. 다음 (4)에서

  (4) a. Ta   demii   jari-x-aa   bol'.
         you to-no-purpose talk-Irs-Refl stop.
         '당신은 쓸데없는 말 그만둬'
     b. Ta   *l* jav-ž   üz.
         you(Nom) *L* go-Smlt see.
         '당신은 가봐'

(4a.)는 청자에게 침묵을 강요하는 상황에, (4b.)는 청자와의 논쟁에서 이제 귀찮게 굴지 말고 그만 사라져달라는 상황에서 관용적으로 사용되는 표현들이다. 이들에서 나타나는 *Ta*에는 전혀 존대의 의미가 없이 오히려 상대방을 멸시하는 하대에 해당한다. 즉 몽골어의 2인칭대명사 단수인 *Ta*는 본래의 화계와 모순되는 하대의 술부와의 결합에 의하여 정상적인 하대인 *Či*보다 더욱 강한 하대의 효과를 나타내고 있음을 알 수 있다.

4.3.1.2 -aač[A] (요구)

명령·원망법어미 *aač[A]*가 나타내는 서법의미는 지시 및 지시희망 *zaxirax ba zaxiran xüsex*(Š.Luvsanvandan 1951:75, 1956:86), 희망요구 *xüsen šaardax*(Č.Luvsanžav 1976:128), L.Lxagva·Ž.Luvsandorž (1978:80), Š.Luvsanvandan (1968:81), 요청희망 및 요구지시 *guin xüsex ba šaardax zaxirax*(C.Önörbajan 1987:154), 요구희망 *šaardan xüsex* (Ju.Mönx-Amgalan 1997:196), 단호한 요구 *šiidemgii šaardax* (D.Badamdorž 1997:189), 2인칭탄원형 *precative of the second person*(Poppe 1970:128), (정제문 1986:127)등으로 학자에 따라 다양하게 정의되어 오고 있다. 이들의 선행연구로부터 명령·원망법어미 *-aač[A]* 형태는 화자가 청자에게 주로 '요구'나 '지시'의 화행을 나타냄을 예측할 수 있으며, 동사어간의 형태로 표현되는 명령문에 비하여 다소 부드러운 요구의 화행을 이룸을 알 수 있다. Hangin(1992:100)은 이 문종결어미를 (5)와 같이 설명하고 있다.

(5) "The suffix *-aač[A]* is an imperative of the second person singular. It is used an informal or familiar context and is somewhat politer than the verbal stem form."

즉, 동사어간의 형태로 표현되는 명령문에 비하여 종결어미 *aač[A]*가 동사어간에 접미된 명령문의 경우 화자와 청자 사이에는 친밀도가 더 강하며 명령의 발화수반력이 다소간 유화적이 됨을 예상할 수 있다.

(6) a. Naad   emeel-ee   av-aad   gar !
       this-side saddle-Refl take-Ant   go-out.
       '이쪽 안장을 가지고 나가'

   b. Naad emeel-ee av-aad gar-aač ! (B.Pürev-Očir 1995:58)
       this-side saddle-Refl take-Ant go-out-Prec.
       '이쪽 안장을 가지고 나가거라'

(6a.)에 비하여 (6b.)는 보다 덜 권위적이고 친밀한 관계에서 상대방의 기분을 고려하여 하여 행하는 발화이다. 즉, (6a.)는 화자의 권위가 지나치게 드러나는 말투이다.

이제 이 종결어미의 의미와 인칭제약과 수의 제약에 관하여 살펴보기로 하자.

(7) a. Xural-d　　　　　neg *č* minut xožigdol-güi ir-eeč !
　　 conference-DtLc one *Č* min. delay-Neg　　come-Prec.
　　 '회의에 1분도 늦지 말고 와라'

　 b. Kino(n)-oos ömnö {*či*, ta nar} manai-x-aar dair-aač !
　　 movie-Abl before {you, you Pl} we(Gen)-PossPro-Instr pass
　　 by-Prec.
　　 '극장에 가기 전에 {너, 너희들}, 우리 집을 들러서 가라'

(7a.)에서는 주어가 생략되었고, (7b.)에서는 2인칭대명사 단수형 *či*나 복수형 *ta nar*가 주어로 기능한다. 즉 -*aač*[4]형에는 (5)에서 정의된 Hangin(1992)의 설명과는 달리 인칭제약은 있지만 단수·복수의 제약은 없음을 알 수 있다. 인칭종결어미 -*aač*[4]형태에 의해 표현되는 의미는 '권고', '지시', '요청'이나 '부탁' 등의 발화수반력을 갖게 된다. 또한 복수형 *ta nar*는 다음 (8)에서 볼 수 있듯이 전혀 존대의 의미가 없다.

(8) a. Kino(n)-oos ömnö {öör-öö, öör-sd-öö} manai-x-aar dair-aač.
　　 movie-Abl before {self-Refl, self-Pl-Refl} we(Gen)-PossPro-
　　 Instr pass-by-Prec.
　　 '극장에 가기 전에 {당신, 당신들}, 우리 집을 들러서 가라'

　 b. {*Ta, *Ta büxen} kino(n)-oos ömnö manai-x-aar dair-aač.
　　 {you, you all} movie-Abl before we(Gen)-PossPro-Instr
　　 pass-by-Prec.
　　 '여러분, 극장에 가기 전에 우리 집을 들러서 가라'

　 c. ?*Ta xičeel-d　　　 neg *č* minut xožigdol-güe ir-eeč.

you class-DtLc   one $\check{C}$ min.   delay-Neg   come-Prec.
'당신, 수업에 1분도 늦지 말고 와라'

　(8a.)는 각각 2인칭 평대의 단수, 복수가 문장의 주어로 사용되고 있다. 반면 (8b.)는 2인칭 상대의 단수, 복수형이 주어로 쓰여 어색하거나 비문으로 되었다. 즉 2인칭종결어미 $-aac^{4}$형은 [+존대]의 자질을 가진 명사(구)와는 충돌을 일으켜 비문을 형성하는 것으로 분석된다. 한편, (8c.)에서는 가령, 지각하는 학생에게 하는 선생님의 발화로서 손아래사람에게 하대인 $\check{c}i$대신에 일부러 상대인 ta를 사용함으로써 화자와 청자간의 관계를 공적인 관계로 만듦으로써 더욱 주의를 환기시키는 효과를 띠기도 한다. 이와 같은 주어와 종결어미간의 화계상의 일탈현상으로부터 발생하는 비문여부는 가족관계의 서열상 상하관계가 뚜렷한 대비를 보여주는 (9)에서도 확인된다.

　(9) a. Minii xüü xainag-aa   usl-aač.
　　　　 I(Gen) son jak-cow-Refl water-Prec.
　　　　 '애야, 소한테 물을 먹여라'
　　　b. Minii xüü xainag-aa   usl-aač   dee.
　　　　 I(Gen) son jak-cow-Refl water-Prec   DAA.
　　　　 '애야, 소한테 물을 먹이라니까'
　　　c. ?*{aav min´, övöö, emee}   xainag-aa   usl-aač.
　　　　 {father 1Poss, grandpa, grandma}jak-cow-Refl water-Prec.
　　　　 '{아버지, 할아버지, 할머니}, 소한테 물을 먹여라'
　　　d. ?*{aav min´, övöö, emee}   xainag-aa   usl-aač   dee.
　　　　 {father 1Poss, grandpa, grandma}jak-cow-Refl water-Prec DAA.
　　　　 '{아버지, 할아버지, 할머니}, 소한테 물을 먹이라니까'

　(9b.d.)는 2인칭 문종결어미 $-aac^{4}$형의 뒤에 문장첨사 daa^{4}를 부가함으로써 요구나 지시의 화행을 더욱 강하게 나타낸다. 즉 이 발화는 특정행위의 즉각적인 이행을 촉구하는 의미를 내포하고 있다.

(10) a. Dulmaa aa naaš-aa xar-aač dee.
　　 Dulmaa Voc, hither-Refl look-Prec DAA.
　　 '돌마야, 이리 보라니까'

　 b. Ene tuxai nadaas asuu-ž namaig bitgii zov-oo-(g)ooč dee.
　　 this about I(Abl) ask-Smlt I(Acc.) Proh worry-Caus-Prec DAA.
　　 '이것에 관해 꼬치꼬치 캐물어 나를 괴롭히지 말라니까'

　(10a.b.)에서 문장첨사 daa^4의 부가여부는 문장의 문법성과는 무관하며 단지 동일한 화행, 즉 이 경우는 지시행위에 해당하는 발화이지만 발화수반력에는 정도의 차 혹은 척도상의 차이가 개재하게 됨을 확인한다.

　한편, $-aac^4$와 함께 극소수의 방언에서 발견되는 $-aat^4$형에 대해 대부분의 학자[93]들은 $-aac^4$를 단수로, $-aat^4$를 복수로 규정하고 있다. 특히 Buriat어에서는 $či$와 ta의 前接的 형태(enclitic form)인 $-č$와 $-t$가 널리 사용되고 있다(Poppe 1960:56-57, 1970:128). 한편, C.Önörbajan (1987:154)도 부리아트어방언과 오이라드방언의 2인칭 문종결어미 $-iit$, $-iič$형의 예를 증거로 이들 종결어미의 기원을 다른 학자들과 유사하게 설명하고 있다.

　(11) 1단계 : 동사어간+ -∅ + {či, ta}
　　　 2단계 : 동사어간+ $-aa^4$ + {či, ta}
　　　 3단계 : 동사어간+ $-aa^4$ + {-č, -t}
　　　 4단계 : 동사어간+ {$-aač^4$, $-aat^4$}

　즉, 주어와 동사가 도치된 형태의 명령문의 발화과정에서 간투사(호격)인 aa^4모음이 도치된 2인칭대명사와 동사어간의 사이에 끼어 들게 되었고, 그후 어말모음의 탈락과 더불어 이 형태는 명령·원망법어미로 굳어진 것으로 분석하고 있다.

---

93) Sanžeev(1959:68), Ramsted(1903:6), Poppe(1951:77) 참조

(12) a. Namaig ir-tel   ta   xülee-ž   bai-(g)aat.
     (L.Mišig 1978:215)
     I(Acc.)   come-Term you(Nom) wait-Smlt be-Prec.
     '당신은 제가 올 때까지 기다리고 계십시오'
   b. Bitgii xel-eet.   (정제문 1986:127)
     Proh tell-Prec.
     '말씀들 하지 마십시오 !'

그러나 현대몽골어(할흐방언)에는 주어의 단수·복수 여부에 관계없이 언제나 -$aač^4$형만이 쓰인다.[94]

(13) a. Ta   xojor xurdan or-{*-oot, -ooč}. eež duud-(a)ž bai-na.
     you(Nom)   two   quick   enter-{Prec}. mother   call-Smlt
     be-NPst.
     '당신 둘, 빨리 들어와요, 어머니가 부르세요'
   b. Či   xurdan or-{*-oot, -ooč}. eež   duud-(a)ž ai-na.
     you(Nom) quick   enter-{Prec}. mother call-Smlt   be-NPst.
     '너, 빨리 들어와, 어머니가 부르셔'

4.3.1.3 -$gtun^2$ (희원)

명령·원망법어미 -$gtun^2$은 몽골어의 화계 중 청자를 가장 높여 대우하는 상대경어법에 나타나는 형태소로서, 전통적인 분류는 서법의미에 따라 존경명령 *xündetgen zaxirax* (Š.Luvsanvandan 1968:82), B.Bažilxan

---

94) (12a.b.)는 현대몽골어(할흐방언)에서는 허용되지 않는 비문으로서 (i)과 같이
   수에 무관하게 항상'-$aač^4$'만이 사용된다.
 (i) a. Namaig ir-tel   ta   xülee-ž   bai-(g)aač.
     I(Acc) come-Term you(Nom) wait-Smlt be-Prec
   b. Bitgii xel-eeč.
     Proh tell-Prec

(1966:147), C.Žančivdorž(1967:108), Č.Luvsanžav (1976:165), 존경희망 *xündetgen xüsex*(Ju.Mönx-Amgalan 1997:196), 권고희망*urialan xüsex* (C.Önörbajan(1987:155), 공손한 요청*a deferential or polite request* (Poppe 1970:128), (Song 1997:107), 2인칭 공손형(정제문 1986:128) 등으로 학자에 따라 다양하게 정의되어 오고 있다. 한편, Street(1963)와 Poppe(1974)는 이 종결어미를 (14)와 같이 설명하고 있다.[95]

(14) a. *-gtun²* is the high-style particle. It may be used in deferential requests, suggestions, etc., but occurs most commonly in slogans.(Street 1963:117)

b. the benedictive also is an imperative form, but this does not express an order but rather a polite request. (Poppe 1974:166)

즉, 이들은 명령·원망법어미 *-gtun²*이 공손한 요청이나 제의의 발화수 반력을 지닌 형태소로 파악하고 있다. 다음 (15)에서

(15) a. Golomt-yg min′ büü bürelge-gtün, Belgütei-g büü
hearth-Acc 1Poss Proh ruin-Bene. Belgütei-Acc Proh
xönöö-gtün ge-ed zavil-(a)n suu-ž xülc-(e)v.
injure-Bene say-Ant cross-legged-Assoc sit-Smlt
tolerate-Pst.
'저희 가계를 몰살하지 마십시오 (목숨만 살려 주십시오)',
(Hangin 1973:99)
벨구테를 해치지 마십시오라고 말하고 다리를 포개고 앉아 참

---

95) 2인칭 복수 간청형(benedictive) *-vtun*, *-gtün*은 선고전몽골문어(pre-classical Written Mongolian)에서는 *-dqun*, *-dkün*, 혹은 *-tqun*, *-tkün*형태였는데 중세 몽골어(14세기경)에 들어와 음위전환(metathesis)이 발생하여 어두자음군의 배열순이 전도되었다. (Poppe 1987:253-254), (小澤重男 1985:74), (유원수 1993:6)참조

고 기다렸다.'

b. Ezenten min′　unaa　　　zalguul-ž　　xairl-(a)gtun.
   lord　　1Poss　riding horse　supply-Smlt　favour-Bene.
   '주인어른, 제발 말을 빌려주십시오.'

c. Ta　　　büxen　minii　　üg-iig　　　　sons-(o)gtun.
   you(Nom)　all　　　I(Gen)　saying-Acc　listen-Bene.
   '여러분, 제 말을 들으십시오'

d. Nojon jerönxiilegč,　ta　　　　tav-tai　　　　moril-(o)gtun.
   Mr.　　president,　　you(Nom)　comfort-Comit　mount-Bene.
   '대통령 각하! 어서 오십시오.

(15)에서 종결어미 *-gtun*^{2}은 화자가 청자를 극히 높여 존대하는 맥락에
서 주로 쓰이고 있음을 알 수 있다. 즉, (15b.)에서 *xairlax*, (15d.)에서
*morilox*등의 주체존대법에 사용되는 존대어에 접미되었으며 존대어가 별
도로 존재하지 않는 *bürelgex, xönööx, sonsox* 등의 경우에도 어간에 접미
하여 존대표현을 이루고 있다.[96] 이러한 사실은 다음 (16)의 비문형성의
여부로부터도 확인된다.

(16) a. {*Či, *Öör-öö}　unaa　　　　zalguul-ž　　xairl-(a)gtun.
     {you, self-Ref}　riding horse　supply-Smlt　favour-Bene.
     '{너, 당신}, 제발 말을 빌려 주십시오.'

   b. {?Öör-sd-öö, ?Ta nar}　minii　üg-iig　　　sons-(o)gtun.
      {self-Pl-Refl, you Pl}　I(Gen)　saying-Acc listen-Bene.
      '{당신들, 너희들}, 내 말을 들으십시오'

---

96) 현대몽골어의 경어법에 나타나는 대표적인 낱말들의 존대표현은 아래 표와 같
　　이 요약할 수 있다. 여기서 가장 두드러진 특징은 겸양어의 쓰임이 매우 제한
　　적이며 화석화된 극소수의 어휘항목에 그치고 있다는 점이다. (R.Žagvaral
　　1976:100-171)참조.

(16a.)는 문종결어미 *-gtun*[2]형이 하대나 평대의 인칭대명사의 단수형과 공기함으로써 어색한 문장으로서 특히 주체경어법에 사용되는 존대어와 하대와 평대의 인칭대명사가 공기하여 화계상의 일탈현상을 초래하였다. 한편 (16b.)는 (16a.)에 비하여 상대적으로 문법성이 나아지는데 그 이유

a. 동사의 예

平待語	尊待語	謙讓語
idex (먹다)	zooglox (잡수시다)	
uux (마시다)	zooglox, xürtex (드시다)	
xelex (말하다)		aildax (말씀드리다)
sonsgox (알리다)	sonorduulax (알려드리다)	ailtgax (아뢰다)
urix (초대하다)		zalax (모시다)
uulzax, učirax (만나다)		baraalxax (뵙다)
untax (자다)	noirsox (주무시다)	
amrax (쉬다)	žargax (쉬시다)	
töröx (태어나다)	mendlex (탄신하시다)	
javax (가다)	mordox (가시다)	
xamt javax (동행하다) dagax		baraa bolox (모시다)
irex, očix (오다, 들르다)	morilox (오시다)	
baix, oršix, suux (있다)	saatax (계시다)	
ögöx (주다)		barix, örgöx (드리다, 바치다)
üzex (보다)	tolilox (보시다)	
övdöx (아프다)	čileerxex (편찮으시다)	
züdrex, jadrax (피곤하다)	alžaax (피곤하시다)	

b. 명사의 예

平待語	尊待語	謙讓語
ner (이름)	aldar (존함)	
bije (몸)	lagšin (건강)	
exner, avgai (처, 아내)	gergii (부인)	geriin xün (집사람) togoony xün (부엌데기)
nöxör (남편)		xar xün (사내)
ger (집)	örgöö (집)	ovooxoi (누거)
gar (손)	mutar (手)	
xöl (다리)	ölmii (脚)	
čix (귀)	sonor (耳)	
tolgoi (머리)	tergüün (頭)	
xool, undaa (음식, 음료)	zoog (진지)	
arxi (술)	sarxad (酌)	

는 아랫사람이어도 개별적인 대상이 아닌 전체를 지칭할 경우에는 흔히
존대표현을 사용하여 대우해준다는 화용론적 일반원리와 결부되기 때문
으로 보인다. 뿐만아니라 'sonsox'자체의 어휘적 특성인 존대어의 부재현
상과도 관련되는 것으로 보인다. 반면, 다음에서는

(17) a. Nojonton üd-iin   zoog-oo   zoogl-(o)gtun.
         lord   noon-Gen meal(Hon)-Refl partake(Hon)-Bene.
         '어르신, 점심 진지를 드십시오.'

     b. Ta büxen nar mand-(a)x-aas ömnö   mord-(o)gtun.
         you all   sun rise-Irs-Abl   before   depart(Hon)-Bene.
         '여러분, 해가 뜨기 전에 출발하십시오.'

     c. ?*Či Bat-yg xödöö jav-(a)x-ad n′   baraa   bol-(o)gtun.
         you(Nom) Bat-Acc country   go-Irs-DtLc   3Poss   retinue
         become(Hon)-Bene.
         '너, 바트가 시골에 갈 때 모시고 가십시오.'

     d. ?*Ta büxen čin   ünen-iig   ailtg-(a)gtyn.
         you all   firm truth-Acc speak(Hon)-Bene.
         '여러분, 진실을 아뢰십시오.'

   (17a.b)의 발화는 2인칭대명사의 상대나 그 대용형이 *-gtun*^{2}이 접미된
존대어와 공기하여 적절한 발화를 구성하고 있다. 그러나 (17c.d.)는 객체
경어법에 주로 사용되는 겸양어가 전체 문장의 술어로 사용됨으로써 부적
절한 발화가 되었다. 한편, 다음 (18)에서

(18) a. Či   Bat bagš-iig   xödöö jav-(a)x-ad n′
         you(Nom) Bat teacher-Acc country go-Irs-DtLc   3Poss
         baraa   bol-{-∅, -ooč, -ooroi, *-(o)gtun}
         retinue become-{Imper, Prec, Hort, Bene}
         '너, 바트선생이 시골에 갈 때 모시고 가-{-∅, -ooč, -ooroi,
         -(o)gtun}'

b. Ta   büxen čin ünen-iig   xel-{*-∅, *-eeč, -eerei, -(e)gtün}
   you(Nom) all firm truth-Acc tell-{Imper, Prec, Hort, Bene}
   '여러분, 진실을 말하-{-∅, -eeč, -eerei, -gtün}'

(18a.)는 객체존대어로 기능하는 겸양어 *baraa bolox*(모시고 가다, 수행하다)를 사용하여 객체인 *Bat bagš*를 존대하였지만 종결어미는 하대인 문장주어와 화자의 상하관계를 고려하여 하대나 평대만 가능하다. 한편 (18b.)는 상대인 문장주어가 겸양어인 *ailtgax*(아뢰다, 여쭙다)가 아닌 평대어 *xelex*(말하다)에 *-gtun²*이나 *-aarai⁴*가 접미되어 적절한 발화를 구성하게 된다. 여기서 *xelex*(말하다)는 별도의 존대어가 없기 때문에 그대로 평대어를 사용한 경우이다. 한편, 명령·원망법어미 *-gtun²*은 청자를 존대하면서도 그 본질은 명령의 화행을 구성하기 때문에 화자의 권위가 많이 드러나는 말투로서 고풍스러운 문어체나 공식적, 외교적인 수사 및 대중선동을 위한 슬로건, 표어 등으로 그 쓰임이 제한된다.

(19) a. Oron büxn-ii proletari   nar   negd-(e)gtün.   (Street 1963:117)
        country all-Gen proletarian Pl unite-Bene.
        '각국의 무산계급자들 단결하시오'
     b. Enx taivn-y tölöö temc-(e)gtün.   (C.Önörbajan 1987:155)
        peace-Gen for struggle-Bene.
        '평화를 위해 투쟁하시오'

중세몽골어에서는 널리 사용되다 현대몽골어에서는 문어체나 일부 극소수의 노년층을 제외하고는 구어체 표현에서는 거의 소멸되어가고 있는 형태인 종결어미 *-gtun²*형은 부리아트와 오이라드방언에서는 아직도 구어체에서 널리 쓰이고 있으며 단수·복수의 구별형이 있다(D.Badamdorž 1997:189), (L.Mišig 1978:136).

(20) a. Dorž guai ta   deeš-ee   suu-{*-gtun, -gtui}.
        Dorž Mr. you(Nom) upward-Refl sit-{Bene}.

'도르찌씨, 상석으로 앉으십시오'

b. Ojuutn-uud aa,   uls-yn   šalgalt(an)-d-aa
   student-Pl Voc, state-Gen exam-DtLc-Refl
   onc sain beltge-{-gtün, *-gtüi}.
   very well prepare-{Bene}.
   '대학생 여러분, 국가고사 준비를 잘 하십시오'

즉, 이들 방언에서는 단수형 종결어미 $-gtui^2$와 복수형 종결어미 $-gtun^2$이 서로 대립되어 체계적인 균형을 이루고 있으며 이 때문에 이 고어형태가 아직까지도 잔존하는 것으로 보여진다. 그러나 현대몽골어의 구어에는 상대의 2인칭 명령형종결어미의 쇠퇴로 인하여 체계상의 공백이 생기게 되었다. 이와 같은 체계상의 변동을 초래한 주요원인으로는 우선 구어체 $-aarai^4$형과 $-aač^4$형의 발달로 인한 $-gtun^2$형의 문법적 기능부담량의 퇴조현상으로 파악된다.[97] 또한, 이차적인 이유로는 $-gtun^2$형은 아무리 정중하게 말하여도 근본적으로 명령형이며, 화자와 청자의 권위를 드러내고 격식을 차린 의례적인 화행을 이루게 되므로 권위와 격식에 구애되지 않는 현대인의 정서에 부적합하기 때문일 것이다. 더욱이 20세기 초엽 봉건주의의 몰락과 사회주의 인민혁명기를 거치면서 권위주의는 더욱 퇴조하게 되었으며 특히 경어법체계의 혼돈은 계급주의의 타파를 지향한 인민정권의 언어정책에 가장 직접적인 영향을 입은 것으로 보인다. 그리고 Sanzheev(1988:111)와 C.Önörbajan(1987:154)에서 지적된 바와 같이 현대몽골어로 들어오면서 $-gtun^2$형은 구어체 $-aarai^4$형과 비교적 뒤늦게 발달하여 몽골어 경어법체계에 편입된 $-aač^4$형에 자리를 내주고 지금은 문

---

97) Sanzheyev(1988)와 C.Önörbayan(1987)에서도 유사한 견해를 찾아볼 수 있다.
   (i) a. imperative-prescriptive mood of the 2nd person, singular and plural,
       which appeared in old-script Mongolian under the influence of the
       common spoken language, it uses the suffix {-ɣarai, -gerei},
       sometimes {-arai, -erei}. (Sanzheyev 1988:111)
   b. Orčin cagiin mongol xelnii xojordugaar bijer tögsgöx -aač(-eeč, -ooč,
       -ööč) nöxcöl xožim üüssen učir mongol xel sudlalyn nom zoxiold
       xar'cangui xožim temdeglegdsen baina. (C.Önörbajn 1987:154)

어체나 공식적, 외교적인 수사 및 대중선동을 위한 슬로건이나 표어, 그
리고 극소수의 노년층에서만 화자가 청자를 극진히 대접하는 경어법으로
만 그 범위가 제한되게 되었다.

현대몽골어에서 공손한 요청은 간접화행(indirect speech act)을 통해
이루어진다. 즉, 직설법 비과거시제표지(non-Past tense marker) $-na^4$와
의문첨사 uu^2의 결합으로 이루어진 형식이 이용된다.

(21) a. Ta   nadad ene tal-aar   zövl-(ö)nö   üü.
         you(Nom) I(DtLc) this side-Instr advise-NPst Q.
         '이것에 관하여 조언해 주시겠습니까?'

    b. Erxemseg nojon tand čin setgel-ees-ee talarx-(a)ž ai-(g)aa-g
       esteemed lord you(DtLc) sincere heart-Abl-Refl thank-Smlt
       be-Impf-Acc
       min´ xülee-n av-č   sojorx-(o)no uu.
       1Poss accept-N take-Smlt permit-NPst   Q.
       '귀하게 진심으로 표하는 감사를 받아 주시겠습니까'
       (R.Žagvaral 1976:46)

(21a.b.)는 Searle(1969)의 적절성조건(felicity condition) 가운데 화자와
청자가 발화수반행위와 관련하여 배경적으로 갖는 예비조건(preparatory
codition)과 관련하여 간접화행을 이루는 예들이다. 즉, 화자는 청자가 장
차의 행위를 할 능력이 있으며 그 행위를 의도하거나 예정한다고 믿고 있
지만 과연 상대에게 그러한 의도나 의지가 있는지를 의문형식을 통해 간
접화행이 이루어지고 있다. 청자로부터 의도나 의지가 있는지의 여부를
묻는 형식은 직접적인 요청의 강도를 누그러뜨린다(이정민 외 1985:163).
(21)의 예에서 우리는 현대몽골어의 $-na^4$ uu^2형식은 요청의 형식으로 굳
어져 이제는 간접성도 그만큼 약화되어 있음을 의문부호의 부재현상에서
도 파악할 수 있다.

(22) a. Ta   nadad {neg, Ø} tusl-(a)x-güi juu.

      you(Nom) I(DtLc) {one, ∅} help-Irs-Neg   Q.
      '저를 {one, ∅} 도와주지 않겠어요?'
  b. Ta   nadad   {neg, ∅} tus bol-no   uu.
      you(Nom) I(DtLc) {one, ∅} help become-NPst   Q.
      '저를 {one, ∅} 도와주시겠습니까.'

  (22a.)는 청자의 원조행위의 의도나 의지의 존재여부를 부정의문형식을 통하여 질문함으로써 청자의 결정에 따라서는 도와주지 않아도 괜찮을 듯한 여유를 남김으로써 역시 직접적인 요청의 강도를 누그러뜨려 부드러운 요청의 간접화행이 이루어지고 있다. 이는 단순히 질문에 대한 여부만을 묻는 긍정의문문과 비교해 보면 그 차이가 확연해진다. 한편, (22a.b.)에서 'neg'이 들어가면 더욱 간절한 요청의 발화수반력을 지닌 발화가 되며 의문부호는 관습적으로 생략한다. 원래 1을 뜻하는 수사인 neg은 이러한 '요청'이나 '부탁'의 화행에서는 수사로서의 개념을 완전히 잃으며 한국어의 '좀', '제발' 등의 부사나, 혹은 영어의 *Can you please pass me the salt?*와 같은 문장 안에 있는 *please*처럼 직접적인 질문의 화행은 약화되고 간접화행으로서의 '요청'의 의미만을 갖게 한다는 점에서 이들과 기능에 있어서 유사하다고 볼 수 있다.

  한편, 이정민(1995:277-279, 298-300)에서는 한국어에서도 이와 같은 간접화행이 점차 늘어가는 경향이 있는 것으로 논의되고 있다. 또한 요청대화의 구조에 대한 설명으로 두 가지를 들고 있다. 첫째, 화자가 거절당하는 것을 피하기 위하여 그 요청의 성공여부를 미리 확인하고자 정식 요청에 앞서 질문한다. 둘째, 상대방의 처지를 고려하여 요청에 응할 수 있는지의 여부를 물어 선택의 가능성을 상대에게 열어 놓음으로써 대결의 인상을 피하고 간접요청의 효과를 가져온다는 설명이다. 이를 몽골어자료를 통해 살펴보자.

  (23) a. Ta nadad ter davs-yg av-č ög-nö üü.   (Hangin 1968:70)
       you(Nom.Hon) I(DtLc) that salt-Acc take-Smlt give-NPst Q.
       '저에게 그 소금을 건네주시겠습니까.'

b. Toliluulž   bui ene-xüü tol′ bičig-iin   tal-aar-x   sanal
zövlögöö-(g)öö
read-Smlt be this-very dictionary-Gen side-Instr-at opinion
advice-Refl
door-x   xajag-aar   ilgee-ne   üü.   (D.Tömörtogoo 1977)
below-at address-Instr send-NPst Q.
'읽고 계신 이 사전에 관하여 조언이나 충고를 아래 주소로 보
내주시겠습니까?'

(23a.)는 첫 번째 설명이 잘 들어맞고, (23b.)는 두 번 째 설명이 더 잘
맞는 듯하지만 어느 쪽의 설명이어도 간접요청의 효과를 가져온다는 점에
서는 차이가 없다. 결국 몽골어에서도 이와 같은 간접화행이 선호되는 현
상은 '요청, 명령, 지시, 제안, 권유' 등의 화행을 명시적으로 표시하지 않
고 의문문의 형식을 빌어 간접적으로 표시하는 것이 보다 더 공손하다는
언어일반적인 소통의 원리에 기인하는 것으로 볼 수 있다(장석진
1990:173-177).

4.3.1.4 -aarai⁴ (권고)

2인칭어미 -aarai⁴는 허락명령 zövšöörön zaxirax(Š.Luvsanvandan 1961:
313), 충고명령 zövlön zaxirax(C.Ölziixutag 1979:50), 명령희망 zaxiran
xüsex(M.Išdorž 1930:55), 요청희망 guin xüsex(B.X.Todaeva 1951:101),
(Ju.Mönx-Amgalan 1997:195), 권유희망 urin xüsex (D.Sanzheev
1960:68)등 학자들에 따라 다양하게 정의되어 오고 있다.98) 특히,
C.Önörbajan(1987:153)은 이 어미를 'guix(청탁), šaardax(요구), daalgax
(지시), urix(권유), zövšööröx(동의), jerööx(기원)' 등의 다양한 서법의미를

---

98) The suffixes -aarai⁴ is an imperative of the second person. added to the
     stem of a verb expresses a firm request of the speaker and is much
     politer than the stem form. It carries about the same connotation as that
     of English constructions such as "Please do …; be kind enough to … etc."
     Hangin(1968:24) 참조

띤 형태로 분석하였다. 즉, 다음 (24)에서

(24) a. Aav-d-aa ač-tai, eež-d-ee tus-tai
        father-DtLc-Refl   favour-Comit,   mother-DtLc-Refl   benefit-Comit
        sain xün bol-ooroi.
        good man   become-Hort.
        '부모님께 효도하는 착한 아이가 되거라'
    b. Za nöxöd   min´ ažl-aa   xurdan xii-(g)eerei.
        well comrades 1Poss work-Refl quick   do-Hort.
        '자 동무들! 일을 빨리 하시오'
    c. Xüü min´   üüniig   ax-d-aa döx-üül-eed   ög-öörei.
        son 1Poss this(Acc.) brother-DtLc-Refl approach-Caus-Ant
        give-Hort.
        '애야, 이것을 네 형에게 갖다 주렴'
    d. Tansag   idee-nees min´ zoogl-ooroi.
        delicious food-Abl 1Poss have(Hon)-Hort.
        '맛있게 드십시오'

(24a.)는 '기원', (24b.)는 '요구', (24c)는 '청탁', (24d)는 '권유'의 서법의미를 각각 띠는 것으로 설명하고 있다. 그러나 이처럼 다양한 서법의미는 어미 자체에 있다기 보다는 그것이 접미된 동사가 술어로 기능하는 전체 문장, 곧 발생환경으로부터 기인하는 것으로 보는 것이 타당하다. 왜냐하면 C.Önörbajan(1987)의 의미분석은 문장내의 다른 구성성분들과의 상호 관계를 토대로 하고 있기 때문에 적절한 분석이 될 수 없는 한계를 드러 낸다. 예를 들면, '허락', '충고', '명령'등의 발화수반력을 지닌 문장에서는 또다시 이 종결어미의 의미는 확대될 수밖에 없으며 그 한계치를 정확히 규정할 수 없을 뿐만 아니라, 더욱 큰 문제점은 화행의 척도상의 차이를 어떻게 명확히 구분지을 수 있겠는가 하는 점이다. 즉, 이것들은 종류의 차이라기 보다는 정도의 차이를 갖는 서법의미라고 보는 편이 더욱 타당

한 것으로 보인다(장석진 1974:59-60). (24a)는 부모에게 효도하는 효자
가 되라는 의미를 지닌 문장내에 쓰임으로써 '기원'의 화행을, (24b.c.)는
평대나 하대의 대용어가 문장의 주어를 구성하는 명령문에 어미 *-aarai*[4]
가 쓰임으로써 '요구'나 '청탁'의 화행을, (24d.)는 비록 청자가 생략되고
있지만 주체경어법의 주요 수단인 존대어 *zooglox*가 술어로 사용되고 있
는 것으로 보아 화자는 청자를 자신과의 대비를 통하여 존대의 대상으로
판단하고 있으며 이를 존대어의 사용으로 높여 대접하여 표현함으로써
'권유'나 '청유'의 화행을 각각 이루고 있는 것으로 분석된다.

　이제 종결어미 *-aarai*[4]와　2인칭대명사의 화계와의 관계를 검토해 보자.

(25) a. Ta nar 　　aǎl-aa 　　sain xii-(g)eerei.
　　　　　 you Pl(Nom) work-Refl 　well 　do-Hort.
　　　　　 '너희들 일을 잘하여라.'

　　　 b. Minii xel-sen üg-iig 　　　ta büxen bitgii mart-aarai.
　　　　　 I(Gen) tell-Pft 　saying-Acc you all 　　　Proh 　forget-Hort.
　　　　　 '제가 한 말을 여러분 잊지 마세요.'

　　　 c. Či 　　　　ter mor'-iig 　odoo usl-aarai.
　　　　　 you(Nom) 　that horse-Acc 　now 　water-Hort.
　　　　　 '너 저 말한테 지금 물을 먹여라.'

　　　 d. Neg cag-iin 　　ömnö 　öör-öö 　ger-ees-ee 　　　gar-aarai.
　　　　　 one hour-Gen before 　self-Refl 　house-Abl-Refl 　go-out-Hort.
　　　　　 '1시간 전에 당신은 집에서 나와라'

-aarai[4]형이 접미된 술어와 공기하고 있다. 즉. 종결어미 *-aarai*[4]형은 대
명사의 모든 화계 (25a.c)는 2인칭대명사의 하대형이, (25b.)는 상대형이,
(25d.)는 평대형이 각각 종결어미 와 결합할 수 있으며, (25a.b.)에서 대
명사의 복수형과 (25c.d.)에서는 단수형과 각각 공기하는 것으로 보아 수
범주에 있어서도 역시 중립적이다. 앞서 논의한 *-aač*[4]형과의 관계를 비교
해 보면,

(26) a. ?*Aav-d-aa   ač-tai,   eež-d-ee   tus-tai
father-DtLc-Refl favour-Comit, mother-DtLc-Refl   benefit-
Comit
sain xün bol-ooč
good man become-Prec.
'부모님께 효도하는 착한 아이가 되거라'

b. Za   nöxöd   min´ ažl-aa   xurdan xii-geeč.
well comrades 1Poss work-Refl quick   do-Prec.
'자 동무들! 일을 빨리 하시오'

c. Xüü min´ üüniig   ax-d-aa döx-üül-eed ög-ööč.
son 1Poss this(Acc) brother-DtLc-Refl approach-Caus-Ant
give-Prec.
'얘야, 이것을 네 형에게 갖다 주렴'

d. ?*Tansag   idee-nees min´   zoogl-ooč.
delicious food-Abl 1Poss have(Hon)-Prec.
'맛있게 드시오'

(26a.)는 (24a.)와는 달리 '기원'이나 '소망'의 화행을 이루지 못하고 오히려 버릇없는 아이에게 야단을 치고 꾸중하는 '비난'과, 청자의 행동이나 처신의 교정을 요구하는 '지시'의 화행을 이룬다. (26b.)에서도 일처리가 늦은 하급자들에게 태만하지 말 것을 요구하며, (26c.)에서는 원래 가족 관계를 지칭하는 호격어의 사용과 복합술어 -aad ögöx형식(-해 주다)의 결합으로 '요구'의 발화수반력이 상당히 약화되어 '요청'이나 '부탁'의 화행을 이루게 된다. 또한 (26d.)는 화자와 청자사이의 친밀성과 긴밀한 유대 관계가 없다면 음식을 즉시 먹을 것을 강권하거나 재촉하는 의미여서 부적절한 발화가 되기 쉽다. 이들 두 어미의 의미상의 차이를 뚜렷이 보여주는 축복이나 기원을 나타내는 발화를 보자.

(27) a. Sain jav-ž   sanaa-(g)aar-aa   žarg-{*-aač, -aarai}.
well   go-Smlt intention-Instr-Refl   enjoy-happiness-{Prec,

   Hort}.

   '마음껏 행복을 누리십시오'

  b. Nas bür-d-ee   az žargal-tai am'dr-{*-aač, -aarai}.

   age each-DtLc-Refl happiness-Comit live-{Prec, Hort}.

   '평생을 행복하게 사십시오'

(27a.b.)에서 명령·원망법어미 -aač^{4}는 문장의 발화와 동시에 즉각적인 행위의 이행, 즉 여기서는 '행복한 인생의 영위'를 즉시 이행할 것을 명령함으로써 비문이 되는 반면, -aarai^{4}는 즉각적인 행위의 이행을 요구하지 않고, 청자의 장차의 행위에 대한 화자의 바램을 나타냄으로써 적절한 발화가 된다.99)

한편 몽골어에는 청자의 특정 행위의 이행을 금지하기 위하여 '위협'의 발화수반력을 갖는 관용적인 표현들이 있다.

(28) a. Či   zövšööröl-güi jav-aad üz-eerei (Street 1963:151)

  you(Nom) approval-Neg go-Ant see-Hort.

  '너, 허락 없이 가 보아라'

---

99) Street(1963)와 Poppe(1970)는 -aarai^{4}와 -aač^{4}의 의미상의 차이를 다음과 같이 정의하였다.

(i) a. -aarai^4 carries the meaning of a sympathetic request or command, often to be carried out not immediately, but in the indefinite future. (Street 1963:116)

  b. -aarai^4 forms the imperative of the future, which expresses an order or request which is to be fulfilled later. (Poppe 1970:129)

  c. -aač^4 is used in firm requests, usually in informal context. often there is a implication that both the speaker and the hearer will be benefitted by the action. (Street 1963:117)

  d. -aač^4 forms the so-called precative, a form that indicates humble but urgent begging, which is addressed to the second person of the singular and plural. (Poppe 1970:128)

(ia.b.)의 정의로부터 어미 -aarai^{4}는 주로 막연히 미래에 이행될 행위에 관한 '요청'이나 '명령'에 사용되고, (ic.d.)의 정의로부터 어미 -aač^{4}는 발화와 동시에 특정 행위의 이행을 즉각 '요구'나 '간청'에 각각 사용됨을 알 수 있다.

   b. Či   zövšööröl-güi jav-aad üz-eeč.
      you(Nom) approval-Neg go-Ant see-Prec.

   c. Či   jostoi ing-eed   amar   saixan žarg-aarai.
      you(Nom) really do-thus-Ant peaceful well enjoy-happiness-
      Hort.
      '너, 정말 이렇게 행복하게 잘 살아라'
      (Ju.Mönx-Amgalan 1997:170)

   d. ?*Či   jostoi ing-eed   amar   saixan žarg-aač
      you(Nom) really do-thus-Ant peaceful well enjoy-happiness-
      Prec.

(28a.c.)는 반어적 표현으로서 (28a.)는 청자가 만약 허락 없이 자리를 뜨면 가만두지 않겠다는 의미로, (28c.)는 표면적인 의미와는 정반대의 의미, 즉 '어디 한번 잘 먹고 잘 살아 보아라'와 같은 축복이 아닌 '저주'의 발화수반력을 가진다.[100] (28b.)는 청자에게 별일 없을 테니까 한번쯤 허

---

100) 특히 구어에서는 항상 *jostoi*에 비상한 강세가 놓이며 아래 (ia.b.c.)를 대화 함축한다고 토박이 화자들은 보고하였다.
 (i) a. Či   jostoi ing-eed   saixan zov-ooroi.
     you(Nom) really do-thus-Ant well   suffer-Hort.
     '너, 정말 어디 한번 고생해 보아라'
   b. Či jostoi ing-eed   saixan zov-(o)ž   jadr-(a)x-yg   xar-″ya.
     you(Nom) really do-thus-Ant well suffer-Smlt worry-Irs-Acc look- Vol.
     '너, 정말 어디 한번 고생하는 것을 두고보겠다'
   c. Činii   sain jav-(a)x-yg čin′   xar-na   daa.
     you(Gen) well go-Irs-Acc 2Poss   look-NPst DAA.
     '네가 어디 잘 지내는지 두고 볼 것이다'
 Ju.Mönx-Amgalan(1997:169-173)은 몽골어의 반어적 표현이 *saixan medeerei* (잘 새겨둬), *neeree medeerei*(진짜 명심해), *čamaig daa*(너 두고 보자), *za gaigüi dee*(자, 좋아), *aa tiim bii*(아 그러셔?) 등의 부가어나 *či jostoi*(너 정말 로), *či muu*(이놈), *čam šig jum*(너따위), *muu gölög čin′*(이 새끼), *muu xar* + 명사 (나쁜 ...놈) 등 호격의 특성이 강한 2인칭 대용어가 사용된 화맥에서 주로 나타난다고 논의하였다. 이러한 구어의 특질은 문어에서는 쉽사리 재생되지 않는다. 음조(tone), 억양(intonation), 강세(stress) 등이 특히 특징적인 형

락 없이 자리를 뜨는 일을 시도해보라는 '권유'나 '부추김'의 발화수반력을 지닌 화행을 이룬다. (28d.)는 앞의 (28a.)와 마찬가지의 이유로 부적절한 발화를 이룬다.

지금까지 논의한 명령·원망법어미들 중 2인칭 종결어미와 2인칭대명사 사이의 대응관계를 요약하면 아래 〈 표 4.7 〉과 같다.

〈 표 4.7 〉 몽골어 2인칭대명사와 명령형종결어미의 대응관계[101]

화 계	2인칭대명사		종결어미(명령문)	화행의미
	단수	복수	단수 · 복수	
上待	ta	ta büxen	-gtun^2 (문어체)	간청
				기원
平待	ööröö	öörsdöö	-aarai^4	권고
				요구,지시
			-aač^4 (-aat^4(극소수방언))	
下待	či	ta nar	-∅	명령

즉, 현대몽골어의 구어에서는 *-gtun^2*의 쇠퇴와 형태론상으로는 상대인 *ta*의 복수형 *ta nar*가 2인칭복수 상대가 아닌 하대의 화계를 차지함으로써 체계 전체에 불균형과 동요현상이 발생하고 있다. 또한 이 표에서 볼 수 있듯이 종결어미 *-aarai^4*형은 상대와 하대 그리고 평대에 두루 사용된다. 한편, 2인칭대명사의 하대인 *či*의 복수형으로 *či nar*나 수사를 덧붙인

태를 띠게 되므로 단순히 의문부호나 감탄부호 억양형 등으로 표현하기에는 여전히 상당한 한계가 있다.

101) Ju.Mönx-Amgalan(1997:199)는 2인칭 문종결어미들의 공통된 원의미(cöm utga)를 xüsex(所望)으로 분석하고 이들 각각의 의미를 -teg nöxcöl(零形態)는 zaxiran tušaax(命令), *-aač^4*형태는 šaardan xüsex(要請), *-aarai^4*형태는 guin xüsex(祈願), *-gtun^2*형태는 xündetgen xüsex(懇請) 등으로 파악하였다. 한편 *-uuzai^2*형태의 원의미는 seremžlen bolgoomžlox(念慮)로서 다른 의미형들과는 중첩되지 않는 독립적이고 특수한 의미적 지위를 차지하고 있으며, 수학적 개념을 빌려서 하나의 원소로 이루어진 단위집합을 구성한다고 논하였다. 그럼에도 불구하고 그는 *-uuzai^2*를 전통적인 분류를 좇아 기타의 2인칭 문종결어미들과 동일범주에 포함시키고 있다.

či {xojor, gurav...} 등의 형태가 없는 것은 아랫사람이나 친구라 하더라
도 개별적인 상대를 가리킬 때는 하대를 하지만 전체를 가리킬 경우에는
존대표현을 사용하여 대우해 주는 언어일반적인 현상과 관련된다.102) 따
라서 형태론상으로는 가능한 구성인 *či nar*의 부재로 인해 생긴 체계상의
공백을 원래 상대인 *ta*의 복수형 *ta nar*가 이동하여 메움으로써 이번에는
오히려 *ta*의 복수형에 체계상의 공백이 생기게 되었다. 그리고 이 공백은
보충법에 의하여 일종의 대용어적 성격이 강한 *ta büxen*이 메우게 되어
체계상의 안정을 이루게 된다. 또한 1인칭 복수형 *ta nar*는 그 기원이 1
인칭 上待 *ta*이므로 인하여 1인칭복수형은 중립적인 화계의 성격을 띤다.

4.3.1.5 *-uuzai²* (경계)

*-uuzai²*의 서법의미는 환기경계 *sanuulan seremžlüülex*(Č.Luvsanžav
1976:150), 주의경계 *anxaaruulan bolgoomžlox*(L.Lxagva, Ž.Luvsandorž
1978:81), 경계 *bolgoomžlox* (Š.Luvsanvandan 1956:86), (L.Mišig
1978:139), (D.Badamdorž 1997:189), 주의환기 *anxaaruulan
sanuulax*(C.Önörbajan 1987:155), 각성경계 *seremžlen bolgoomžlox*
(Ju.Mönx- Amgalan 1997:197), 염려 (정제문 1986:129) 등 학자에 따라
다양한 용어로 정의되어 오고 있다. 이 어미에 대한 국외학자들의 설명을
보면

> (29) a. *-uuzai²* expresses the hope or wish of the speaker that some
>   undesired action will not take place. (Street 1963:119)
> b. *-uuzai²*, the so-called dubitative expresses a fear that
>   something undesirable may happen. (Poppe 1970:129-130)

---

102) 몽골어의 복수접미사는 *nar, čuud², čuul², -d, -s, -nuud², -uud²* 등 다양한
접미사가 있는데 이들 중 *nar*는 주로 인간이나 신을 가리키는 명사어간에 붙
이며 모음조화에 따른 변이형을 갖지 않으며 철자시에도 명사의 어간과 독립
해서 쓴다. 또한 고유명사에 결합하여 '―일행, -와 그 수행원들, -와 그 측근
들'등의 의미를 나타낸다. Š.Luvsanvandan(1966:88), G.D. Sanzheyev
(1988:83-84), D.Badamdorž(1997:157)참조.

> c. This suffix express admonitions and precautionary guidelines.
> Even if the verb to which this suffix is added stands in the
> 3rd person, the admonition is addressed to the 2nd person
> singular or plural. (Kullmann & Tserenpil 1996:180)

즉, 이들 학자들의 선행연구로부터 문종결어미 -uuzai[2]는 주로 바람직하지 않는 사태발생을 우려하거나 경계하는 서법의미를 지닌 것을 알 수 있다. 한편, 이 어미의 인칭제약에 관해서는 상당한 논란이 있어왔다. Š.Luvsanvandan (1968:83), B.X.Todaeva (1951:103)등은 3인칭 문종결어미로 분석한 반면, L.Mišig(1978:139), D.Sanzheev(1960:69), Š.Luvsanvandan (1956:86)등은 2인칭·3인칭 문종결어미로 분석하였다. 또한 Kullmann & Tserenpil (1996:180), C.Önörbajan (1987:155)은 2인칭 문종결어미로 분류하였다.[103]

이제 과연 이 어미에는 어떤 인칭제약이 있는지 검토해 보자.

(30) a. *Bi   cuv-güi   jav-ž   boroo(n)-d cox-iul-uuzai.
      I(Nom) raincoat-Neg go-Smlt rain-DtLc   hit-Caus-Dubt.
      '나는 비옷 없이 외출하다 비를 홈뻑 맞을라.'

---

103) C.Önörbajan(1987)은 *Bi untuuzai*(내가 잠들라), *Či untuuzai*(네가 잠들라), *Ter untuuzai*(그가 잠들라)라는 세 가지 예문을 들고 이들은 모두 청자에게 주의를 환기시키는 서법의미를 지니고 있다고 주장하고 따라서 종결어미 *-uuzai[2]*는 2인칭 문종결어미라고 분석하였다. 또한 2인칭 문종결어미의 또다른 근거로는 다른 2인칭 문종결어미인 '*φ*, *-aarai[4]*', *-aač[4]*'등과 금지첨사 *büü, bitgii*의 결합에 의하여 문장을 바꾸어 표현할 수 있는 점을 들고 있다. 그러나 이것은 명백한 오류로서 통사론적 현상인 인칭제약을 의미에 기대어 규정한 것으로 밖에 볼 수 없다. 만약 그의 주장대로라면 인칭종결어미 *-uuzai[2]*에는 인칭제약이 전혀 없는 것으로 분석했어야 옳다. 또다른 문제로는 의미론적 근거로 그가 들었던 부정명령의 의미가 종결어미 *-uuzai[2]*에 있는가 하는 것이다. 그 자신도 '주의환기'의 서법의미를 나타내는 것으로 정의하면서도 한편으로는 '부정명령'의 의미와 동일시하는 모순을 보이고 있다. 한편, 종결어미 *-uuzai[2]*가 두려움이나 부정적인 소망을 나타내지 않고 단순한 추정이나 예측을 나타내는 경우의 논의는 Sanžeev(1962:279), Yu(1991:65) 참조.

   b. Či   arxi(n)-d   or-ood   ažil-aas-aa   xal-(a)gd-uuzai.
      you(Nom) liquor-DtLc enter-Ant work-Abl-Refl   discharge-
      Pass-Dubt.
      '네가 술독에 빠져 직장에서 내쫓길라.'
   c. Ta   büxen   xel am(an)-d   ört-üüzei.
      you(Nom) all   tongue mouth-DtLc encounter-Dubt.
      '여러분들 구설수에 말릴라.'
   d. ?*Ene delxii-n   baigal' orčin   boxird-uuzai.
      this world-Gen nature environment be-polluted-Dubt.
      '세계의 환경이 오염될라.'

  (30a.)는 인칭제약현상을 위반하여 비문이 된다. 또한 (30d.) 역시 어딘지 어색한 문장이 된다고 토박이화자들은 설명한다. 즉, 이 용례들은 종결어미 -uuzai² 형태가 1인칭 및 3인칭의 문장주어와는 공기할 수 없고, 단지 2인칭주어와만 공기할 수 있다는 사실을 보여준다. 또한, (30b.c.)에서 볼 수 있듯이 부정적 평가의 술부에 연결되어 바람직하지 않은 행위가 일어날까 봐 염려하여 미리 주의를 환기시켜 경계하도록 하는 의미를 나타내고 있다. 따라서 긍정적인 평가의 술어와는 (31)에서 보는 바와 같이 공기 할 수 없다.

  (31) ?*Nojon   min' urt   nasal-ž   udaan   žarg-uuzai.
       lord 1Poss long live-Smlt for-a-long-time enjoy-happiness-Dubt.
       '어르신이 오래 사시면서 행복을 누리실라'

  즉, (31)의 문법성이 나빠진 이유는 화자가 '어르신의 장수와 행복'을 우려함으로써 일반적인 상황에서는 부적절한 발화가 되기 때문이다. 그러나 특별한 상황이나 조건이 주어진다면

  (32) a. Gadaad-yn-xan   manai   üildevr-iin   texnologi-in   nuuc-yg
         foreign-Gen-Coll we(Gen) factory-Gen technology-Gen secret-

Acc sur-uuzai.

acquire-Dubt.

'외부인이 우리 공장의 생산기밀을 습득할라'

b. Ta   xüüxed-ee xöx-üül-ž   bai-x-d-aa

you(Nom) child-Refl suckle-Caus-Smlt be-Irs-DtLc-Refl

nam   unt-uuzai.

sound sleep-Dubt.

'당신이 아이에게 젖을 빨릴 때 곤히 잠들라'

(32a.)는 산업스파이로 의심이 가는 외부인들에게 산업기밀이 누출될까 봐 염려하는 상황에서는 적절한 발화가 된다. (32b.)는 가령, 산모에게 젖을 먹이면서 잠을 자게되면 유아에게 위험하다고 미리 주의를 환기시키는 의사나 간호원 등의 발화로는 적절하다. 즉, 종결어미 -uuzai[2]형의 적절성 여부는 전체맥락과 관련된 화자의 평가에 달려있다. 그리고 (32a.)에서는 3인칭 주어임에도 정문을 구성하고 있다. 즉, 어미 -uuzai[2]의 인칭제약은 2인칭과 3인칭의 주어와 공기할 수 있으며, 1인칭의 문장주어와는 공기할 수 없는 것으로 분석된다. 한편, (30d.)유형의 예를 다시 살펴보면

(33) a. ?Ene delxii-n baigal′ orčin   boxird-uuzai.
     this world-Gen nature environment be-polluted-Dubt.
     '이 세계의 환경이 오염될라.'

b. ?Manai ex oron   delxii-n   sojol-ooc   xocr-uuzai.
   we(Gen) mother · land world-Gen culture-Abl fall-behind-
   Dubt.
   '우리 나라가 세계의 문명으로부터 뒤쳐질라.'

c. {*bid, ta, ted} nar manai   ex oron-g   delxii-n
   {we, you, they} Pl we(Gen) mother · land-Acc world-Gen
   sojol-ooc   xocr-uul-uuzai.
   culture-Abl fall-behind-Caus-Dubt.
   '{우리, 당신들, 그들}이 우리조국을 세계의 문명으로부터 뒤쳐

지게 할라'

d. {*bid, ta, ted} nar ene delxii-n ˙ baigal′ orčin-g
{we, you, they} Pl this world-Gen nature   environment-Acc
boxird-uul-uuzai.
be polluted-Caus-Dubt.
'{우리, 당신들, 그들}이 이 세계의 환경을 오염시킬라.'

 (33a.)가 어딘지 어색하거나 비문인 듯이 느껴진다고 판정하는 토박이
화자들은 (33c.)에 대해서는 1인칭을 제외하고는 정문으로 판별한다.
(33b.)도 (33a.)와 유사한 판정을 보여 어딘지 어색해 보인다고 응답한
토박이 화자들은 (33d.)에 대해서는 (33c.)와 유사하게 1인칭을 제외한 2
인칭이나 3인칭의 주어가 사용될 경우에는 모두 정문으로 판정하고 있다.
여기서 우리는 문종결어미 -uuzai² 형의 선택제약에는 3인칭 주어일 경우
〔+human〕의 자질이 요구되고 있음을 알 수 있다. 이러한 분석의 타당성
은 (33a.c.)를 어색하거나 문법성이 나쁜 것으로 판정하고 있는 화자들
중 일부는 (33a.)에서 3인칭주어인 '세계의 환경'이 스스로 오염될 수는
없으며, (33b.)에서도 '우리 나라'가 스스로의 의지에 의하여 세계의 문명
으로부터 퇴보하지는 않을 것이기 때문이라는 응답에서도 찾아 볼 수 있
다. 한편 -uuzai² 형은 현대몽골어에서 주로 문학적 표현이나 문어체에서
나타나며 구어에서는 -x bii (vii) 형식에 밀려 점차 소멸되어 가고있는 과
정에 있는 것으로 보인다.104)

---

104) 전술한 모든 용례들의 어미 -uuzai²는 구어에서 -x bii (vii) 형식으로 자유
   롭게 교체된다.

(i) a. Ene delxii-n   baigal′ orčin   boxird-(o)x   bii (vii).
   this world-Gen nature environment be-polluted-Irs BII (VII)
   '세계의 환경이 오염될라.'

   b. Manai ex oron   delxii-n sojol-ooc xocr-(o)x   bii (vii).
   we(Gen) mother ˙ land world-Gen culture-Abl fall-behind-Irs BII
   (VII)
   '우리 나라가 세계의 문명으로부터 뒤쳐질라.'

   c. Ta   xüüxed-ee xöx-üül-ž   bai-x-d-aa
   you(Nom) child-Refl suckle-Caus-Smlt be-Irs-DtLc-Refl

4.3.1.6 2인칭 문종결어미와 첨사

이제 지금까지 논의한 2인칭 문종결어미와 첨사들 사이의 공기관계를 고찰하기로 하자.

먼저 하대의 명령형어미 -∅형태부터 첨사들과의 공기가능성을 살펴보자.

(34) a. Ta   xojor naaš-aa   suu *l* {daa, *šüü, *šüü dee}.
     you(Nom) two   hither-Refl   sit *L* {DAA, ŠÜÜ, ŠÜÜ DEE}
     '자네들 둘, 이쪽으로 가까이 앉게나'

  b. Ta nar uls-in   šalgalt(an)-d-aa   sain beltge {*üü, *be}?
     you Pl state-Gen exam-DtLc-Refl   well prepare   Q?
     '너희들, 국가고사를 잘 준비 해 {ÜÜ, BE}?'

  c. Či   tamxi {*ül, *es} tat
     you(Nom) tobacco {Neg}   smoke.

  d. Či   tamxi {büü, bitgii} tat.
     you(Nom) tobacco   {Proh}   smoke.
     '너, 담배 피우지 마.'

  e. Ta nar xičeel-ee sain davt   {*biz, *šiv, *bii, *dag ...}
     you Pl lesson-Refl well   review
     '너희들, 강의내용을 잘 복습해{BIZ, ŠIV, BII, DAG, ...}'

(34a.-e.)에서 우리는 2인칭 문종결어미 -∅형태는 양태첨사 가운데

---

     nam   unt-(a)x bii (vii)
     sound sleep-Irs BII (VII).
     '당신이 아이에게 젖을 빨릴 때 곤히 잠들라'
  d. *Bi   cuv-güi   jav-ž   boroo(n)-d cox-iul-(a)x   bii (vii).
     I(Nom) raincoat-Neg go-Smlt rain-DtLc   hit-Caus-Irs BII (VII).
     '나는 비옷 없이 외출하다 비를 흠뻑 맞을라.'

  (ia.b.)에서 우리는 인칭종결어미 -uuzai[2]형에서 볼 수 있었던 3인칭 주어의 [+human]의 선택제약이 '-x bii (vii)'형식에서는 존재하지 않음을 알 수 있다. 그러나 (id.)에서 볼 수 있듯이 인칭제약현상은 여전히 남아 있다. 즉, 1인칭주어와는 여전히 공기할 수 없다.

daa^{4}와만, 그리고 금지첨사 *büü, bitgii*와만 결합할 수 있을 뿐, 부정첨사, 의문첨사, 추정첨사 등과는 전혀 결합할 수 없다는 것을 알 수 있다.

한편, 요구·지시의 서법의미를 나타내는 2인칭 문종결어미 *-aac*^{4}의 경우를 검토하면,

(35) a. Xural-d   ganc   *č* minut xožigdol-güi ir-eeč
{dee, *šüü, *šüü dee}
conference-DtLc single Č min.   delay-Neg   come-Prec
'회의에 1분도 늦지 말고 와라 {DAA, ŠÜÜ, ŠÜÜ DEE}'

b. Xural-d ganc *č* minut xožigdol-güi ir-eeč {*uu, *ve}?

c. Xural-d ganc *č* minut {*ül, *es} xožigdol-güi ir-eeč.

d. Xural-d ganc *č* minut {*büü, *bitgii} xožigdol-güi ir-eeč

e. Xural-d ganc *č* minut xožigdol-güi ir-eeč {*biz, *šiv, *bii, *dag ...}

2인칭 문종결어미 *-aac*^{4}가 접미된 동사 *ireeč*는 (35a.)에서 첨사 *daa*^{4}와 만 결합할 뿐 (35b.-e.)에서 볼 수 있듯이 어떠한 첨사와도 결합할 수 없다. 즉, 동사어간형으로만 이루어진 2인칭 문종결어미 *-∅*와는 달리 (35d.)에서 볼 수 있듯이 금지첨사 *büü, bitgii*의 부가도 불가능하다. 따라서 2인칭 문종결어미 *-∅*와 *-aac*^{4}는 첨사와의 결합관계에서 상이한 성질을 갖는 것으로 분석할 수 있다. 그러나 이러한 현상은 첨사가 결합되기 이전의 문장에 이미 부정의 의미를 지닌 명사류 파생접미사 *-lgüi*의 존재로 인하여 나타난 현상일 뿐이다. 즉 이중부정의 형식을 취함으로써 전체 문장의 의미는 부정소의 영향권에 대한 해석에 따라 '회의에 1분도 안 늦지 말고 와라', 또는 '회의에 1분도 늦지 말고 안 와라', '회의에 1분이라도 늦게 도착해라'라는 논리적으로 모순되는 명제로서 적절한 명령행위를 구성할 수 없다. 한편 이와 유사한 경우의 예는 다음 (36)에서

(36) a. Xool-oo   xaluun-d n′   {*ül, *es} id-eeč.
meal-Refl hot-DtLc 3Poss {Neg}   eat-Prec.

'음식을 뜨거울 때 {ÜL, ES} 먹어라'

b. Xool-oo   xaluun-d   n′   {?*büü, ?*bitgii}   id-eeč.
   meal-Refl   hot-DtLc   3Poss   {Proh}   eat-Prec.

c. Xool-oo   xaluun-aar   n′   {*ül, *es}   id-eeč.
   meal-Refl   hot-Instr   3poss   {Neg}   eat-Prec.

'음식을 뜨거운 체로 {ÜL, ES} 먹어라.'

d. Xool-oo   xaluun-aar   n′   {büü, bitgii}   id-eeč.
   meal-Refl   hot-Instr   3Poss   {Proh}   eat-Prec.

(36a.c.)에서 명령문의 경우 부정첨사 *ül, es*는 명제내용과는 무관하게 원래부터 부적격한 구성임을 알 수 있다. (36b.)와 (36d.)의 유일한 차이는 형용사 *xaluun*(뜨거운, 더운)에 접미된 격어미로써, (36b.)에는 여·처격이 (36d.)에는 도구격이 접미되었을 뿐인데도 문법성에 있어서 차이를 보여주고 있다. 그 이유는 '*Xooloo xaluund n′ idex*'((차갑지 않은 상태의) 더운 음식을 먹음)와 '*Xooloo xaluunaar n′ idex*'((채 식지도 않은 펄펄 끓는 상태의) 뜨거운 음식을 먹음)의 의미상의 차이에 기인한다. 즉, 일반적인 기준에서 싸늘하게 식은 음식보다는 따끈따끈한 더운 음식이 더 선호됨에도 불구하고 금지첨사를 부가함으로써 '더운 음식을 먹지 마라'는 어색한 문장이 되고 말았다. 물론 특수한 경우, 가령 체질적으로 더운 음식은 건강에 해롭다는 의사의 권고일 경우에는 적절한 발화가 될 수도 있지만 정상적인 경우에는 비문에 해당한다. 반면 (36d.)는 '끓고 있는 음식을 먹지 마라'는 의미로서 '지나치게 뜨거운 음식은 건강에 이롭지 않다'는 일반상식에 부합되는 지시의 화행을 이루어 정문이 된다.

이제 2인칭 문종결어미 *-gtun²*과 첨사들의 공기가능성을 살펴보자.

(37) a. Ta büxen   manai-d   tav-tai   moril-(o)gtun
        {*daa, *šüü, *šüü dee}.
        you all(Hon) we(Gen)-DtLc comfort-Comit arrive-Bene.
        '여러분, 저희 집에 어서 오십시오 {DAA, ŠÜÜ, ŠÜÜ DEE}'

   b. Ta büxen   manai-d   tav-tai   moril-(o)gtun {*uu, *ve}.

c. Ta büxen   manai-d   tav-tai {*ül, *es} moril-(o)gtun.

d. Ta büxen   manai-d   tav-tai {*büü, *bitgii} moril-(o)gtun.

e. Ta büxen   manai-d   tav-tai {*ül, *es} moril-(o)gtun {*biz, *šiv,
   *bii, *dag ...}

(37)의 예에서 우리는 상대의 2인칭 문종결어미 *-gtun²*은 첨사들과의 결합이 전혀 불가능한 것으로 결론내릴 수 있다. 즉, (37a.) 긍정첨사, (37b.) 의문첨사, (37c.) 부정첨사, (37d.) 금지첨사, (37e.) 추정첨사 중 어느 것과도 결합하면 비문을 발생하게 된다. 특히 금지첨사와의 결합이 불가능하다는 사실은 앞서 살펴본 2인칭 문종결어미 *-∅*(영형태), *-aac⁴*, 그리고 다음 절에서 살펴볼 *-aarai⁴*등과 가장 두드러진 차이점이다. 우리는 이러한 현상에 대하여 문종결어미 *-gtun²*은 구어에서는 이미 소멸된 화석형이기 때문에 구어의 특징인 첨사들과는 공기할 수 없는 것으로 분석한다. 4.3.1.3에서 이미 논의한 바와 같이 이 문종결어미는 슬로건이나 표어에만 극히 드물게 출현할 뿐 일상적인 구어에서는 거의 사용되지 않는다(Kullmann & Tserenpil 1996:181).

이제 2인칭 문종결어미 *-aarai⁴*와 첨사들간의 공기가능성을 검토해 보자.

(38) a. Či zövšööröl-güi jav-aad üz-eerei   {*šüü, daa⁴, *šüü dee}
        you(Nom) approval-Neg go-Ant see-Hort {ŠÜÜ, DAA, ŠÜÜ
        DEE}
        '너, 허락 없이 가 보아라 {ŠÜÜ, DAA, ŠÜÜ DEE}. '

b. Ta   nadad   zam zaa-ž   ög-öörei   {*yüü, *ve}
   you(Nom) I(DtLc)   way show-Smlt   give-Hort   Q.
   '나에게 길을 가리켜 주세요'

c. Minii xüü, xün-ii   gazar nutg-iin-(x)aa   čuluu-g
   I(Gen) son, man-Gen land   homeland-Gen-Refl   stone-Acc
   {*ül, *es ; büü, bitgii} xaj-aarai.   (Ju.Mönx-Amgalan
   :1997:195)
   {Neg ; Proh}   throw-Hort.

'얘야, 타국에서는 고향의 돌을 {UL, ES ; BÜÜ, BITGII} 버려라'

d. Nas bür-d-ee   sanaa-(g)aar-aa   žarg-aarai {*biz, *šiv, *bii,
*dag ...}

age each-DtLc-Refl intention-Instr-Refl enjoy-happiness-Hort
'한평생 마음껏 행복을 누리십시오 {BIZ, ŠIV, BII, DAG, ...}'

(38a.)는 -aad üzeerei(-하기만 해 보아라)형식의 '위협'의 화행, (38b.)
는 -ž ögöörei(-해주다)형식의 '요청'의 화행, (38c.)는 '먼길을 떠날 때에는
반드시 고향의 조약돌을 부적처럼 간직하고 다니는 몽골민족 고유의 풍습
에서 나온 '충고'의 화행, (38d.)는 '기원'의 화행에 각각 해당한다. 우리는
(38a.-d.)의 예들로부터 2인칭 문종결어미 -aarai⁴와 첨사들과의 공기가능
성은 긍정첨사 중 daa와, 그리고 금지첨사 büü, bitgii와만 결합할 뿐 의문
첨사, 부정첨사, 추정첨사와는 전혀 결합할 수 없음을 알 수 있다.

이제 마지막으로 문종결어미 '-uuzai²'형의 첨사들과의 공기관계를 분석
하자.

(39) a. Ta   büxen xel   am(an)-d   ört-üüzei
{*šüü, dee, *šüü dee}.
you(Nom) all   tongue mouth-DtLc encounter-Dubt.
'여러분들, 구설수에 말릴라{ŠÜÜ, DAA, ŠÜÜ DEE}.'

b. Ta büxen xel am(an)-d ört-üüzei {*juu, *ve}

c. Ta büxen xel am(an)-d {*ül, ?es} ört-üüzei

d. Ta büxen xel am(an)-d {*büü, *bitgii} ört-üüzei

e. Ta büxen xel am(an)-d ört-üüzei {*biz, *šiv, *bii, *dag ...}

(39a.b.)에서 문종결어미 -uuzai²는 긍정첨사 daa⁴와만 결합할 수 있을
뿐이다. 그리고 (39d.)는 금지첨사와, (39e.)는 추정첨사와 결합할 수 없
음을 보여준다. 한편, (39c.)에서 부정첨사 es와의 결합은 어색해지거나
비문에 가까워짐을 볼 수 있다. 그러나 이것은 문장자체에 담겨있는 의미
에서 기인한 현상일 따름이다. 즉, 일반적인 상황에서 화자가 청자에게

'구설수에 안 말리면 어떻게 하나'라고 주의를 환기시킬 목적으로 발화하
는 경우를 상정하기란 어려운 일이기 때문이다. 문종결어미 *-uuzai*[2]의 부
정첨사와의 결합가능성을 이와는 다른 정상적인 예를 통하여 살펴보
자.105)

(40) a. Ta büxn-iig manai-d   {es, *ül} moril-uuzai ge-ed

      you all-Acc we(Gen)-DtLc {Neg} arrive-Dubt say-Ant

      zam deer xülee-sen.

      way on wait-Pft.

      '여러분들이 우리 집에 안 오실까 봐 길에서 기다렸지요.'

   b. Bi   ter muu Doržii-g {es, *ül} jav-uuzai ge-ed

      I(Nom) that bad Dorž-Acc {Neg}   go-Dubt   say-Ant

      sanaa zov-son   jum.

      heart worry-Pft JUM.

      '나는 그 도르찌 녀석이 안 갈까봐 걱정하였다.'

(40a.b.)에서 문종결어미 *-uuzai*[2]형태는 부정첨사와의 공기가 가능하며
이 경우 *es*에 의해서만 부정형 형성이 가능하며, 또한 긍정형과 마찬가지
로 2인칭과 3인칭의 주어를 허용함을 알 수 있다. 그러나 '*es* + 동사어간
-uuzai[2]형은 긍정형 *-uuzai*[2]와 마찬가지로 문어체표현으로 국한되어 사용
될 뿐이며 구어에서는 *-xgüi baix vii*형식이 그 대체형으로 이미 정착되었다.

---

105) Sanzheyev(1988:115), Poppe(1951:78, 1954:175) 등은 *-uuzai*[2]형을
    'dubitative(혹은 apprehensive)'로 명명한 후 이것의 부정표현은 부정첨사
    *büü*를 결합하여 구성되는 것으로 논의하고 있다. 한편 유원수(1993:27)는
    ül, es, büü, bitgii 등의 어떠한 부정표지형태소와도 공기할 수 없다고 주장
    하였다. 그러나 현대몽골어에서 문종결어미 *-uuzai*[2]형은 금지첨사인 *büü*(문
    어형), 혹은 *bitgii*(구어형)와는 결합이 불가능하지만, 부정첨사인 *ül*과 *es*
    가운데에서 특히, *es*를 사용한 부정문의 구성은 정문을 형성한다
    (C.Önörbajan 1987:155), (Š.Luvsanvandan 1956:87).
    한편, Schmidt(1831:75)는 *-uuzai*[2]형을 가정법의 가능형으로 규정하였고,
    Bobrovnikov(1849:153, 173)는 원망법이 아닌 직설법 미래시제어미로 분류
    하였다.

(41) a. Ta büxn-iig manai-d moril-(o)x-güi bai-x   vii   ge-ed
        you all-Acc   we(Gen)-DtLc arrive-Irs-Neg be-Irs   VII
        say-Ant zam deer xülee-sen.
        way on   wait-Pft.
        '여러분들이 우리 집에 안 오실까 봐 길에서 기다렸지요.'
     b. Bi   ter muu Dorž-iig   jav-(a)x-güi bai-x   vii   ge-ed
        I(Nom) that bad Dorž-Acc   go-Irs-Neg   be-Irs VII
        say-Ant
        sanaa zov-son   jum.
        heart worry-Pft JUM.
        '나는 그 도르찌 녀석이 안 갈까봐 걱정하였다.'

이제 금지첨사와의 공기가능성을 좀더 살펴보기로 하자.

(42) a. {*Bi , Ta nar} ene tuxai xudal {*büü, *bitgii} jari-uzai.
        {I , you Pl } this about lie   {Proh}   tell-Dubt.
        '{나, 너희들}이 이것에 관해 거짓말 {BÜÜ, BITGII} 할라.'
     b. Ter minii xel-sn-iig   {*büü, *bitgii} mart-uuzai.
        (s)he I(Gen) tell-Pft-Acc   {Proh}   forget-Dubt.
        '그가 내가 말한 것을 {BÜÜ, BITGII} 잊을라'

(42a.)에서 1인칭대명사는 인칭제약의 위배로 인하여 금지첨사(xoriglox
sul üg)의 존재여부에 관계없이 비문이다. 한편, 2인칭대명사는 금지첨사
가 있으면 비문이고 없으면 정문을 이룬다. 이에 대해 E.A.Kuzmenkov
(1984:25)는 종결어미 -uuzai[2]자체에 이미 부정원망의 의미가 이미 내포
되어 있기 때문인 것으로 추정하였다. 그러나 이는 적절한 설명이 될 수
없다. 왜냐하면 금지첨사는 불가능하지만 부정첨사 es는 여전히 부정문을
만들 수 있기 때문이다. 이에 대해 가능한 하나의 설명으로 우리는 '지시
행위(directives)', 특히 '금지행위'를 효과적으로 나타내는 금지첨사인
bitgii, büü와 정표행위(expressives), 특히 '염려행위'를 나타내는 -uuzai[2]형

의 결합은 논리적인 모순을 낳게되는 것으로 제안한다.[106]

4.3.2 3인칭 문종결어미

4.3.2.1 -g (용인)

3인칭 문종결어미 *-g*의 서법의미는 동의명령 *zövšin zaxirax* (Č.Luvsanžav 1976:150), L.Lxagva 1978:81)), 희망 *xüsex* (Š.Luvsanvandan 1951:73, 1956:86), 지시, 희망동의 *tušaax, xüsen zövšööx*(L.Mišig 1978:138), 허락 *zövšööröx*(C.Önörbajan 1987:156), 동의희망 *zövšin ′ xüsex*(Ju.Mönx-Amgalan (1997:197), D.Badamdorž (1997: 189)), '허용적 명령 및 무관심'(정제문 1986:128) 등으로 다양하게 정의되어 오고 있다. 한편, 국외

---

106) 한국어에도 이와 유사한 현상을 살펴 볼 수 있다.
  (i) a. 야구공 던지다가 사람 맞힐라.
     b. 어어 저놈 넘어질라.   (고영근(1993:341)
     고영근(1993:293), 김민수(1960:34) 등에서 경계법(preventive) 혹은 경계형 종결어미로 분석된 '-(으)ㄹ라'형태소의 의미는 '상대방의 행동이 잘못될까 염려하면서 미리 경계하는 것으로' (ia.)는 사람을 맞히지 않도록 야구공 던지는 행동을 조심하라고 경계하고 있으며, (ib.)는 주로 단독적 장면에서 독백의 형식으로서 화자 스스로 주체의 지나친 행동을 경계하고 있다. 이제 부정명령의 경우를 살펴보자.
  (ii) a. *야구공 던지다가 사람 말 맞힐라.
     b. ?야구공 던지다가 사람 맞히지 말라.
     c. *어어 저놈 말 넘어질라.
     d. ?어어 저놈 넘어지지 말라.
(iia.c)는 '동사어간+지'의 뒤로 규정된 '말'의 분포위치를 어김으로써 비문이 된다. (iib.)는 '말라'가 '말+아라', 혹은 '마라'로 이해될 경우 금지명령의 해독만 가질 수 있을 뿐 '염려나 우려'의 금지명령의 해독은 가질 수 없다. 고영근(1993:293)은 경계법어미는 간접인용문에서 주로 '-지 않을까(하고) 걱정된다'로 나타남이 보통일 것이라고 제의하였다. 한편, 부정부사 '안', '못'등은 '말'과는 달리 동사어간의 앞에 놓여 부정법을 실현할 수 있다. 이정민(1977:105-114)은 한국어의 명령법과 공동법(청유법)의 예에서 '동사어간+지 말(아라/자)'의 부정명령구성의 否定+命令의 이중적인 성격을 관련된 의지의 양태와 화행상의 전제, 제어가능성을 전제하고 있음을 밝히고, 명령형에 대한 비상태동사 필수조건과 부정극성(negative polarity)현상의 존재를 근거로 否定+命令의 이중적인 성격을 분석하였다.

학자들은 종결어미 *-g*를 다음과 같이 설명하고 있다.

(1) a. *-g* has concessive meaning. It either states assent (often given grudgingly or after argument), or expresses fatalistic resignation to someone else′s action. (Street 1963:118)

b. *-g* forms the imperative of the third person, which expresses a grudgingly given permission to perform the action in question. (Poppe 1970:129)

c. This suffix expresses a permission or sometimes an admonition. In a sentence where this suffix is used, 3 parties are always involved : 2 people talk and decide about a third one. (Kullmann & Tserenpil 1996:181)

우리는 이들 선행연구로부터 3인칭 문종결어미 *-g*의 의미에 관해 서구의 학자들은 주로 '허용'이나 '양보'로 분석한 반면 몽골국내학자들은 더욱 다양하게 분석하고 있다. 결국 이들 학자들 사이의 의미분석의 차이는 어떤 의미를 가장 핵심적인 일차적 의미로 볼 것이냐는 차이에 불과하다. 즉, 3인칭 문종결어미 *-g*는 출현환경인 문맥에 따라 다양한 의미를 띠게 될 수밖에 없는 사실로부터 이들 학자들의 견해의 상이점의 근원을 찾아야 할 것이다.

(2) a. {*Minii   xüü, *Ta nar} margaaš   šalgalt(an)-d-aa   or-(o)g.
    {I(Gen) son,   you Pl} tomorrow   exam.-DtLc-Refl   enter-Perm.
    '{예야, 너희들} 내일 고사장에 들어와도 좋다.'

b. Ted   önöödör traktor-aar-aa   övs xad-(a)g.
    (L.Mišig 1978:88)
    they(Nom) today   tractor-Instr-Refl hay cut-Perm.
    '그들은 오늘 트랙터로 건초를 베어도 좋다'

c. Togtox   ene   xün-iig   ojuutn-uud-tai-(g)aa   xamt   av-aad jav-(a)g.

Togtox this man-Acc student-Pl-Comit-Refl   together take-Ant
go-Perm.

'톡토흐가 이 사람을 대학생들과 함께 데리고 가도 좋다'

(L.Mišig 1978:89)

(2a.)의 비문성은 주어인칭제약의 위배로부터 기인한다. 즉, 명령형종결어미 *-g*는 (2b.c.)에서 단수·복수에는 무관하게 3인칭주어와 공기한다. (2b.)의 의미는 예를 들면, 농장의 감독이 인부들에게 오늘은 기계를 수리하였으니 사용해도 좋다고 선선히 허락하는 의미를, (2c.)도 '톡토흐'라는 제3의 인물에게 '대학생들과 함께 이 사람을 데려가도 좋다'는 허락의 의미를 나타낸다. 특히 적극적인 허락의 경우에는 *xadag !, xadag !*, 혹은 *javag!, javag!* 처럼 반복표현이 사용되어 일종의 강조법을 구성한다. 그러나 다음 (3)에서는

(3) a. Gerel end suu-val   suu-g. (Hangin 1973:52)[107]
       Gerel here stay-Cond stay-Perm.
       '게렐이 여기 있고 싶다면 있게 하라. (내버려 두어라)'
    b. Ter   öör-öö   *l*   med-(e)g.
       (s)he(Nom) self-Refl *L* know-Perm.
       '그가 알아서 하도록 하라. (내버려 두어라)'

(3a.b.)에는 적극적인 지시나 명령의 의미가 없으며 단순히 3인칭의 특정행위에 대해 화자의 무관심이나 마지못한 용인, 양보 등을 나타내고 있다. 이와 같이 3인칭 문종결어미 *-g*는 3인칭 행위주에 대한 지시행위의 내용이 청자를 통하여 간접적으로 표현되는 특성을 지닌다. 한편, 3인칭어미 *-g*는 '허용'이나 '양보' 이외에도 '축복'이나 '기원'의 화행에도 나타난다.

---

107) The suffix '*-g*' is an optative used for the third person with the meaning : "Let someone do something."   (Hangin 1973:52)

(4) a. Zajaa   bujan   n′   delger-č   bai-g.   (Š.Baraišir 1989:121)
       fortune virtue 3Poss flourish-Č be-Perm.
       '그의 운수가 대통하소서'

    b. Xüü-g   min′   törsön nutag,   gazar šoroo   min′   öršöö-g.
       (C.Önörbajan 1987:156)
       son-Acc 1Poss native land   soil earth   1Poss bless-Perm.
       '천지신명이시여 제 자식을 굽어 살펴 주소서'

(4a.b.)는 '축복'이나 '기원'의 화행을 이루는 발화들이다. 즉, 3인칭 종결
어미 *-g*은 주로 축원이나 상서로운 예언(beleg demberel)의 어구에서는
*-tugai²*와 동일한 의미를 다음 (5)와 같이 나타낸다.[108)]

(5) a. Zajaa   bujan   n′   delger-(e)x bol-tugai.
       fortune virtue 3Poss flourish-Irs become-Bless.
       '그의 운수가 대통하소서 (행운이 항상 따르기를)'

    b. Xüü-g min′ törsön nytag, gazar šoroo min′ öršöö-x bol-tugai.
       son-Acc 1Poss native land, soil earth 1Poss bless-Irs
       become-Bless.
       '천지신명이시여 제 자식을 굽어 살펴 주소서'

또한 다음 (6)에서는 종결어미 *-g*는 오히려 '청유'나 '제안'의 화행을 이
루고 있다.

(6) a. Üür cai-g, xol-yn baraa xar-(a)gd-(a)g. (L.Mišig 1978:138)
       daybreak become-white-G, distant-Gen outline see-Pass-Perm.
       '날이 새도록, 윤곽이 보이도록 (기다리자)'

    b. Nar gar-(a)g,   šüüder xat-(a)g.

---

108) D. Sanzheyev (1988:115)는 *-tugai²*를 고대몽골문어(old-script Mongolian)
     의 3인칭 명령·원망법접미사로 분류하고, 이것의 현대몽골어의 형태로 *-g*을
     제안하였다.

            sun come-out-G, dew   get-dry-Perm.
            '해가 밝도록, 이슬이 걷히도록 (기다리자)'

  (6a.)는 가령, 초원에서 길을 잃고 헤매는 두 사람의 대화로, (6b.)는
건초를 장만하려고 일을 나서는 일꾼들 사이에서 주고받는 대화이다. 이
러한 형식은 '허용'이나 '양보'의 서법의미로는 설명하기 어렵다. (6a.b.)에
후행할 수 있는 가장 적절한 발화는 다음 (7)이다.

  (7) a. Teg-(e)xleer n´ xojoul-aa neg ail-d oč-(i)ž cai uu-ja.
         do-so-Concm   3Poss both-Refl one household-DtLc go-Smlt
         tea   drink-Vol.
         '그리고 나서 둘이 함께 인가에 들러 차를 마시자'
      b. Teg-(e)xleer   xadlan-(g)aa xad-''ja.
         do-so-Concm   hay-Refl   reap-Vol.
         '그리고 나서 건초를 만들자'

  (6a.b.)는 문장의 주어로 인간이 아닌 자연현상이 쓰였으며 특정시점까
지 기다린 후에 다음 단계의 행위를 이행할 것을 제의하는 의미를 나타낸
다. 이와 같이 '청유'나 '제의'의 화행의미를 갖는 경우에는 부정첨사나 금
지첨사와의 결합이 불가능하다.

  (8) a. Üür   {*es, *ül ; *büü, *bitgii} cai-g.
         daybreak {Neg; Proh}   become-white-Perm.
         '날이 {ES, ÜL; BÜÜ, BITGII} 새도록 (기다리자)'
      b. Nar {*es, *ül ; *büü, *bitgii} gar-(a)g.
         sun   {Neg; Proh}   come-out-Perm.
         '해가 {ES, ÜL; BÜÜ, BITGII} 밝도록 (기다리자)'

  (8a.b.)의 예들에 나타나는 동작 또는 상태변화와 관련하여 의지의 양
태나 제어가능성의 가정은 전혀 없어 보인다.[109) 한편, 3인칭 문종결어미

-*g*의 이러한 용법은 자연 현상에만 국한되지 않고 (9)처럼 광범위하게 사용된다.

(9) a. Xural   zavsarl-(a)g!
       meeting adjourn-Perm.
       teg-(e)xleer n´ bi   tand   tüüniig   duud-aad   ög-´je!
       do-so-Concm 3Poss I(Nom) you(DtLc) (s)he(Acc) summon-Ant give-Vol.
       '회의가 잠시 멈추도록(기다리자)! 그리고 나서 당신에게 그를 불러 주겠소.'
    b. juu(n)-d-aa   jaar-aad   bai-(g)aa jum be?
       what-DtLc-Refl hurry-Ant be-Impf   JUM Q?
       aav eež ažil-aas-aa ir-(e)g ! ir-x-eer n´ uulz-aad   jav.
       parents work-Abl-Refl   come-Perm.
       come-Irs-Instr 3Poss meet-Ant go.
       '무엇 때문에 바삐 서두르니? 부모님이 퇴근하시도록 (기다려), 오시면 만나고 가.'

(9a.)는 회의의 중간 휴게시간 후에, (9b.)는 부모님이 퇴근하신 후에 청자의 다음 행위의 이행을 종용하는 의미를 갖는다. 즉, 주로 상대방이 지나치게 서두르거나 조급해 하는 상황에서 청자의 행동을 잠시 동안 제지시키려는 의도에서 행하는 발화들이다.

이와 같이 3인칭 문종결어미 -*g*는 대부분의 선행연구에서 제시되었던 '허용'이나 '양보'이외에 '축복'이나 '기원', '청유'나 '제안' 등의 상이한 화행에도 널리 쓰이고 있음을 확인하였다.

---

109) 이정민(1977:107)은 한국어의 '동사어간+지 말아라'형식의 부정명령구성에서 '말'은 주어진 동작과 관련된 의지(volition)의 양태(modality)나 제어가능성(controllability)이 개제되어 있다고 논의하였다. 자연현상에 대해서도 '말'이 쓰이면 그것이 초자연적인 神의 제어의지가 되었든 아니든 화자측에 어떤 제어가능성의 가정이 있음을 논하였다.

4.3.2.2 -tugai² (축원)

3인칭 문종결어미 '-tugai²'의 서법의미는 축복희망 *jeröön xüsex* (Č.Luvsanžav 1976:165), (L.Mišig 1978 : 138), (B.Bažilxan 1966:148), (Ju.Mönx-Amgalan 1997:198), (D.Badamdorž 1997:189) 예언희망 *belgeden xüsex*(C.Žančivdorž(1967:109), 축복과 예언희망 *jeröön ba belgeden xüsex*(C.Önörbajan 1987:157), '원망 및 강제' (정제문 1986:128) 등으로 정의되어 오고 있다. 한편 Street(1963)와 Poppe(1970)는 *-tugai²*의 의미와 인칭제약현상을 다음과 같이 설명하였다.

(10) a. *-tugai²* is used in highly formal expressions of hope for the action of a third person actor.
(Street 1963:119)

 b. The imperative of the third person expresses an order to perform an action, with reference to an absent person : there is a speaker and a listener but the real performer of the action may be absent and is supposed to learn about the order of the person speaking through the listener.
(Poppe 1974:166)

우리는 여러 학자들의 선행연구로부터 3인칭 문종결어미 *-tugai²*의 의미에 관해 크게 '명령'과 '축원'으로 분석하고 있음을 볼 수 있다. '명령'으로 분석하는 학자들은 주로 그 형태론적인 측면을 강조한 경우이고 '축원'이나 '원망' 등의 개념으로 분석한 학자들은 어미 *-tugai²*가 문맥속에서 나타내는 다양한 서법의미에 초점을 맞춘 경우로 볼 수 있다.

(11) a. Manai xair-t ex oron cecegl-(e)n xögž-tügei.
 (L.Mišig 1978:138)
 we(Gen) love-Comit mother land flourish-Assoc develop-Bless.

'우리의 사랑하는 조국이여 번영하라'

b. Dajan delxii-d   üxeer-iin   xar   dain   sönö-tügei.
   whole world-DtLc corpse-Gen black war perish-Bless.
   '전세계의 사악한 전쟁이여 멸망하라'

이처럼 현대몽골어에서 *-tugai²*는 주로 극히 공식적인 표현의 문어체나 형식적, 의례적인 축사 및 대중선동을 위한 슬로건이나 표어 등으로 그 범위가 제한되어있다. 즉, 구어에서는 거의 소멸된 화석형으로서 극소수의 표현에만 잔존한다. 한편 다음 (12)에서

(12) a. *Manai ojuutn-uud cöm-öör-öö šalgalt-aa amžilt-tai ög-tügei.
        we(Gen) student-Pl all-Instr-Refl exam-Refl success-Comit give-Bless.
        '우리 대학생들 모두 시험을 성공적으로 치르기를!'

    b. *jerönxiilerč jaltan bidniig xugacaa(n)-aas ömnö šoron-(g)oos
        president criminal we(Acc) schedule-Abl before prison-Abl
        sull-(a)tugai.
        release-Bless.
        '대통령이 우리 죄수들을 가석방하기를!'

    c. *Manai zasg-iin gazar namaig alt(an) gadas odon-(g)oor
        we(Gen) government-Gen office I(Acc) Order-of-North Star- Instr
        šagna-tugai.
        award-Bless.
        '우리 정부가 나에게 북극성훈장을 수여하기를!'

이들의 비문법성은 *-tugai²*의 의미에 관한 종래 학자들의 설명이 부적절한 것임을 보여준다. 즉, '3인칭주어로 하여금 특정행위의 이행을 축복·기원하는 서법의미를 나타낸다. (C.Önörbajan 1987:157)', 혹은 '3인칭 행위주의 행위이행에 대한 희망'(Street 1963:119), 또는 '부재중인 제3자에 대하여 행위의 이행을 명령'(Poppe 1974:166) 등의 설명은 (12a.-c.)의 예들의 비문성을 판별할 수 없다. 즉, 주어로 3인칭대명사나 명사구가 사용

되었고 주술어의 어간에 문종결어미 *-tugai*[2]가 접미되어 있으므로 이들의 예측대로라면 모두 정문이 되어야 하는데도 불구하고 여전히 어색하거나 이상한 문장이 된다. 우리는 (12a.b.c.)의 비문법성은 한편으로 화용론적 개념인 적정조건(felicity condition)의 위배로 인한 화용론적 모순에 해당함을 알 수 있다. 명령행위의 기본조건(essential condition)은 요청행위의 경우와 유사하게 '화자가 청자에게 장차의 행위를 하게끔 의도한다는 조건이다. 그러나 요청행위와는 달리 화자가 청자에게 모종의 권위를 갖는다는 예비조건이 덧붙는다. 즉, 요청이나 명령의 진지성조건은 청자가 장차의 행위를 할 것을 화자가 원한다는 조건으로 동일하지만 기본조건에 있어서 명령의 경우에는 반드시 화자가 청자에게 권위로써 장차의 행위를 시키려한다는 차이가 있다(이정민 외 1985:158). 따라서 (12a.)는 가령, 학교교장이나 교육부장관 등이 국가고사를 성공적으로 치르도록 학교의 안팎이나 거리에 내걸어둔 표어의 어구로는 적절하지만, 친구들간에 좋은 시험결과를 다짐하는 발화로는 어색한 발화가 되고 만다. (12b.)는 명령할 만한 권위를 갖지 않은 죄수들이 가석방을 시키도록 대통령에게 명령함으로써 부적절한 문장이 된다. (12c.)도 마찬가지로 훈장수여를 결정할 권위가 없는 개인이 정부에 대하여 훈장수여를 명령함으로써 부적절한 문장이 된다.

이에 반하여 구어체에서는 주로 *-x boltugai*형식으로 교체되며 이 형식은 *-tugai*[2]와는 달리 3인칭의 특정대상에 대한 축복이나 기원의 의미만을 가질 뿐 호소나 권고의 의미는 띠지 않는다(Ž.Luvsandorž 1985:219).

(13) a. Eež   min′   urt   nasl-(a)x   bol-tugai.

     mother 1Poss long live-Irs   become-Bless.

     '어머니께서 장수를 누리시기를!'

    b. Tanai ger-t ürgelž   bujan xišig delger-(e)x bol-tugai.

     you(Gen) house-DtLc always virtue grace spread-Irs become-Bless.

     '당신의 집에 항상 행운이 넘치기를'

그러나 축복이나 기원의 발화수반력을 갖는 *-tugai*[2]는 관용적으로 굳어

진 표현이어서 다음 (14)에서와 같이 내포문으로 쓰이면 어색한 문장이
되고 만다.

(14) Eež   min′ urt nasl-(a)x bol-tugai   ge-ž
     mother   1Poss long live-Irs   become-Bless   say-Smlt
     {*xüs-′je, *xel-′je, *jeröö-je,   *belged-′je}
     {want-Vol, tell-Vol, bless-Vol, prognosticate-Vol}
     '어머니께서 장수를 누리시길 이라고 {바라다, 말하다, 축원하다,
     기원하다}'

또한, 구어에서는 축복이나 기원의 표현에 대한 화답에도 동일한 형태
인 -x boltugai형식이 관례적으로 사용된다.

(15) A : Tany   eež   zuu   nasl-(a)x bol-tugai.
         you(Gen) mother   hundred   live-Irs   become-Bless.
         '당신의 어머니께서 백세를 누리시기를'
     B : Ter jerööl   bat orš-(i)x   bol-tugai.
         that blessing firm exist-Irs become-Bless.
         '그 축복이 꼭 이루어지기를'

즉, (15B.)는 자신의 어머니의 장수를 축원하는 (15A.)의 발화에 대하
여 관용적인 형식 -x boltugai로 화답하거나 더욱 축약된 형태인 *jeröölöör
boltugai*('축복대로 되기를')로 화답하여 상대방에게 고마움을 표한다.110)

---

110) D.Badamdorž(1997:189)는 '몽골비사'를 비롯한 중세몽골어에서 매우 빈번하
     게 사용되었던 3인칭어미 -tugai²가 현대몽골어의 구어에서는 오히려 냉소적
     인 말투나 비꼼의 표현에서 흔히 나타난다고 논의하였다.
   (i) A : Ax aa, bi   xulgai xii-ž   xudal xel-(e)x-ee bol′-son šüü.
           brother Voc, I(Nom) theft do-Smlt lie tell-Irs-Refl stop-Pft ŠÜÜ.
           '형, 나 이제 도둑질이나 거짓말은 그만두기로 했어.'
     B : Tiim *l* bol-tugai,   düü   min′.
         such *L* become-Bless, younger brother 1Poss.

4.3.2.3 -aasai⁴ (희구)

3인칭 문종결어미 -aasai⁴가 나타내는 서법의미는 희구mördön xüsex
(Č.Luvsanžav 1976:150), C.Önörbajan(1987:157), B.Bažilxan(1966:148),
Ju.Mönx-Amgalan(1997:198) D.Badamdorž (1997:189), 원망(정제문
1986:128), 간원 eeren xüsex(L.Mišig 1978:138) 등으로 정의되어 오고
있다. 한편 서구의 학자들의 종결어미 '-aasai⁴'에 대한 정의를 보면

(16) a. -aasai⁴ expresses a wish on the part of the speaker for some
future event or state (often an unlikely one). The
accompanying verb sometimes has a third-person subject.
(Some grammarians allow other pronouns as subjects also, but
this usage is rare at best.) (Street 1963:119)

b. -aasai⁴ expresses a strong but vain wish for something to
happen. In Khalkha, it refers mainly to the third person, but
in other dialects it may refer also to the first or second
person. (Poppe 1970:129)

c. The optative -aasai⁴ expresses a strong wish that is frequently
unrealizable. (Bosson 1964:91)

우리는 이들의 선행연구로부터 3인칭 문종결어미 -aasai⁴의 서법의미는
대부분의 학자들이 '화자가 실현가능성이 희박한 사실에 대한 간절한 희
망이나 기원'으로 분석하고 있음을 볼 수 있다.

(17) a. Margaaš   saixan   ödör   bol-oosoi.
       tomorrow   fine   day   become-Opt.

'그러길 바래, 동생'
(iB)는 (iA.)의 진실성에 대하여 여전히 신뢰하지 못하며, 성가시고 귀찮은 감
정을 '축복', '기원'등의 표현에 관용적으로 나타나는 3인칭 문종결어미 -tugai²를
사용하여 간접적으로 드러내고 있다 (Ju.Mönx-Amgalan 1997:170).

'내일 날씨가 좋았으면!'

b. Orčlon-(g)iin am′tan cöm endel-güi žarg-aasai.
world-Gen creature all mishap-Neg enjoy-happiness-Opt.
'세상의 생물들이 모두 탈없이 행복했으면!'

(17a.b.)는 모두 인간이 통제할 수 없는 자연현상이나 세상만물의 행복에 대한 기원으로 이러한 발화가 적절해지기 위해서는 가령, (17a.)에서는 상당 기간 날씨가 나빴고 화자는 자신의 경험에 의지하여 내일도 날씨가 나쁠 것이라고 예상하거나, 일기예보 등을 통하여 내일 날씨가 나쁠 것이라고 믿고 있지만 '내일 날씨가 좋아지기'를 간절히 바라는 상황에서만 적절한 발화가 될 수 있다. (17b.)에서도 이와 유사한 조건이 요구된다.

(18) a. ?*Bi önöödör šalgalt(an)-d-aa onc sain av-aasai.
         I(Nom) today exam-DtLc-Refl extraordinary good get-Opt.
         '나는 오늘 시험에 A학점을 받았으면!' (L.Mišig 1978:139)

     b. ?*Bid   bušuuxan zun-y   lager′-t-aa   gar-aasai.
         we(Nom) quickly summer-Gen camp-DtLc-Refl go-out-Opt.
         '우리는 빨리 여름 별장에 가 지냈으면!'

     c. ?*Ta nar   xurdan tom bol-oosoi.
         you Pl(Nom) quickly grow-up-Opt.
         '너희들이 빨리 자랐으면!'

     d. ?*Či min′ türgen ir-ž nemer xamžaa bol-oosoi.
         you(Nom) 1Poss immediately come-Smlt contribution help become-Opt.
         '네가 당장 돌아와 도움이 되었으면!'
         (Ju.Mönx-Amgalan 1997:203)

(18a.b.)는 정상적인 대화가 아닌 독백이나 혼자만의 생각이며, (18c.d.)도 청자를 상대로 한 발화로는 부적절하다. C.Žančivdorž (1970:98), C.Ölziixutag (1979:150), L.Mišig (1978:139), Ju.Mönx-

Amgalan(1997:203) 등은 *-aasai*⁴가 인칭에 관계없이 즉, 1,2,3인칭에 모두 쓰인다고 보았다. 한편, Street(1963:119), Poppe (1970:129), C.Önörbajan (1987:157), B.Pürev-Očir (1995:58) 등은 인칭제약현상이 있음을 논의하였다. (18a.b.)는 주어가 1인칭대명사의 단·복수형, (18c.d.)는 2인칭대명사의 단·복수형이 사용되고 있다. *-aasai*⁴는 실현될 가능성이 거의 없다고 화자 스스로 판단하는 상황에서 주로 사용되며 1인칭과 2인칭의 주어를 허용하는 극소수의 경우에도 독백의 형식이 되거나 마음속으로 간절히 기원하는 형식으로만 가능할 뿐 실제 발화를 구성하지는 못한다. 그리고 실제 발화의 형식으로 표출되는 화자의 원망일 경우 구어에서는 (19)와 같이 *-x jumsan*의 형식으로 된다.

(19) a. Bi önöödör šalgalt(an)-d-aa onc   sain av-(a)x jumsan.
     I(Nom) today   exam-DtLc-Refl extraordinary good get-Irs
     JUMSAN.
     '나는 오늘 시험에 만점을 받았으면! (얼마나 좋을까?)'

   b. Bid bušuuxan zun-y lager'-t-aa   gar-(a)x jumsan.
     we(Nom) quickly summer-Gen camp-DtLc-Refl go-Irs JUMSAN.
     '우리는 빨리 여름 별장에 가 지냈으면! (얼마나 좋을까?)'

그러나 *-x jumsan*은 주어가 1인칭일 경우에만 가능하며 (20)과 같이 2인칭이나 3인칭주어의 경우에는 비문을 이룬다. 또한 *-aasai*⁴와는 달리 실현불가능성에 대한 화자의 판단이나 믿음 등이 전제되지 않으며 다만 간절한 희망을 나타내는 문맥에 나타난다.

(20) a. *Ta nar   xurdan tom bol-(o)x jumsan.
        you Pl(Nom) quickly grow-up-Irs   JUMSAN.
        '너희들이 빨리 자랐으면!'

   b. *Či min' türgen ir-ž nemer xamžaa bol-(o)x jumsan.
        you(Nom) 1Poss immediately come-Smlt contribution help
        become-Irs JUMSAN

'네가 당장 돌아와 도움이 되었으면! (얼마나 좋을까?)'

c. *Margaaš   saixan ödör bol-(o)x   jumsan.
tomorrow fine   day   become-Irs JUMSAN.
'내일 날씨가 좋았으면! (얼마나 좋을까?)'

4.3.2.4 3인칭 문종결어미와 첨사

이제 지금까지 논의한 3인칭 문종결어미와 첨사들 사이의 공기관계를 고찰하자.

먼저 3인칭 문종결어미 -g는 '허용'이나 '양보'이외에 '축복'이나 '기원', '청유'나 '제안' 등의 상이한 화행에도 널리 쓰이고 있음을 확인하였다. 우리는 이러한 상이한 화행에 출현하는 문종결어미 -g는 첨사들과의 공기관계에 있어서도 상이한 행태를 보일 것으로 예측할 수 있다.

(21) a. Gerel end suu-val   suu-g   {*šüü, daa, *šüü dee}
     Gerel here stay-Cond stay-Perm {ŠÜÜ, DAA, ŠÜÜ DEE}.
     '게렐이 여기 있고 싶다면 있게 하라.

b. Gerel end suu-val suu-g {uu, *ve}?

c. Gerel end suu-val {*ül, *es} suu-g.

d. Gerel end suu-val {*büü, *bitgii} suu-g.

e. Gerel end suu-val suu-g {*biz, *šiv, *bii, *dag ...}.

(21a.)에서 긍정첨사 daa[4]가 부가되면 '화자는 게렐이 이곳에 있는 것에 대하여 마음내키지 않는 일이지만 달리 거절할만한 특별한 이유도 없기 때문에 용인'한다는 의미를 더욱 강하게 드러낸다. (21b.)에서 3인칭 문종결어미 -g는 의문첨사와 결합하여 청자로부터 '용인' 여부를 묻고 있다. 즉 '게렐이 이곳에 있고자 한다면 그것을 허용할 것입니까?'라는 청자로부터의 허락여부에 대한 질문에 해당한다. 또한 의문사가 없기 때문에 문장 내의 의문사와 호응하는 의문첨사 be, ve는 허용되지 않는다. 그리고 (21c.d.)에서는 부정첨사나 금지첨사와, (21e.)에서는 추정첨사와 공기할

수 없음을 보여주고 있다. 허용이나 양보의 서법의미를 갖는 문종결어미 -g는 결국 금지, 추정 등의 서법의미와 충돌을 일으켜 비문을 이루는 것으로 분석된다. (21b.)에서 의문첨사와는 공기가 가능하지만 부정이나 금지첨사가 부가된 'Gerel end suuval {*ül, *es, *büü, *bitgii} suug uu?'는 비문이 되고 만다.

둘째로, 문종결어미 -g가 '축복'이나 '기원'의 의미를 나타내는 용법에서의 첨사와의 공기관계를 살펴보자.

(22) a. Xüü-g   min′   törsön nutag, gazar šoroo   min′
        son-Acc 1Poss native land,   soil   earth   1Poss
        öršöö-g   {*šüü, *daa, *šüü dee}
        bless-Perm {ŠÜÜ,   DAA,   ŠÜÜ DEE}
        '제 아이를 천지신명이시여 보살펴 주소서'

    b. Xüüg min′   törsön nutag, gazar šoroo   min′ öršöö-g {*üü,
       *be}?

    c. Xüüg min′   törsön nutag, gazar šoroo   min′ {*ül, *es} öršöö-g

    d. Xüüg min′   törsön nutag, gazar šoroo   min′ {*büü, *bitgii}
       öršöö-g

    e. Xüüg min′   törsön nutag, gazar šoroo   min′ öršöö-g {*biz,
       *šiv, *bii, *dag}.

앞서 살펴본 (21)과는 달리 (22)에서는 문종결어미 -g는 어떠한 종류의 첨사와도 결합할 수 없다. 즉, (21)에서는 긍정첨사 daa^4나, 의문첨사 uu^2와의 결합이 허용되었지만, (22)에서는 이들 첨사와의 결합이 불가능하다.

셋째, 3인칭 문종결어미가 '청유'나 '제안'의 발화수반력을 갖는 발화에서 첨사와의 공기관계를 분석하면,

(23) a. Xural   zavsarl-(a)g   {*šüü, daa, *šüü dee}
        meeting adjourn-Perm {ŠÜÜ, DAA, ŠÜÜ DEE}
        '회의가 잠시 멈추도록(기다리자)!'

b. Xural   zavsarl-(a)g {uu, *ve}

c. Xural   {*ül, *es}   zavsarl-(a)g.

d. Xural   {*büü, *bitgii}   zavsarl-(a)g

e. Xural   zavsarl-(a)g   {*biz, *šiv, *bii, *dag ...}.

(23a.)에서 긍정첨사 *daa*와 (23b.)에서는 의문첨사 *uu*와 결합한다. 토박이 화자들의 직관에 의하면 (23a.)에서는 첨사 *daa*의 부가로 인하여 '회의가 휴정할 때까지 기다리자'는 의미가 더욱 완곡하게 표현되며, (23b.)에서도 의문첨사 *uu*의 부가에 의하여 '회의가 휴정할 때까지 기다리는 것이 어떠냐?'라는 제의의 의미가 더욱 두드러지게 나타난다. 그리고 (23c.d.e.)에서 *-g*는 부정첨사, 금지첨사, 추정첨사와는 결합이 불가능한 것을 보여주고 있다. 즉, 문종결어미 *-g*는 '용인, 양보', '청유, 제의'등의 화행에서는 첨사와의 공기관계가 동일하게 나타나는 반면, '축복, 기원'의 화행에서는 첨사들과의 공기가 전혀 불가능한 것으로 확인된다.

(24) a. Tanai   ger-t   ürgelž   bujan xišig
        you(Gen) house-DtLc always virtue grace
        delger-(e)x bol-tugai   {*šüü, *daa, *šüü dee}
        spread-Irs   become-Bless {ŠÜÜ, DAA, ŠÜÜ DEE}
        '당신네 집에 항상 행운이 넘치길'

   b. Tanai ger-t ürgelž bujan xišig delger-(e)x bol-tugai {*juu, *ve}?

   c. Tanai   ger-t   ürgelž   övčin zovlon
      you(Gen) house-DtLc always disease suffering
      {*ül, *es} toxiold-(o)x bol-tugai.
      {Neg}   occur-Irs   become-Bless.
      '당신네 집에 항상 우환이 {ÜL, ES} 생기기를'

   d. Tanai ger-t ürgelž övčun zovlon {?büü, *bitgii} toxiold-(o)x bol-tugai.

   e. Tanai ger-t   ürgelž   bujan xišig   delger-(e)x bol-tugai {*biz, *šiv, *bii, *dag ..}

(24a.)는 긍정첨사, (24b.)는 의문첨사, (24c.)는 부정첨사, (24d.)는 금지첨사가, (24e.)는 추정첨사가 각각 부가된 문장들로서 우리는 이들의 비문성으로부터 3인칭 문종결어미 *-tugai*²와 첨사들은 전혀 공기할 수 없다는 사실을 알 수 있다. 특히, (24c.d.)에서 주로 축원의 맥락에서만 사용되는 종결어미 *-tugai*²가 *övčin zovlon*(우환)에 내포되어있는 불길함과 충돌을 일으켜 부정적인 인상을 초래하기 때문에 축복이나 기원의 표현으로는 부적절한 것으로 토박이 화자들은 설명해 주었다. 즉, 주로 잔치나 축하연에서 주고받는 축원의 표현은 관례적으로 굳어진 표현들로서 자칫 상대방의 기분을 언짢게 하기 쉬운 부정적인 표현은 전혀 사용되지 않는 특징이 있다. 따라서 논리적으로는 '당신네 집에 우환이 없기를 바란다'는 문장은 적절한 정문임에도 불구하고 화용론적인 고려에 의하여 부적절하거나 매우 어색한 문장으로 토박이 화자들은 판정한다. 또한 우리는 (24d.)에서 주로 문어의 부정첨사인 *büü*와 구어의 부정첨사인 *bitgii*의 차이를 볼 수 있다. 전자에 비하여 후자는 이러한 맥락에 전혀 출현할 수 없는데 반하여 전자는 전혀 불가능하지만은 않다는 사실이다. 즉, 구어체가 아닌 '시, 소설, 수필' 등의 문학작품에서는 가끔 금지첨사 *büü*와 공기하는 경우가 있다. 이 현상은 *-tugai*²가 문어적 성격이 강하다는 반증이다. 다음 (25a.b.)에서 볼 수 있듯이 주로 문어체에서 사용되는 *büü*는 허용되는 반면, 구어체의 *bitgii*는 3인칭 문종결어미 *-tugai*²와 공기할 수 없다.

(25) a. Ajuult   xar   dain daxin {büü, *bitgii} gar-tugai.
        dangerous black war again {Proh}   come-out-Bless.
        '끔찍하고 나쁜 전쟁이 다시는 {BÜÜ, BITGII} 일어나기를'
        (C.Önörbajan 1987:157)

     b. Iim aimšigt gai zovlon {büü, *bitgii} toxiold-(o)x bol-tugai.
        such terrible calamity {Proh}   occur-Irs become-Bless.
        '이렇게 무서운 재난이 {BÜÜ, BITGII} 발생하기를'

이제 3인칭 문종결어미 *-aasai*[4]와 첨사들과의 공기관계를 살펴보기로
하자.

(26) a. Margaaš   boroo   or-oocoi   {*šüü, doo, *šüü dee}
        tomorrow   rain   fall-Opt   {ŠÜÜ, DAA, ŠÜÜ DEE}
        '내일 비가 왔으면 {ŠÜÜ, DAA, ŠÜÜ DEE}.'

    b. Margaaš   boroo   or-oocoi   {*juu, *ve}?

    c. Margaaš   boroo   {*ül, *es}   or-oocoi.

    d. Margaaš   boroo   {büü, bitgii}   or-oocoi.

    e. Margaaš   boroo   or-oocoi   {*biz, *šiv, *bii, *dag ...}.

3인칭 문종결어미 *-aasai*[4]는 (26a.)에서 긍정첨사 중 *daa*[4]와 (26d.)에서
금지첨사 *büü, bitgii*와만 공기 할 수 있음을 보여준다. 또한, (26b.)에서
의문첨사, (26d.)에서 부정첨사, (26e.)에서 추정첨사들과는 공기할 수 없
음을 보여준다.[111]

---

111) C.Önörbajan(1987:157)은 문종결어미 *-aasai*[4]에 부가되는 첨사 *daa*[4]는 실현
    불가능한 사실에 대한 화자의 간절한 원망이나 낙심에 찬 기대감을 아울러
    표출한다고 분석하였다.
(i) a. Za,   ene   mašin   önöödör   jav-dag   č   bol-oosoi   doo.
     well,   this   car   today   go-Hab   Č   become-Opt   DAA.
     '자, 이 차가 오늘은 제발 갈 수 있다면'

   b. Ene   muu   zolig   xurdan   jav-ž   dald   or-oosoi   doo.
     this   bad   scapegoat   fast   go-Smlt   hidden   enter-Opt   DAA.
     '이 재수 없는 녀석이 빨리 사라져 주었으면 (얼마나 좋을까?)'

4.3.3 1인칭 문종결어미

4.3.3.1 {-*ja*, -*je*, -*jo*} (자원)

1인칭 문종결어미 {-ja, -je, -jo}[112]의 서법의미는 직접희망 *šuud xüsex*(B.Bajilxan 1966:148), 결의 *šiidex*(Š.Luvsanvandan 1968:79), 결의 희망 *šiiden xüsex*(Č.Luvsanžav 1976:66), 의도, 의향 *zorin šiidex*(Ju.Mönx-Amgalan 1997:198), 결의이행 *šiiden üildex* (D.Badamdorž 1997:188) 등으로 정의되어 오고 있다. 한편, {-*ja*, -*je*, -*jo*}의 의미와 인칭제약현상에 대한 서구학자들의 논의를 요약하면 다음 (1)에서

(1) a. '{-*ja*, -*je*, -*jo*}' expresses volition or intention on the part of the speaker --alone or with the person or persons to whom the sentence is addressed --or suggests a course of action to be performed by the speaker and addressees together. (Street 1963:118)

　　 b. '{-*ja*, -*je*, -*jo*}' forms the so-called voluntative of the first person, which expresses the intention to perform the action in question. (Poppe 1970:129)

우리는 이들의 선행연구로부터 1인칭 문종결어미 {-*ja*, -*je*, -*jo*}의 서법의미를 대부분 '결의', '의도', '의향' 등으로 분석하고 있음을 볼 수 있다. 이제 이 종결어미의 특성과 의미를 살펴보기로 하자.

(2) a. *Ta　　　büxen čamaig　tend　xürge-ž　ög-'je.

---

112) 이들은 변이형태들로서 첫음절이 a, aa, ai, u, uu, ui, ja, jaa, jai등의 모음을 가진 낱말의 뒤에는 -*ja*가, 그리고 첫음절이 o, oo, oi, jo, joo 등의 모음으로 시작된 낱말에는 -*jo*, 마지막으로 e, ee, i, ii, ü, üü, üi, ö, öö, je등의 모음을 가진 낱말에는 -*je*가 접미된다. (L.Mišig 1978:134), Š.Luvsanvandan (1968:79) 참조.

you(Nom) all   you(Acc) there guide-Smlt give-Vol.

'여러분들이 너를 그곳에 데려다 주겠다.'

b. *Ter xün ta nar-t čin setgel-ees-ee tusal-''ja.

that man you PL-DtLc sincere heart-Abl-Refl help-Vol.

'그 사람이 너희들을 진심으로 도우겠다.'

c. Čamaig cerg-ees ir-tel bi end xülee-ž suu-ja.

you(Acc) military service-Abl come-Term I(Nom) here

wait-Smlt stay-Vol.

'네가 군복무를 마치고 올 때까지 나는 여기서 기다리고 있겠다.'

d. Margaaš ažil tar-sn-aas xoiš xojoul-aa uulz-''ja.

tomorrow work finish-Pft-Abl after both-Refl meet-Vol.

'내일 일과 후에 둘이 만나자.'

(2a.b.)는 '언약행위(commissives)의 일반적인 원칙 즉, 화자가 장차의
행위를 할 것을 의도하며, 약속발화로 인하여 화자는 장차의 행위를 할
의무를 객관적으로 짊어진다는 적정조건을 어기고 약속행위의 주체가
화자인 1인칭이 아니고 2인칭, 3인칭이 됨으로써 비문이 된다. 반면,
(2c.)는 1인칭대명사의 단수형 *bi*, (2d.)는 유동양화사(floating quantifier)
의 기능을 갖는 집합수사(xam too)[113]의 존재로 인하여 화자의 의도나
의향을 나타내는 적절한 발화를 이루고 있다. 원래 이 어미는 고전몽골문
어에서는 1인칭 복수를 가리켰으나 현대몽골어에서는 수범주에 대해서
중립적으로 변하여 단수, 복수 어느 것과도 공기할 수 있게 되었다. 즉,
인칭제약은 그대로 간직하고 있지만 수의 제약은 현대어로 발전되어 오는
과정에서 소멸된 형태에 속한다(Poppe 1991:166), (C.Önörbajan 1978 :
150). 즉, 고전몽골문어에서는 주로 '제의', '제안'의 화행에서만 배타적으
로 사용되었던 1인칭 종결어미 {-*ja*, -*je*, -*jo*}형은 점차 현대어로 오면서

---

113) 집합수사는 기수사의 어간에 -*uul²* 또는, -*uulan²* 등의 접미사를 결합하여 만
　　들어진다. 단, ' xojor(2, 둘)'의 경우에만 어간말자음 *r*를 생략하고 이들 파생
　　접미사를 결합하여 집합수사를 만든다. E.Vandui(1966:123-124),
　　Č.Luvsanžav(1976:102) 참조.

'결의', '의도' 등의 화행에까지도 사용되게 됨으로써 결국 화자의 단수·복수 여하에 따라 상이한 발화수반력을 갖게 되었다.

    (3) a. {Bid, Či bid xojouul-aa} tüüntai   ul suur´-tai   jarilc-´´ja
           {we, you we both-Refl} he(Comit) basis-Comit talk-Vol.
           '{우리, 너와 나 둘이} 그 사람과 진지하게 논의하자.'
      b. Tanyg   ir-megc   {cöm-öör-öö, xamt} jav-´´ja.
          you(Acc) come-MAGC {all-Instr-Refl, together} go-Vol.
          '당신이 오는대로 {모두, 함께} 갑시다.'

    (3a.)는 문장주어가 분명히 드러나 있는데 비해, (3b.)에서는 화자가 포함된 주어의 개념이 부사어 *cömööröö, xamt* 등에 의해 간접적으로 드러나게 됨으로써 해당 행위의 이행에 청자의 동의를 요청하는 '제안'의 화행을 이루게 된다.

    (4) a. Bi   ta nar-t   čin   setgel-ees-ee   tusal-´´ja.
          I(Nom) you Pl-DtLc sincere heart-Abl-Refl help-Vol.
          '내가 너희들을 진심으로 도와주겠다.'
      b. Ax   čin´   xool bol-tol   xevt-´je.
          elder brother   2Poss meal become-Term lie-Vol.
          '형은 식사가 준비될 때까지 누워있겠다.'

    (4a.)는 1인칭대명사의 단수형 주격이, (4b.)는 1인칭대명사의 대용어로서 가족관계를 나타내는 어휘가 사용되고 있다. 그런데 앞선 (3a.b.)와는 달리 (4a.b.)에서 화자는 청자에게 자신의 '의도'나 '결의'만을 표명할 뿐, 공동행위에 대한 협조를 요청하는 '제안'이나 '청유'의 의미는 없다. 한편, Song(1997:112)은 문종결어미 {-ja, -je, -jo}가 문맥에 따라 화자의 의도 뿐만 아니라, 약속의 발화수반력까지 갖는다고 제의한다.

    (5) Margaaš ažlaa tarž ireed, bür neg šiidvertei xariu ög´je.

(Hangin 1973:280)

'Tomorrow, after (I) come back from my work, (I) will give you a very decisive answer.'

(5)에서 화자는 청자에게 자신의 의도나 의향을 표명할 뿐만 아니라, 약속도 함께 표명하고 있다고 분석하였다.

이제 우리는 종결어미 {-ja, -je, -jo}가 가지는 발화수반력을 한국어 '-(으)ㄹ 께'형과 비교하여 보자. 한국어의 약속법은 동사어간에 종결어미 '-(으)마, -(으)ㅁ세' 등을 결합하여 화자가 앞으로 할 일에 대하여 청자와 언약하여 정함을 뜻하는 서법이다.114) (이석주 외(1994:131) 또한, 하오체.합쇼체에서는 약속법의 수의적 변이형인 '-(으)ㄹ 께'가 사용된다(고영근(1976:63).

(6) a. 내가 너의 일을 도와주마.
　　 b. 네 생일날 시계 사 줄께.

이정민(1985:161)은 (6b.)의 '-(으)ㄹ 께'형이 본래 화자의 장차 행위의 예정표시에서 유래한 것으로(즉, -ㄹ 것이야→-ㄹ 꺼야→-ㄹ 께) 약속의 적정조건에 부합되는 맥락 속에서만 약속의 발화수반력을 갖다가, 차츰 그 표현이 약속의 맥락에서만 주로 쓰이면서 약속행위를 위한 표현으로 굳어진 것으로 분석하고 약속의 예비조건을 위배함으로써 비문이 되는 예를 아래와 같이 들고 있다.

(7) a.*네가 자꾸 울면, 엄마(나) 달아날게.
　　 b.*뚝 그치지 않으면 때려줄게.
　　 c.*네가 자꾸 울면, 그분 달아날께.

---

114) 장석진(1993:56)은 감탄(종결어미:-군, -데)과 약속(종결어미 : -마, -ㄹ께) 등의 화행과 종결어미를 대응시켜 문의 종류를 설정할 수 없는 근거로서 이들이 기본적인 화계와 대응하는 형태를 갖추고 있지 못함을 들어 전형적 문에서 제외한다.

즉, (7a.b.)는 청자가 좋아하지 않을 화자의 행위의도를 나타내므로 약
속의 예비조건을 어기게되어 비문이 되었고, (7c.)는 인칭제약을 어김으
로써 비문이 되었다. 한편 (7)에 상응하는 몽골어의 예를 보면

(8) a. Čamaig   ing-eed uil-aad   bai-val {eež   čin´,   bi   }
       you(Acc) do-thus-Ant weep-Ant be-Cond {mother 2Poss,
       I(Nom)}
       orxi-od   xoloo   jav-´´ja.
       leave-Ant far-away go-Vol.
       '네가 이렇게 울기만 하면, 엄마(나)는 널 두고 멀리 가겠다.'
   b. Čamaig   uil-(a)x-aa   bol´-x-güi bol   zod-ood ög-´je.
       you(Acc) weep-Irs-Refl stop-Irs-Neg Cond beat-Ant give-Vol.
       '네가 울기를 그치지 않으면 때려주겠다.'
   c. Čamaig   ingeed uilaad   baival {eež čin´, bi} orxiod xoloo
       javaad ög-´je
       '네가 이렇게 울기만 하면, 엄마(나)는 널 두고 멀리 가 주겠다.'
   d. Čamaig ing-eed uil-aad baival {eež čin´, bi} üx-eed   ög-´je
       '네가 이렇게 울기만 하면, 엄마(나)는 죽어 주겠다.'

한국어의 '-(으)ㄹ 께'형과는 달리 몽골어의 문종결어미 {-ja, -je, -jo}는
유사한 문맥에서 아무런 제약없이 적절한 발화를 구성하고 있다. (8a.-d.)
는 예측과는 달리 종결어미 {-ja, -je, -jo}가 약속의 발화수반력을 가질
수 없다는 증거가 된다. 즉, 약속행위의 적정조건 중 예비조건 중의 하나
는 청자는 화자가 장차의 행위를 이행하기를 원하고 있으며, 또한 화자는
청자가 자신의 장차의 행위이행을 원하고 있다는 것을 믿는다는 조건이
다. 또 하나의 예비조건은 화자가 장차의 행위를 이행할 능력을 스스로
확신한다는 조건이다. (8a.-d.)는 청자에게 이롭기는 커녕 손해가 될, 따
라서 청자가 원하지 않을 행위를 화자가 의도하고 있다. 그럼에도 불구하
고 종결어미 {-ja, -je, -jo}가 이들 문맥에 쓰여 부적절하지 않다는 사실
은 결국 이들 어미에는 '약속'의 발화수반력이 없다는 반증이다.115) 또한

(7c.)와 마찬가지로 몽골어에서도 동일한 인칭제약 현상을 볼 수 있다.

(9) a. Čamaig   ing-eed   uil-aad   bai-val   ter   naiz   čin′
      you(Acc)   do-thus-Ant   weep-Ant   be-Cond   that   friend
      2Poss
      orxi-od   xoloo   jav-{-na, *-″ja }.
      leave-Ant   far-away   go-{NPst, Vol.}.
      '네가 이렇게 울기만 하면, 너의 그 친구는 널 두고 멀리 {갈 것
      이다, 가겠다}.'

    b. Čamaig   ing-eed   uil-aad   bai-val   ter   naiz   čin′
      you(Acc)   do thus-Ant   weep-Ant   be-Cond   that   friend
      2Poss
      üx-eed   ög-{-nö, *-′je}.
      die-Ant   give-{NPst, Vol}
      '네가 이렇게 울기만 하면, 너의 그 친구는 죽어 {줄 것이다, 주
      겠다}.'

현재나 미래사실에 대한 추정을 나타내는 직설법 시제어미 $-na^4$는 (9a.b.)에서 인칭제약현상을 보이지 않는다. 그러나 인칭어미 {-ja, -je, -jo}의 접미는 비문을 초래한다. 이것은 {-ja, -je, -jo}가 1인칭어미이므로 당연한 현상이다. 이와 같이 1인칭어미 {-ja, -je, -jo}가 '약속'의 발화수반

---

115) 본문(8c.d.)의 $-aad^4$ ög′je형식은 문장주어가 1인칭일 경우에는 특정행위를
     적극적으로 시작하거나 이행하겠다는 화자의 단호한 의지를 나타내는데 주
     로 사용된다. 한편 문장주어가 3인칭이면 주로 과거시제와 연결되어 특정사
     실에 대한 화자의 '불만', '유감' 등의 서법의미를 표현한다(Ž.Luvsandorž
     1985: 180-181).
  (i) a. Dorž   min′   jav-aad   ög-sön.
        Dorž   1Poss   go-Ant   give-Pft.
        '우리 도르찌는 가버렸다.'
    b. Ted   nar   al′   xediinee   unt-aad   ög-cee.
        they   Pl   already   sleep-Ant   give-Pst.
        '그들은 벌써 잠이 들어버렸다.'

력을 갖는 경우는 '약속'의 적정조건을 충족시키는 맥락속으로 국한시켜야
하며 이점에서 한국어의 '-(으)ㄹ 께'형과는 근본적으로 다르다는 것을 알
수 있다.

  이제 '{-ja, -je, -jo}'와 한국어의 청유형 종결어미와의 비교를 통해 차이
점을 살펴보기로 하자. 한국어의 청유법은 화자가 청자에게 함께 행동해
줄 것을 요구함을 나타내는 서법으로서 동사의 어간에 청유형종결어미 '-
자, -세, -아/-어, -오' 등을 결합하여 나타낸다. 종결어미 '-아/-어'에 특수
조사 '요'를 결합하거나, 종결어미 '-다'에 선어말어미 '-(으)ㅂ시-, -(으)십
시-'가 결합되어 높임을 나타내기도 한다.

  (10) a. 같이 영화구경 합시다.
        a'. Xamt   kino   üz-'je
            together movie   see-Vol.
        b. 나랑 둘이서 여행을 떠나자.
        b'. (Nadtai) xojoul-aa ajall-aar   jav-''ja.
            I(Comit) both-Refl travel-Instr go-Vol.

  (10a.a'.), (10b.b'.)는 화자와 청자의 공동행위에 대한 '청유'의 발화수
반력을 각각 갖는다. 화자와 청자의 존재는 '같이' *xamt*, 그리고 '나랑 둘
이서' *(Nadtai) xojoul(aa)*' 등의 어구에서 드러난다. 한편, 청유문은 화자
와 청자가 같이 참여하는 공동행위에 대한 청유가 원칙이지만 다음 (11)
에서

  (11) a. 안으로 좀 들어갑시다. 〔같이, 화자, 청자〕 (양인석 1976:123)
        b. 조용히 합시다. 〔같이, 청자〕
        c. 당신 못하면 나나 합시다. 〔화자〕
        d. 나는 못하니 당신이나 합시다.116)   〔청자〕

---

116) 청자의 단독행동을 권유하는 예로는 부적절한 듯하다. 그 대신 문장주어나
    호격어의 형식으로 청자를 명시적으로 나타내는 경우에는 청자만의 행위수
    행을 요청하는 의미가 뚜렷해진다.

　　e′. 오늘은 잠이나 자자.　〔혼자말〕

　화자만이, 혹은 청자만이 참여할 수도 있되, 참여하지 않는 측이 그 언어행위를 수행함에 있어서 직접, 간접으로 협조되어야한다는 전제조건이 있을 때에 한한다고 주장하였다.117) 즉, 이런 표현은 제의에 따르는 행동은 상대방의 협조로 화자와 공동으로 이행한다는 가정을 근거로 상대방의 협조적인 행위를 구하는 형식이다(이정민(1985:164).　이제 (11)에 각각 상응하는 몽골어의 예들과 비교해보자.

(12) a′. Dotogš-oo　　žaaxan　or-″jo　〔같이, 화자, *청자〕
　　　　 inwards-Refl　a-little　enter-Vol.

　　 b′. Čimee-güi bai-ja.〔같이, 화자, *청자〕
　　　　 noise-Neg be-Vol.

　　 c′. Ta čad-(a)x-güi bol bi č bol-(o)v xii-je.
　　　　 〔*같이, 화자, *청자〕
　　　　 you be-capable-Irs-Neg Cond I(Nom) Č become-Pst do-Vol.

　　 d′. *Bi čad-(a)x-güi　　　 tul　 ta　　　 č bol-(o)v　　xii-je.〔*
　　　　 같이,*화자,*청자〕
　　　　 I be-capable-Irs-Neg for you(Nom) Č become-Pst do-Vol.

　　 e′. Önöödr-iig unt-(a)ž　　　 1 öngör-öö-je.〔같이, 화자, *청자〕

(i) a. 당신이나 조용히 합시다.
　 b. 노형, 어두운 밤길 조심해 가십시다.
117) 고영근(1976:37)은 문체법을 논의하면서 공동법의 특수용법으로 다음의 예
　　를 제시하고 있다.
　 (i) a. 이애, 어서 들어오너라. 이야기 좀 듣자.
　　 b. 나도 한마디 부르자.
　　 c. 표 좀 빨리 팝시다.
　　 d. 네 이년들 얼마나 잘들 사는가 어디 좀 보자
　 (ia.b.)는 화자가 청자에게 자기의 행동수행을 제안하고 있으며, 이와는 반대로
　 (ic.)는 청자의 행동수행을 제안하고 있다. 한편, (id)는 독백으로서 청자가 고려
　 되지 않은 상황이므로 화자의 행동수행을 청자에게 제안할 수 없다는 점에서 이
　 들과는 또다른 특성을 띤다.

today-Acc   sleep-Smlt L pass-Caus-Vol.

(12a′.b′.e′)에서 화자만이 참여하거나, 화자와 청자가 공동으로 참여하는 경우만 가능할 뿐 청자만의 단독적인 행동수행의 의미는 나타나지 않는다. (12c′.d′)에서도 청자만의 행동수행은 앞서 살펴본 인칭제약을 어기게 되어 불가능해진다. 이처럼 1인칭 문종결어미 '{-ja, -je, -jo}'형은 주어의 수에 민감하게 '의도 · 결의' 혹은 '제의 · 청유'등의 상이한 화행을 이루므로 주어가 생략된 (12a′.b′.e′)의 경우에는 중의성(ambiguity)이 발생한다. 이러한 중의성의 해소는 발화상황, 화맥 등의 화용적 요인에 의해서도 가능하지만 몽골어에서는 특정행위에 다수의 행위자가 참여함을 나타내는 多衆履行相(üiliig olnooroo üildex baidal) '-cgaa⁴' 접사에 의해 형태론적으로 해소된다.[118] 즉, 중의적인 (12a′.b′.e′.)은 (13)에서는 중의성이 해소되어 오직 공동행위의 수행을 청자에게 요청하는 '제의'나 '청유'의 화행을 이루고 있다.

(13) a. Dotogš-oo   žaaxan or-cgoo-jo.   〔같이, *화자, *청자〕
        inwards-Refl a-little   enter-Coll-Vol.
        '안으로 좀 들어들 갑시다'

     b. Čimee-güi bai-cgaa-ja.   〔같이, *화자, *청자〕
        noise-Neg   be-Coll-Vol.
        '조용히들 합시다'

     c. Önöödriig unt-(a)ž l öngör-öö-cgöö-je. 〔같이, *화자, *청자〕
        today-Acc sleep-Smlt L pass-Caus-Coll-Vol.
        '오늘은 잠들이나 잡시다'

결국, 중세몽골어에서 원래 1인칭복수어미로만 사용되어 '제의 · 청유'등

---

118) -cgaa⁴형과 관련된 몽골어의 상표시 형태소{-č, -čix, -zna⁴, -sxii, -lz, -valz, -gana⁴}등에 관한 논의는 Ž.Sanžaa(1987:75-77), C.Ölziixutag(1979:128), P.Bjambasan(1970:276-283), Š.Luvsanvandan(1966:145-146), D.Sanžeev (1961:294-295), 정제문(1986:126) 등 참조

의 화행에서만 배타적으로 사용되던 {-ja, -je, -jo}형은 1인칭단수어미로서 문어체에만 사용되던 -sugai²형의 쇠퇴와 함께 현대어로 발전해 오는 과정에서 수의 구별이 사라지게 됨으로써 '결의·의도' 등의 화행에도 동시에 사용되게 되었음을 알 수 있다. 그러나 이러한 의미기능의 확대는 결국 중의성의 문제를 초래하게 되었으며 이를 해소할 방안으로 접사첨가에 의한 형태론적 방법이 도입되었다. 결과적으로 현대몽골어에서 {-ja, -je, -jo}와 -cgaa⁴-{-ja, -je, -jo}는 수범주에 있어서 대립됨으로써 체계상의 안정을 이루게 되었고 이제는 1인칭단수어미, 즉 '결의·의도'등의 발화수반력이 '제의·청유'등의 발화수반력에 비하여 거의 대등하게 되어가는 과정에 있는 것으로 분석된다.

(14) a. Xurl-aas   ömnö   xar´-ž   xuvcs-aa   sol´-jo.
     meeting-Abl   before   return-Smlt   clothes-Refl   change-Vol.
     a´. '회의시작 전에 귀가해 옷을 갈아입겠다'
     a´´. '회의시작 전에 귀가해 옷을 갈아입자'

  b. Uls-yn   tölöölögč-d-(ö)d   bajar   xürge-ž,   sain   saixn-y
     state-Gen delegate-Pl-DtLc delight send-Smlt, good   fortune-
     Gen   jerööl   devšüül-´je.
     blessing   present-Vol.
     b´. '인민대표자들에게 축하를 드리며 행운을 기원합니다.'
     b´´. '인민대표자들에게 축하를 드리며 행운을 기원합시다.'

(14a.b.)에서 화자는 청자에게 자신의 '의도'나 '결의'만을 표명할 뿐, 공동행위에 대한 협조를 요청하는 '제안'이나 '청유'의 의미는 매우 약하다. 이와 같이 1인칭주어가 흔히 생략되는 경우 문종결어미{-ja, -je, -jo}의 중심적인 발화수반력은 '결의'나 '의도'로 점차 굳어지는 과정에 있는 것으로 보여진다.119) 이것은 다음 (15)의 청자의 응답에서도 확인된다.

———————————————

119) 한편 정치적 목적을 띤 선동적인 구호나 표어 등에서는 특히, 문종결어미 {-ja, -je, -jo}형이 주로 사용된다(C.Önörbajan 1987:150).
  (i) a. Sain büxn-iig demž-(i)n   delgerüül-je, saar büx(n)-iig šax-(a)n

(15) a. Teg-∅ teg-∅. teg-sen n′ deer.

    do-so do-so. do-so-Pft 3Poss better.

    '그래 그래. 그렇게 하는 편이 낫다.'

  a′. ?*teg-cgee-je. teg-cgee-sen n′ deer.

    do-so-Coll-Vol. do-so-Coll-Pft 3Poss better.

    '그러자. 그렇게들 하는 편이 낫다.'

  b. Bajarl-laa.

    rejoice-Pst

    '고맙습니다.'

  b′. ?*Bajarl-(a)cgaa-laa.

    rejoice-Coll-Pst.

    '고맙습니다들'

이제 주어와 '-cgaa⁴-{-ja, -je, -jo}'의 관계를 살펴보기로 하자.

(16) a. Za ing-eed ger-t or-cgoo-jo. (B.Pürev-Očir 1995:58)[120]

---

    zailuul-″ja.

    good all-Acc support-Assoc spread-Vol, bad all-Acc press-Assoc push-out-Vol

    '모든 善을 지지하고 확산시키자, 모든 惡을 억압하고 추방하자!'

  b. Enx taivan, socializm-yn ololt amžilt-yg saxi-n xamgaal-″ja.

    peace, socialism-Gen achievements-Acc preserve-Assoc potect-Vol.

    '평화와 사회주의의 성과를 보존하자!'

(ia.b.)는 일상적인 구어가 아닌 대중선동의 굳어진 표현으로서 이미 집단적인 '결의'나 '제의'의 의미를 띠고 일반대중을 청자로 상정하는 것이 특징이다. 따라서 다중이행상의 접사 '-cgaa⁴'가 접미된 (iia.b)는 어색하거나 수용할 수 없는 비문이 된다.

(ii) a. ?*Sain büxniig demžin delgerüül′je, saar büxniig šaxan zailuulcgaaja.

    '모든 善을지지하고 확산시키며, 모든 惡을 억압하고 추방하자!'

  b. ?*Enx taivan, socializmyn ololt amžiltyg saxin xamgaalcgaaja.

    '평화와 사회주의의 성과를 보존하자!'

120) 몽골어의 za는 간투어문(ajalaga-ögüülber)으로서 말을 시작하기에 앞서 말문을 여는(am neex) 신호의 기능을 한다.

    well, do-thus-Ant house-DtLc enter-Coll-Vol

    '자 이제 집으로 들어들 갑시다.'

b. Za   ing-eed   cöm-öör-öö   ger-t   or-″jo.

    well do-thus-Ant all-Instr-Refl house-DtLc enter-Vol

    '자 이제 모두 집으로 들어갑시다.'

c. ?Za ing-eed   bid   cöm-öör-öö   ger-t   or-″jo.

    well do-thus-Ant we(Nom) all-Instr-Refl house-DtLc enter-Vol

d. ??Za ing-eed   bid   ger-t   or-cgoo-jo

    well do-thus-Ant we(Nom) house-DtLc enter-Coll-Vol

e. ??Za ing-eed   cöm-öör-öö   ger-t   or-cgoo-jo

    well, do-thus-Ant all-Instr-Refl house-DtLc enter-Coll-Vol

f. *Za ing-eed   bid   cöm-öör-öö   ger-t   or-cgoo-jo.

    well, do-thus-Ant we(Nom) all-Instr-Refl house-DtLc enter-

    Coll-Vol

    (16a.b.)는 가장 자연스러운 문장으로 받아들여지는데 비하여 (16c.d.e.)는 다소 어색한 문장으로, (16f.)는 거의 비문으로 받아들여진다. 그 이유는 현대몽골어는 엄격한 '수의 일치'를 요구하지 않기 때문이다. 즉 (16c.)의 경우는 문장주어인 1인칭복수의 뒤에 *cömööröö*(모두)를 다시 덧붙임으로써 '한사람도 빠짐없이' 집안으로 들어가자는 '애원'이나 '간청'의 의미가 더욱 강해지며 *cömööröö*에 강세가 놓이는 것으로 토박이 화자들은 설명하고 있다. (16d.e.)는 주어와 술어동사 사이에 수의 일치를 보이는 예들인데 역시 어색한 문장으로 받아들이며 (16f.)는 가장 어색한

(i) a. Za jaršig daa

   b. Za jaaxav dee

   c. Za zavsarlaga duuslaa

   d. Za bajartai düü min′

이에 대한 이유로 B.Pürev-Očir(1995:17)는 Za의 자음 [z]가, 순음 중의 [m] 처럼 몽골인이 발음하기에 매우 용이하기 때문이라고 설명한다. 또한 그에 대한 증거로 몽골어의 xoršoo üg(連語)을 형성할 때 후행하는 의미없는 메아리어 (cuurai üg)에서 [z]와 [m] 이 서로 교체되는 현상을 예로 제시하였다.

말투로서 마치 처음으로 몽골어를 배우기 시작한 외국인의 말투로 느껴진
다고 보고한다.

4.3.3.2 -sugai² (결의)

1인칭 문종결어미 -sugai²가 나타내는 서법의미를 지시결정 *daalgan
šiidex* (C.Önörbajan 1987:151), Ju.Mönx-Amgalan(1997:198), 공식결정
josorxon šiidex (D.Badamdorž 1997:188), '희망'(정제문 1986:128) 등으로
정의해 오고 있다. 문종결어미 -sugai²의 인칭제약과 의미에 대하여 몽골
국외학자들의 설명을 보자.

(17) a. -sugai²[121] expresses resolution (of the speaker or a group
including him) or the intention to comply with the will of
someone else. (Street 1963:119)

b. The voluntative expresses the wish to perform the action
concerned. The voluntative of the first person of the singular
expresses the wish of the speaker to act. (Poppe 1991:166)

c. This suffix is only used today to express resolutions and
official decisions. Earlier on, this suffix was used like the "-ja"
suffix, expressing something like 'Let them ...'. Maybe that's
the reason why it is considered to belong to the 1st person.
(Kullmann & Tserenpil 1996:176)

1인칭 단수에만 배타적으로 쓰였던 -sugai²형태소는 고전몽골어에서 문
어뿐만 아니라 구어에도 활발하게 사용되던 종결형어미 중의 하나였다
(C.Önörbajan 1987:150). 그러나 현대몽골어에 들어와서는 판결이나 법
령, 결의안 등의 공식적인 문어체 표현으로만 그 영역이 축소되어 1인칭
주체의 지시사항이나 이행위임 혹은 스스로의 확고한 이행결의 등의 의미

---

121) -sugai²와 일부의 방언에 남아있는 -su²의 관계에 대해서는 (Poppe
1987:255-257), (Sanzheyev 1988:112), (D.Badamdorj 1997:188)참조.

를 나타낸다(L.Mišig 1978:134).

(18) a. Xorloo-(g)iin Damba-d ...   MXZE-iin   40 žil-iin   oi-g
       Xorloo-Gen Damba-DtLc ...MYRL-Gen 40 year-Gen anniversary-Acc
       toxiolduul-(a)n   BNMAU-yn baatar col   olg-(o)sugai.
       take the opportunity-N MPRP-Gen hero   title grant-Resl.
       '호를로깅 담브'에게 .... 몽골혁명청년동맹 40주년을 즈음하여
       몽골인민공화국의 영웅칭호를 수여하기로 함'
       (Street 1963:119)

    b. Cag agaar-yn urdčil-(a)n sergiil-(e)x medee-g al′ bolox
       türgen
       weather-Gen   do-in-advance-Assoc caution-Irs   news-Acc
       as-soon-as-possible
       damžuul-ž   bai-x žuram   togtoo-ž   mörd-(ö)x-iig
       xolboo(n)-y
       transmit-Smlt be-Irs regulations establish-Smlt follow-Irs-Acc
       communication-Gen
       jaam(an)-d   daalga-sugai.   (C.Önörbajan 1987:151)
       minstry-DtLc charge-Resl.
       '일기예보뉴스를 가능한 한 신속히 전달하는 법규의 제정과 시
       행을 통신부에 위임하기로 함.'

    c. Xeregten Dorž-iig Mongol uls-yn   erüü-(g)iin xuul′-iin
       193-iin   B-d
       criminal Dorž-Acc Mongolia state-Gen criminal   law-Gen
       193-Gen B-DtLc
       zaa-sn-y   daguu   10 žil-iin   jal   edl-üül-sügei.
       define-Pft-Gen according 10 year-Gen penalty undergo-
       Caus-Resl.
       '피고인 도르찌를 몽골국 형법 193조 B항의 규정에 의거 10년형
       을 선고하기로 함!'

d. 1997 on-y 6-r   sar-yn 1-ees exl-(e)n xuučin Marks-yn
1997 year-Gen   6-th   month-Gen 1-Abl begin-Assoc   former
Marx-Gen
gudamž-iig Amgalanbaatar-yn gudamž ge-ž nerl-(e)sügei
street-Acc Amgalanbaatar-Gen street   say-Smlt   name-Resl.
'1997년 6월 1일부터 舊마르크스街를 암갈랑바타르街로 명명하
기로 함'

(18a.b.d.)는 예를 들면, 국회, 국무회의, 대통령 등의 공공기관의 공식
적인 결정에, (18c.)는 법정의 판결에 각각 해당한다. 또한 이 형식의 특
징 중의 하나는 문장주어가 분명하게 드러나지 않는다는 점이다. 이는 이
종결형어미가 현대몽골어에서 화자가 포함된 단체나 기관의 결의사항을
통보하는 문서상의 '단언행위'에 배타적으로 사용됨으로써 구어에서는 소
멸된 현상과 관련이 있는 것으로 보인다. 문장의 생략된 주어는 이러한
결정을 내린 공공기관의 대표자의 서명에 의해 간접적으로 드러난다. 즉,
국회의장, 대통령, 수상, 주심판사 등의 서명이 반드시 첨부된다. 또한,
이 종결어미가 접미된 문장의 특징은 그 성격상 주로 신문, 방송 등의 언
론매체를 통하여 전달된다는 점이다. 즉, 신문의 경우는 활자를 매체로
인쇄되며, 방송의 경우는 (19)와 같이 아나운서의 멘트를 통하여 전달된다.

(19) Mongol   uls-yn   jerönxilegč-iin zarlyg-iig   nevtrüül-'je
Mongolia state-Gen president-Gen   decree-Acc broadcast-Vol.
'몽골국 대통령의 칙령을 방송하겠읍니다.'

따라서 이 형식은 간접화행이 허용되지 않는 상황으로 그 쓰임이 국한
되는 것으로 분석된다.[122) 또한 다음 (20)과 같이 내포문으로도 쓰일 수
없다.

---

122) 이정민(1986:278-279)은 간접표현/화행이 허용되지 않는 상황으로는 군대
의 명령, 법원의 선고, 심판의 선언 등을 제시하였다.

(20) a. *Xorloogiin   Damba-d   BNMAU-yn   baatar   col   olgo-sugai
ge-ž   xel-sen.
Xorloo-Gen   Damba-DtLc   MPRP-Gen   hero   title   grant-Resl
say-Smlt   tell-Pft.
'호를로깅 담브'에게 ... 몽골인민공화국 영웅칭호를 수여함하고
말했다.'

   b. *Xorloogiin   Damba-d   BNMAU-yn   baatar   col   olgo-sugai
ge-ž   Xorloo-Gen Damba-DtLc MPRP-Gen   hero   title
grant-Resl   say-Smlt
šiid-sen.
decide-Pft.
'호를로깅 담브'에게 ... 몽골인민공화국 영웅칭호를 수여함하고
결의했다.

그리고 인칭에 관계없이 구어에서는 (21)과 같이 부적절한 발화가 된다.

(21) a. ?*Minii   xüüxd-üüd   xool-oo   id-sügei
I(Gen) child-Pl   meal-Refl   eat-Resl.
'애들아 밥 먹기로 함'

   b. ?*Bat   caašid   onc sain   suralc-(a)x-yg   ermelz-sügei.
Bat   in-the-future very well study-Irs-Acc   expect-Resl.
'바트가 앞으로 열심히 공부하기를 기대하기로 함'

   c. ?*Šin-eer   gar-san   kino-g   üz-sügei.
new-Instr come-out-Pft movie-Acc see-Resl.
'새로나온 영화를 보기로 함'

   d. ?*Naiz-uud aa, önöö oroi bügd-eer-ee   salxi(n)-d   gar-sugai.
friend-Pl Voc, this evening all-Instr-Refl wind-DtLc go-out-
Resl.
'친구들아, 오늘 밤에 모두 외출하기로 함'

(21a.-d.)는 친구들 사이에서나 혹은 코미디프로에서 가끔 볼 수 있듯이 일부러 어법에 틀리게 말함으로써 웃음을 유발하려는 의도에서 생겨난 우스개소리로 들린다고 토박이화자들은 판정하였다. 결국 이들 예문에 나타나는 어미 *-sugai²*는 현대몽골어의 구어에서는 더 이상 사용되지 않는 화석형으로 분석된다.

4.3.3.3 1인칭 문종결어미와 첨사

본 절에서는 앞서 논의한 1인칭 문종결어미와 첨사들간의 공기관계를 고찰한다. 먼저, {*-ja, -je, -jo*}의 부정법을 살펴보자.

(22) a. Xojoul-aa xamt   kino {*büü, *bitgii} üz-ʹje

     Both-Refl together movie {Proh}   see-Vol.

  b. Xojoul-aa xamt   kino {*ül, *es} üz-ʹje

     Both-Refl together movie {Neg}   see-Vol

(22a.b.)는 금지첨사, 부정첨사 어느 것도 1인칭 문종결어미 {*-ja, -je, -jo*}와 공기하여 부정문을 형성할 수 없음을 보여준다.[123] 그 대신 현대

---

123) 그러나 토박이화자들의 제보에 의하면 화자가 주관적으로 극히 부정적인 평가를 내리는 문맥에서만 제한적으로 *büü*의 용법이 허용되는 경우도 있다.

  (i) a. Xojoul-aa ter   jostoi xüiten gazar lüü büü jav-ʺja !

     both-Refl that really cold place Dir Neg go-Vol.

     '둘이서 정말로 추운 그곳으로 가지 말자!'

   b. Cöm-öör-öö ene muuxai kino-g   büü üz-ʹje !

     all-Instr-Refl this bad   movie-Acc Neg see-Vol.

     '다같이 이 나쁜 영화를 보지 말자!'

   c. ?*Önöödör-iin xičeel-d büü op-ʺjo !

     today-Gen class-DtLc Neg enter-Vol

     '오늘수업에 들어가지 말자!'

   d. ?*Önöö šönö büü unt-ʺja !

     This night Neg sleep-Vol.

     '오늘밤은 자지 말자!'

  (ia.b)에는 각각 명사구의 머리어(head)인 *gazar, kino*가 화자의 부정적 평가를

몽골어에서는 다음 (23)과 같이

(23) a. Cas   or-(o)x-oo   boli-loo.
     snow   fall-Irs-Refl   stop-Pst.
     '눈이 내리기를 중단하였다. (눈이 그쳤다.)'

   b. Bi   tamxi   tat-(a)x-aa   bol´-son.
     I(Nom) tobacco   smoke-Irs-Refl   stop-Pft.
     '나는 담배 피우기를 그만 두었다. (담배를 끊었다).'

   c. doloo(n)   nar-yg   bi   ustga-ž   čad-(a)x-güi   bol ...
     seven   sun-Acc I(Nom) eliminate-Smlt able-Irs-Neg   Cond ...
     er   xün-ee   bai-(g)aad ...   (Hangin 1973:40)
     male man-Refl   stop-Ant ...
     '7개의 해를 내가 없애지 못하면 사내대장부이기를 그만두고....'

   d. Erxii mergen   nom   sur-(a)x-aa   bai-v.
     Erxii mergen   book   study-Irs-Refl   stop-Pst.
     '에르히 메르겅은 공부를 그만두었다.'

   (23a.b.)의 *bolix*, (23c.d.)의 *baix*는 '중단하다, 그만 두다, 단념하다, 더
이상 -하지 않다' 등의 의미를 가진 동사이다. 현대몽골어에서는 이 동사
가 {-ja, -je, -jo}와 공기하여 부정문을 형성한다.

나타내는 *jostoi xüiten, muuxai*등의 형용사의 한정을 받고 있다. 화자는 (ia.)에
서 '그렇게 끔찍하게 추운 곳'에는 갈 필요 없다고 청자에게 제의하며, (ib.)에서
는 청자에게 '윤리 도덕적으로 문제가 많은 저질영화'를 보지 말 것을 제의한다.
그러나 (ic.d.)에서는 각각 명사구의 머리어인 *xičeel*과 *šönö*은 화자의 주관적 평
가와는 무관한 어휘항목들이 한정사의 위치를 차지하고 있어 금지첨사 *büü*와는
공기할 수 없다. 한편, 할하몽골어의 구어에서는 이미 사라진 *büü*의 용법이 차하
르 방언에서는 아직도 존재하는 것으로 보고되었다.
(ii) Bid Mongol-d büü mor´-ior yav-´´ja.
    (Jagchid, S. & A.E.Dien 1964:76)
    we(Nom) Mongolia-DtLc Neg horse-Instr go-Vol.
    '우리는 몽골에 말을 타고 가지 말자'

(24) a. ?*Xojoul-aa xamt   kino   üz-(e)x-iig   bol´-jo.
   both-Refl   together movie see-Irs-Acc stop-Vol.

  b. Xojoul-aa xamt   kino   üz-(e)x-ee   bol´-jo.
   both-Refl   together movie see-Irs-Refl stop-Vol.
   '둘이 함께 영화구경을 그만둡시다'

  c. ?*Xojoul-aa xamt   kino   üz-(e)x-iig   bai-ja.
   both-Refl   together movie see-Irs-Acc stop-Vol.

  d. Xojoul-aa xamt   kino   üz-(e)x-ee   bai-ja.
   both-Refl   together movie see-Irs-Refl stop-Vol.
   '둘이 함께 영화구경을 그만둡시다.'

 (24b.d.)처럼 청유문의 부정에서는 동사 *bolix*, 혹은 *baix*가 일반재귀소
유어미가 접미된 목적어나 보어로 사용된 명사류와 술부를 구성하고 있
다.[124] (24a.c.)는 대격표지를 사용함으로써 어색한 문장이 되고 있다.
즉, 현대몽골어에서 소위 '대격표지'는 순수한 대격표지라기 보다는 '한정
성표지(Definiteness marker)'나 '특정성표지(Specificity marker)'의 성격이

---

124) 한국어에서는 청유문의 부정형은 '-지 맙시다, 말자, 말아요, 마세, 마' 등과
  같이 '말다'라는 否定動詞를 첨가하나, 日語에서는 '～することをやめましょ
  う. ～することをやめよう'라고 'やめる'라는 동사를 써서 '～하는 것을 그만
  하자'라는 표현을 한다(장석진 1985:264), (이정민 1977, 어학연구13.2),
  (남풍현 1976:56). 한편, 몽골어에서 청유문의 부정형은 형동사의 경우에 현
  재나 미래시제를 나타내며 비현실양태표지(irrealis modality marker)의 기
  능을 가진 -x에 일반재귀소유어미 -aa⁴를 연결한 형태만 가능하며, 완료상표
  지(perfective aspect marker)인 -san⁴에 연결되면 상이한 의미를 갖는다
  (P.Bjambasan 1987:83).
 (i) a. Ene nom-yg   margaaš xürtel unš-san bai-ja.
   this book-Acc tomorrow until   raed-Pft be-Vol.
   '이책을 내일까지는 읽어 두도록 하겠다.'
  b. Za, eež   ir-(e)x-ees   ömnö xool xii-sen bol-"jo.
   well, mother come-Irs-Abl before meal do-Pft become-Vol.
   '자, 엄마가 오기 전에 음식준비를 한 척하자.'
 (ia.)는 미래완료의 의미로 (ib.)는 특정행위를 마지못해 건성으로 행한 의미를
 나타낸다.

더욱 두드러진다. 또한 주어나 목적어가 문법성에 영향을 주지 않고 흔히
탈락할 수 있다.

(25) a. Teg-vel eež-iin xel-sn-eer bol′-jo. (Š.Baraišir 1989:226)
     do-so-Cond mother-Gen tell-Pft-Instr stop-Vol.
     '그렇다면 엄마가 말한 대로 그만두자'

   b. Za, za bol′-cgoo-jo, ta nar min′ (Ju.Mönx-Amgalan 1997:167)
     well, well stop-Coll-Vol you Pl 1Poss.
     '자, 자 그만들 두자. 얘들아'

한편, 구어에서는 화자의 행위수행에 대한 망설임이나 머뭇거림을 나타
낼 때 의문첨사를 부가한 선택의문문의 형식이 사용된다. 즉, (26)에서

(26) a. Ene xün-ees er nöxr-öö asuu-ja uu? bai-ja uu?
     this man-Abl husband-Refl ask-Vol Q stop-Vol Q?
     '이 사람에게서 남편에 대해 물어볼까? 말까?'

   b. Ene čig-eer-ee ted(n)-ii-d jav-aad oč-″jo uu? bol′-jo uu?
     this direction-Instr-Refl they-Gen-DtLc go-Ant visit-Vol
     Q? stop-Vol Q?
     '이대로 곧장 그들의 집에 들를까? 말까?'

(26a.b.)는 1인칭 문종결어미 {-ja, -je, -jo}에 의문첨사 -uu²를 결합한
의문문과, 동사 bolix, 혹은 baix에 의문첨사 -uu²를 결합한 의문문이 접
속사의 도움 없이 병렬된 구조이다.
이제 다른 첨사들과의 공기가능성을 살펴보자.

(27) a. Önöödr-iin medee-g nevtrüül-′je.
     today-Gen news-Acc broadcast-Vol.
     '오늘 뉴스를 말씀드리겠습니다.'

   b. Ölzii-tei saixan jerööl-iig örgö-n devšüül-′je.

auspice-Comit good   blessing-Acc offer-N present-Vol.
'상서로운 축복의 말씀을 바치겠습니다. (R.Žagvaral 1976:46)
c. Za, bi   ing-eed   nutag-t-aa
well, I(Nom) do so-Ant   native land-DtLc-Refl
buc-''ja   {*šüü, daa, šüü dee}
return-Vol   {ŠÜÜ, DAA, ŠÜÜ DAA}
d. Xojoul-aa   end   tur   zogs-''jo {*biz, *šiv, *bii, *dag...}
both-Refl here for-a-moment stop-Vol {BIZ, ŠIV, BII, DAG...}

(27a.)는 정규방송을 시작하는 아나운서의 서두이며, (27b.)는 축복이나
기원의 헌사, (27c.)는 1인칭대명사 단수형이 주어로써 화자의 의향이나
의도를 나타낸다. (27d.)는 1인칭대명사의 복수형이 주어로써 청유의 화
행을 이룬다. (27c.d.)에서 우리는 1인칭 문종결어미 {-ja, -je, -jo}는 긍
정첨사 중 *daa*⁴와만 결합할 수 있으며 추정첨사와는 전혀 공기할 수 없음
을 알 수 있다. 이제 부정첨사나 금지첨사와 공기할 수 있는지 살펴보자.

(28) a. Bi ted nar-t šiidvertei xariu {*ül, *es ; *büü, *bitgii} ög-'je.
       I(Nom) they Pl-DtLc resolute answer {Neg ; Proh}
       give-Vol.
       '나는 그들에게 확고한 대답을 {ÜL, ES; BÜÜ, BITGII} 해주겠다.'
     b. Bid čadax jadaxaar-aa   tus {*ül, *es ; *büü, *bitgii} bol-''jo.
       we(Nom) with-all-one's-strength-Refl benefit {Neg ; Proh}
       become-Vol.
       '우리는 힘껏 도와 {ÜL, ES; BÜÜ, BITGII} 주자'.
       (Ju.Mönx-Amgalan 1997:158)
     c. Dorž-iig   xülee-x-ee {*ül, *es, *büü, *bitgii} bol'-jo.
       Dorž-Acc wait-Irs-Refl   {Neg ; Proh}   stop-Vol.
       '도르찌를 기다리기 {ÜL, ES; BÜÜ, BITGII} 그만두자.'

(28a.b.)에서 1인칭 문종결어미 {-ja, -je, -jo}는 부정첨사나 금지첨사와

공기할 수 없음을 알 수 있다. 즉, 부정첨사나 금지첨사에 의하여 부정법 형성이 불가능함을 보여주는 예들이다. 한편 (28c)는 청유문의 부정형에 이를 다시 부정하거나 금지할 수 없음을 보여준다.

이제 1인칭 문종결어미 -*sugai*[2]형태소의 첨사들과의 공기가능성을 고찰하자. 먼저 부정첨사나 금지첨사에 의한 부정문형성의 가능성여부를 보면,

(29) Ene zam-yg   olon   niit-iin   xüč-eer   zas-sugai.
    this road-Acc many total-Gen force-Instr repair-Resl.
    '이 길을 전체 구성원의 일치단결로 보수함'

(30) a. Ene zam-yg olon   niit-iin   xüč-eer {*ül, *es}   zas-sugai.
    b. Ene zam-yg olon   niit-iin   xüč-eer {*büü, *bitgii} zas-Resl.

(30a.b.)는 (29a.b.)의 부정문 형식들로서 모두 비문이 되고 있다. 즉, 1인칭 문종결어미 -*sugai*[2]형은 부정첨사나 금지첨사와의 직접적인 결합에 의해 부정명령형을 만들 수 없으며, 어휘적 부정에 의해 기존의 결정이나 명령을 무효화시키는 명령형만이 가능하다. 그러나 이 경우에도 여전히 *sugai*[2]형 자체는 부정되지 않는다.[125]

(31) Olon niit-iin   xüč-eer   zam zas-(a)x   tuxai   togtool-yg
    many total-Gen force-Instr road repair-Irs about   resolution-Acc
    xüčingüi   bol-go-sugai.
    uneffective become-Caus-Resl
    '전체구성원의 일치단결에 의한 도로보수안을 무효화함!'

---

125) Kullmann & Tserenpil(1996:176)은 -*sugai*[2]의 부정이 부정첨사 *büü*에 의하여 가능한 것으로 분석하고 있다.
    (i) Tüünd   nemegdel ažl-yn   xölsiig   büü olgo-sugai.
        (s)he(DtLc) additional work-Gen wage-Acc Proh grant-Resl.
        '그(녀)에게 가외수당을 안 줌'
    그러나 할흐방언을 사용하는 토박이 화자들은 (i)을 매우 어색하거나 수용하기 힘든 문장으로 즉각 판정하였다.

이제 다른 첨사들과의 공기가능성을 살펴보자.

(32) a. Ene zam-yg olon niit-iin xüč-eer zas-sugai {*šüü, *daa, *šüü dee}

this road-Acc many total-Gen force-Instr repair-Resl.

b. Ene zam-yg olon niit-iin xüč-eer zas-sugai {*juu, *ve}?

c. Ene zam-yg olon niit-iin xüč-eer zas-sugai

{*biz, *šiv, *bii, *dag}

(32a.)에서는 긍정첨사가, (32b.)에서는 의문첨사가, (32c.)에서는 추정첨사가 각각 부가되었지만 모두 비문을 이루고 있다.

지금까지 본 장에서 고찰한 인칭 문종결어미와 첨사간의 공기관계에 관한 우리의 논의를 요약하면 다음과 같다.

〈 표 4.8 〉 인칭 문종결어미와 첨사의 공기관계

첨사	인칭 문종결어미 (명령·원망법 어미)								
	자원	결의	명령	권고	요구	회원	용인	축원	회구	경계
	-ja,-je,-jo	-sugai^2	-Ø	-aarai^4	-aač^4	-gtun^2	-g	-tugai^2	-aasai^4	-uuzai^2
daa^4	O	x	O	O	O	x	O	x	O	x
uu^2, juu^2	O	x	x	x	x	x	O	x	x	x
buu	x	x	O	O	O	x	O	?	?	x
bitgii	x	x	O	O	O	x	x	x	O	x
es	x	x	x	x	x	x	x	x	x	O
ül	x	x	x	x	x	x	x	x	x	x
šüü	x	x	x	x	x	x	x	x	x	x
biz	x	x	x	x	x	x	x	x	x	x
šiv	x	x	x	x	x	x	x	x	x	x
bii	x	x	x	x	x	x	x	x	x	x
dag^4	x	x	x	x	x	x	x	x	x	x
šüü dee	x	x	x	x	x	x	x	x	x	x
biz dee	x	x	x	x	x	x	x	x	x	x
šiv dee	x	x	x	x	x	x	x	x	x	x
bii dee	x	x	x	x	x	x	x	x	x	x
dag^4 daa^4	x	x	x	x	x	x	x	x	x	x
{uu^2/juu^2} daa^4	O	x	x	x	x	x	O	x	x	x

5. 결 론

본 연구는 현대몽골어의 구어에서 광범위하게 나타나는 첨사들의 개념과 첨사연쇄체 내부의 계층적 구조를 규명하고, 문장어미들과의 결합관계에는 어떠한 제약들이 존재하는지를 살펴보았다. 지금까지 논의한 내용을 정리하면 다음과 같다.

1장에서는 본 연구의 연구목적과 범위를 밝혔다.

2장에서는 현대몽골어의 품사체계를 토대로 첨사에 관한 선행연구와 문제점들을 살펴보았다. 또한 첨사에 관한 기존의 연구가 주로 형태론적 단순분류에 지나지 않은 것이었음을 확인하였다. 그리고 이러한 선행연구의 미미한 성과는 명확한 분류기준의 부재가 가장 큰 요인으로 작용하고 있다. 우리는 첨사분류의 기준을 문법의 세 층위에서 제시하였다. 즉, 형태론적 기준에서 보면 첨사는 명확한 어근이 없으며 따라서 파생접사와 결합하여 새로운 단어를 형성할 수 없다. 또한 곡용어미나 활용어미 등의 굴절어미를 취할 수 없다. 둘째, 의미론적 기준에서 독립된 어휘적 의미를 갖지 못하지만 문장내의 특정성분이나 전체 문장과 결합하여 특정한 부가의미나 양태의미를 나타낼 수 있다. 셋째, 통사론적 기준에서 독립된 문장성분이 될 수 없지만 문장내의 특정성분이나 문장전체와 결합하여 부가적인 의미를 나타내는 것으로 규정하였다. 결국 우리는 이러한 분류기준을 토대로 몽골어의 순수 첨사의 수를 극소수의 형태소로 확인하였다.

3장에서는 통사적인 분포를 토대로 고정첨사와 유동첨사로 나눈 후 3.1.1에서는 양태첨사들의 개별적인 의미와 기능을 고찰하였고, 3.1.2에서는 의문첨사의 기능과 관련하여 의문사의문문과 여부의문문, 부가의문문과 부정의문문, 대용어 부가의문의 구조적 차이와 화용적 특징을 중점적으로 논하였다. 3.1.3에서 우리는 부정첨사와 금지첨사의 특성을 몽골어의 부정법을 토대로 분석하였다. 다양한 부정첨사의 존재를 확인하였고 몽골어 부정법의 가장 현저한 특징은 명사류의 부정과 동사류의 부정으로 대별되어 전자의 경우 부정첨사의 후치현상이, 후자의 경우 첨사의 전치현상이 발생한다는 것을 확인하였다. 즉, 명사류(명사, 대명사, 수사, 형용사, 부사, 형동사 등)를 부정하는 첨사는 항상 명사류의 뒤에 분포하는 반면, 동사류(직설법동사, 명령·원망법동사, 부동사 등)를 부정하는 첨사는 항상 동사류의 앞에 분포한다. 3.2에서는 그 동안 선행연구자들에 의하여 강조첨사로 정의되어온 유동첨사 $č$와 l의 의미와 기능상의 차이를 대비시켜 동일 범주로 취급할 수 없음을 밝혔다. 특히 첨사 $č$의 극어형성 기능을 화용론적 척도를 토대로 논의하였다. 또한 첨사 l은 첨사 $č$보다 문장내에서 상대적으로 더 자유로운 분포를 보임도 관찰하였다. 3.2.3에서 정도부사, 수량부사, 시간부사 등과의 결합가능성을 토대로 첨사 $č$와 l의 상이한 분포상의 제약을 밝혔다. 3.3 에서 첨사연쇄체의 상대적인 내부순서를 규명하였다. 첨사들은 본질적으로 수의적 성분들로서 특히 문미에 분포하는 양태첨사의 경우에는 단독으로 혹은 몇몇의 첨사가 중첩되어 출현하는 이른바 첨사중출 현상을 보인다. 첨사들의 선형적 선행관계에 대한 기존연구의 부진은 고정첨사를 축으로 구성된 첨사연쇄체에 유동첨사가 덧붙어 개재되는 이중적인 구조로 인하여 정확한 실체 규명이 용이하지 않은 데 있었음을 확인하였다. 우리는 애초에 기대했던 바와 같이 첨사연쇄체는 무질서하게 뒤엉킨 첨사들의 덩어리가 아니라 정연한 계층적 구조를 지닌 문법범주이며 선형적 선행관계에는 이행적 관계가 성립함을 밝혔다. 아울러 첨사연쇄체의 최대수용한계는 유동첨사의 개입이나 간투사의 부가가 없을 경우 모두 네자리임을 밝혔으며 이들 사이의 관계와 양태의미는 가령, 본문이 명사류의 주어와 명사류의 술어로 이루어진 경우 아래 표와 같이 분석하였다.

〈 표 1. 〉 첨사연쇄체의 상대적 내부순서

본문(주어+술어)	긍정,부정	연계사(과거시제)	첨사머리	확신					첨사꼬리	진술
명사류+명사류	mön／biš	baisan (*baigaa) (*baidag) (*baix) (*baina)	jum	확신	baina (-lee)	처음 앎	šüü	주의환기	dee	진술
					baix	단순짐작			daa	
					biz,	이미 앎	∅		dee	
					šiv	짐작				
					bii (vii)	우려				
					bol(ov), dag, bil(ee)	불확실성	uu²	의문	daa	
						확실성				
						과거지각				
					san	회상	∅		daa	

4장에서는 문종결어미와 첨사의 공기관계, 통사적 제약 그리고 화행의 의미해석을 중점적으로 검토하였다. 4.1에서 전통적으로 직설법어미로 명명되어 오고 있는 시제어미를 비과거시제어미 과거시제어미로 나누어 각 형태소의 의미기능과 첨사들의 결합관계를 고찰하였다. 또한 몽골어의 일부 시제어미에 담겨있는 시제와 양태의미를 첨사들과의 결합가능성을 토대로 검토하였다. 이를 위하여 우리는 현대몽골어의 시제어미들의 시제와 양태의미를 각각 살펴보았으며, 이에 관한 선행연구자들의 주장을 고찰하였다. 4.2에서는 형동사를 포함한 명사류로 술부가 이루어진 경우 양태의미를 나타내는 문법범주가 포함되어 있지 않기 때문에 양태첨사들의 연쇄체가 자유로이 부가될 수 있음을 밝혔다. 아울러 형동사의 통사론적 특성을 문법관계, 정형동사로의 기능여부, 한정사적 기능, 사격어미의 접미가능성 등을 중심으로 살펴보았으며, 첨사들과의 결합관계에는 주어인칭제약이나, 화용론적 제약이 작용하고 있음을 확인하였다. 한편 선행연구에서 $-san^{4*}$ $-aa^{4*}$ $-dag^{4*}$ $-x$ 등과 마찬가지로 형동사로 분류되어 온 $-g\check{c}$, $-maar^{4}$, $-xuic^{2}$ 등의 통사적 기능과 의미를 살펴보았다. 4.3에서는 전통적으로 명령·원망법의 범주에서 다루어져 오던 인칭 문종결어미의 의미와

화행을 살펴보고 인칭대명사와 명령형 종결어미 사이의 대응관계를 〈 표
2. 〉와 같이 화계를 통하여 고찰하였다. 아울러 몽골어 경어법체계의 존
재를 밝혔으며 이른바 명령형 종결어미가 나타내는 화행의미는 종류의 차
이라기 보다는 정도의 차이를 갖는 것으로 분석할 것을 제의하였다.

〈 표 2. 〉 몽골어 2인칭대명사와 명령형종결어미의 대응관계

화 계	2인칭대명사		종결어미(명령문)		화행의미
	단수	복수	단수 · 복수		
上待	ta	ta büxen	-gtun^2 (문어체)		희원
			-aarai^4		기원
平待	ööröö	öörsdöö			권고
			-aač (-aat(극소수방언))		요구
下待	či	ta nar	-∅		명령

　또한 첨사들과의 공기관계를 검토한 결과 전통 몽골어학에서 이들을 동
일 범주로 묶는 근거중의 하나였던 부정첨사 *büü*의 첨가에 의한 부정형의
파생가능성은 현대몽골어에는 적용되지 않고 있는 점으로 미루어보아 체
계상의 재구조화가 진행중인 것으로 분석된다. 즉, 인칭 문종결어미 중
-sugai², *-gtun²*, *-tugai²*, *-uuzai²* 등은 구어에서는 거의 소멸되었거나 소
멸되어 가는 과정에 있는 형태들로서 이들은 첨사들과의 결합도 거의 불
가능한 화석형으로 확인되었다. 우리는 현대몽골어에서 첨사 범주의 범위
와 그 구성원들의 기원을 살펴보았는데 이들은 모두 문법화과정을 거쳐
생겨난 언어요소들로서 본래의 구체적인 어휘적 의미를 상실하고 추상적
인 문법적 의미를 획득하게 된 것으로 분석된다.
　현대몽골어의 첨사의 기능과 의미에 관한 연구는 언어학적으로 의의있
는 중요한 과제임에도 불구하고 그 동안 수많은 혼돈과 무질서 속에서 연
구자의 연구목적이나 심지어 개인적인 편견에 따라 일관성 없이 단순분류
와 명명작업에 치중해온 것 이외에는 이렇다 할만한 성과가 전혀 축적되
어 있지 않다. 본 연구는 첨사의 개념정립과 문종결어미의 화행에 관한
체계적인 연구의 시도로서 불명확하고 모호하기만 하던 첨사의 통사 · 의

미론적 특징뿐만 아니라 화용론적 기능까지도 문종결어미의 화행과 연관시켜 고찰함으로써 보다 명확하고 적절한 기술적 · 설명적 충족성을 획득하고자 하였다.

본 연구에서의 논의는 몽골어의 첨사연쇄체의 구조와 의미를 체계적으로 제시함으로써 몽골어의 문장구조에 대한 이해도를 높일 수 있었다는 것을 중요한 연구성과 중의 하나로 꼽는다. 또한 문종결어미들의 화행의 미를 실제적인 담화상황들과 관련지어 고찰함으로써 활용어미의 종류에 따른 단순한 분류작업에서는 파악할 수 없었던 다양한 국면의 기능과 의미를 확인할 수 있었다. 그러나 논의의 과정에서 미처 다루지 않고 지나친 해결해야 할 많은 주제들이 노정되었다. 가령, 이른바 주어표시어로 명명되어온 일군의 형태소들의 기능과 의미에 관한 연구는 몽골어 첨사체계의 정립과 직접적인 관계를 갖는 중요한 주제임에 틀림없다. 또한 현대 몽골어의 여러 방언들 사이의 첨사체계의 차이와 그 발달과정도 규명되어야 할 것이다. 특히 첨사연쇄체 내부의 통합관계를 지배하는 원리에 대한 체계적인 설명은 좀더 깊이 있는 다음의 연구로 미루었다.

참고문헌

강 신 (1995)『현대몽골어의 분류사와 양화구문』. 몽골학 3 : 1-19

______ (1997)『현대몽골어 품사분류체계에 관하여』. 몽골학 5 : 93-115

고 영근 (1993)『국어형태론연구』서울대학교출판부

권 재일 (1998) "Auxiliary verb constructions in Korean and Khalkha Mongolian"『알타이학보』8 : 105-119.

권재일.김윤한.문양수.남승호.전종호 (1997) "통사구조와 운율구조의 상관성 연구"『언어학』20 : 59-112

김 동식 (1981) "부정아닌 부정."『언어』6-2 : 99-116

김 미현 (1994)『몽골어의 부정법 연구--몽어노걸대를 중심으로-』서울대학교 석사학위논문.

김 방한 (1963) "몽학삼서소재 몽고어에 관하여."『문리대학보』11-1

______ (1966) "삼학역어.방언집석고 -주로 몽고어자료에 관하여."『백산학보』1

______ (1967) "한국의 몽고어 자료에 관하여."『아세아학보』3

______ (1980)『언어학논고』. 서울대학교출판부

______ (1992)『언어학의 이해』. 민음사

김방한.김주원.정제문 (1986)『몽골어와 퉁구스어』. 민음사.

김 승렬 (1988)『국어 어순 연구』. 한신문화사.

김 영철 (1993)『한정성에 관한 연구』. 서울대학교 박사학위논문.

김 영희 (1981) "회상문의 인칭제약과 책임성."『국어학』10 : 37-80

______ (1988)『한국어 통사론의 모색』. 탑출판사.

김 태자 (1986) "간접화행의 의미와 해석"『국어국문학』96. 국어국문학회

______ (1987)『발화분석의 화행의미론적 연구』--어학의 문학에로의 접근. 탑출판사

김 형수 (1980)『한국어와 몽고어와의 접미사 비교연구』. 동국대학교 박사학위논문

류 시종 (1995)『한국어 보조용언 범주연구』--원형이론적 접근- 서울대학

교 박사학위논문

문 순표 (1994) 『발화의 언어형식과 적합성』--연결, 내포 및 의문을 중심
　　　으로-. 서울대학교 박사학위논문.

박 철우 (1998) 『한국어 정보구조에서의 화제와 초점』. 서울대학교 박사
　　　학위논문.

서 태룡 (1979) "내포와 접속."『국어학』8 : 109-135.

_____ (1988) 『국어 활용어미의 형태와 의미』. 탑출판사

성 광수 (1980) "국어 부가의문문에 대하여" 한글 168.

_____ (1982) "화행의미와 적절성문제"『어문논집』23집. 고려대 국어국문
　　　학 연구회.

성 백인 (1985) "몽고문자와 만주문자."『국어생활』 3. 국어연구소.
　　　61-77.

_____ (1996) "한국어계통연구의 현상과 과제"『한국민족의 기원과 형성
　　　(下)』. 371-466.

_____ (1997) The present state and problems of genealogical studies of
　　　Korean. *Korea Journal*. Vol.37 No.3 Autumn.

손 숙자 (1990) 『국어의 부가어 연구』. 서울대학교 박사학위논문.

송 기중 (1977) "(서평) 두 편의 몽고어 연구서 --「몽문만주실록상」과
　　　「몽학삼서 연구 I」." 국어학 5 : 137-167.

_____ (1988) "18세기 조선조 몽역관들이 이해한 몽고어 문법." 한국학의
　　　과제와 전망.『제5회 국제학술회의 세계한국학대회 논문집』
　　　I. 한국정신문화연구원.

_____ (1991) "국어계통론의 실상."『국어사 논의에 있어서의 몇 가지 문제
　　　』. 한국 정신 문화연구원 인문과학연구부 어문연구실.

_____ (1993) "몽학서."『국어사자료와 국어학의 연구 (안병희선생 회갑기
　　　념논총)』.

송 재목 (1997) *Tense, Aspect and Modality in Khalkha Mongolian*.
　　　Ph.D. dissertation, the University of London. School of
　　　Oriental and African Studies

심재기.이기용.이정민(1985) 『의미론 서설』. 집문당

안 경화 (1995)『한국어 인용 구문의 연구』. 서울대학교 박사학위논문

안 명철 (1983) 현대국어의 양상연구 -인식양상을 중심으로.『국어연구』
　　　제56호

엄 정호 (1990)『종결어미와 보조동사의 통합구문에 대한 연구』.성균관대
　　　학교 박사학위논문.

양　인석　(1972)　*Korean　Syntax : Case　Markers,　Delimiters,
　　　Complementation, and Relativization.* 탑출판사.

＿＿＿ (1973) Semantics of Delimiters in Korean. *Language Research*
　　　9-2.

유 동석 (1995)『국어의 매개변인문법』. 신구문화사.

유 동준 (1983) "국어의 분류사와 수량화."『국어국문학』89. 국어국문학
　　　회.

유 원수 (1991) *A Study of Mongolian Negation.* Ph.D. dissertation
　　　Indiana University.

＿＿＿ (1991) "몽골어 동사류의 부정."『동방학지』73 : 연세대학교 국학연
　　　구원.

＿＿＿ (1992)『몽골문어문법』. 역저. 니콜라스 뽀뻬 지음. 대우학술총서.
　　　민음사.

＿＿＿ (1998) "할하 몽골어의 xapax와 yзɜx 에 대한 재검토." 한국알타이
　　　학회 제3차 국제 학술회의 발표 논문집. 173-185. 한국알타
　　　이학회

이 기갑 (1990) "한국어 어순 뒤섞기의 제약" 신익성교수 정년퇴임기념논
　　　문집

이 기문 (1964) "몽어노걸대연구".『진단학보』25 · 26 · 27합본 : 367-426.

＿＿＿ (1967) "몽학서 연구의 기본문제."『진단학보』31 : 89-113.

이 광정 (1987)『국어품사분류의 역사적 발전에 관한 연구』. 한신문화사

이 광호 (1988)『국어 격조사 '을/를'의 연구』. 탑출판사.

이 남순 (1984)『국어의 부정격과 격표지 생략』. 국어학총서 14. 탑출판
　　　사.

이 등룡(1984) "알타이제어(돌궐, 몽고, 만주 · 퉁구스 및 한국어)의 서술

동사 비교연구". 『대동문화연구』18:5-37. 성균관대학교 대동
문화연구원.
이 성규 (1994) "몽학삼서의 몽고어에 대한 기초적인 연구." 『몽골학』 2 :
이 익섭 (1978) "상대시제에 대하여" 관악어문연구 3.
이익섭, 임홍빈 (1990) 『국어문법론』. 학연사.
이 정민 (1975) "Grice적 추리와 논리구조." 『어학연구』9-2 :
_____ (1977) "부정명령의 분석." 『어학연구』 13-2 : 105-115
_____ (1986) 『언어이론과 현대과학사상』. 서울대학교출판부
_____ (1989) (In)definiteness, Case Markers, Classifiers and Quantifiers
        in Korean. *Harvard Studies in Korean Linguistics* Ⅲ.
_____ (1992a) "(비)한정성/(불)특정성 대 화제(Topic)/초점 --개체층위/단
        계층위 술어와 도 관련하여-." 『국어학』 22.
_____ (1995) Definiteness and Specificity. *Linguistics in the Morning
        Calm* 3. 663-677. Hanshin Publishing Company. Seoul.
        Korea.
_____ (1996) What are Generic Sentences about? In Thornstein
        Fretheim and Jeanette Gundel (eds) *Reference and
        Referent Accessibility*. John Benjamins.
이 정민, 배 영남 (1987) 『언어학 사전』. 박영사.
이 향천 (1991) 『피동의 의미와 기원』. 서울대학교 박사학위논문
이 호영 (1996) 『국어음성학』. 태학사
이 환묵 (1975) "양상부사의 통어적 특성에 대한 의미론적 접근." 『어학교
        육』Ⅶ. 전남대학교 어학연구소
_____ (1977) "국어의 극어와 화용상의 가정." 『어학연구』13-2 : 115-127
_____ (1982) "극어형성토씨 -도." 『한글』176호. 93-122
임 홍빈 (1975) "부정법 논의와 국어의 현실." 『국어학』 6. 국어학회
_____ (1984) "문종결의 논리와 수행-억양." 『말』9, 연세대학교.
_____ (1996) "양화표현과 성분주제." 『이기문교수 정년퇴임기념논총』.
장 경기 (1986) "국어의 부정의문문과 전제." 『어학연구』22-1 : 19-40
장 경희 (1982) "국어의문법의 긍정과 부정" 『국어학』11:89-115 국어학회

______ (1983) "{더}의 의미와 그 용법."『언어』8-2 : 293-314

______ (1986)『현대국어의 양태범주연구』. 탑출판사.

장 석진 (1973) *A Generative Study of Discourse*, pragmatic aspects of Korean with reference to English.『어학연구』. 9-2

______ (1985)『화용론연구』. 탑출판사.

______ (1990)『오스틴 화행론』. 서울대학교 출판부

______ (1993)『화용과 문법』. 탑출판사.

______ (1994)『통합문법론 -담화와 화용』. 서울대학교 출판부

장석진, 최재웅 (1996) "담화구조 이해를 위한 연구"--대화체 한국어에서의 화맥정보 흐름에 대하여.『계산의미론과 그 응용』. 민음사 199-226.

정 제문 (1987)『몽골제어개설』. 역저. 베르따가예프 지음.『한글』196 : 511-522.

______ (1990)『몽어유해의 몽골어에 대한 연구』. 서울대학교 박사학위논문.

______ (1991) "한국의 몽골어학 연구사."『언어학연구사』. 서울대학교출판부.

채 완 (1976) "조사 '는'의 의미."『국어학』 4.

______ (1977) "현대국어 특수조사의 연구."『국어연구』 39.

______ (1979) "화제의 의미."『관악어문연구』 4 : 205-227. 서울대학교.

______ (1983) "수사 및 수량사구의 유형적 고찰."『어학연구』. 19-1.

______ (1986)『국어어순의 연구』. 탑출판사.

최 기호 (1985)『몽어노걸대의 형태론적 연구』. 연세대학교 박사학위논문

______ (1993) "한국어와 몽골어의 관계연구."『인문과학연구』. 상명대

______ (1995) "알타이어족설의 문제점."『한글』. 한글학회

최 재웅 (1996) 「-만」의 작용역 중의성.『언어』제21권. 673-692. 한국언어학회.

최 학근 (1976) "만주어의 격, 성, 수에 대해서",『어학연구』제12권 제1호.

______ (1980)『알타이어학 논고 -- 문헌과 문법』. 현문사.

홍 사만 (1987) "기지. 미지의 정보구조."『이병선박사 회갑기념논문집』
    339-356
_____ (1990)『국어특수조사론 --의미분석-』. 학문사.

清格尓泰 (1991)『蒙古語語法』內蒙古人民出版社
領尓德木圖 (1992) 蒙古語詞語類(mongol xelnii ügsiin aimag) 內蒙古少年
    兒童出版社
侯万庄 (1990上)『現代蒙語虛詞例釋』.--Orčin Cagiin Mongol Xelnii
    Xiisver Ügsiin Tailbar, Tergüün devter. 洛陽
_____ (1990下)『現代蒙語虛詞例釋』.--Orčin Cagiin Mongol Xelnii Xiisver
    Ügsiin Tailbar, Ded devter. 洛陽
小澤重男 (1979)『中世蒙古語諸形態の研究』. 開明書院, 東京.
_____ (1983)『現代モンゴル語辭典』. 大學書林, 東京.
_____ (1986)『モンゴル語四週間』. 大學書林, 東京.
橋本 勝 外(1994)『일본어·モンゴル語會話集』. 大阪外國語大學
日本 陸軍省 編纂 (1933)『蒙古語大辭典』. 東京.

Austin, J.L. (1962) *How to do things with Words*, London∶Oxford
    University Press
Abraham, Werner (1991) *Discourse Particles*, John Benjamins Publishing
    Company. Amsterdam/Philadelphia
Badamdorž, D. (1997) *Orčin cagiin Mongol xelnii Utgasudlalyn ündes.*
    Ulaanbaatar.
Bajansan, Ž. Š. Odontör (1995) Xel šinžleliin ner tom''jony züilčilsen
    tailbar tol'. Ulaanbaatar.
Baraišir, Š. (1989) *Orčin cagiin Mongol xelnii ögüülberzüi.* Šinžlex
    Uxaany Akademi Xel Zoxiolyn Xüreelen, Ulaanbaatar.
Bazarragčaa, M. (1987) *Mongol xelnii ögüülber.*--Önöögiin ögüülber
    sudlalyn ündsen asuudluud. Bagš naryn Mergežil Deešlüülex
    Institut Niigmiin Uxaany Tenxim Ulaanbaatar.

Bertagaev. T.A. (1964a.) *Sojuzi Mongolyn sudlal.* 4-r bot´, Ulaanbaatar.

________ (1964b.) *Sintaksis sovremennogo mongol´skogo jazyka (prostoe predloženie),* Moskva.

Bese, Lajos (1974) "On the Etymology of prohibition and negation in Mongolian." *Central Asiatic Journal.* Vol.18. 3-8

Binnick, Robert I. (1979) *Modern Mongolian. A Transformational Syntax.* University of Toronto Press.

______ (1987) "On the classification of the Mongolian Languages." *Central Asiatic Journal.* Vol.31. No.3-4. Otto Harrassowitz. Wiesbaden. 178-195

______ (1990) "On the Pragmatic Differentiation of the Mongolian Past Tenses." *Mongolian Studies* (Journal of the Mongolian Society) 13. 47-56.

Bjambasan, P. (1970) "Orčin Cagiin Mongol xelnii üil ügiin xev, baidal." *Xel Zoxiol Sudlal.* Tom Ⅷ. Fasc 1-12. Ulaanbaatar.

________ (1978) "Mongol xelnii zalgavar büteevriig angilax asuudald." *Studia Mongolica.* Tomus V (13) Fasc (17) Ulaanbaatar.

________ (1980) "Orčin cagiin Mongol xelnii nöxcöl üiliig angilž baigaa n´." *Xel Zoxiol Sudlal. X Ⅳ* bot´ 1-25 devter. Ulaanbaatar.

________ (1989) "Orčin cagiin Mongol xelnii ügsiig aimagalax asuudald." *Šinžlex uxaan am´dral.* Ulaanbaatar.

Bjambasan, P., C. Žančivdorž, Ž. Sanžaa (1987) *Orčin cagiin mongol xelnii üg züiin baiguulalt. Mongol xelnii üil ügiin togtolcoo.* Šinžlex Uxaany Akademi Xel Zoxiolyn Xüreelen, Ulaanbaatar.

Bobrovnikov, A. (1849) *Grammatika mongol´skago-kalmyckago jazyka*

Bosson, James E. (1964) *Modern Mongolian : A Primer and a Reader.* Indiana University Publications Uralic and Altaic Series 38. Bloomington. The Hague. Mouton.

Bybee, Joan (1985) *Morphology : A study of the relation between meaning and form.* Typological Studies in Language 9. Amsterdam and philadelphia : John Benjamins Publishing Company.

Cedendamba, C (1974) *Očerki po sopostavitel'noi grammatike russkogo i mongol'skogo jazykov.* Ulaanbaatar

Cevel, Ja. (1966) *Mongol Xelnii tovč tailbar tol'.* Ulsyn Xevleliin Xereg Erxlex Xoroo.

Chafe, W. L. (1970) *Meaning and the Structure of Language.* Univ. of Chicago Press.

__________ (1976) "Givenness, Contrastiveness, Definiteness, Subjects, Topics and Point of view." *Subject and Topic,* C. N. Li eds. Academic Press.

Dinneen, F.P. (1967) *An Introduction to General Linguistics.* New York.

Enç, M (1991) "The Semantics of Specificity." *Linguistic Inquiry,* 22, 1, 1-25.

Galsan, S.K (1976) "sopostavitel'noi xarakteristike pričastii mongol' skogo i russkogo jazykov". *Studia Mongolica.* Tom Ⅳ (12). Fasc 7. Ulaanbaatar

Gantogtox, G (1987) "Sul üg". *Orčin cagiin Mongol xelnii ügzüin baiguulal,* tergüün devter, 130-139. Šinžlex Uxaany Akademi Xel Zoxiolyn Xüreelen, Ulaanbaatar

Gerdts, D. (1985) "Surface Case and Grammatical Relations in Korean : the Evidence from Quantifier Floating." Kuno, S. et al (eds.) *Harvard Studies in Korean Linguistics,* Dept. of Linguistics, Harvard University.

Greenberg, Joseph (1960) "A Quantitative approach to the morphological typology of language." *International Journal of American Linguistics* 26. 178-194.

Grice, H.P. (1975) "Logic and Conversation", *Syntax and Semantics.*

Vol. 3. Speech acts. New York : Academic Press.

Grønbech, K & J.R. Krueger (1955) *An Introduction to Classical (Literary) Mongolian*. Otto Harrassowitz. Wiesbaden.

Hangin, J.G (1973) *Intermediate Mongolian*. Indiana University. Research Institute for Inner Asian Studies. Bloomington, Indiana.

______ (1986) A Mondrn Mongolian-English Dictionary, Indiana University Research Institute for Inner Asian Studies, Bloomington, Indiana.

______ (1992) *Basic Course in Mongolian*. Indiana University. Research Institute for Inner Asian Studies. Bloomington, Indiana.

Išdorž, M. (1930) *Mongol xelnii dürem*. Ulaanbaatar.

Jagchid, S. & A.E. Dien (1964) *Spoken Chahar Mongolian*, Inter-University Program for Chinese Language Studies.

Lessing, F.D (1960) *Mongolian-English Dictionary*, University of California Press.

Levinson, S.C (1983) *Pragmatics*, Cambridge : Cambridge University Press.

Luvsandendev, A. (1956) "Mongol xelnii ügsiin aimgiig angilax tuxai asuudald." *mongol xel bičgiin zarim asuudluud*, Ulaanbaatar

__________ (1960) *Mongol ügiin bütec*. Ulaanbaatar.

Luvsandordž, Dž., Jaroslav Vacek (1985) *Učebnice Mongolštiny*. Státní pedagogické nakladatelství, Praha

Luvsanžav, Č. (1976) *Mongol xel surax bičig*. MUIS-yn Mongol xelnii tenxim.

Luvsanvandan, Š. (1939) *Mongol xelnii züi*. Ulaanbaatar.

__________ (1951) *Mongol xelnii züi. Ögüülberiin züi II devter*, Ulaanbaatar.

__________ (1964) "Mongol xelnii ügiin bütciin tuxai asuudald." *MUIS*.

Erdem šinžilgeenii bičig. Ⅶ bot′. Ulaanbaatar.

__________ (1967) "Mongol xelnii ügsiig aimaglax tuxai asuudald." Xel Zoxiolyn sudlal. 5 bot′, Ⅰ-Ⅹ devter. Ulaanbaatar.

__________ (1968) *Orčin cagiin mongol xelnii bütec--üg nöxcöl xojor n′.* Šinžlex Uxaany Akademi, Ulaanbaatar.

__________ (1977) "Orčin cagiin Mongol xelnii ögüülberiin bütciig sudlax asuudald." *Xel Zoxiolyn Sudlal.* 12. 3-33. Ulaanbaatar.

Luvsanvandan, Š., B. Demčigdorž (1951) *Mongol xelnii züi.* Ulaanbaatar.

Lyons, John (1968) *Introduction to Theoretical Linguistics.* Cambridge University Press.

__________ (1977a) *Semantics 1.* Cambridge University Press.

__________ (1977b) *Semantics 2.* Cambridge University Press.

Mišig, Docent L. (1978) *Orčin Üeiin Mongol Bičgiin Xelnii Dadlagyn Xel Züi.* Mongol Ulsyn Ix Surguuliin Mongol Xelnii Tenxim. Ulaanbaatar.

Mönx-Amgalan, Ju. (1993) *Orčin cagiin mongol xelnii taamaglax baimž čanar* Xelbičgiin uxaany ded dogtoryn zereg gorilž bičsen zoxiol. Ulaanbaatar.

__________ (1995) "Mongol xelnii ögüülberiin baimž čanariin gol togtolcoo." *Mongol xelnii engiin ögüülber, exiin onol-praktikiin zarim asuudal.* 77-106. Ulaanbaatar.

__________ (1997) *Orčin cagiin Mongol xelnii baimžiin ai. Xelbičgiin uxaany dogtoryn zereg gorilž bičsen zoxiol.* Ulaanbaatar.

MUÜIS Mongol Xelnii Tenxem (1976) *Mongol Xel Surax Bičig.* Ulaanbaatar.

Nadmid, Ž. (1966) "Nöxcöl üil üg, üilt ner". *Orčin Cagiin Mongol Xel Züi.* 153-178. Šinžlex Uxaany Akademi Xel Zoxiolyn Xüreelen. Ulaanbaatar.

Otgonsüren, D. (1997) *Mongol Xelnii Ügiin Sangiin Nairuulga Züi.* Ulaanbaatar.

Ölziixutag, C. (1979) *Mongol Xelnii Ügsiin Sangiin Sudlal.* Ulaanbaatar.

Ölziixutag, C., B. Osor (1973) *Mongol Xel. V angid üzne.* Ulaanbaatar.

Önörbajan, C. (1977) "Niilmel ügiig xolboo ügees jalgax zarim arga." UBDS. *Erdem šinžilgee-zaax argyn bičig.* Ulaanbaatar.

__________ (1987) "Üil ügiin tögösgöx nöxcöl." *Orčin cagiin mongol xelnii üg züiin baiguulalt.* 138-157. Ulaanbaatar.

__________ (1994) *Orčin cagiin Mongol xelnii Üg zü.* UBIS. Ulaanbaatar.

__________ (1996) "Orčin cagiin Mongol xelnii ögüülberiin baimž čanar zarim čimex ügiin utga, bair." *Mongol Xel Šinžlel.* №1 52-67. Ulaanbaatar.

Önörbajan, C., B. Pürev-Očir (1991) *Mongol xelnii sudlalyn onol-praktikiin zarim asuudal.* Ulaanbaatar.

Palmer, Frank Robert (1986) *Mood and Modality.* Cambridge Textbooks in Linguistics. Cambridge. Cambridge University Press.

Poppe, N. (1937) *Grammatika pis'menno mongol'skogo jazyka.* Leningrad

__________ (1940) *O častjax reči v Mongol'skom jazyke.* Sovetskoe Vostokovedenie

__________ (1951) *Khalkha-Mongolische Grammatik.* Franz Steiner Verlag GMBH, Wiesbaden.

__________ (1954) *Grammar of written Mongolian.* Wiesbaden. Otto Harrassowitz.

__________ (1960) *Buriat grammar.* Indiana Univ., Bloomington and The Hague

__________ (1965) *Introduction to Altaic Linguistics.* Wiesbaden. Otto Harrassowitz.

__________ (1970) *Mongolian Language Handbook.* Washington, D.C. Center for Applied Linguistics.

__________ (1987) *Introduction to Mongolian Comparative Studies.* (Mémoires de la Société Finno-Ougrienne. 110) Helsinki.

Suomalais-ugrilainen Seura. Second Impression.

Posch, Udo (1958) "On the affinity of the Altaic languages, Ⅰ." *Central Asiatic Journal* 3-4. 267-288.

Pürev-Očir, B. (1997) *Orčin cagiin Mongol xelnii ögüülberzüi.--Mongol xelnii ögüülberzüin ündsen asuudal, negžüüdiin bütec, togtolcoo.* Ulaanbaatar

Pürev-Očir, B., Ju. Mönx-Amgalan, Z. Guliraanz (1995) *Mongol xelnii engiin ögüülber, exiin onol-praktikiin zarim asuudal.* Ulaanbaatar

Ramstedt, G.J. (1903) *Über die Konjugation des Khalkha-Mongolischen.* MSFOU 19.

__________ (1928) "Remarks on the Korean Language." MSFOU 58

Rita Kullmann & D. Tserenpil (1996) *Mongolian Grammar.* Ulaanbaatar

Ross, J.R. (1968) *Constraints on Variables in Syntax.* IULC.

Sanžeev, G.D. (1941) *Grammatika burjat-mongol'skogo jazyka.* Moskva-Leningrad

__________ (1961) *Mongol xelnii üil ügiin togtolcoo.* Ulaanbaatar.

Sanžeev, G.D., T.A. Bertagaev, C.B. Cydendambaev(1962) *Grammatika burjatskogo* jazyka. Moskva.

Sanzheev, Garma D. (1988) *The Old-Script Mongolian Language and Its development in Khalkha,* (translated from Russian) occasional papers number13, Indiana university, Bloomington, Indiana

Schmidt, I.J. (1831) *Grammatik der Mongolischen Sprache.*

__________ (1832) *Grammatika mongol'skago jazyka.*

Searle, J.R. (1969) *Speech Acts,* Cambridge : Cambridge University Press.

__________ (1975) "Indirect speech acts", *Syntax and Semantics,* Vol. 3, New York : Academic Press.

Searle, J.R., F. Kiefer and M. Bierwisch eds. (1980) *Speech Act Theory and Pragmatics.* D. Reidel Publishing Company.

Street, John Charles. (1963) *Khalkha structure.* Uralic and Altaic Series 24. Bloomington : Researcher Center in Anthropology, Folklore and Linguistics. Indiana University.

Süxbaatar, C. (1998) *Mongol xelnii nairuulga züi.* MUIS Mongol xelnii tenxim.

Šagdarsüren, C. (1997) *Mongol xel surax bičig Ⅰ.* Dangüük Ix surguul′.

ŠUA Xel Zoxiolyn Xüreelen (1966) *Orčin Cagiin Mongol Xel Züi.* Ulaanbaatar.

———————————————— (1985) *Orčin Cagiin Mongol Xelnii Ügsiin Sangiin* Sudlalyn Ündes. Ulaanbaatar.

Todaeva, B.X. (1951) *Grammatika Sovremennogo Mongol′skogo jazyka. Fonetika i Morfologija.* Moskva.

Tömörceren, Ž. (1964) *Orčin Cagiin Mongol Xelnii Ügsiin Sangiin sudlal.* Ulaanbaatar.

Vandui, E (1966) "Sul üg". *Orčin Cagiin Mongol Xel Züi.* 224-232. Šinžlex Uxaany Akademi Xel Zoxiolyn Xüreelen. Ulaanbaatar.

Žagvaral, Ja (1976) *Mongol xelnii Xündetgeliin üg. ardyn bolovsrolyn jaamny xevlel.*

Žambalsüren, G. (1980) "Orčin cagiin mongol xelnii tiin jalgalyn tuxai", *Mongolyn Sudlal,* Ulaanbaatar.

——————— (1987a.) *Orčin cagiin mongol xelnii üg züin baiguulal.* Šinžlex Uxaany Akademi *Xel Zoxiolyn Xüreelen,* Ulaanbaatar.

——————— (1987b.) *Mongol xel šinžleliin onolyn zarim asuudal—xelnii* nerlex, medeelex, xarilcax doxio, Ulaanbaatar.

현대몽골어 연구

초판 1쇄 인쇄 2004년 2월 20일
초판 1쇄 발행 2004년 2월 25일

저 자   강 신
발 행 인   서덕일
발 행 처   도서출판 문예림
출판등록   1962년 7월 12일 제2-110호
주 소   서울시 광진구 군자동 195-21 문예빌딩 201호
전 화   02-499-1281,2
팩 스   02-499-1283
http://www.bookmoon.co.kr
Email:my1281@lycos.co.kr

ISBN 89-7482-246-6 13790